“十四五”职业教育国家规划教材

高等职业教育铁道工程技术专业“十三五”规划教材

铁路轨道与修理

李建平◎主　编

秦立朝　曾　锟◎副主编

梁永胜◎主　审

中国铁道出版社有限公司

2 0 2 4 年·北　京

内容简介

本书为“十四五”职业教育国家规划教材，分为三个项目8个任务。主要介绍了直线轨道各部分组成、要求及轨道几何形位；曲线轨道主要特征及技术标准；无缝线路的基本原理及结构；单开道岔、提速道岔、高速道岔的构造及技术特点；铁路线路静态检测要求、工量具使用及检测方法；线路动态检查检测与分析；工务作业安全防护及要求；轨道维修基本作业流程及要求、作业验收与质量评定等基本知识和技能。

本书可作为高职院校铁道工程技术及其相关专业的教学用书，同时也可作为相关技术人员的培训和参考用书。

图书在版编目(CIP)数据

铁路轨道与修理/李建平主编．—3版．—北京：中国铁道出版社有限公司，2019.11(2024.8重印)

“十二五”职业教育国家规划教材　全国铁道职业教育教学指导委员会规划教材　高等职业教育铁道工程技术专业“十三五”规划教材

ISBN 978-7-113-26460-4

Ⅰ.①铁…　Ⅱ.①李…　Ⅲ.①轨道(铁路)-维修-高等职业教育-教材　Ⅳ.①U216.42

中国版本图书馆CIP数据核字(2019)第257278号

书　　名：铁路轨道与修理
作　　者：李建平

策　　划：陈美玲
责任编辑：陈美玲　　**编辑部电话**：(010)51873240　　**电子邮箱**：992462528@qq.com
封面设计：崔丽芳
责任校对：王　杰
责任印制：赵星辰

出版发行：中国铁道出版社有限公司(100054，北京市西城区右安门西街8号)
网　　址：http://www.tdpress.com
印　　刷：三河市宏盛印务有限公司
版　　次：2008年8月第1版　2019年11月第3版　2024年8月第9次印刷
开　　本：787 mm×1 092 mm　1/16　**印张**：20　**字数**：518千
书　　号：ISBN 978-7-113-26460-4
定　　价：59.00元

第三版前言

本书是在“十二五”职业教育国家规划教材《铁路轨道与修理》(第二版)的基础上根据教育部职成司新颁布的《铁道工程技术专业教学标准》并结合课程标准编写而成的。

到2019年末全国铁路营业总里程达到13.9万km以上，高铁营业总里程达到3.5万km以上。随着铁路建设的现代化，特别是快速铁路、高速铁路的发展，对从事铁路线路施工和维修养护的工程技术人员提出了更高的要求。为适应铁路建设和管理的需要，培养适合铁路现代化发展需要的高素质技术技能型人才，重新修订了《铁路轨道与修理》(第二版)教材，作为高职铁道工程技术及其相关专业的教学用书。

本书按项目—任务体例编写，分三个项目8个任务。分别为：项目1(轨道构造认识)包括任务1(直线轨道构造认识)、任务2(曲线轨道认识)、任务3(无缝线路认识)和任务4(道岔构造认识)；项目2(轨道检测)包括任务5(线路静态检测)、任务6(线路动态检测)；项目3(轨道维护)包括任务7(工务安全卡控)、任务8(轨道维修)。教材内容与现场实际联系紧密，力求全面反映当前铁路轨道工程的新材料、新技术、新工艺、新规范。为适应教学的需要，每个项目都有明确、具体的教学目标，后续将配套网络教学资源，让师生在开放的网络学习平台共享学习，同时可供在职人员培训，满足终身学习的要求。

本书由湖南高速铁路职业技术学院李建平任主编，湖南高速铁路职业技术学院秦立朝、曾锟任副主编，中国铁路广州局集团有限公司高级工程师梁永胜任主审。编写分工为：湖南高速铁路职业技术学院甄相国、陈花林编写任务1.1～1.8；湖南铁路科技职业技术学院谢喜峰编写任务1.9、任务3.7；湖南高速铁路职业技术学院金能龙编写任务2；湖南高速铁路职业技术学院李波编写任务3.1～3.6、任务3.8；秦立朝编写任务4；湖南高速铁路职业技术学院何成波、何奎元编写任务5；李建平编写任务6；湖南高速铁路职业技术学院赵长波编写任务7；湖南高速铁路职业技术学院曾锟、郭丽丹编写任务8;。本书在编写过程中，还得到了中国铁路广州局集团有限公司衡阳工务段、长沙高铁工务段相关人员的大力支持和热情帮助，特表示真挚谢意。

由于编者水平有限，书中出现纰漏在所难免，敬请读者批评指正。

编　者

2019年8月

第一版前言

本书由铁道部教材开发小组统一规划，为铁路职业教育规划教材。本书是根据铁路高职教育铁道工程（工务）专业教学计划“铁路轨道与修理”课程教学大纲编写的。由铁路职业教育铁道工程（工务）专业教学指导委员会组织，并经铁路职业教育铁道工程（工务）专业教材编审组审定。

随着铁路建设的现代化，对从事铁路线路养护维修的工程技术人员提出了更高的要求，为适应铁路建设和管理的需要，培养适合铁路现代化发展需要的专业技术人才，根据铁道部的统一部署，我们组织编写了《铁路轨道与修理》教材，作为铁道工程技术及相关专业的教学用书。根据目前铁路轨道结构的发展状况和学生的培养目标，本教材在确保基本概念、基本理论和基本知识的前提下，注重现场的实用性、适应性和先进性，对铁路的新技术、新规章作了较详细的介绍，对线路养护维修作业方法和作业要求作了重点阐述。

本书由湖南交通工程职业技术学院何奎元主编，天津铁道职业技术学院荣佑范主审。包头铁道职业技术学院胡国喜编写第一章；齐齐哈尔铁路工程学校禹凤军编写第二章；湖南交通工程职业技术学院邓昌大编写第三章，何奎元编写第四、第五章，秦立朝编写第七章；吉林铁道职业技术学院赵勇编写第六章。在编写过程中得到了许多专家的指点帮助，在此谨表谢意。

由于作者学术水平、教学经验和写作能力有限，书中难免存在不足之处，敬请读者批评指正。

编　者

2008 年 8 月

MU LU 目录

项目1　轨道构造认识

项目描述

铁路线路是由轨道、路基、桥隧建筑物(桥梁、隧道和涵洞)等组成的总称。铁路轨道是线路的上部建筑,即路基面以上、钢轨及以下的组成部分,由钢轨、轨枕、联结零件、道床、防爬设备和道岔等组成。铁路轨道是铁路运输的重要技术设备,它支承和引导列车车轮,直接承受竖向、横向和纵向荷载的作用。为了满足列车安全平稳行驶的需要,铁路轨道必须具备足够的强度和稳定性、平顺性。

铁路轨道采用有砟轨道和无砟轨道两种结构形式。有砟轨道一般用于客货共线铁路,无砟轨道则用于客运专线铁路。本项目主要介绍有砟轨道与无砟轨道的基本构造和技术特征,包括有砟轨道和无砟轨道的各组成部分及要求、几何形位、伤损形式等,通过本项目学习掌握铁路轨道的基本构造及要求,为学习铁路轨道的施工与维修养护打下基础。

教学目标

1. 知识目标

(1)掌握有砟轨道的基本组成及几何形位。

(2)掌握无砟轨道的结构特点。

(3)掌握曲线轨道的技术特征。

(4)掌握无缝线路的基本知识。

(5)掌握道岔的基本构造及几何形位。

2. 能力目标

(1)能够正确地识读铁路轨道结构图。

(2)掌握无砟轨道与有砟轨道的优缺点。

(3)掌握无砟轨道与有砟轨道的技术标准及要求。

(4)学会规范、标准的查找与使用。

3. 素质目标

(1)践行“安全优质、兴路强国”新时期铁路精神。

(2)培养吃苦耐劳,崇尚劳动、热爱劳动的优良品质。

(3)具有团队合作、敬业爱岗精神及节能环保意识。

任务1　直线轨道构造认识

铁路轨道按道床的材料和结构特征分为有砟轨道和无砟轨道。轨道由钢轨、轨枕、联结零件、道床、防爬设备和道岔等多种力学性能不同的材料组成的,各自发挥着作用,为满足列车安全平稳行驶的需要，不仅要求各组成部分和整体结构状态良好，同时要求保持良好的几何形位，即要求轨道各组成部分的几何形状、相对位置和基本尺寸等符合规范要求。

1.1 轨道概述

1.1.1 学习目标

1. 知识目标

(1)掌握有砟轨道和无砟轨道的特点。

(2)掌握有砟轨道的组成。

2. 能力目标

(1)能正确区分有砟轨道的各个组成部分。

(2)能初步进行轨道类型的选择。

1.1.2 相关学习内容

1. 轨道的组成

轨道是铁路线路的组成部分，传统的有砟轨道(图 1.1)主要应用于普速铁路，包括钢轨、轨枕、联结零件、道床、防爬设备及道岔等。作为一个整体性工程结构，轨道铺设在路基之上，起着列车运行的导向作用，直接承受列车及其荷载的巨大压力。在列车运行的动力作用下，它的各个组成部分必须具有足够的强度和稳定性，保证列车按规定的最高速度，安全、平稳和不间断地运行。无砟轨道(图 1.2)是指采用混凝土、沥青混合料等整体基础取代散粒碎石道床的轨道结构，主要用于高速铁路。

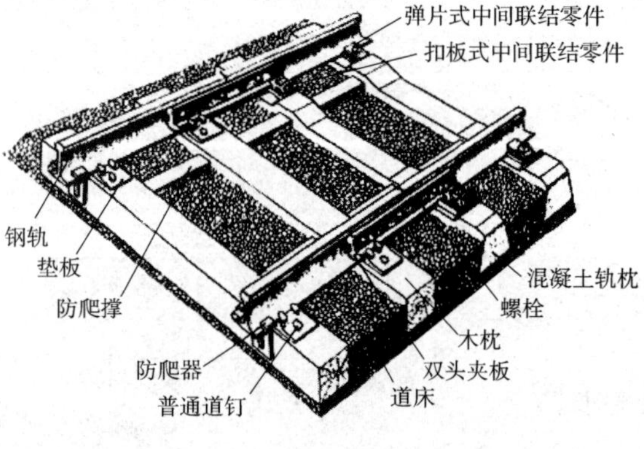

图 1.1 有砟轨道结构断面示意图

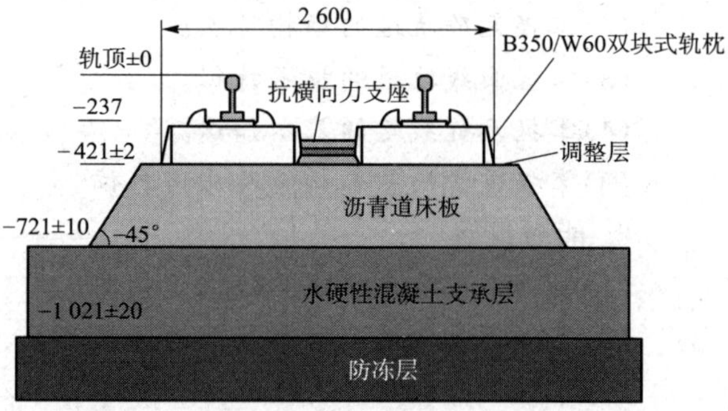

图 1.2 无砟轨道结构断面示意图(单位：mm)

2. 轨道的类型

我国轨道类型划分的传统方法有两种：一种是按铁路等级划分，另一种是按运营条件划分。按铁路等级将铁路线路划分为Ⅰ、Ⅱ、Ⅲ、Ⅳ级，要求同一等级的铁路必须采用同一种类型的轨道。按运营条件划分将正线轨道类型分为特重型、重型、次重型、中型和轻型五种类型，按年通过总质量可采用不同类型的轨道。但随着高速铁路、城际铁路客运专线有砟轨道结构技术的发展和应用，原来以客货共线铁路为依据的轨道结构分类已不适应当前我国高速铁路、城际铁路、客货共线铁路、重载铁路等有砟轨道结构线路协同发展的实际，所以在新修编的铁路轨道设计规范中，取消了传统的以年通过总质量、线路行车速度和钢轨质量为主要运营条件的有砟轨道结构分类，而是根据线路的不同类型及相关运营条件匹配轨道结构部件，见表 1.1。

我国无砟轨道结构经过十几年的技术引进、吸收、再创新，已形成完整的具有自主知识产权的技术体系，按结构形式分为预制板式和现浇混凝土式两大类，预制板式包括 CRTSⅠ型、CRTSⅡ型、CRTSⅢ型板式和道岔区板式，现浇混凝土式包括 CRTSⅠ型、CRTSⅡ型双块式和道岔区轨枕埋入式。

表 1.1　正线轨道结构类型

项目				单位	高速铁路	城际铁路			客货共线铁路				重载铁路				
									Ⅰ级铁路			Ⅱ级铁路					
有砟轨道	年通过总质量			Mt	—	—	—	—	—	—	—	—	＞250	100～250		40～100	
有砟轨道	列车轴重			t	≤17	≤17	≤17	≤17	≤23	≤25	≤25	≤23	25～30	30	25、27	30	25、27
有砟轨道	旅客列车速度 v_K			km/h	＞250	200	160	120	200	180	120	≤120	≤120	≤120	≤120	≤120	≤120
有砟轨道	货物列车速度 v_H			km/h	—	—	—	—	＜100	＜100	＜80	＜80	＜90	＜90	＜90	＜90	＜90
有砟轨道	钢轨			kg/m	60	60	60	60	60	60	60	60	75	60	60	60	60
有砟轨道	扣件			—	弹条Ⅵ或Ⅴ型	弹条Ⅱ或Ⅲ型	弹条Ⅱ或Ⅲ型	弹条Ⅱ或Ⅲ型	弹条Ⅱ或Ⅲ型	弹条Ⅱ或Ⅲ型	弹条Ⅱ或Ⅲ型	弹条Ⅱ型	与轨枕匹配的弹性扣件				
有砟轨道	混凝土枕	型号		—	Ⅲ型	Ⅲ型	Ⅲ型	Ⅲ型	Ⅲ型	Ⅲ型	Ⅲ或新Ⅱ	新Ⅱ	满足设计轴重要求的混凝土枕				
有砟轨道	混凝土枕	间距		mm	600	600	600	600	600	600	600或570	570	600	600	600	600	600
有砟轨道	道床厚度及材质	路基(双层道床)	面砟	cm	—	—	30	25	—	30	30	25	35	35	30	35	30
有砟轨道	道床厚度及材质	路基(双层道床)	底砟	cm	—	—	20	20	—	20	20	20	20	20	20	20	20
有砟轨道	道床厚度及材质	路基(单层道床)	道砟	cm	35	30	30	30	30	30	30	30	35	35	35	35	30
有砟轨道	道床厚度及材质	硬质岩石路基、桥梁、隧道	道砟	cm	35	35	30	30	35	35	35	30	35	35	35	35	
有砟轨道	道床厚度及材质	道砟材质	面砟	—	特级	一级	一级	一级	一级	一级	一级	一级	特级	特级	特级/一级	特级	特级
无砟轨道	无砟道床	预制板式	CRTS Ⅰ型板式(单元)	道床板厚度/底座厚度(路基地段)(cm)	19/30(桥隧 20)												
无砟轨道	无砟道床	预制板式	CRTS Ⅱ型板式(纵连)	道床板厚度/底座厚度(路基地段)(cm)	20/30(桥隧 20)												
无砟轨道	无砟道床	预制板式	CRTS Ⅲ型板式(单元)	道床板厚度/底座厚度(路基地段)(cm)	21/30(桥隧 18)												
无砟轨道	无砟道床	道岔区板式		道床板厚度/底座厚度(路基地段)(cm)	26/18												
无砟轨道	无砟道床	现浇混凝土式	CRTS Ⅰ型双块式	道床板厚度/底座厚度(路基地段)(cm)	26/30												
无砟轨道	无砟道床	现浇混凝土式	CRTS Ⅱ型双块式	道床板厚度/底座厚度(路基地段)(cm)	24/30												
无砟轨道	无砟道床	现浇混凝土式	道岔区轨枕埋入式	道床板厚度/底座厚度(路基地段)(cm)	40/30												

1.2　钢　　轨

1.2.1　学习目标

1. 知识目标

(1)掌握钢轨的功用、分类方法及钢轨的类型。

(2)掌握钢轨的断面及要求。

(3)掌握钢轨的主要化学成分。

(4)掌握钢轨接头的组成及类型。

(5)掌握接头预留轨缝及要求。

(6)掌握钢轨伤损的种类及标准。

2. 能力目标

(1)能进行钢轨类型的判别。

(2)能进行钢轨伤损判别和防治。

(3)能区分不同的接头类型并描述其特点。

(4)能识别接头联结零件并说明其作用。

(5)能根据图片或实物辨认钢轨或接头伤损类型并说明产生的原因及整治方法。

(6)能熟练进行预留轨缝和轨缝调整的计算。

1.2.2 相关学习内容

1. 钢轨的基本知识

1)钢轨的功用及要求

钢轨是铁路轨道的主要组成部件，它的功用在于引导机车车辆的运行，承受车轮的巨大压力并传递到轨枕上，为车轮提供连续、平顺和阻力较小的滚动表面，在电气化铁路或自动闭塞区段，钢轨还兼做轨道电路之用。

为使列车能够安全、平稳和不间断地运行，钢轨除必须充分发挥上述诸功能外，还应保证在轮载和轨温变化作用下，应力和变形均不超过规定的限值，这就要求钢轨具有足够的强度、韧性和耐磨性。

2)钢轨的断面及类型

(1)钢轨断面

钢轨采用宽底式工字形断面，由轨头、轨腰和轨底三部分组成，如图 1.3 所示。

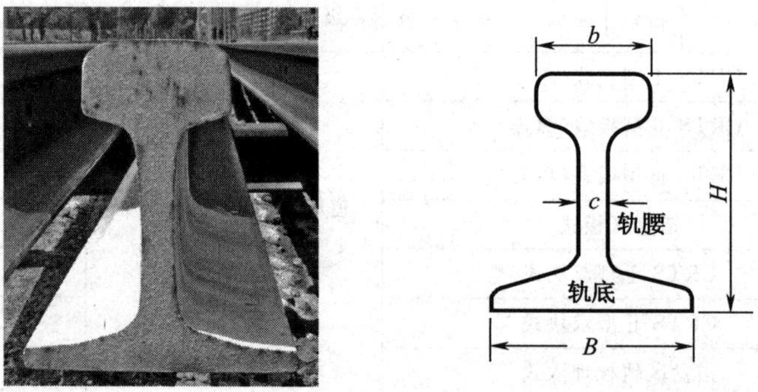

图 1.3　钢轨断面形状

钢轨断面应满足下列要求：

①钢轨头部是直接和车轮接触的部分。为改善轮轨接触条件，提高其抵抗压陷和耐磨的能力，轨头宜大而厚，并有足够的面积以备磨耗，其几何形状应适合轮轨的接触。

②为使钢轨有较大的承载能力和抗弯能力，钢轨腰部必须有足够的厚度和高度。轨腰与钢轨头部及底部的连接，必须保证夹板能有足够的支承面，并使断面的变化不至于太突然，以免产生过大的应力集中。

③钢轨底部直接支承在轨枕顶面上。为保持钢轨稳定，轨底应有足够的宽度和厚度，并具

有必要的刚度和抵抗锈蚀的能力。

④钢轨的头部顶面宽 b、轨腰厚 c、轨身高 H 及轨底宽 B 是钢轨断面的四个主要参数。轨身高与轨底宽之间应有一个适当的比例，一般采用 $H/B=1.15\sim1.20$。

各种钢轨的断面尺寸和计算数据如表 1.2 和表 1.3 所示。

表 1.2　钢轨断面尺寸

项　目	单位	钢轨类型(kg/m)					
		43	50	60	60 N	75	75 N
钢轨高度	mm	140	152	176	176	192	192
轨头宽度	mm	70	70	73	73	75	75
轨底宽度	mm	114	132	150	150	150	150
轨腹厚度	mm	14.5	15.5	16.5	16.5	20	20
螺栓孔直径	mm	29	31	31	31	31	31
轨端至 1 孔中心距	mm	56	66	76	76	96	96
1 孔至 2 孔中心距	mm	110	150	140	140	220	220
2 孔至 3 孔中心距	mm	160	140	140	140	130	130

表 1.3　钢轨计算数据

项　目	单位	钢轨类型(kg/m)					
		43	50	60	60 N	75	75 N
横断面积	cm^2	57.0	65.8	77.45	77.05	95.037	94.56
重心距轨底距离	cm	6.90	7.10	8.12	8.08	8.82	8.77
重心距轨头距离	cm	7.10	8.10	9.48	9.52	10.38	10.43
对水平轴线的惯性矩	cm^4	1 489.0	2 037.0	3 217.0	3 184.2	4 489.0	4 449.0
对垂直轴线的惯性矩	cm^4	260.0	377.0	524.0	521.2	665.0	661.6
下部断面系数	cm^3	217.3	287.2	396.0	394.3	509.0	507.4
上部断面系数	cm^3	208.3	251.3	339.4	334.4	432.0	426.5
底侧边断面系数	cm^3	45.0	57.1	69.9	69.5	89.0	88.2

(2)钢轨类型

钢轨按轨型可分为重轨和轻轨，一般以每米长度钢轨的质量(kg/m)来表示。目前，我国铁路的钢轨类型主要有 75 kg/m、60 kg/m、50 kg/m、43 kg/m、38 kg/m 五种。为了改善轮轨接触关系，对廓形进行了优化，研发了 60 N 和 75 N 钢轨。60 kg/m 和 60 N 钢轨的断面尺寸如图 1.4、图 1.5所示。从国内铁道应用而言，50 kg/m 及以上的钢轨称为重轨。随着机车车辆轴重的加大和行车速度的提高，钢轨正在向重型发展，目前世界上最重型的钢轨已达到 77.5 kg/m。

按交货状态可分为热轧钢轨和热处理钢轨。不论钢轨强度多少，以热轧状态交货的均称为热轧钢轨；热处理钢轨按工艺条件不同分为离线热处理钢轨和在线热处理钢轨。

按钢轨的最低抗拉强度(从轨头取样)分为 780 MPa、880 MPa、980 MPa、1 080 MPa、1 180 MPa、1 200～1 300 MPa。

3)钢轨的长度

我国钢轨的标准定尺长度 43 kg/m 钢轨有 12.5 m、25 m 两种；50 kg/m、60 kg/m 钢轨有

12.5 m、25 m、100 m 三种；75 kg/m 钢轨有 25 m、75 m、100 m 三种。其中 100 m 定尺的钢轨主要用于无缝线路中长钢轨的焊接。另外，还有用于曲线轨道内股比 12.5 m 标准轨缩短 40 mm、80 mm、120 mm 和比 25 m 标准轨缩短 40 mm、80 mm、160 mm 的六种标准缩短轨。

钢轨生产中会产生短尺轨，为避免浪费，允许搭配一定数量的短尺轨，但不应大于一批订货总重量的 10%。

我国高速铁路全部采用国内自主研发的 60 kg/m、定尺长度为 100 m、材质 U71MnG 或 U75VG 的钢轨。短尺轨长度为 95 m、96 m、97 m 和 99 m。短尺轨搭配数量不应大于一批订货总重量的 5%。

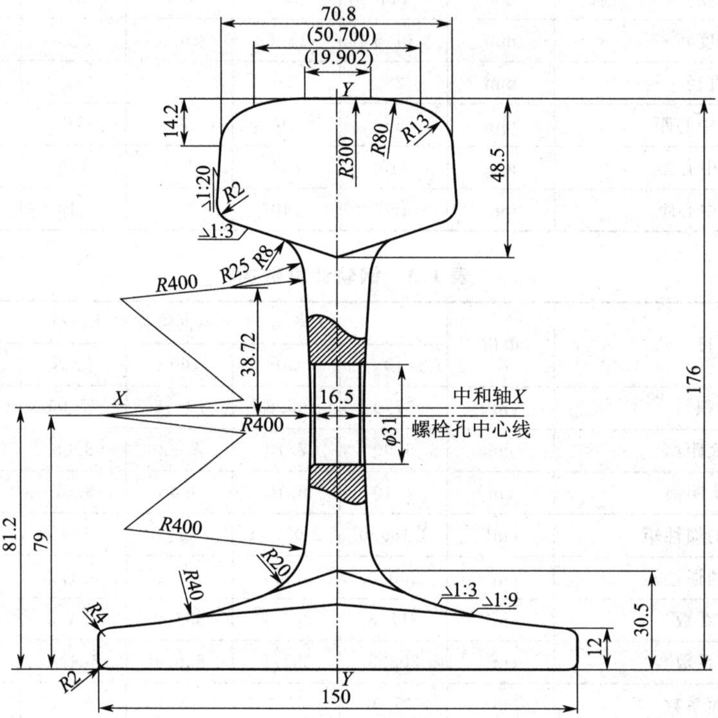

图 1.4　60 kg/m 钢轨断面(单位:mm)

4)钢轨的化学成分

目前我国铁路采用的钢轨类型主要有 50 kg/m、60 kg/m、75 kg/m，其中主要繁忙干线正线和新建客运专线均采用 60 kg/m 钢轨，在大秦等重载铁路采用 75 kg/m 钢轨。钢轨的定尺长度为 25 m 和 100 m，而 100 m 定尺钢轨已成为主型钢轨。钢轨的钢种主要有 U71Mn 和 U75V，同时近年来也相继研发了高速铁路用 U71MnG、U75VG 和重载铁路用高强耐磨贝氏体合金钢轨、U78CrV 和 U77MnCr 含铬钢轨。在直线上一般铺设使用强度为 880～1 080 MPa 的热轧钢轨，在小于等于 1 200 m 的曲线上要求铺设强度为 1 180～1 280 MPa 的热处理钢轨或其他高强耐磨钢轨。

钢轨的强度、耐磨性及韧性在很大程度上取决于钢轨的材质。钢轨材质的内部组织和机械性能，主要由轧制钢轨钢的化学成分决定。因此，化学成分是钢轨质量的第一个特征，严格控制钢的化学成分，是保证钢轨质量的一个主要因素。

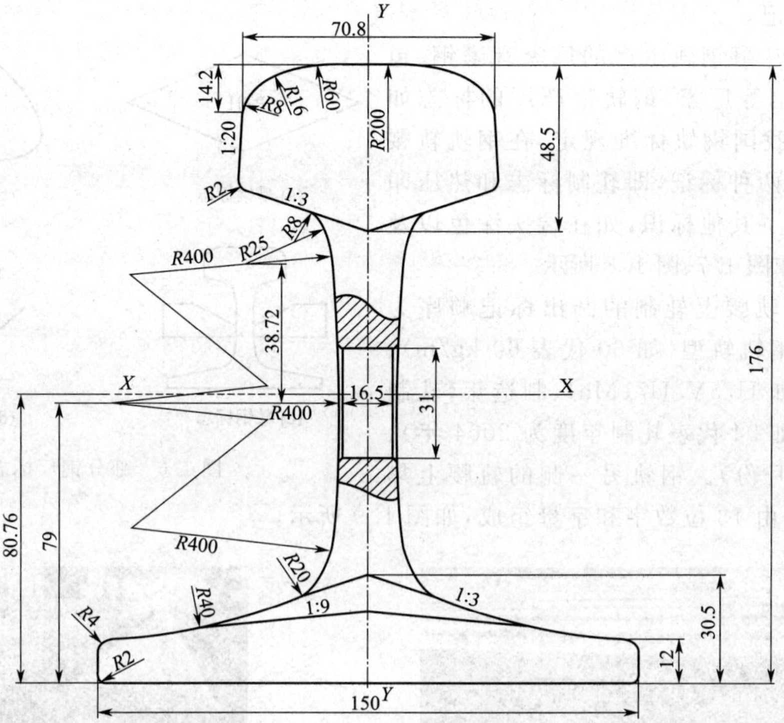

图 1.5　60 N 钢轨断面(单位:mm)

钢轨除含铁(Fe)外,钢轨内部的元素分为三个部分,一部分是基本元素,如碳(C)、锰(Mn)、硅(Si),另一部分是有害元素,如磷(P)、硫(S)等元素,还有一部分为合金元素,如 V、Nb、Cr、RE 等,根据不同需要加入不同的合金元素以强化钢轨。常见元素的主要作用和对性能的影响介绍如下。

①碳 C

随着钢的含碳量增加,钢轨的强度、硬度上升,塑性、韧性有所下降,当碳含量超过一定程度时将增加钢轨钢的脆性,轨钢轨使用不利。目前,普遍认为钢含碳量的极限值为 0.82%。

②锰 Mn

锰是良好的脱氧剂和脱硫剂,锰可以提高钢的强度和韧性。锰含量一般为 0.6%~1.0%。锰含量为 1.1%~1.5%时称为中锰钢,有较高的抗磨性能。

③硅 Si

硅是钢中的常见元素之一,硅易与氧化合,能除去钢中气泡而使钢轨材质致密,其含量一般为 0.15%~0.3%。提高钢的含硅量,能提高钢轨的耐磨性能。

④磷 P

磷是炼钢过程中不能尽除的元素,磷可以提高钢的强度,但塑性降低。磷强烈的增加钢的脆性,特别是冷脆性。磷含量大于 0.1%时,会使钢轨具有冷脆性,在寒冷地区易突然断裂。而且,磷对钢的焊接性能不利,所以磷的含量必须严格加以控制,且越少越好。

⑤硫 S

硫一般被认为是钢中有害的残存元素,硫与钢中其他的金属元素形成硫化物,使其塑性和韧性降低,硫会使金属在 800~1 200 ℃时发脆,在轧制及热加工时易出现裂纹。

5)钢轨标记

目前我国从事钢轨生产的厂家有攀钢、包钢、鞍钢和武钢等厂家，钢轨生产厂的标志如图 1.6所示。我国钢轨标准规定，在钢轨轨腰部位需要采用两种标记，即轧制标志和热压印标志。还规定了其他标识，如在端头涂色以及粘贴标签等，如图 1.7、图 1.8 所示。

钢轨一侧轨腰上轧制的凸出标记顺序为生产厂标志、钢轨轨型(如 60 代表 60 kg/m)、钢轨钢牌号(如 U75V、U71Mn)、制造年(轧制年度末两位，如 04 代表轧制年度为 2004 年)、月(Ⅲ代表 3 月份)。钢轨另一侧的轨腰上热压印凹入标志由 13 位数字和字母组成，如图 1.9 所示。

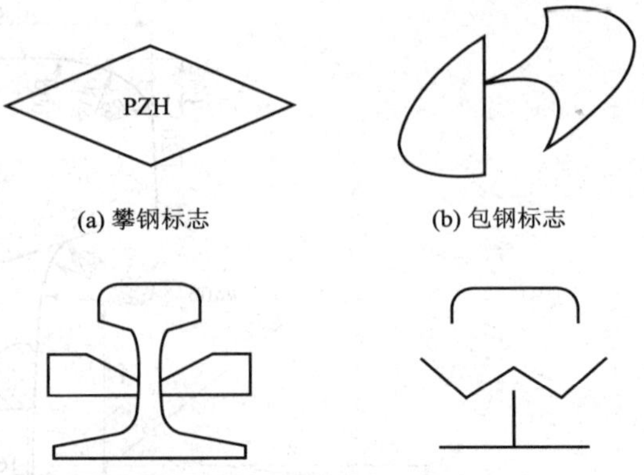

(a) 攀钢标志　(b) 包钢标志　(c) 鞍钢标志　(d) 武钢标志

图 1.6　部分钢厂标志

图 1.7　钢轨轧制标记

图 1.8　钢轨端头涂色及粘贴标签

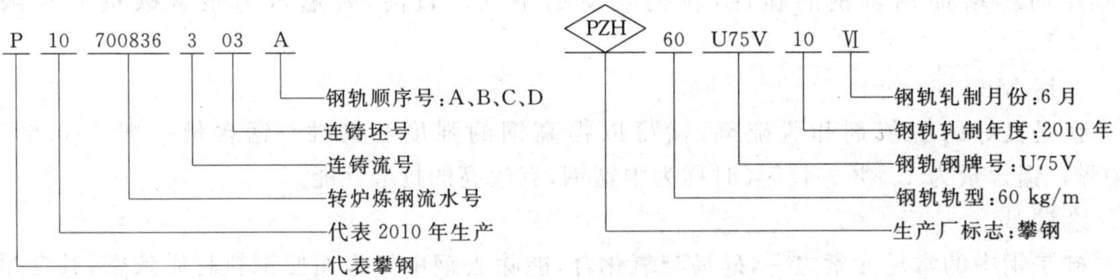

图 1.9　钢轨两侧热压印标识示例

6)异形钢轨

异形钢轨主要用于连接线路轨道的不同类型钢轨，如 75 kg/m 轨道与 60 kg/m 轨道的连接，采用 75-60 异形钢轨；60 kg/m 轨道与 50 kg/m 轨道的连接，采用 60-50 异形钢轨，以此类推。该种类型的异形钢轨曾采用压制、焊接等方法制造，现在基本上采用跟部锻造的方法生产，将大一级轨型钢轨的跟部锻造成小一级轨型的钢轨，如图 1.10、图 1.11 所示。异形钢轨有 6.25 m 和 12.5 m 两种定尺长度，按孔轨和焊接轨交货，主要性能指标要求参见相应规范。

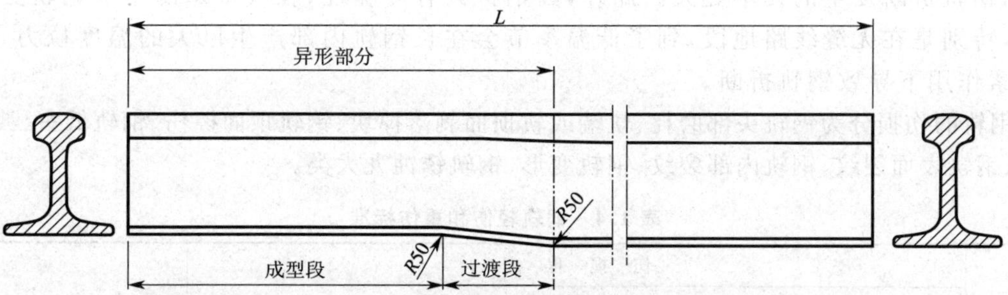

图 1.10　异形钢轨联结示意图

图 1.11　异形钢轨联结

7）钢轨伤损及延长钢轨使用寿命的措施

（1）钢轨伤损

钢轨伤损是铁路上一个比较突出的问题，钢轨在极其复杂的条件下使用，不可避免的会产生各种伤损。伤损的原因，既有钢轨在冶炼过程中出现的缺陷，又有在运输、使用过程中出现的破损。钢轨伤损对行车的安全威胁很大，因此及时发现钢轨伤损、摸清钢轨伤损规律，进而可加强对钢轨的管理工作，对铁路工务部门是极为重要的。

为了做好钢轨检查、监视、更换和日常管理工作，将钢轨伤损程度划分为轻伤、重伤和折断三类，钢轨轻伤和重伤标准如表 1.4 所示。对于轻伤钢轨，虽然钢轨有伤损，但仍具有足够的强度，尚能继续正常使用的钢轨。重伤钢轨是因伤损而强度大为减弱，不得继续使用的钢轨。钢轨折断是指发生下列情况之一者：

a. 钢轨全断面断裂；

b. 裂缝贯通整个轨头截面；

c. 裂缝贯通整个轨底截面；

d. 允许速度不大于 160 km/h 区段钢轨顶面上有长大于 50 mm、深大于 10 mm 的掉块；

e. 允许速度大于 160 km/h 区段钢轨顶面上有长大于 30 mm、深大于 5 mm 的掉块。

钢轨因折断而更换的数量，虽然不超过更换总数的 1%～2%，但它在运营中突然发生，对行车安全威胁极大。造成钢轨折断的主要原因：一是钢轨材质问题，钢轨在生产过程中存在缺陷（如裂纹、气泡等），这些缺陷在钢轨使用过程中发展扩大导致钢轨折断；二是钢轨在巨大重复动荷载作用下造成疲劳伤损，随着行车速度的提高和机车车辆轴重的增加，钢轨折断发生的几率更大。此外，因钢材具有冷脆性，在气候寒冷季节钢轨更容易折断，特别是在无缝线路地段，到了低温季节会在长钢轨内部产生巨大的温度拉力，在综合因素作用下导致钢轨折断。

钢轨的伤损分为钢轨头部磨耗、轨端或轨顶面剥落掉块、钢轨顶面擦伤、钢轨低头、波浪形磨耗、钢轨表面裂纹、钢轨内部裂纹、钢轨变形、钢轨锈蚀九大类。

表 1.4　钢轨轻伤和重伤标准

伤损项目	伤损程度						备注
	轻伤			重伤			
	$v_{max}>$ 160 km/h	120 km/h< $v_{max}\leqslant$ 160 km/h	$v_{max}\leqslant$ 120 km/h	$v_{max}>$ 160 km/h	120 km/h< $v_{max}\leqslant$ 160 km/h	$v_{max}\leqslant$ 120 km/h	
钢轨头部磨耗	磨耗量超过表 1.5 所列限度之一者			磨耗量超过表 1.6 所列限度之一者			
轨端或轨顶面剥落掉块	长度超过 15 mm 且深度超过 3 mm	长度超过 15 mm 且深度超过 3 mm	长度超过 15 mm 且深度超过 4 mm	长度超过 25 mm 且深度超过 3 mm	长度超过 25 mm 且深度超过 3 mm	长度超过 30 mm 且深度超过 8 mm	
钢轨顶面擦伤	深度超过 0.5 mm	深度超过 0.5 mm	深度超过 1 mm	深度超过 1 mm	深度超过 1 mm	深度超过 2 mm	
钢轨低头	超过 1 mm	超过 1.5 mm	超过 3 mm	超过 1.5 mm	超过 2.5 mm	超过 3.5 mm	用 1 m 直尺测量最低处矢度，包括轨端轨顶面压伤和磨耗在内
波浪形磨耗	谷深超过 0.3 mm	谷深超过 0.3 mm	谷深超过 0.5 mm	—	—	—	
钢轨表面裂纹	—	—	—	有	有	有	包括螺孔裂纹、轨头下颚水平裂纹（透锈）、轨腰水平裂纹、轨头纵向裂纹、轨底裂纹等（不含轮轨接触疲劳引起轨顶面表面或近表面的鱼鳞裂纹）
钢轨内部裂纹	—	—	—	有	有	有	包括核伤（黑核、白核）、钢轨纵向裂纹等
钢轨变形	—	—	—	有	有	有	轨头扩大、轨腰扭曲或鼓包等，经判断确认内部有暗裂
钢轨锈蚀	—	—	—	经除锈后，轨底厚度不足 8 mm 或轨腰厚度不足14 mm		经除锈后，轨底厚度不足 5 mm 或轨腰厚度不足 8 mm	

①钢轨头部磨耗

钢轨磨耗是轮轨间滚动摩擦和滑动摩擦作用的结果。滑动摩擦产生的原因有列车制动时轮轨间产生的滑动；同一轮对的两个车轮摇摆而引起的滑动；曲线上由于内外两轮的行程差，迫使内轮向后的滑动；列车通过曲线时外轮对外轨侧面的摩擦等。

由于列车不间断地运行，钢轨的磨耗是不断发生发展的。因此，钢轨的磨耗是决定钢轨使用寿命的最主要因素。为确保行车安全，我国铁路对不同等级的线路规定了不同的磨耗限度，见表 1.5和表 1.6。轨头的磨耗指标有垂直磨耗、侧面磨耗和总磨耗三项。为了准确的掌握磨耗量，垂直磨耗和侧面磨耗使用钢轨测磨仪按标准断面在规定的位置量取，如图 1.12 所示。调边后侧面磨耗轻伤、重伤按两侧中磨耗量最大者计，垂直磨耗按两个 1/3 处磨耗量最大者计。

图 1.12　钢轨磨耗测量

表 1.5　钢轨头部磨耗轻伤标准

钢轨(kg/m)	总磨耗(mm)				垂直磨耗(mm)				侧面磨耗(mm)			
	v_{max}＞160 km/h 正线	120 km/h＜v_{max}≤160 km/h 正线	v_{max}≤120 km/h 正线及到发线	其他站线	v_{max}＞160 km/h 正线	120 km/h＜v_{max}≤160 km/h 正线	v_{max}≤120 km/h 正线及到发线	其他站线	v_{max}＞160 km/h 正线	120 km/h＜v_{max}≤160 km/h 正线	v_{max}≤120 km/h 正线及到发线	其他站线
75	9	12	16	18	8	9	10	11	10	12	16	18
75 以下～60	9	12	14	16	8	9	9	10	10	12	14	16
60 以下～50			12	14			8	9			12	14
50 以下～43			10	12			7	8			10	12
43 以下			9	10			7	7			9	11

注：(1)总磨耗＝垂直磨耗＋1/2 侧面磨耗；

(2)垂直磨耗在钢轨顶面宽 1/3 处(距标准工作边)测量；

(3)侧面磨耗在钢轨踏面(按标准断面)下 16 mm 处测量。

表 1.6　钢轨头部磨耗重伤标准

钢轨(kg/m)	垂直磨耗(mm)			侧面磨耗(mm)		
	v_{max}＞160 km/h 正线	120 km/h＜v_{max}≤160 km/h 正线	v_{max}≤120 km/h 正线、到发线及其他站线	v_{max}＞160 km/h 正线	120 km/h＜v_{max}≤160 km/h 正线	v_{max}≤120 km/h 正线、到发线及其他站线
75	10	11	12	12	16	21
75 以下～60	10	11	11	12	16	19
60 以下～50			10			17
50 以下～43			9			15
43 以下			8			13

更换伤损钢轨，应根据钢轨的伤损程度及其位置而定。重伤钢轨应立即更换，轻伤钢轨应加强检查，但在桥上和隧道内的轻伤钢轨，为保证行车安全，亦应及时更换。

②轨端或轨顶剥落掉块

轨端或轨顶剥落掉块是轮轨接触疲劳和冲击荷载作用下的损伤，由于剥落掉块造成轨顶面严重不平顺，使钢轨及轨道受力恶化，零部件破损、轨枕失效、道床翻浆冒泥等病害出现并迅速发展，同时也不排除在剥落坑面的细小裂纹继续向内部发展，形成断轨的可能，如图 1.13 所示。因此，当这种伤损发展到一定程度时，按重伤进行处理。

③钢轨顶面擦伤

钢轨顶面擦伤是由于机车运行操作不当，机车车轮在钢轨上打滑，轮轨间剧烈的摩擦产生轨顶面局部高温，在常温下迅速冷却后形成钢轨顶面的马氏体组织。这种组织易产生脆裂造成剥落掉块，并且裂纹也会向下发展形成核伤，如图 1.14 所示。

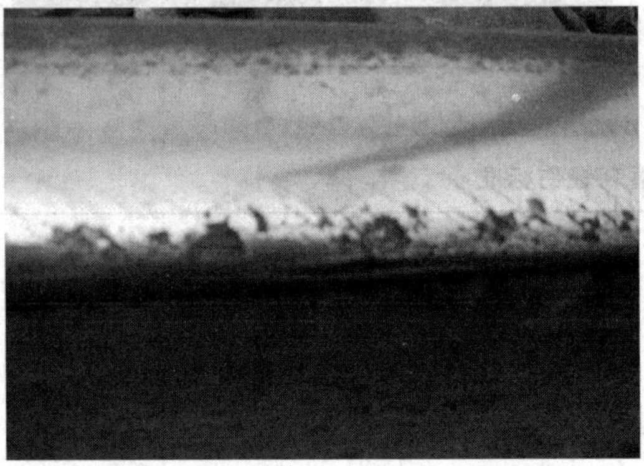

图 1.13　钢轨顶面剥落掉块

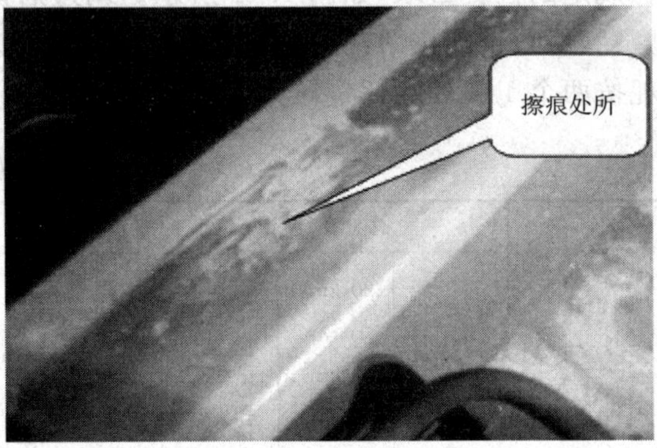

图 1.14　钢轨顶面擦伤

④波浪形磨耗

波浪形磨耗是指钢轨轨头踏面沿长度方向出现周期性的不均匀塑性变形和磨耗，使钢轨全长呈现波浪形状的不平顺。波长在 30～80 mm 者称为波纹磨耗（短波磨耗），80 mm 以上者为波浪磨耗（长波磨耗），如图 1.15 所示。波浪形磨耗产生的原因比较复杂，与轨道弹性和钢轨的屈服强度有关。当波浪形磨耗较严重时，轮轨之间作用力和轨道振动增大，对轨道的破坏性也增大，不仅加大了养护维修工作量，甚至使养护维修十分困难。但对达到什么程度应更换，尚缺乏这方面的经验，故应采用打磨列车进行适时打磨或更换。

⑤钢轨表面裂纹

钢轨表面裂纹分两种：一种表面裂纹是非轮轨接触面的裂纹，如螺栓孔的裂纹、轨头下颚水平裂纹（轨头下颚透锈是轨头下颚水平裂纹因氧化而生锈的结果）、轨腰水平裂纹、轨头纵向裂纹、轨底裂纹等（图 1.16～图 1.21），这些裂纹主要是钢轨制造过程中的金属杂质或钢轨加工中形成的缺陷（毛刺、尖缺口、碰伤等）在弯曲、冲击荷载作用下产生的，这些表面裂纹一般会造成钢轨折断、揭盖，钢轨出现这些裂纹应判为重伤，发现后立即处理。钢轨表面裂纹另一种是钢轨轮轨接触面上的接触疲劳裂纹，一般情况下，由于这种裂纹沿列车运行方向呈 10°～15°夹角发展，深度一般为 2～5 mm，严重的达 8～10 mm，易导致钢轨剥离或掉块，严重的会造成钢轨断裂，但由于缺乏足够的资料和经验，目前还没有相应轻伤、重伤的标准，工务段应加强对

图 1.15　钢轨波浪形磨耗

这类裂纹的检查。

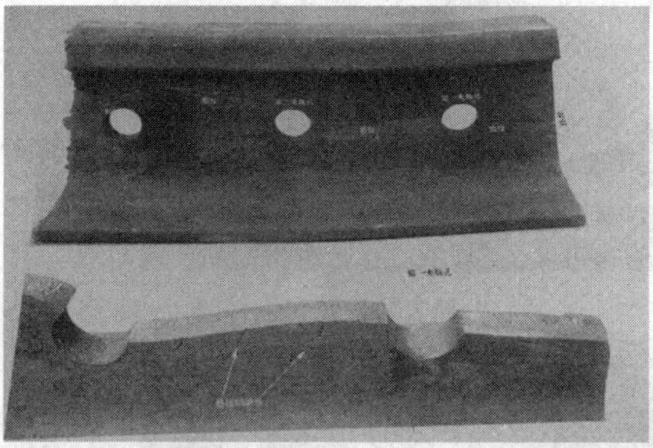

图 1.16　钢轨轨腰水平裂纹

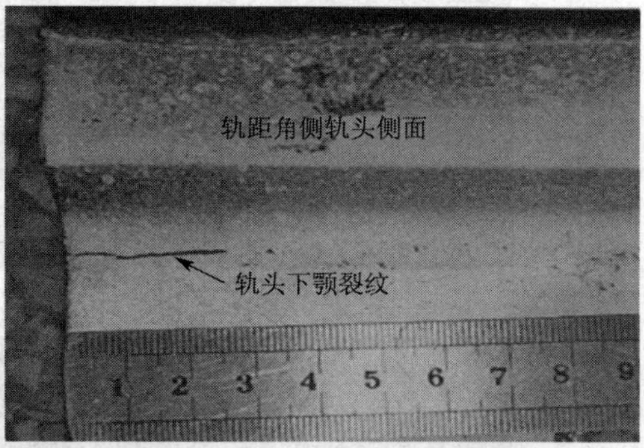

图 1.17　钢轨轨头下颚裂纹

图 1.18　钢轨轨头垂直裂纹

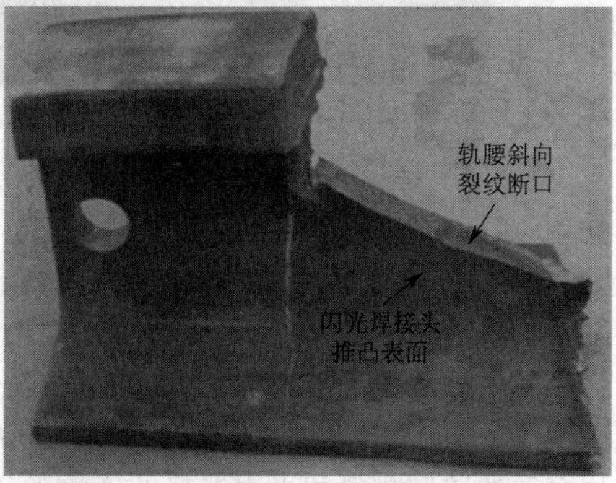

图 1.19　钢轨轨腰斜裂纹

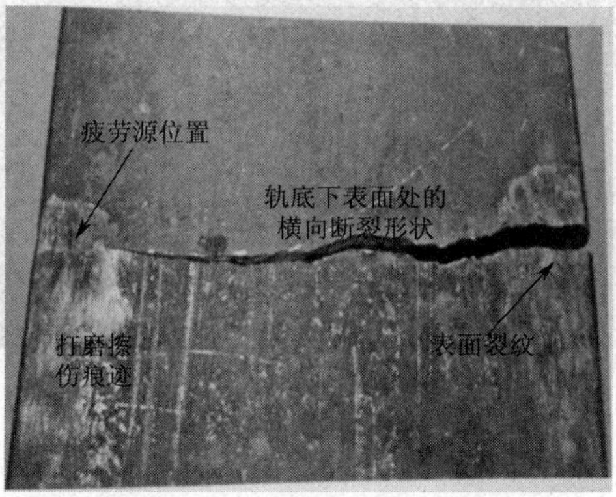

图 1.20　钢轨轨底横向裂纹

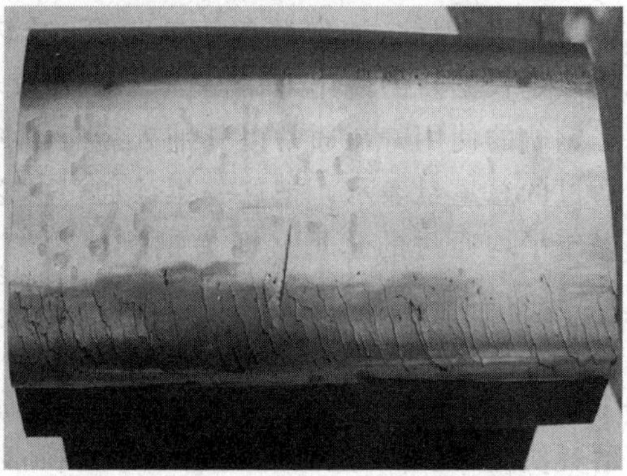

图 1.21　钢轨轮轨接触面上的接触疲劳裂纹

⑥钢轨内部裂纹

钢轨内部裂纹是指以非金属夹杂物为疲劳源在钢轨运营受力过程中在钢轨内发生和发展的裂纹(如白核、纵向裂纹)以及以接触疲劳形成的表面裂纹如鱼鳞裂纹、斜裂纹为疲劳源向钢轨内部扩散的裂纹(黑核)如图 1.22 所示。现场经验表明,核伤引起断轨的临界尺寸很难掌

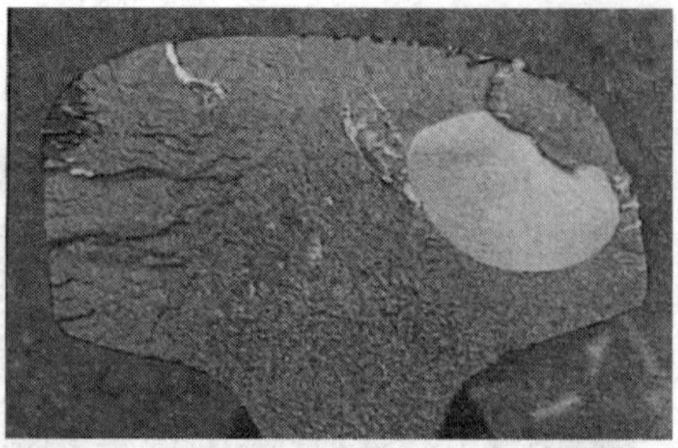

轨头白核

轨头黑核

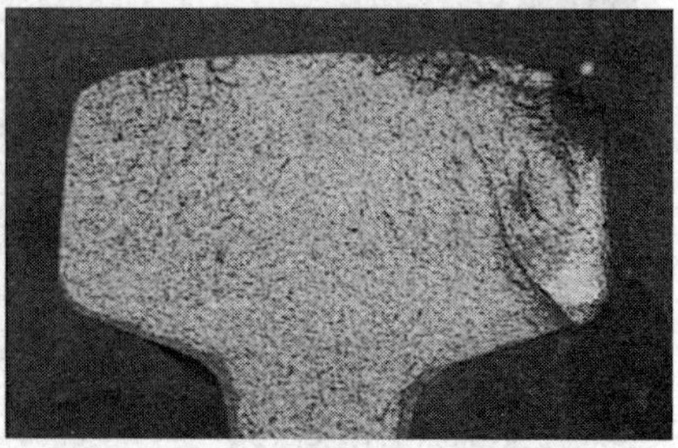

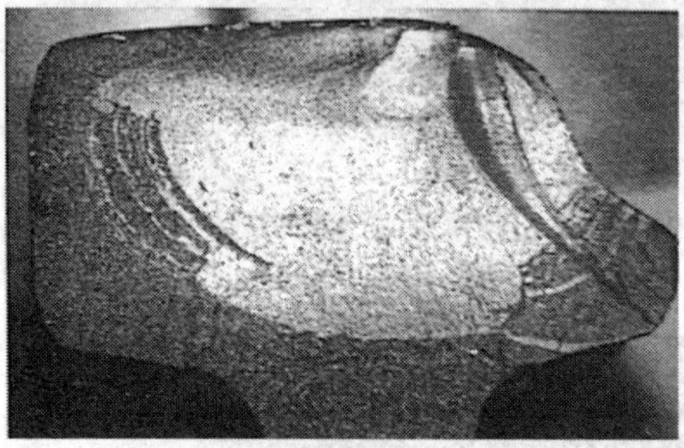

轮轨接触面鱼鳞裂纹引起轨头核伤

图 1.22　钢轨内部裂纹

握，发现必须按重伤处理。

⑦钢轨锈蚀

钢轨锈蚀减少了钢轨的金属断面积，降低了钢轨的强度，并且锈蚀坑的细裂纹往往会成为疲劳裂纹的扩展源，如图 1.23 所示。钢轨锈蚀主要发生在易受盐碱侵蚀的地段和隧道内，应选用合适的防锈材料和采用严格的施涂工艺。

(2)延长钢轨使用寿命的措施

钢轨是轨道设备极为重要的组成部分，投资大、耗钢多。因此，如何避免钢轨折断、减轻钢轨磨耗以延长钢轨的使用寿命，具有重要意义。

图 1.23　钢轨锈蚀

钢轨的使用寿命通常以其铺入后至更换前累计通过的总重量表示。把这一累计通过的总重量除以年平均通过的总重量即为钢轨使用寿命(年数)。铺设后通过的总重量达到一定数值时，应及时更换。如普通线路上 60 kg/m 钢轨为 6.0 亿 t、50 kg/m钢轨为 4.5 亿 t。钢轨的使用寿命主要由磨耗决定，铺设后达到磨耗超限才更换，以延长钢轨的使用寿命。延长钢轨使用寿命的措施有：

①采用合金钢轨或铺设重型轨；

②轨顶全长淬火，以提高钢轨耐磨和抗压性能；

③加强和改进线路结构，提高线路维修质量，以改善钢轨的工作条件；

④小半径曲线外轨内侧应定期涂油以减少侧面磨耗；

⑤对有伤损的钢轨及时焊补、修理或改铺到次要线路上。

2. 钢轨接头及轨缝

1)钢轨接头

在普通线路轨道上，钢轨与钢轨之间用夹板连接，其联结处称为钢轨接头。

(1)钢轨接头分类及结构形式

按其在两股轨线上的相互位置，钢轨接头分为相对式和相互式两种(图 1.24)。

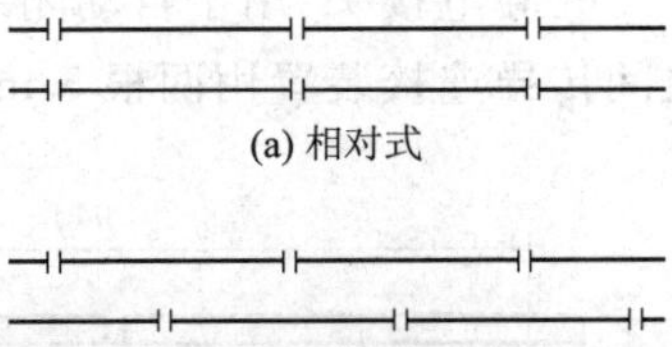

图 1.24　接头相对形式

按其相对轨枕的位置，钢轨接头分为悬空式和承垫式两种。钢轨接头悬于两根轨枕之间时，称为悬空式接头，如图 1.25、图 1.26 所示；钢轨接头压于轨枕之上时，称为承垫式接头，如图 1.27 所示。

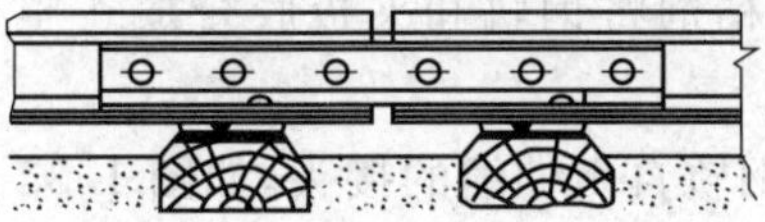
图 1.25　悬空式接头示意图

图 1.26　悬空式接头

按其用途和性能，钢轨接头可分为普通接头、异形接头、绝缘接头、导电接头、伸缩接头、冻结接头、胶结绝缘接头等。

①普通接头：即同类型钢轨铺设时的正常联结接头，如图 1.28 所示。

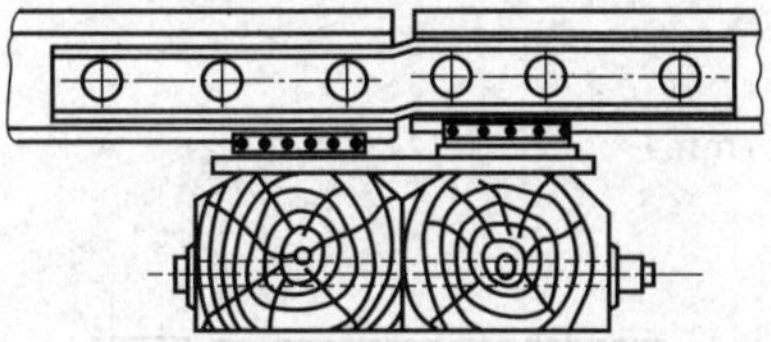
图 1.27　双枕承垫式接头示意图

图 1.28　普通接头

②异形接头：即不同类型钢轨互相联结的接头。在异形接头处，应使用异形夹板，如图 1.29所示。

图 1.29　异形接头

③导电接头:用于自动闭塞及电力牵引区段,供传导轨道电流或作为牵引电流回路之用。轨间传导连接装置用两根 5 mm 左右镀锌铁丝组成,如图 1.30 所示。

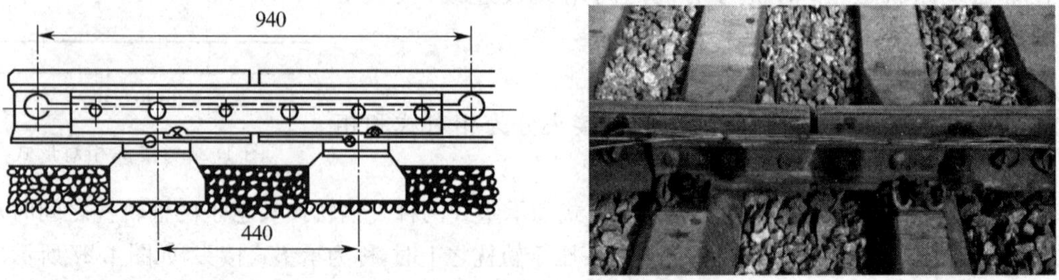

图 1.30　导电接头(单位:mm)

④绝缘接头:在钢轨、夹板与螺栓之间,螺栓孔四周以及轨端之间用尼龙绝缘套管和尼龙绝缘垫片将电流隔断,用于自动闭塞分区两端使信号电流不能从一个闭塞分区传到另一个闭塞分区的钢轨接头,如图 1.31 所示。用高强度绝缘胶粘剂将钢轨和夹板胶合成一整体的接头,称为胶接绝缘接头,如图 1.32 所示。

⑤冻结接头:用月牙垫片填塞螺栓孔的方法,阻止钢轨自由伸缩的接头,如图 1.33 所示。

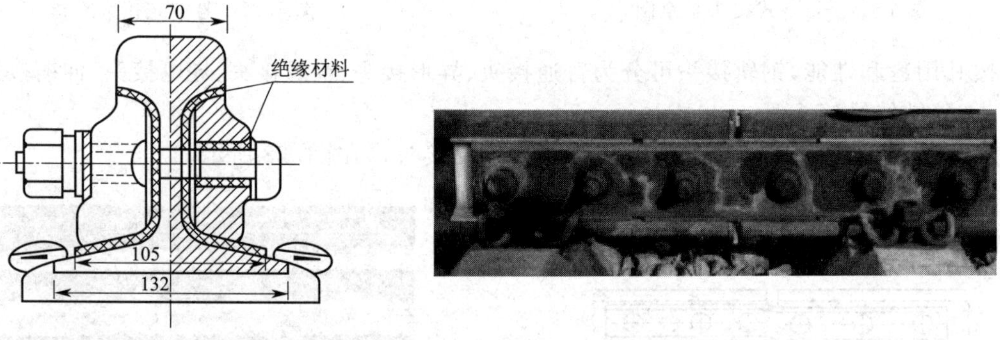

图 1.31　绝缘接头(单位:mm)

图 1.32　胶结绝缘接头

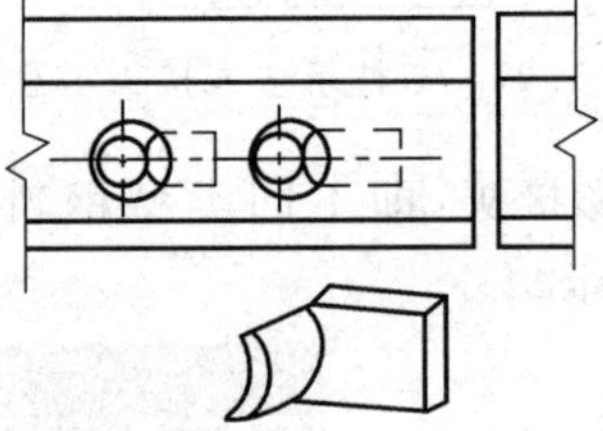

图 1.33　冻结接头示意图

⑥ 伸缩接头:也称尖轨接头或温度调节器。它是将接头以尖轨的形式联结,用于联结轨端伸缩量较大的轨道,如无缝线路及温度跨度大于 100 m 的两跨钢梁活动端的钢轨接头,如图 1.34 所示。

(2)接头联结零件

钢轨接头联结零件包括夹板、螺栓、螺母、垫圈等组成部分。其作用是联结钢轨,保持轨线的连续性,并传递和承受弯矩和纵、横向作用力。

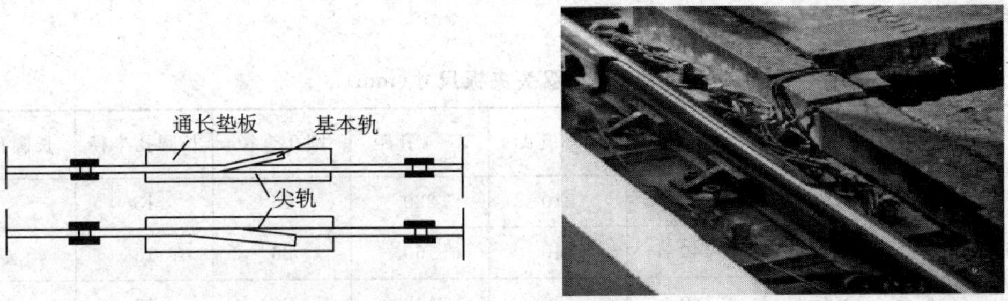

图 1.34　伸缩接头

钢轨夹板是承受弯矩、传递纵向力、阻止钢轨伸缩的重要部件。目前我国标准钢轨使用的夹板主要为双头式夹板，如图 1.35、图 1.36 所示。

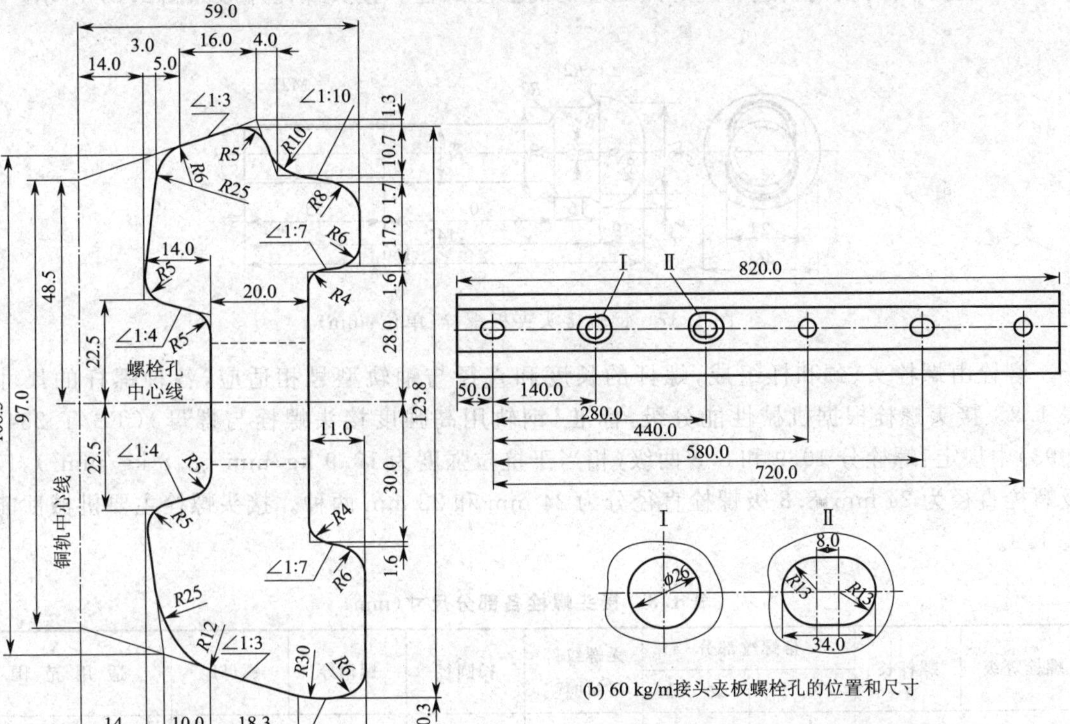

(a) 60 kg/m接头夹板的截面图

(b) 60 kg/m接头夹板螺栓孔的位置和尺寸

图 1.35　60 kg/m 接头夹板的形式尺寸(单位:mm)

双头夹板上有 6 个螺栓孔，圆形孔与长圆孔相间。为避免装、卸夹板或螺栓时互相干扰，螺栓方向要里外相间。圆形螺孔的直径较螺栓直径略大，长圆形螺栓孔的长径较螺栓头下突出部分的长径略大。依靠钢轨螺栓孔直径与螺栓直径之差，以及夹板圆形螺栓孔直径与螺栓直径之差，就可以使钢轨在预留轨缝值范围内随轨温变化而伸缩。

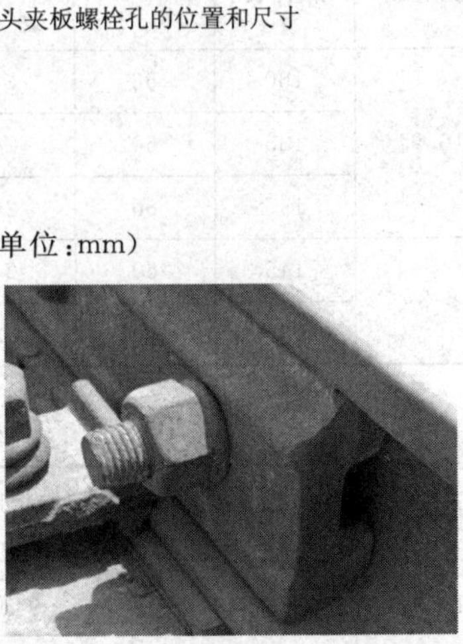

图 1.36　60 kg/m 钢轨接头夹板截面实物图

各种双头夹板的尺寸见表 1.7。

表 1.7　双头夹板尺寸(mm)

适用钢轨类型(kg/m)	夹板长	1～2 5～6孔距	2～3 4～5孔距	3～4 孔距	圆孔直径	长圆孔半径	长圆孔直线长
75	1 000	130	210	220	26	13	8
60	820	140	140	160	26	13	8
50	820	140	150	140	26	13	8
43、38	790	160	110	120	24	12	8

(3)接头螺栓、螺母及垫圈

螺栓宜采用高碳钢制造和经过热处理的高强度螺栓。接头螺栓外形如图 1.37 所示。

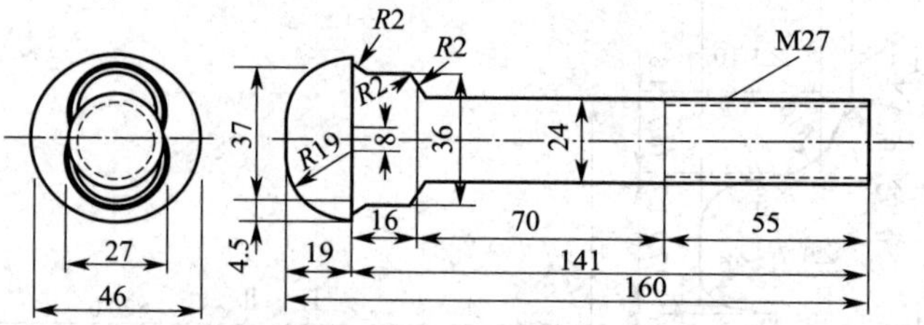

图 1.37　钢轨接头夹板螺栓(单位:mm)

螺栓由螺栓头、颈和杆组成,螺杆的长度和直径与钢轨型号相适应,各种螺杆的尺寸见表 1.8。接头螺栓根据机械性能分级,标准《钢轨用高强度接头螺栓与螺母》(TB/T 2347—1993)中规定:螺栓分 10.9 和 8.8 两级(相当于抗拉强度为 10.9 kg/mm^2、8.8 kg/mm^2),10.9 级螺栓直径为 24 mm,8.8 级螺栓直径分为 24 mm 和 22 mm 两种。接头螺栓主要机械性能见表 1.9。

表 1.8　接头螺栓各部分尺寸(mm)

螺栓等级	螺杆长	带螺纹部分		无螺纹部分杆径	长圆径	螺帽厚	螺母厚	适 用 范 围
		杆 长	纹 径					
10.9	160	66	24	20.051	32	16	24	75 kg/m 钢轨
	135	60	24	22.051	32	16	24	60 kg/m 钢轨
	145	60	24	22.051	32	16	24	50 kg/m 钢轨
8.8	145	60	24	22.051	32	16	24	同上
	135	50	22	20.376	30	15	22	43、38 kg/m 钢轨

表 1.9　接头螺栓主要机械性能

螺栓等级	抗拉强度 σ_b (N/mm^2)	屈服极限 σ_s (N/mm^2)	洛氏硬度 HRC (min/max)	伸长率 σ_s (%)	螺栓等级标志
10.9	1 040	940	34/41	9	螺帽为平锥头
8.8	830	660	25/35	12	螺帽为半圆球头,加两圈凸棱

高强度螺母均为 10 级，其载荷应力为 1 060 MPa。垫圈是为了防止螺母松动，普通线路用弹簧垫圈(单圈)，其断面形状有圆形和矩形两种。在无缝线路上还应当在弹簧垫圈外再加设高强度平垫圈。

2)轨缝

普通线路钢轨接头，应根据钢轨长度，轨温变化及钢轨伸缩规律预留轨缝，预留轨缝的条件是：

(1)当轨温达到当地最高轨温时轨缝大于或等于零，轨端不受顶力。

(2)当轨温达到当地最低轨温时轨缝小于或等于构造轨缝，接头螺栓不受剪力。

预留轨缝计算公式：

$$a_0 = \alpha L(t_z - t_0) + \frac{1}{2}a_g \tag{1.1}$$

式中　a_0——更换钢轨或调整轨缝时的预留轨缝(mm)；

α——钢的线膨胀系数，为 0.011 8(mm/m ℃)；

L——钢轨长度(m)；

t_z——更换钢轨或调整轨缝地区的中间轨温(℃)，且

$$t_z = \frac{1}{2}(T_{max} + T_{min})$$

其中　T_{max}，T_{min}——当地历史最高和最低轨温(℃)；

t_0——更换钢轨或调整轨缝时的轨温(℃)；

a_g——构造轨缝，均采用 18 mm。

最高、最低轨温差小于 85 ℃地区，在按上式计算以后，亦可根据具体情况，将轨缝值减小 1～2 mm。对 25 m 长的钢轨，只允许铺设在当地历史最高、最低轨温差为 100 ℃以下的地区，否则应个别设计。

12.5 m 钢轨地段，更换钢轨或调整轨缝时的轨温不受限制。对于 25 m 钢轨地段，更换钢轨或调整轨缝时的轨温限制范围为(t_z+30 ℃)～(t_z−30 ℃)；最高、最低轨温差小于 85 ℃地区，如将轨缝值减小 1～2 mm，轨温限制范围相应地降低 3～7 ℃。特殊情况下，在轨温限制范围以外更换的 25 m 钢轨，必须在轨温限制范围以内时调整轨缝，使其符合以上规定的标准。轨缝应设置均匀，每千米轨缝总误差：25 m 钢轨地段不得大于 80 mm；12.5 m 钢轨地段不得大于 160 mm。绝缘接头轨缝不得小于 6 mm。

3)接头使用规定

(1)钢轨接头应采用相对式联结方式。曲线地段外股应使用标准长度钢轨，内股应使用厂制缩短轨调整钢轨接头位置。剩余少量相错量，应利用钢轨长度误差量在曲线内调整，有困难时可在直线上调整。直线地段应按钢轨长度误差量配对使用。在每节轨上相差量不应大于3 mm，并应前后、左右抵消，在两股钢轨上累计相差量最大不得大于15 mm。

(2)正线及客车径路钢轨异形接头必须使用异形钢轨。

(3)下列位置不应有钢轨接头，如不可避免时，应将其焊接、冻结或胶接：桥长在 20 m 及以下的明桥面上；允许速度大于 120 km/h 区段的钢梁明桥面上；钢梁端、无砟无枕梁端、拱桥温度伸缩缝和拱顶处前后各 2 m 范围内，纵横梁连接处距横梁边缘 0.6 m 范围内；设有温度

调节器的钢梁，在温度跨度（由一孔钢梁的固定支座至相邻梁固定支座或桥台挡砟墙的长度）范围内；平交道口铺面范围内。

1.3 轨 枕

1.3.1 学习目标

1. 知识目标

(1)掌握轨枕的功用、分类方法及轨枕的类型。

(2)掌握木枕的断面及要求。

(3)掌握木枕伤损的种类及标准。

(4)掌握混凝土枕的类型。

(5)掌握混凝土枕伤损的种类及标准。

(6)掌握混凝土宽枕的特点。

(7)掌握轨枕配置的要求。

2. 能力目标

(1)能进行轨枕类型的判别。

(2)能进行木枕类型的判别。

(3)能进行木枕伤损判别和防治。

(4)能进行混凝土枕类型的判别。

(5)能进行混凝土枕伤损判别和防治。

(6)能进行轨枕间距的确定。

1.3.2 相关学习内容

1. 轨枕基本知识

1)轨枕的功用和种类

轨枕承受来自钢轨的各向压力，并弹性地传布于道床，保持钢轨的位置、方向和轨距。因此，轨枕应具有必要的坚固性、弹性和耐久性，并应便于固定钢轨，且造价低廉、制作简单、铺设及养护方便。轨枕的种类，按材料分有木枕、混凝土枕和钢枕；按用途分有普通轨枕、岔枕和桥枕等。

2)木枕

木枕又称枕木，如图 1.38 所示。它具有弹性好，易于加工制作，运输、铺设、养护维修方便，与钢轨的连接较简便，绝缘性能好，成本低等优点。但也存在着容易腐朽、磨损，使用寿命短，弹性不一致，轨道几何形位不易有效保持等缺点。制作木枕的树种，要求坚韧而富有弹性，并且必须具有较高的抗腐蚀能力。

图 1.38 木枕

(1)木枕的分类及断面尺寸

木枕按用途分为普通木枕、道岔木枕和桥枕等几种。国家标准规定的普通木枕分为Ⅰ、Ⅱ

两类，Ⅰ类木枕多用于正线，Ⅱ类木枕用于站线。道岔木枕不分类。

木枕的断面一般为矩形，尺寸根据轨距、轨道结构、运营条件及养护维修作业等条件加以确定。普通木枕的标准长度为2.5 m，木枕的断面形状如图1.39所示。

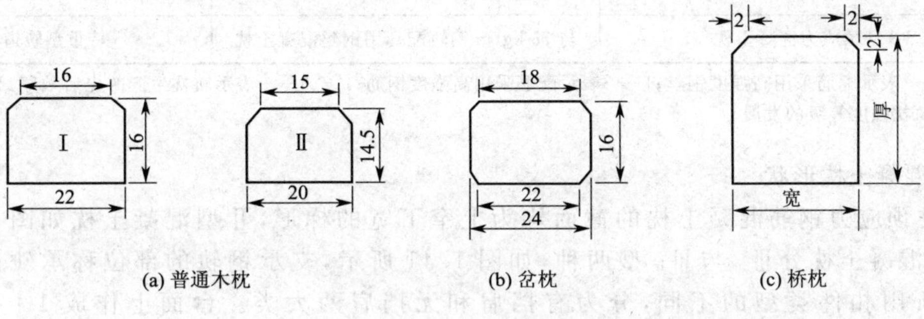

图1.39　木枕横断面(单位:cm)

(2)木枕使用规定

①木枕宽面在下，顶面与底面同宽时应使树心一面向下；

②接头处应使用质量较好的木枕；

③木枕铺设前应捆扎；

④使用新木枕应先钻孔，孔径为12.5 mm，有铁垫板时孔深为110 mm，无铁垫板时为130 mm，使用螺纹道钉时应比照道钉处理；

⑤改道用的道钉孔木片规格应为长110 mm、宽15 mm，厚5～10 mm，并经过防腐处理。

(3)木枕(含木岔枕)失效标准

①腐朽失去承压能力，钉孔腐朽无处改孔，不能持钉；

②折断或拼接的接合部分离，不能保持轨距；

③机械磨损，经削平或除去腐朽木质后，容许速度大于120 km/h的线路，其厚度不足140 mm，其他线路不足100 mm；

④劈裂或其他伤损，不能承压、持钉。

3)混凝土枕

混凝土枕的特点是自重大、刚度大，与木枕线路相比其在荷载作用下的挠度较小，但弹性较差，列车通过不平顺的混凝土枕线路时，轨道附加动力增大。为了增加弹性，减缓列车的动力冲击作用，在钢轨和轨枕之间必须加设弹性垫层，并采用富有弹性的联结扣件，以提高线路的抗振能力。

我国普速铁路允许速度大于120 km/h的线路要求采用Ⅲ型混凝土枕；允许速度小于120 km/h区段和站线可采用Ⅲ型或新Ⅱ型混凝土枕，道岔采用混凝土岔枕，铺设护轨的桥上采用新$Ⅲ_{qa}$桥枕，对于基础刚度较大的如隧道、桥涵以及道床厚度不足的区段，为减少列车冲击荷载、减少道床粉化，逐步淘汰木枕和木岔枕，为提高轨枕弹性和保护环境，我国研制了复合材料轨枕并正在进行试铺试验。

(1)混凝土枕类型

我国使用的混凝土枕，现行标准分为三级，并与不同轨道类型配套使用，见表1.10。

表 1.10　混凝土枕的名称与适用范围

统 一 名 称	原 名 称	适 用 范 围
S-1 型预应力混凝土枕	丝 79 型预应力混凝土枕	中、轻型轨道
S-2、J-2 型预应力混凝土枕	筋(丝)81 型预应力混凝土枕	重型、次重型轨道
S-3 型预应力混凝土枕	与 75 kg/m 钢轨配套用钢丝混凝土枕	特重型轨道

注：S——表示配筋采用高强度钢丝；J——表示配筋采用高强度钢筋；1、2、3——表示轨枕生产的先后顺序，又表示混凝土轨枕强度等级的发展。

(2)混凝土枕形状

各类预应力钢筋混凝土枕的截面均为上窄下宽的梯形，Ⅱ型混凝土枕如图 1.40 所示，Ⅲ型混凝土枕分Ⅲ$_a$与Ⅲ$_b$型两种，如图 1.41 所示，支承钢轨的部位称承轨台，承轨台根据所用扣件类型的不同，分为有挡肩和无挡肩两大类。台面上作成 1∶40 的轨底坡。

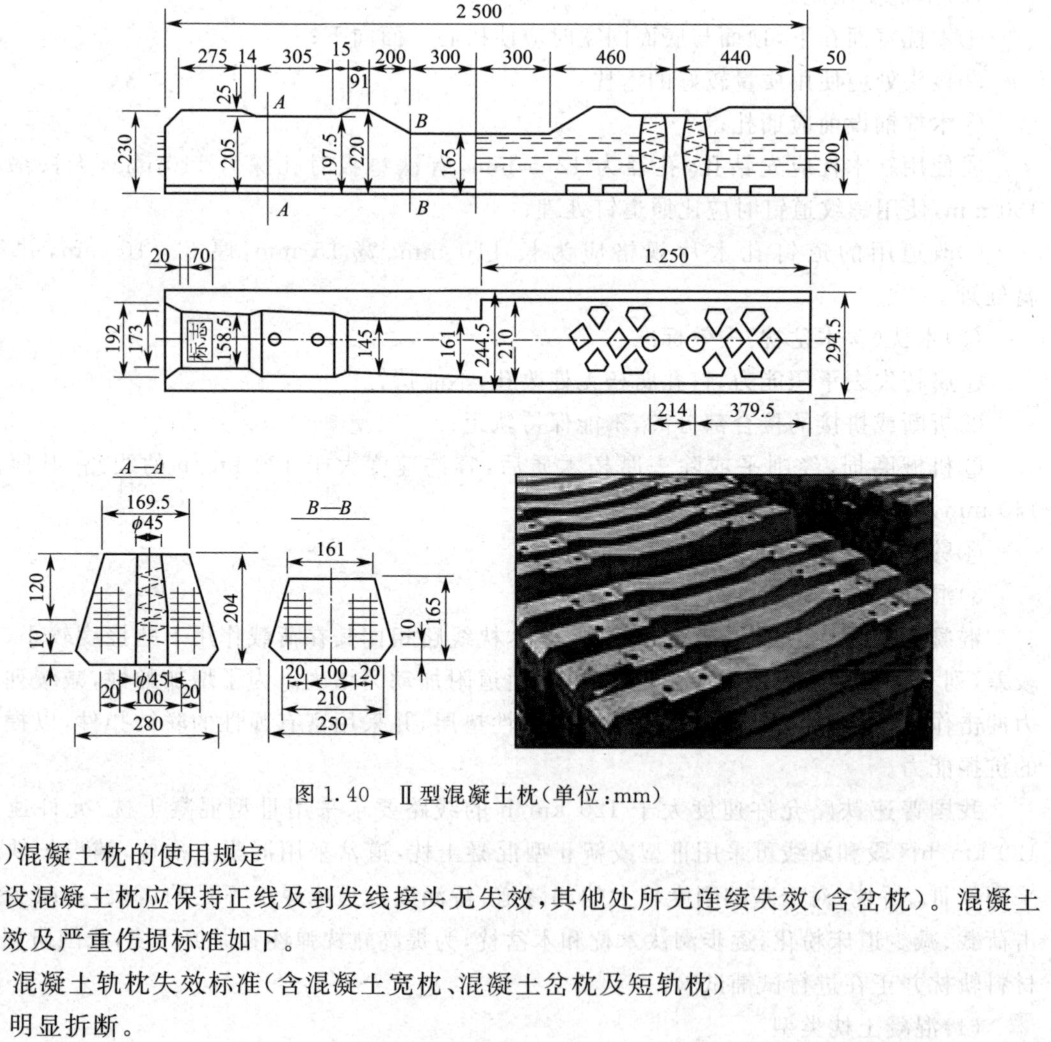

图 1.40　Ⅱ型混凝土枕(单位：mm)

(3)混凝土枕的使用规定

铺设混凝土枕应保持正线及到发线接头无失效，其他处所无连续失效(含岔枕)。混凝土轨枕失效及严重伤损标准如下。

① 混凝土轨枕失效标准(含混凝土宽枕、混凝土岔枕及短轨枕)

a. 明显折断。

b. 纵向通裂：

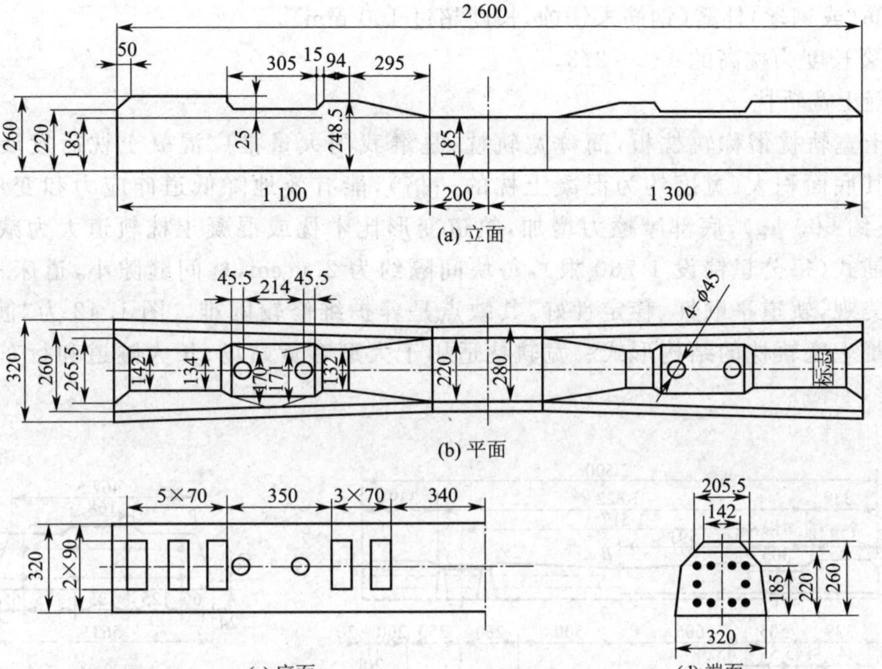

Ⅲ$_a$型混凝土枕

Ⅲ$_b$型混凝土枕

图 1-41　Ⅲ型混凝土枕(单位:mm)

ⅰ. 挡肩顶角处缝宽大于 1.5 mm;

ⅱ. 纵向水平裂纹基本贯通(缝宽大于 0.5 mm)。

c. 横裂(或斜裂)接近环状裂纹(残余裂缝宽度超过 0.5 mm 或长度超过 2/3 枕高)。

d. 挡肩破损,接近失去支承能力(破损长度超过挡肩长度的 1/2)。

e. 严重掉块,影响钢轨或扣件正常安装及使用,或影响轨枕其他正常使用功能。

②混凝土轨枕严重伤损标准

a. 横裂裂纹长度为枕高的 1/2～2/3。

b. 纵裂:

ⅰ. 两螺栓孔间纵裂(挡肩顶角处缝宽不大于 1.5 mm);

ⅱ. 纵向水平裂纹基本贯通(缝宽不大于 0.5 mm)。

c. 挡肩破损长度为挡肩长度的 1/3～1/2。

d. 严重网状龟裂和掉块。

e. 承轨槽压溃，深度超过 2 mm。

f. 钢筋（或钢丝）外露（钢筋未锈蚀，长度超过 100 mm）。

g. 斜裂长度为枕高的 1/2～2/3。

4)混凝土宽轨枕

混凝土宽轨枕俗称轨枕板，简称宽轨枕，是继我国大量推广混凝土枕后发展起来的轨道结构。其底面积大（宽度约为混凝土枕的一倍），能有效地降低道砟应力和变形，加之质量大（每块约 500 kg），底部摩擦力增加，轨道变形比木枕或混凝土枕轨道大为减少。宽轨枕采用密铺式（每公里铺设 1 760 根），每块间隔约为 2.6 cm，枕间缝隙小，道床不易脏污，外观整洁美观，轨道平顺性、稳定性好，其缺点是养护维修较困难。图 1.42 为“筋-82”预应力钢筋混凝土宽轨枕的结构形式。宽轨枕适用于大型客货站场、长大隧道和行车密度大的线路。

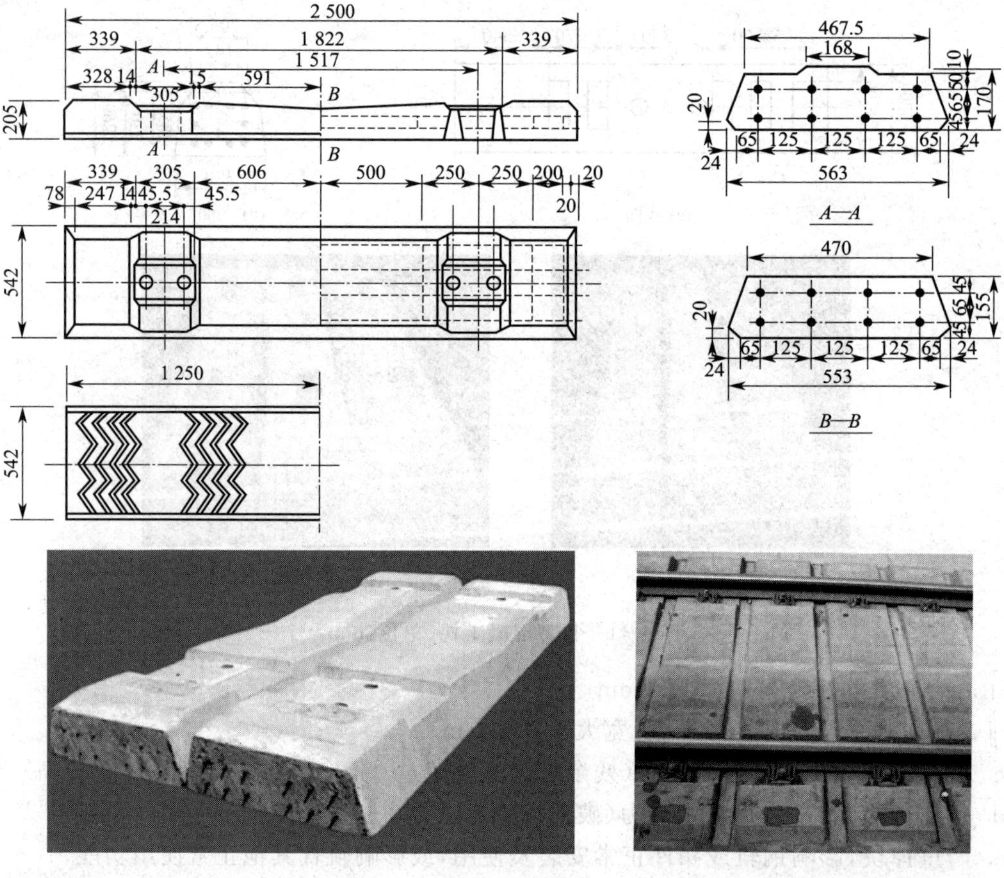

图 1.42　混凝土宽枕（单位：mm）

2. 轨枕配置

轨枕每公里配置的根数，应根据运量、行车速度及轨道的设备条件确定，并与钢轨及道床等综合考虑、合理配套，以求在最经济的条件下，保证轨道具有足够的强度和稳定性。允许速度大于 120 km/h 正线铺设Ⅲ型混凝土枕，允许速度不大于 120 km/h 正线宜铺设Ⅲ型混凝土枕。

我国铁路规定了每公里线路最多铺设的轨枕根数，即：木枕 1 920 根；Ⅰ型、Ⅱ型混凝土枕 1840 根；Ⅲ型混凝土枕 1667 根；混凝土宽枕 1760 根。每公里最少铺设轨枕根数均为 1440 根。每公里铺设数量由线路等级决定，对于正线轨道，可根据表 1.11 选定。

表 1.11　a. 正线轨枕类型和配置根数标准

项　目		单位	Ⅰ级铁路				Ⅱ级铁路	
运营条件	旅客列车设计行车速度	km/h	200	160	120		≤120	
	货物列车设计行车速度	km/h	≤120	≤120	≤80		≤80	
混凝土枕	型　号	—	Ⅲ	Ⅲ	Ⅲ	新Ⅱ	Ⅲ	新Ⅱ
	铺枕根数	根/km	1 667	1 667	1 667	1 760	1 667	1 760

b. 站线轨枕类型和配置根数标准

项　目		单位	到　发　线				其他站线
			无缝线路		普通线路		
混凝土枕	型　号	—	Ⅲ	新Ⅱ	Ⅲ	新Ⅱ	新Ⅱ
	铺枕根数	根/km	1 667	1 760	1 600	1 600～1 760	1 600

但符合下列条件之一的正线木枕或Ⅱ型混凝土枕地段应加强，增加轨枕配置根数：

(1)半径为 800 m 及以下的曲线地段(含两端缓和曲线)；

(2)坡度大于 12‰的下坡制动地段。

上述条件重叠时，铺设数量只增加一次，轨枕加强地段每千米增加的轨枕数量和最多铺设根数如表 1.12 所示。

表 1.12　每千米增加的轨枕数量和最多铺设根数

轨枕类型	新Ⅱ型混凝土枕	木　枕
增加的轨枕数量(根/km)	80	160
最多铺设根数(根/km)	1 840	1 920

每公里铺设的轨枕根数确定以后，每节钢轨下轨枕的间距并不完全是平均分布的，这是因为在普通轨道上为了加强接头，悬空式接头处轨枕的间距 c 要比钢轨中部轨枕的间距 a 为小，而 a 与 c 之间还应有一个过渡的轨枕间距 b，一般 $a>b>c$。接头处两根轨枕的间距 c 可根据接头构造而定：对于 50 kg/m 及以上钢轨，木枕接头间距为 440 mm，混凝土枕接头间距为 540 mm。43 kg/m 及以下钢轨 c 值均采用 500 mm。

《普速铁路线路修理规则》(简称《修规》)中规定的轨枕间距见表 1.13。对于无缝线路，轨枕间距应均匀布置。轨枕间距尺寸按《修规》中有关规定设置，见表 1.14。

非标准长度钢轨的轨枕配置根数和间距可参考表 1.13，通过计算采用接近值，但 a 的值不得比标准大 20 mm。

下列地段不宜铺设混凝土枕：

(1)铺设木岔枕的普通道岔两端各 5 根轨枕；

(2)明桥面和铺设木枕的有砟桥的桥台挡砟墙范围内及其不少于 15 根轨枕(有护轨时应延至梭头外不少于 5 根轨枕)。

表 1.13　普通线路轨枕间距

轨　型	钢轨长度(m)	每千米配置根数	每节钢轨配置根数	木　枕(mm)			混凝土枕(mm)		
				c	b	a	c	b	a
75 kg/m、60 kg/m 或 50 kg/m	12.5	1 600	20	440	594	640	540	587	635
		1 680	21	440	544	610	540	584	600
		1 760	22	440	524	580	540	569	570
		1 840	23	440	534	550	540	544	544
		1 920	24	440	469	530	—	—	—
	25.0	1 600	40	440	537	635	540	579	630
		1 680	42	440	487	605	540	573	598
		1 760	44	440	497	575	540	549	570
		1 840	46	440	459	550	540	538	544
		1 920	48	440	472	525	—	—	—
43 kg/m 或 38 kg/m	12.5	1 440	18	500	604	720	500	604	720
		1 520	19	500	604	675	500	604	675
		1 600	20	500	564	640	500	564	640
		1 680	21	500	559	605	500	559	605
		1 760	22	500	541	575	500	541	575
		1 840	23	500	504	550	500	504	550
		1 920	24	500	513	523	—	—	—
	25.0	1 440	36	500	622	705	500	622	705
		1 520	38	500	617	665	500	617	665
		1 600	40	500	599	630	500	599	630
		1 680	42	500	554	600	500	554	600
		1 760	44	500	569	570	500	569	570
		1 840	46	500	537	545	500	537	545
		1 920	48	500	509	522	—	—	—

表 1.14　无缝线路轨枕间距表

轨枕配置根数(根/km)	轨枕间距(mm)	轨枕配置根数(根/km)	轨枕间距(mm)
1 667	600.0	1 840	543.5
1 760	568.2	1 920	520.8

轨枕应按设计技术条件规定的标准铺设,非同类型轨枕不得混铺(道岔内专用钢枕除外)。混凝土枕与木枕、混凝土枕与混凝土宽枕的分界处距钢轨接头不得少于5根轨枕。木枕与混凝土宽枕之间,应用混凝土枕过渡,其长度不得少于25 m。铺设混凝土岔枕,应用Ⅲ型混凝土枕过渡。

①道岔直向过渡枕

v_{max}≤120 km/h 时,道岔直向两端过渡枕均不得少于50根;v_{max}>120 km/h 时,道岔直向两端过渡枕均不得少于75根。

②道岔侧向过渡枕(含岔后长岔枕)

18号道岔侧向过渡枕不得少于38根;30号及以上道岔侧向过渡枕不得少于65根。同一岔区道岔与道岔之间应铺设与过渡枕同规格的轨枕。

1.4 扣 件

1.4.1 学习目标

1. 知识目标

(1)掌握扣件的功用、分类方法及扣件类型。

(2)掌握木枕扣件的类型及组成。

(3)掌握木枕扣件伤损的种类及标准。

(4)掌握混凝土枕的扣件类型。

(5)掌握混凝土枕扣件伤损的种类及标准。

(6)掌握高速铁路有砟轨道扣件的种类及组成。

(7)掌握高速铁路无砟轨道扣件的种类及组成。

2. 能力目标

(1)能进行扣件类型的判别。

(2)能进行木枕扣件类型的判别。

(3)能进行木枕扣件伤损判别和防治。

(4)能进行混凝土枕扣件类型的判别。

(5)能进行混凝土枕扣件伤损判别和防治。

(6)能进行高速铁路有砟轨道扣件类型的判别。

(7)能进行高速铁路无砟轨道扣件类型的判别。

1.4.2 相关学习内容

钢轨与轨枕间的联结是通过中间联结零件实现的。中间联结零件也称扣件,扣件必须具有足够的强度、耐久性和一定的弹性,能长期有效地保持钢轨与轨枕的可靠联结,阻止钢轨相对于轨枕的移动,并能在动力作用下充分发挥其缓冲减振性能,延缓轨道残余变形积累。此外,扣件还应构造简单,便于安装、拆卸和养护维修。

1. 木枕扣件

木枕扣件主要有混合式和分开式两种。

(1)混合式扣件

混合式扣件如图 1.43 所示,零件有道钉和五孔双肩铁垫板。混合式扣件是我国铁路木枕轨道上使用最广泛的一种扣紧方式。它除用道钉将钢轨、垫板和木枕一起扣紧外,还另用道钉将垫板与木枕单独扣紧。这种扣紧方式可减轻垫板的振动,且零件少、安装方便。其缺点是扣压力小,且钢轨受荷载后向上挠曲时,易将道钉拔起,降低扣压力。普通道钉外形如图 1.44 所示,50 kg/m 钢轨用铁垫板如图 1.45 所示。

(2)分开式扣件(图 1.46)

分开式扣件是用 4 个螺纹道钉联结垫板与木枕,两个底脚螺栓扣压钢轨与垫板,其道钉和底脚螺栓构成 K 形,故又称 K 形分开式扣件。分开式扣件扣压力大,可有效防止钢轨爬行。其缺点是零件多、用钢量大、更换钢轨麻烦。分开式扣件主要用在无砟桥上。

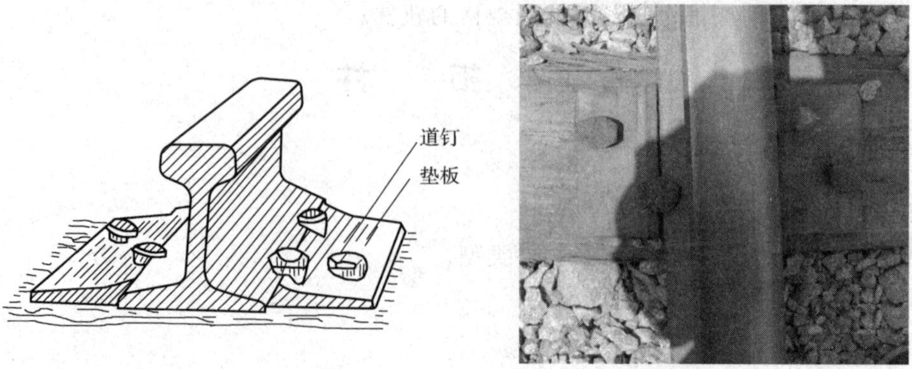

图 1.43　混合式扣件

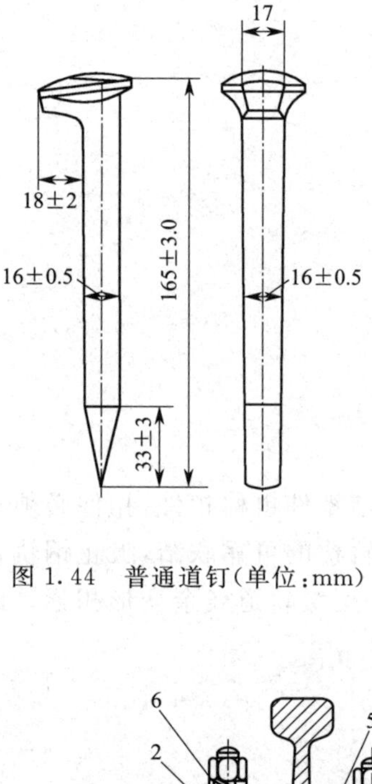

图 1.44　普通道钉(单位:mm)

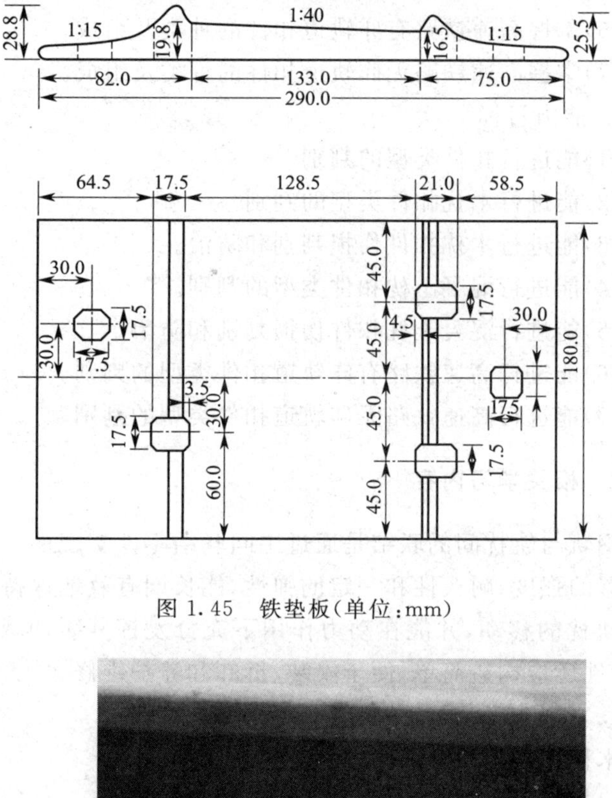

图 1.45　铁垫板(单位:mm)

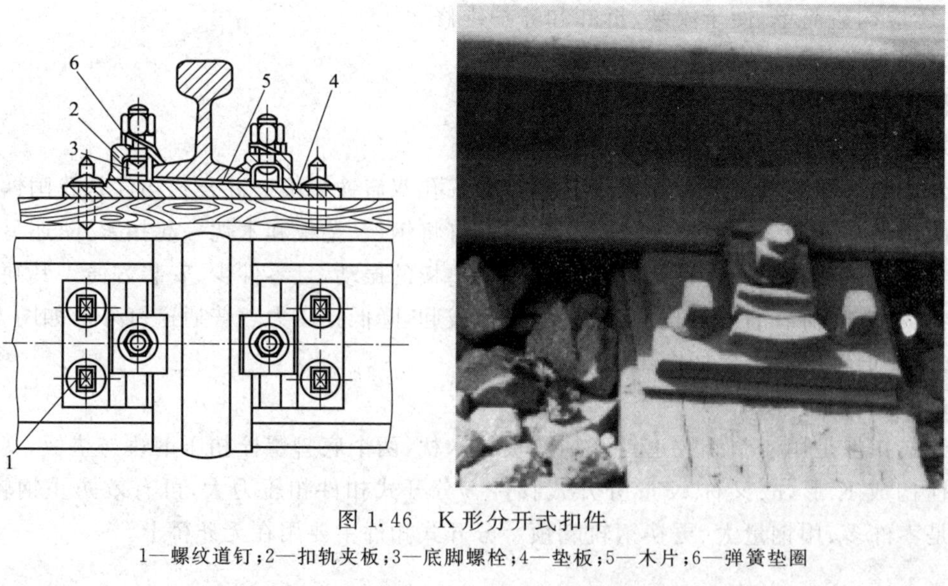

图 1.46　K 形分开式扣件

1—螺纹道钉;2—扣轨夹板;3—底脚螺栓;4—垫板;5—木片;6—弹簧垫圈

(3)木枕扣件使用规定

①钉道钉的规定如下。

a. 有铁垫板时,直线及半径800 m以上的曲线地段,每根木枕上每股钢轨内外侧各钉1个道钉;半径在800 m及以下的曲线(含缓和曲线)地段,内侧加钉1个道钉。铁垫板与木枕的联结道钉必须钉齐(冻害地段、明桥面除外)。

b. 无铁垫板时,每根木枕上每股钢轨的内外侧各钉1个道钉,4个道钉位置成八字形,道钉中心至木枕边缘的距离应大于50 mm,钢轨内外侧道钉应错开80 mm以上。

②铁垫板和道钉应齐全、作用良好,缺少时应及时补充,道钉浮起或松动时应及时整治。伤损达到下列标准,应有计划地更换。

a. 铁垫板折断、变形、严重锈蚀或丧失固定立柱螺栓功能。

b. 道钉钉头脱落、严重锈蚀或下磨耗达3 mm及以上。

2. 混凝土枕扣件

(1)扣件性能

混凝土枕由于重量大、刚度大的特点,对扣件性能要求较高,对其扣压力、弹性和可调性均有较严格要求。混凝土枕扣件应具备如下性能:

①足够的扣压力。这是钢轨和轨枕联结的重要保证。足够的扣压力是指当钢轨弯曲和转动时,不致使轨底沿垫板发生纵向位移,即要求扣件的纵向阻力大于道床的纵向阻力。我国每根轨枕的纵向阻力约为10 kN,一组扣件的纵向阻力以15～25 kN为宜,与之相应的扣压力约为10 kN。当然扣压力也不宜太大,否则会使扣件弹性急剧下降,影响扣件使用寿命。

②适当的弹性。混凝土枕线路的弹性较差,因而混凝土枕线路在垂直和水平方向的弹性主要靠扣件提供。适当的弹性可减小荷载的冲击作用,减小簧下振动加速度,延长部件使用寿命。扣件弹性主要由橡胶垫板和弹条等部件提供。

③具有一定的轨距和水平调整量。混凝土枕的螺栓孔间距和承轨槽宽度都是一定的,当曲线轨距需要加宽或因钢轨磨耗使轨距扩大时,都需要通过扣件对轨距进行调整。维修中也需要通过扣件来调整两股钢轨的水平。

④混凝土枕扣件还要求具有绝缘性能。

(2)扣件类型

我国普速铁路混凝土枕扣件,主要有扣板式扣件和弹条扣件。其中弹条扣件分为弹条Ⅰ型、Ⅱ型、Ⅲ型扣件。

①扣板式扣件

扣板式扣件主要由扣板、螺纹道钉、弹簧垫圈、铁座及绝缘缓冲垫板组成,如图1.47所示。

扣板式扣件零件简单,调整轨距比较方便,但弹性和扣压力较低,在使用过程中容易松动,适用于50 kg/m及以下钢轨的线路上。

②弹条Ⅰ型扣件

弹条Ⅰ型扣件主要由ω形弹条、螺纹道钉、轨距挡板、挡板座及弹性橡胶垫板等组成。图1.48为60 kg/m钢轨用弹条Ⅰ型扣件。

弹条用于弹性扣压钢轨,要求保持一定的扣压力及足够的强度。弹条有A、B两种型号,对于50 kg/m钢轨除使用14号接头轨距挡板时安装B型弹条外,其余均安装A型弹条,

60 kg/m钢轨则一律安装 B 型弹条。

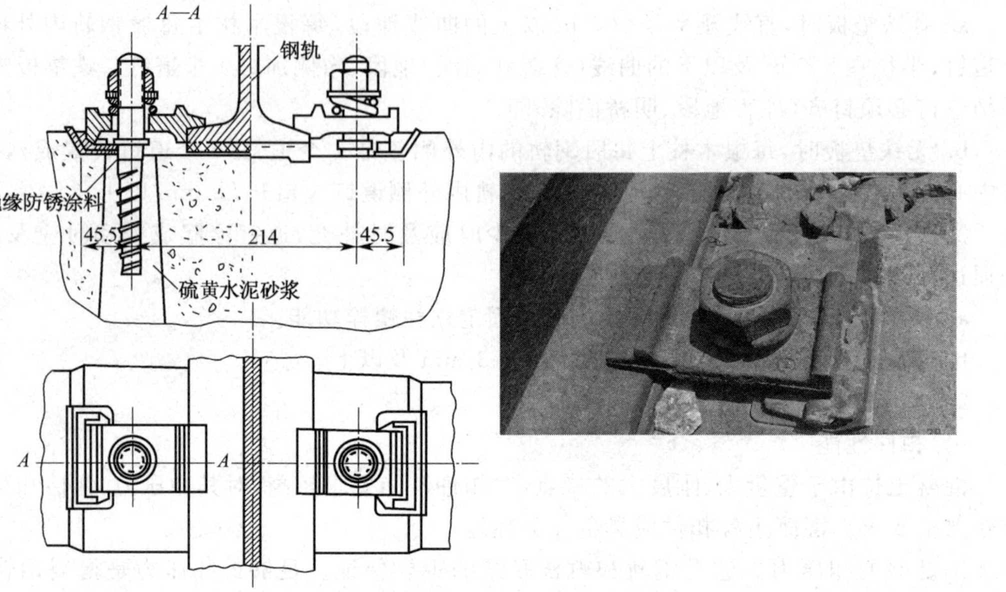

图 1.47　扣板式扣件(单位:mm)

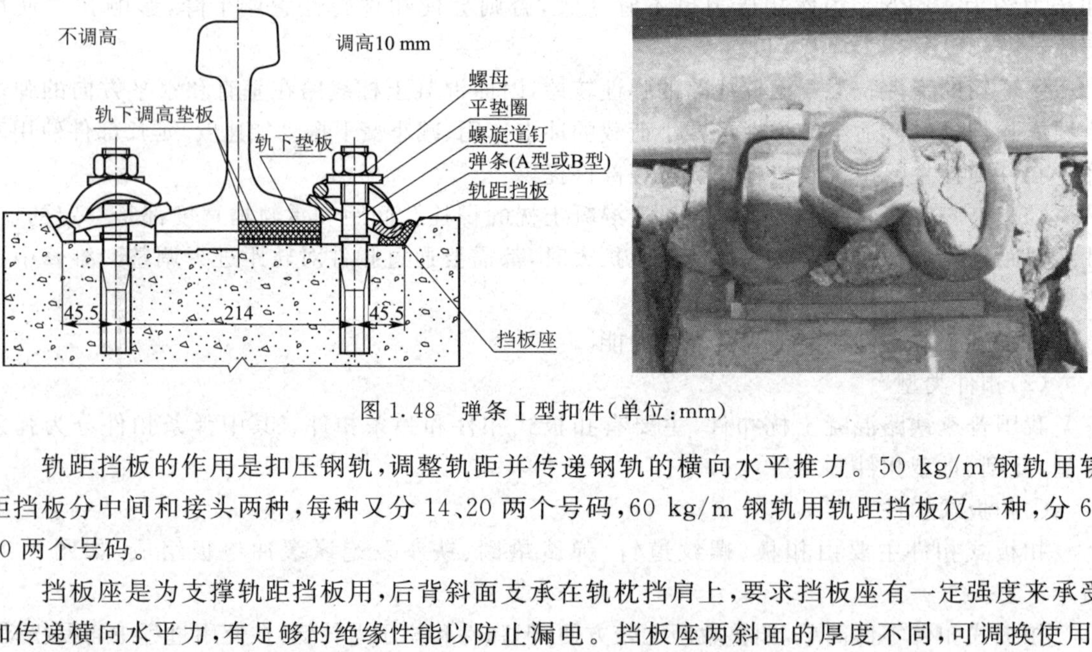

图 1.48　弹条Ⅰ型扣件(单位:mm)

轨距挡板的作用是扣压钢轨,调整轨距并传递钢轨的横向水平推力。50 kg/m 钢轨用轨距挡板分中间和接头两种,每种又分 14、20 两个号码,60 kg/m 钢轨用轨距挡板仅一种,分 6、10 两个号码。

挡板座是为支撑轨距挡板用,后背斜面支承在轨枕挡肩上,要求挡板座有一定强度来承受和传递横向水平力,有足够的绝缘性能以防止漏电。挡板座两斜面的厚度不同,可调换使用,也可起到调整轨距的作用。50 kg/m 钢轨有 2～4 和 0～6 两种号码,而 60 kg/m 钢轨只有 2～4 一种号码。

③弹条Ⅱ型扣件

弹条Ⅱ型扣件除弹条采用新材料重新设计外,其余部件与弹条Ⅰ型扣件通用,仍为带挡肩、有螺栓扣件。在原使用弹条Ⅰ型扣件地段,可用弹条Ⅱ型弹条更换原Ⅰ型弹条,如图 1.49 所示。

为了提高弹条的强度和扣压力，选用了优质弹簧钢 $60Si_2CrVA$ 作为Ⅱ型弹条的材料，屈服强度和抗拉强度分别提高了 42% 和 36%。在弹条优化设计的基础上，最后确定弹条的直径不变，与Ⅰ型扣件相同，仍为 13 mm。弹条Ⅱ型扣件具有扣压力大、强度安全储备大、残余变形小等优点。适用于Ⅱ或Ⅲ型混凝土枕的 60 kg/m 钢轨线路。轨距的调整仍用轨距挡板和挡板座的不同号码相互调配。

图 1.49　弹条Ⅱ型扣件

④弹条Ⅲ型扣件

弹条Ⅲ型扣件由弹条、预埋铁座，绝缘轨距块和橡胶垫板组成。轨距调整量为 −8～+4 mm，弹条Ⅲ型扣件适用于标准轨距铁路直线或半径 $R \geqslant 350$ m 的曲线轨道上，以及铺设 60 kg/m 钢轨和Ⅲ型无挡肩混凝土枕的无缝线路轨道，如图 1.50 所示。

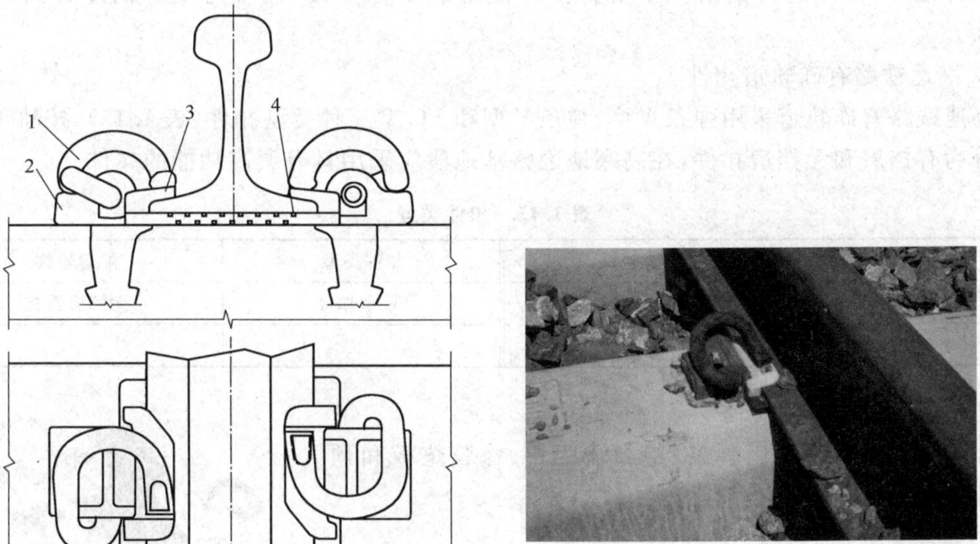

图 1.50　弹条Ⅲ型扣件(单位：m)

1—弹条；2—预埋铁座；3—绝缘轨距块；4—橡胶垫板

弹条Ⅲ型扣件具有扣压力大、弹性好等优点，特别是取消了混凝土枕挡肩，从而消除了轨底在横向力作用下发生横移导致轨距扩大的可能性，因此保持轨距的能力很强，又由于取消了螺栓联结的方式，大大减小了扣件养护工作量。

(3)混凝土枕扣件使用规定

扣件类型应与轨枕类型相匹配，60 kg/m 钢轨地段，混凝土枕扣件采用弹条Ⅱ型或弹条Ⅲ型扣件，Ⅰ型弹条应逐步更换为Ⅱ型弹条。70 型扣板式及 67 型弹片式扣件应更换为弹条扣件。

①扣件应保持齐全、位置正确,按标准要求进行铺设和养护维修,确保作用良好。Ⅰ型、Ⅱ型弹条中部前段下颚与轨距挡板离缝作业后不应大于 1 mm、日常保持不应大宜大于 2 mm。Ⅲ型扣件小圆弧内侧与预埋铁座端部相距 8～10 mm。小阻力扣件弹条中部前段下颚与钢轨离缝作业后不应大于 1 mm,日常保养不宜大于 2 mm,分开式弹性扣件与木枕联结应紧密,当钢轨受车轮横向力作用时,不得产生相对位移和和扭转离缝。扣板、轨距挡板应靠贴轨底边。扣板(弹片)扣件扭矩应保持 80～140 N·m。

②扣件伤损达到下列标准,应有计划地修理或更换:

a. 螺纹道钉折断、浮起,螺帽或螺杆丝扣损坏,严重锈蚀。

b. 垫圈损坏或作用不良。

c. 弹条、扣板(弹片)损坏或不能保持应有的扣压力。

d. 扣板、轨距挡板严重磨损、锈蚀,轨距挡板前后离缝超过 2 mm。

e. 挡板座、铁座损坏或作用不良。

f. 预埋套管损坏。

③钢轨接头两端各两根轨枕应铺设高弹性橡胶垫板。橡胶垫板压溃或变形(两侧压宽合计:厚度为 7 mm 的胶垫板超过 15 mm,厚度为 10 mm 的胶垫板超过 20 mm)丧失作用,橡胶垫片损坏时,应进行更换。小阻力扣件使用的复合垫板,橡胶与不锈钢片分离时应及时更换。

3. 高速铁路有砟轨道扣件

高速铁路有砟轨道采用弹条Ⅳ型、弹条Ⅴ型和 FC 型三种类型扣件(表 1.15),按轨下基础形式分为有挡肩和无挡肩扣件,在高寒地区路基地段应采用具有调高功能的扣件。

表 1.15 扣件类型

扣件类型	配套轨枕	扣件类型	配套轨枕
弹条Ⅳ型扣件	无挡肩轨枕	FC 型扣件	无挡肩轨枕
弹条Ⅴ型扣件	有挡肩轨枕		

(1)弹条Ⅳ型扣件

弹条Ⅳ型扣件系统由弹条、绝缘轨距块、橡胶垫板和预埋铁座等组成(图 1.51)。

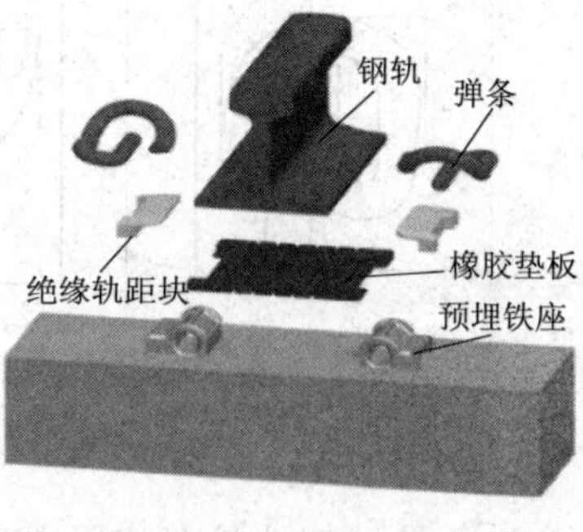

图 1.51 弹条Ⅳ型扣件

①弹条

弹条分为两种,即一般地段安装的弹条(直径为 20 mm)和夹板处安装的弹条(直径为18 mm)。

弹条分 C4 型、JA 型和 JB 型三种。一般地段安装 C4 型弹条,钢轨接头处安装 JA 和 JB 型弹条,C4 型弹条的直径为 20 mm,JA 和 JB 型弹条的直径为 18 mm。JA 型弹条防锈涂料为灰色,与 7 号、8 号和 9 号接头绝缘轨距块配用;JB 型弹条防锈涂料为黑色,与 10 号、11 号、12 号和 13 号接头绝缘轨距块配用(图 1.52)。

②预埋铁座

预埋铁座预先埋设于轨枕中,精度应满足要求。

③绝缘轨距块

绝缘轨距块(以下简称轨距块)分两种,即一般地段使用的轨距块 G4 和钢轨接头处使用的轨距块 G4J，每种轨距块又各有 7 个规格，即 7 号、8 号、9 号、10 号、11 号、12 号和 13 号。标准轨距时采用 9 号和 11 号，除 7 号、8 号和 9 号接头轨距块为非黑色外，其他轨距块均为黑色，如图 1.53～图 1.55 所示。

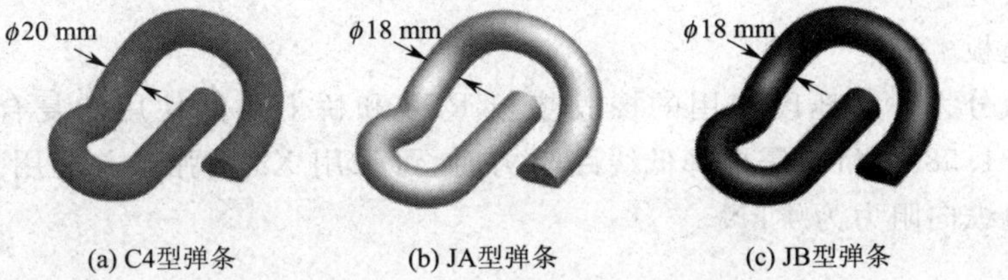

图 1.52　Ⅳ型弹条

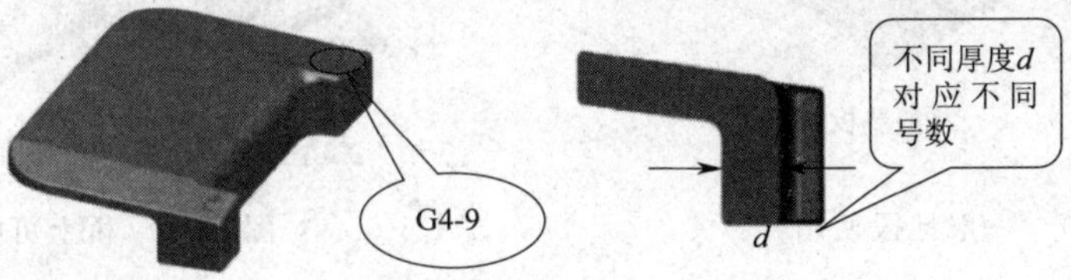

图 1.53　9 号轨距块

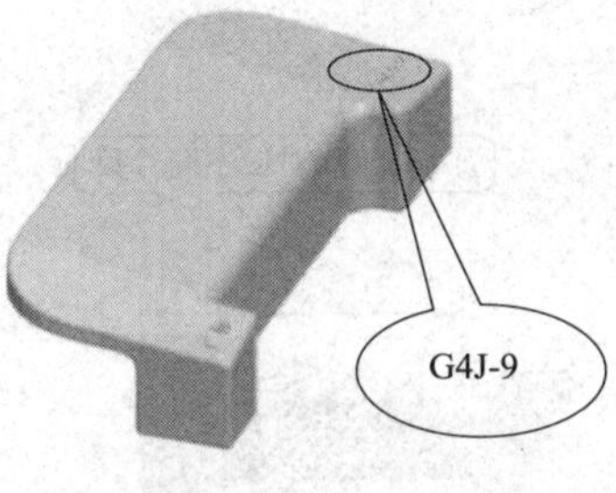

图 1.54　9 号接头轨距块

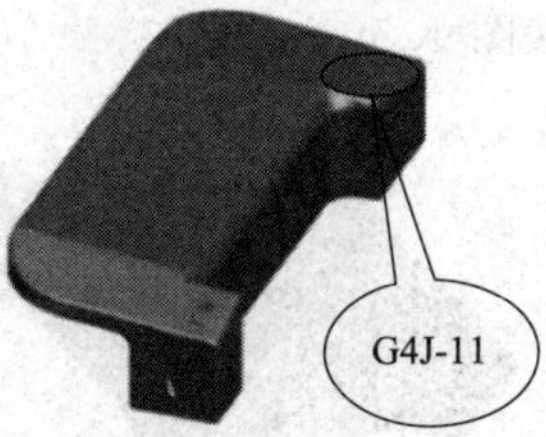

图 1.55　11 号接头轨距块

④主要技术要求

Ⅰ. 钢轨与绝缘轨距块、绝缘轨距块与预埋铁座间缝隙之和不应大于 1 mm。

Ⅱ. 扣压力不应小于 9 kN(夹板位置弹条除外)。

Ⅲ. 轨距调整量：－8～＋4 mm，通过更换不同号码的绝缘轨距块实现轨距和轨向的调整。

Ⅳ. 高低调整：扣件不能进行高低调整，不得垫入调高垫板。

(2)弹条Ⅴ型扣件

弹条Ⅴ型扣件系统由螺旋道钉、平垫圈、弹条、轨距挡板、轨下垫板和预埋套管等组成。此外，为高低调整需要，还包括调高垫板(图 1.56)。

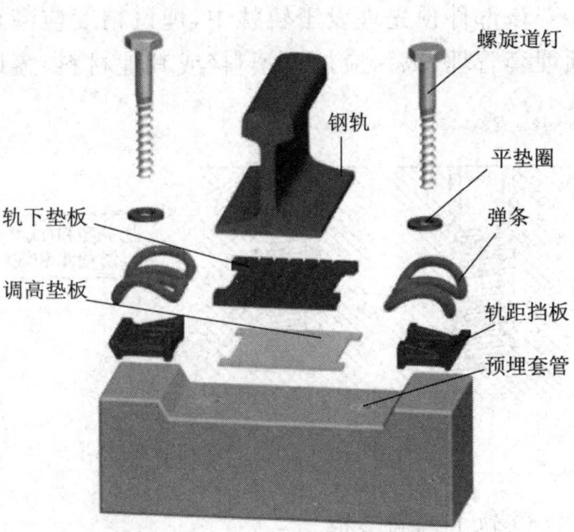

图 1.56　弹条Ⅴ型扣件部件组成

①弹条

弹条分两种，即一般地段使用的 W2 型弹条和桥上可能使用的 X3 型弹条，W2 型弹条的直径为 14 mm，X3 型弹条的直径为 13 mm。此外，作为备件的弹条 I 型扣件 A 型弹条可能用于钢轨接头处。

②轨下垫板

轨下垫板分为一般地段使用的橡胶垫板 RP5 和桥上可能使用的复合垫板 CRP5 两种(图 1.57～图 1.58)。桥上需要降低线路阻力时，可采用 X3 型弹条并配用复合垫板，此时单组扣件的钢轨纵向阻力为 4 kN。

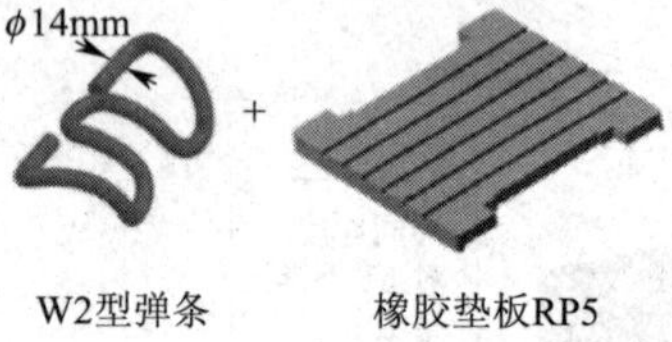

图 1.57　一般地段使用

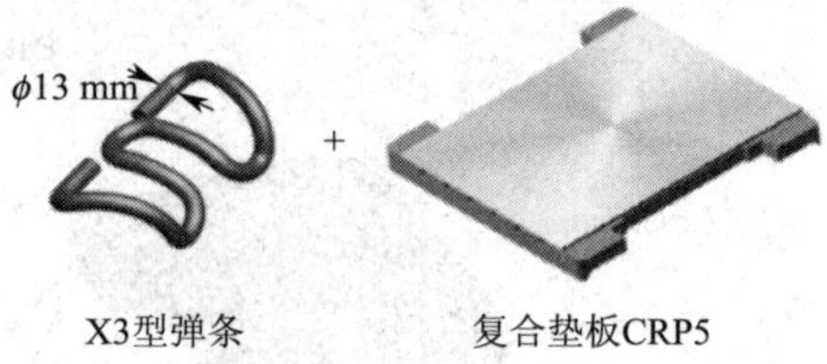

图 1.58　桥上可能使用

③轨距挡板

轨距挡板 G5 分七种型号，即 2 号、3 号、4 号、5 号、6 号、7 号和 8 号。标准轨距时采用 4 号和 6 号(图 1.59)。

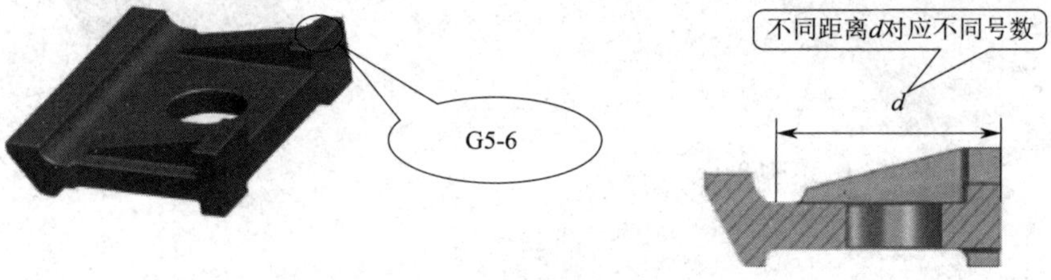

图 1.59　轨距挡板

④预埋套管

该部件预先埋设于轨枕中，埋设精度应满足要求，且预埋套管顶面应与轨枕承轨面齐平。预埋套管埋设后，应加盖塑料(或其他材料)盖以防雨水和泥污进入，如图 1.60 所示。

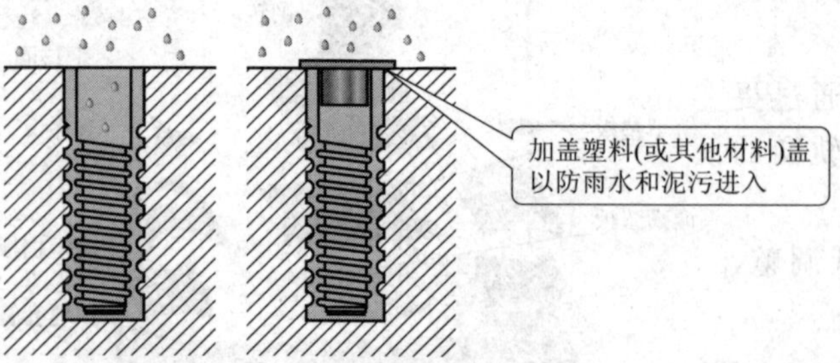

图 1.60　预埋套管

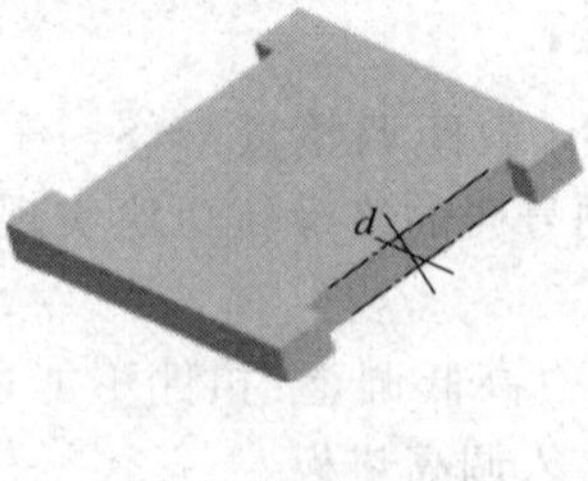

图 1.61　轨下调高垫板

⑤轨下调高垫板

调高垫板按厚度 d 分为 1 mm、2 mm、5 mm、8 mm 四种规格，如图 1.61 所示，放置于轨下垫板与轨枕承轨面之间。

在夹板处，当在小号码轨距挡板上安装 W2 型弹条和 X3 型弹条有困难时，应安装弹条Ⅰ型扣件 A 型弹条。

⑥主要技术要求

a. 弹条安装标准：弹条中部前端下颚与钢轨不宜接触，两者间隙不得大于 0.5 mm，或使用扭矩扳手检测螺旋道钉扭矩时，W2 型弹条为 130～170 N·m，X3 型弹条为 80～110 N·m。

b. 弹条养护标准：弹条中部前端下颚与钢轨不宜接触，两者间隙不得大于 1 mm 或使用扭矩扳手检测螺旋道钉扭矩时，W2 型弹条为 130～170 N·m，X3 型弹条为 80～110 N·m。

c. 钢轨与轨距挡板间隙不得大于 1 mm。轨距挡板应与承轨槽密贴间隙不得大于 1 mm。

d. 轨距调整量：－8～＋4 mm，通过更换不同号码的轨距挡板实现轨距和轨向调整。

e. 高低调整量为 10 mm，通过在轨下垫板和轨枕之间放入调高垫板进行调整，调高垫板不得放在轨下垫板上，放入调高垫板的总厚度不得大于 10 mm，数量不得超过 2 块。

f. 预埋套管中应保证有一定的防护油脂，油脂性能应符合相关规定。

(3)高速铁路有砟轨道扣件使用要求

扣件出现以下不良状态或损伤应进行修理或更换：

①零部件损坏。

②预埋套管损坏。

③有螺栓弹条(弹条Ⅴ)型紧固状态弹条中肢前端离缝超过 1 mm。

④无螺栓弹条(弹条Ⅳ型、FC 型)不能保持应有的扣压力。

⑤橡胶垫板压溃或变形(两侧压宽合计：厚度为 10 mm 的胶垫板超过 20 mm)丧失作用，橡胶垫片损坏时，应进行更换。

⑥轨距挡板严重磨损，钢轨与轨距挡板、轨距挡板与承轨槽挡肩离缝超过 2 mm。

4. 无砟轨道的扣件

无砟轨道主要采用 WJ-7 型、WJ-8 型和 300-1 型，按无砟道床形式分为有挡肩和无挡肩扣件，见表 1.16。

表 1.16　无砟轨道扣件类型

扣件类型	无砟道床形式
WJ-7 型扣件	无挡肩
WJ-8 型扣件	有挡肩
300－1 型扣件	有挡肩

(1)WJ-7 型分开式扣件

WJ-7 型分开式扣件由 T 形螺栓、螺母、平垫圈、弹条、绝缘块、铁垫板、轨下垫板、绝缘缓冲垫板、重型弹簧垫圈、平垫块、锚固螺栓和预埋套管等组成，为满足高低调整需要，还包括轨下调高垫板(或充填式垫板)、铁垫板下调高垫板，如图 1.62 所示。

①弹条

弹条分为两种，即：W1 型弹条(直径为 14 mm)和 X2 型弹条(直径为 13 mm)，其中桥上采用小阻力扣件时使用 X2 型弹条。

②轨下垫板

轨下垫板分为 A、B 两类，A 类用于兼顾货运的高速铁路(厚度为 12 mm)，B 类用于仅运行客车高速铁路(厚度为 14 mm)，每类又分为橡胶垫板和桥上采用小阻力扣件时配套使用复合垫板(图 1.63 和图 1.64)。

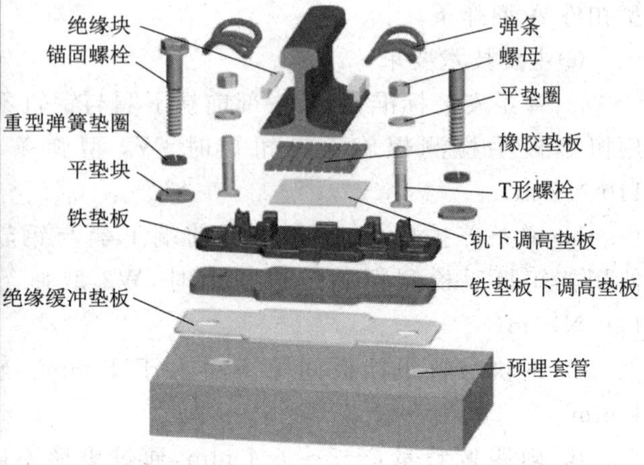

图 1.62　WJ-7 型分开式扣件

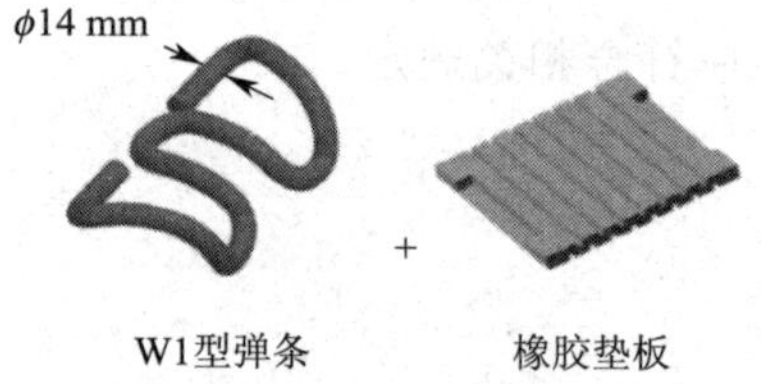

图 1.63　一般地段使用

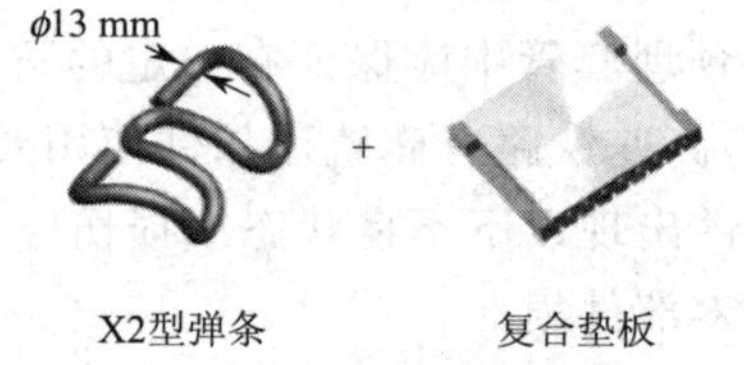

图 1.64　桥上可能使用

③预埋套管

该部件预先埋设于轨枕/轨道板中,埋设精度应满足要求,且预埋套管顶面应与轨枕/轨道板承轨面齐平。预埋套管埋设后,应加盖塑料(或其他材料)盖以防雨水和泥污进入。

④调高垫板

调高垫板分轨下调高垫板和铁垫板下调高垫板两种。轨下调高垫板根据厚度 d 不同,分为 1 mm、2 mm、5 mm、8 mm 四种规格。铁垫板下调高垫板根据厚度 d 不同,分为 5 mm、10 mm 两种规格(图 1.65 和图 1.66)。

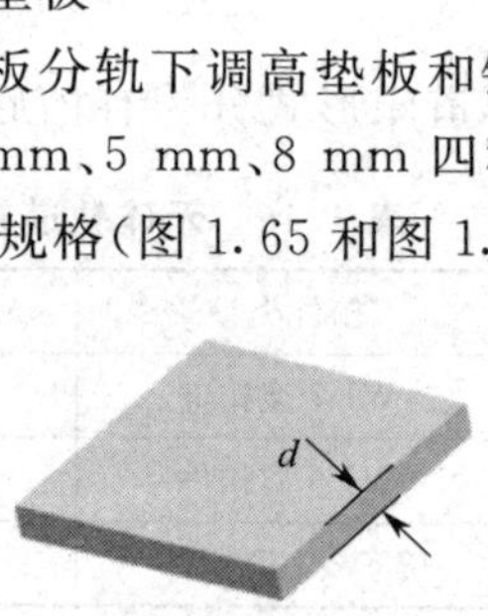

图 1.65　轨下调高垫板

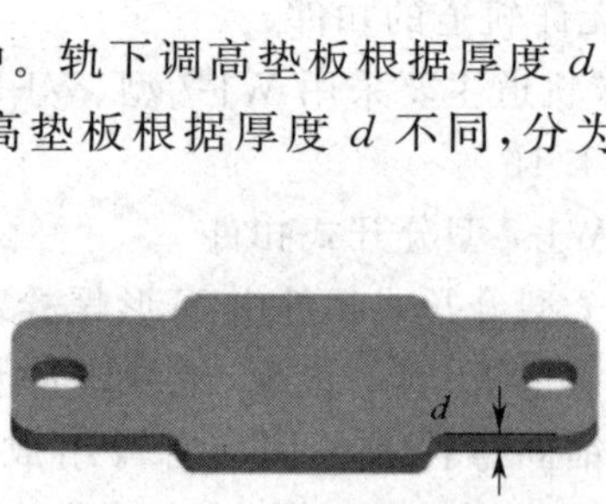

图 1.66　铁垫板下调高垫板

⑤主要技术要求

a. 对 T 形螺栓应进行定期涂油,防止螺栓锈蚀,油脂性能应符合相关规定。

b. 预埋套管中应保证有一定的防护油脂,油脂性能应符合相关规定。

c. 安装铁垫板时,轨底坡方向应朝向轨道内侧。

d. 弹条安装标准:弹条中部前端下颚与绝缘块不宜接触,两者间隙不得大于 0.5 mm;或使用扭矩扳手检测 T 形螺栓扭矩时，W1 型弹条为 100～140 N·m，X2 型弹条为 70～90 N·m。

e. 弹条养护标准：弹条中部前端下颚与绝缘块不宜接触，两者间隙不得大于 1 mm；或使用扭矩扳手检测 T 形螺栓扭矩时，W1 型弹条为 100～140 N·m，X2 型弹条为 70～90 N·m。

f. 锚固螺栓扭矩为 300～350 N·m。

g. 钢轨与绝缘块、绝缘块与铁垫板挡肩间缝隙之和不得大于 1 mm。

h. 钢轨左右位置调整量：±6 mm。

i. 高低调整量：－4/＋26 mm。

(2) WJ-8 型扣件

WJ-8 型扣件由螺旋道钉、平垫圈、弹条、绝缘轨距块、轨距挡板、轨下垫板、铁垫板、铁垫板下弹性垫板和预埋套管等组成。为满足高低调整需要，还包括轨下微调垫板和铁垫板下调高垫板，如图 1.67 所示。

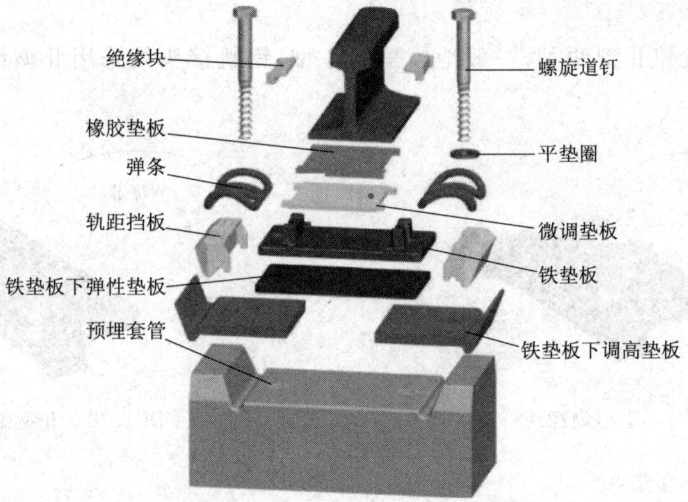

图 1.67　WJ-8 型扣件部件组成

①弹条和铁垫板下弹性垫板

弹条分两种，即 W1 型弹条(直径为 14 mm)和 X2 型弹条(直径为 13 mm)，其中桥上采用小阻力扣件时使用 X2 型弹条。铁垫板下弹性垫板分为 A、B 两类(厚度均为 12 mm)。A 类弹性垫板用于兼顾货运的高速铁路，B 类弹性垫板用于仅运行客车的高速铁路(图 1.68 和图 1.69)。

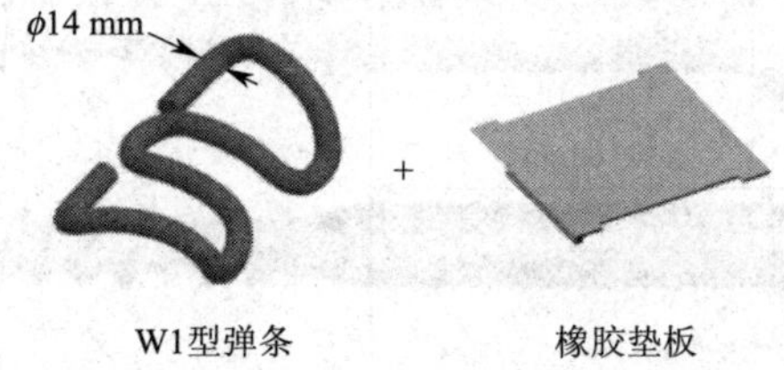

图 1.68　一般地段使用

图 1.69　桥上可能使用

②轨距挡板

轨距挡板分为两种，即一般地段用轨距挡板和夹板处用接头轨距挡板。一般地段用 WJ8 轨距挡板又分为 2 号、3 号、4 号、5 号、6 号、7 号、8 号、9 号、10 号、11 号和 12 号十一种规格，标准轨距时使用 7 号轨距挡板，其中 10、11、12 号三种规格可用于钢轨接头处。WJ8 接头轨距挡板分 2 号、3 号、4 号、5 号、6 号、7 号、8 号、9 号八种规格，标准轨距时使用 7 号(图 1.70)。

图 1.70　轨距挡板

③绝缘轨距块

绝缘块分Ⅰ型和Ⅱ型两种，一般地段采用Ⅰ型，钢轨接头处采用Ⅱ型绝缘块(图 1.71 和图 1.72)。

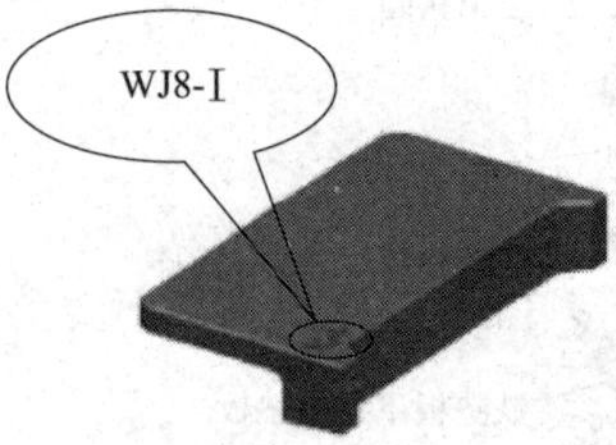

图 1.71　Ⅰ型绝缘块

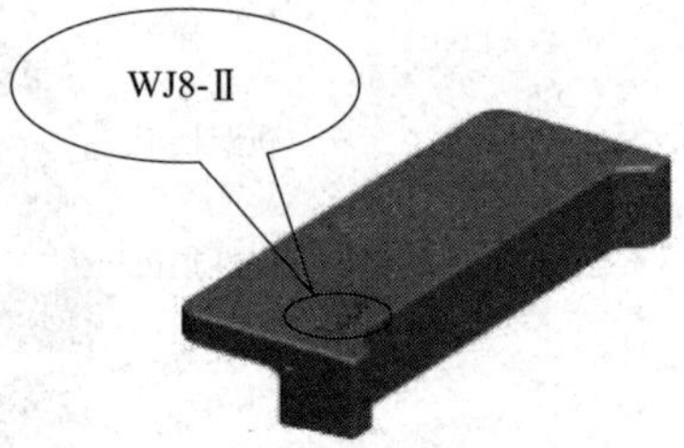

图 1.72　Ⅱ型绝缘块

④铁垫板下弹性垫板

铁垫板下弹性垫板分 A、B 两类。A 类弹性垫板用于兼顾货运的高速铁路；B 类弹性垫板用于高速铁路，如图 1.73 所示。

⑤螺旋道钉

螺旋道钉分为 S2 型和 S3 型两种，在扣件正常状态安装或钢轨调高量不大于 15 mm 时用 S2 型螺旋道钉，调高量大于 15 mm 时用 S3 型螺旋道钉，如图 1.74 所示。

图 1.73　铁垫板下弹性垫板

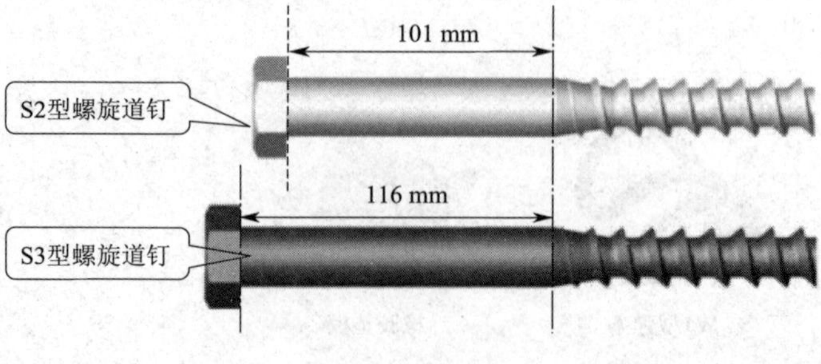

图 1.74　螺旋道钉

⑥预埋套管

该部件预先埋设于轨枕/轨道板中，埋设精度应满足要求，且预埋套管顶面应与轨枕/轨道板承轨面齐平。预埋套管埋设后，应加盖塑料(或其他材料)盖以防雨水和泥污进入。

⑦主要技术要求

a. 预埋套管中应保证有一定的防护油脂，油脂性能应符合相关规定。

b. 夹板处应采用接头轨距挡板和绝缘轨距块。

c. 弹条安装标准：弹条中部前端下颚与绝缘轨距块不宜接触，两者间隙不得大于0.5 mm；或使用扭矩扳手检测螺旋道钉扭矩时，W1 型弹条为 130～170 N·m，X2 型弹条为 90～120 N·m。

d. 弹条养护标准：弹条中部前端下颚与绝缘轨距块不宜接触，两者间隙不得大于 1 mm；或使用扭矩扳手检测螺旋道钉扭矩时，W1 型弹条为 130～170 N·m，X2 型弹条为 90～120 N·m。

e. 轨距挡板应与承轨槽挡肩密贴，间隙不得大于 1 mm；钢轨与绝缘轨距块、绝缘轨距块与铁垫板挡肩间缝隙之和不得大于 1 mm。

f. 钢轨左右位置调整量：±5 mm。

g. 高低调整量：－4/＋26 mm。

(3)W300-1 型扣件

W300-1 型扣件由弹条、绝缘垫片、轨距挡板、螺栓、轨下垫板、铁垫板、弹性垫板和预埋套管等组成，为满足高低调整需要，还包括调高垫板，如图 1.75 所示。

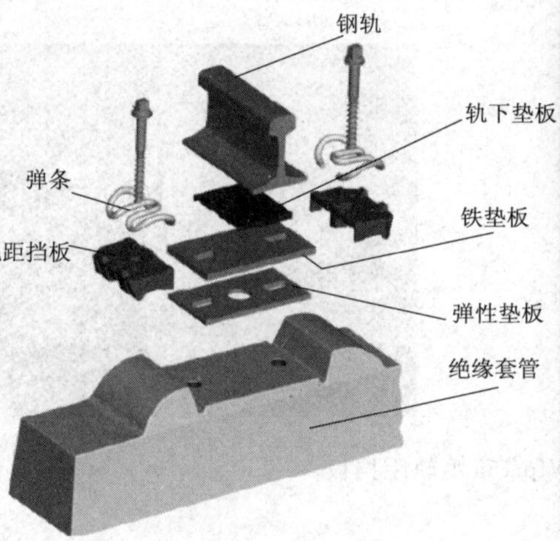

图 1.75　W300-1U 扣件

①弹条

图 1.76　SKL15 型弹条(ϕ15 mm，黑色)

弹条分为四种，即：SKL15 型弹条、SKL B15 型弹条、SKL15LT 型和 SKL15IF 型，其中一般地段采用 SKL15 型，小阻力地段使用 SKL B15 型弹条或 SKL15LT 型，钢轨接头处地段采用 SKL15IF 型。SKL15 型弹条(黑色)直径为 15 mm，SKL B15 型弹条(蓝色)直径为13 mm(图 1.76 和图 1.77)。

②轨枕螺栓

标准规格螺栓(Ss36-230)长度为 230 mm。为满足高低调整需要，配有长度为 240 mm 和 250 mm 的螺栓(图 1.78)。

图 1.77　SKLB15 型弹条(ϕ13 mm,蓝色)

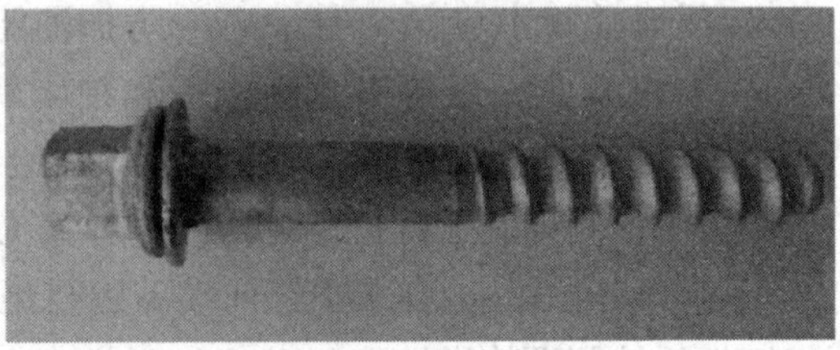

图 1.78　轨枕螺栓

③轨下垫板

标准规格轨下垫板(Zw692-6)厚度为6 mm。为满足高低调整需要,配有厚度为 2 mm、3 mm、4 mm、5 mm、7 mm 和 8 mm 的轨下垫板。

④轨距挡板

标准规格轨距挡板分为 Wfp15a 型挡板和 Wfp15u 型挡板两种。为满足钢轨左右位置调整需要,每种各 17 种规格(图 1.79 和图1.80)。

图 1.79　Wfp 15a 型轨距挡板

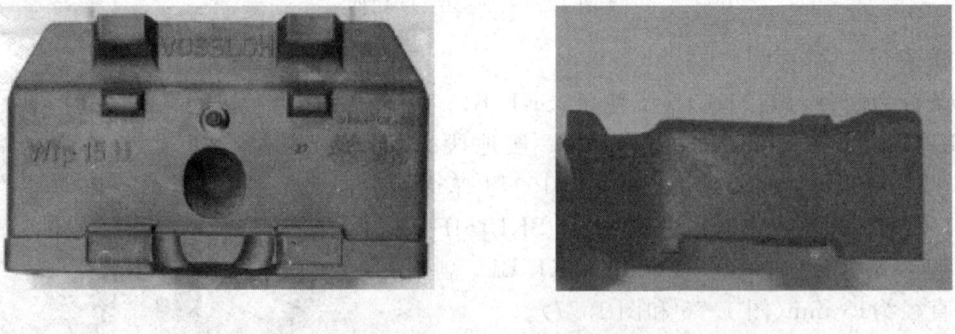

图 1.80　Wfp 15u 型轨距挡板

⑤弹性垫板

弹性垫板放置于铁垫板下。两种不同颜色的弹性垫板,性能相同(图 1.81)。

 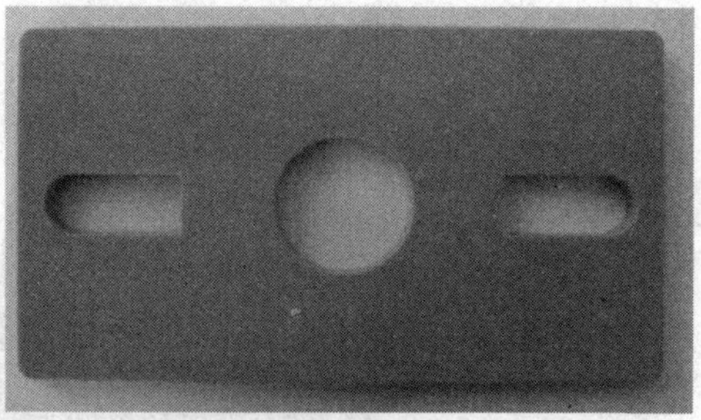

图 1.81　弹性垫板

⑥预埋套管

预埋套管预先埋设于轨枕/轨道板中，埋设精度应满足要求，且预埋套管顶面应低于轨枕/轨道板承轨面 0～2 mm。预埋套管埋设后，如果不是在轨枕厂进行预先安装，则应盖上塑料盖（或其他材料）以防雨水和泥污进入，如图 1.82 所示。

 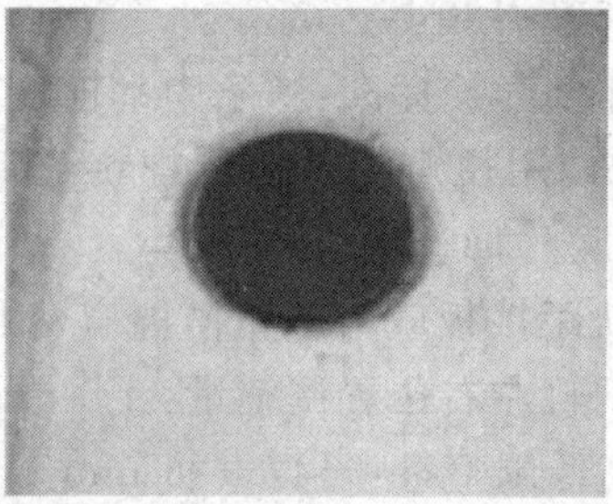

图 1.82　套管盖

⑦绝缘垫片

绝缘垫片（图 1.83）分为 IS15 型绝缘垫片和 IS15IF 接头绝缘垫片两种，接头处采用 IS15IF 接头绝缘垫片。

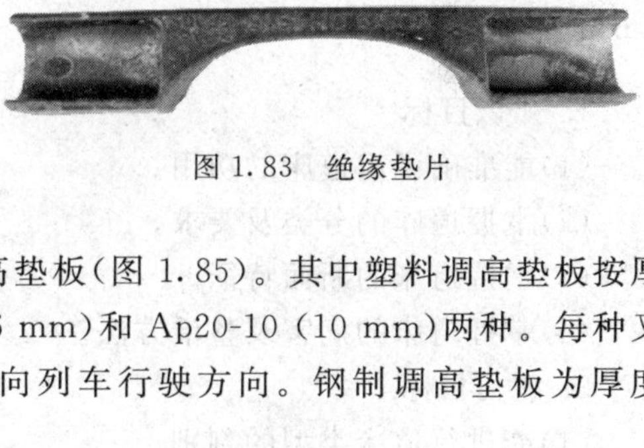

图 1.83　绝缘垫片

⑧调高垫板

调高垫板分塑料调高垫板（图 1.84）和钢制调高垫板（图 1.85）。其中塑料调高垫板按厚度分为 6 mm 和10 mm两种，标号分别为 Ap20-6 (6 mm)和 Ap20-10 (10 mm)两种。每种又包括 R 形和 L 形两种成副使用，插槽开口方向指向列车行驶方向。钢制调高垫板为厚度 20 mm 的Ap20S 成副使用。

图1.84　塑料调高垫板 Ap20-10（适用于 300－1a 系统的塑料调高垫板）

图 1.85　钢制调高垫板 Ap20S(适用于 300－1a 型系统)

⑨主要技术要求

a. 预埋套管中应保证有一定的防护油脂,油脂性能应符合相关规定。

b. 弹条安装标准:弹条中部前端与轨距挡板前端突起部分不宜接触,两者间隙不得大于 0.5 mm;或使用扭矩扳手检测螺旋道钉扭矩时,SKL15 型弹条为 210～250 N·m,SKLB15 型弹条为 150～180 N·m。

c. 弹条养护标准:弹条中部前端与轨距挡板前端突起部分不宜接触,两者间隙不得大于 1 mm;或使用扭矩扳手检测螺旋道钉扭矩时,SKL15 型弹条为 210～250 N·m,SKLB15 型弹条为 150～180 N·m。

d. 轨距挡板应与承轨槽挡肩密贴,钢轨与轨距挡板间隙不得大于 1 mm。

e. 钢轨左右位置调整量:±8 mm。

f. 高低调整量:－4/＋26 mm。

1.5 有砟道床

1.5.1 学习目标

1. 知识目标

(1)能准确说出道床的功用。

(2)掌握道砟的分类及要求。

(3)掌握道床的断面特征。

(4)掌握道床的病害及整治方法。

2. 能力目标

(1)能进行道床类型的判别。

(2)能进行道床断面特征的检查。

(3)能进行道床病害的判别和防治。

1.5.2 相关学习内容

1. 道床的功用

道床是指铺设在路基之上,轨枕之下的道砟层,是轨枕的基础,它的主要功用是:

①直接承受轨枕传来的压力,并把这个压力扩散,均匀地传布于路基面,对路基面起到保护作用;

②阻止轨道框架在列车作用下发生的纵横向位移,保持轨道稳定;

③便于排水,使路基面和轨道保持干燥;

④使轨道具有更大的弹性和缓冲性能;

⑤便于校正轨道的平面、纵断面。

2. 道床材料

常用的道砟材料有:碎石、天然级配卵石、筛选卵石、粗砂及熔炉矿渣等。原则上新建、改建铁路的正线和到发线应采用碎石道砟;中型轨道碎石供应有困难时,可以采用筛选卵石;轻型轨道和其他站线、次要线路可就地选用各种道砟材料。我国铁路绝大部分采用碎石作为道砟。

3. 道床断面

道床断面包括道床厚度、顶面宽度及边坡坡度三个主要特征。图 1.86 为直线地段道床断面,图 1.87 为碎石道床。

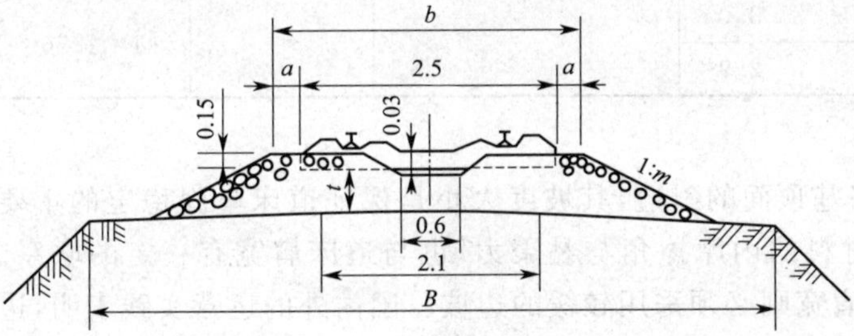

图 1.86　直线地段道床断面(单位:m)

图 1.87　碎石道床

(1)道床厚度

道床厚度是指直线上钢轨或曲线上内股钢轨中轴线下轨枕底面至路基顶面的距离。在正线上木枕地段,碎石道床厚度不得小于 20～25 cm;混凝土枕地段不得小于 30 cm;桥梁上道砟槽内、隧道内及站线上不得小于 20 cm。道床厚度根据运营条件、轨道类型、路基土质等选用,参见表 1.17。

表 1.17　道床厚度标准(mm)

五年内年计划通过总质量(Mt)		$W_{年}\geqslant 50$	$50>W_{年}\geqslant 25$	$25>W_{年}\geqslant 15$	$W_{年}<15$
无垫层的碎石道床	一般路基	450	450	400	350
	不易风化的岩石、碎石路基	350	350	300	300
有垫层的碎石道床(碎石/垫层)		300/200	300/200	250/200	250/200
有砟桥面上的碎石道床	$v_{max}\leqslant 120$ km/h	250			
	$v_{max}>120$ km/h	300			

注:允许速度大于 120 km/h 线路,无垫层时碎石道床厚度不得小于 450 mm;有垫层时碎石道床厚度不得小于300 mm,垫层厚度不得小于 200 mm。

(2)道床顶面宽度

道床顶面宽度与轨枕长度和道床肩宽有关。道床宽出轨枕两端的部分称为砟肩,其宽度称为道床肩宽。一般情况肩宽在 450～500 mm 已能满足要求,再宽则作用不大。在无缝线路地段,为了提高道床的横向阻力,可将砟肩适当堆高。此外,规定设计速度为 160 km/h 的线路，其正线道床顶面宽度不得小于 3.4m；设计速度为 200 km/h 的线路，其正线道床顶面宽度不得小于 3.5m。表 1.18 规定了不同线路对道床顶面宽度的要求。

表 1.18　道床顶面宽度及边坡坡率

线路类别			顶面宽度(m)	曲线外侧加宽(m)		砟肩堆高(m)	边坡坡率
				半径	加宽		
正线	无缝线路	$v_{max}>160$ km/h	3.5	—	—	0.15	1∶1.75
		$v_{max}\leqslant 160$ km/h	3.4	≤800	0.10	0.15	1∶1.75
	普通线路	100 km/h$<v_{max}\leqslant$120 km/h	3.1	≤600	0.10	—	1∶1.75
		$v_{max}\leqslant 100$ km/h	3.0	≤600	0.10	—	1∶1.75
站线	无缝线路	Ⅲ型混凝土枕	3.4	≤600	0.10	0.15	1∶1.75
		其他轨枕	3.3				
	普通线路	Ⅲ型混凝土枕	3.0	—		—	1∶1.50
		其他轨枕	2.9				

(3)道床边坡坡度

道床边坡是指自道床顶面引向路基顶面的斜边，其坡度大小是保证道床坚固稳定的重要因素。道床边坡的稳定取决于道砟材料的内摩擦角与黏聚力，也与道床肩宽有一定的联系。增大肩宽可采用较陡的边坡，而减小肩宽则必须采用较缓的边坡。国内外的运营实践表明，边坡坡度为 1∶1.5 时不能长期保持道床稳定，因此我国铁路规定正线区间边坡坡度均为 1∶1.75（表 1.18）。

4. 道床病害及其防治

道床病害主要有道床变形、道床翻浆冒泥和道床沉陷等。

(1)道床变形

①道床变形的原因

道床变形可分为初期急剧下沉和后期缓慢发展两个阶段。初期下沉是指新铺的道砟或起道捣固作业后，道砟处于不稳定的松散状态，在冲击振动作用下，道砟形成稳定组合及间隙被压密过程中造成的下沉。后期缓慢下沉是由于列车荷载反复作用，压力和振动力以及捣固时捣镐的打击使碎石破损、磨损和石砟产生流动引起的下沉，在振动加速度较大的轨枕范围内较明显。此外，雨水的渗透进一步减小了颗粒间的摩擦系数，加速道床下沉。

②道床变形的整治

道床的变形是不断发生发展的，整治道床变形一方面要做好道床排水、加强捣固、及时补充石砟；另一方面要加强线路的养护维修，保持线路的平顺性，以减小列车的动力冲击作用，并采用优质道砟。

(2)道床翻浆冒泥

道床翻浆冒泥的原因主要是道床脏污和排水不良。

①道床脏污的原因

道床脏污的原因一是机械磨损，即捣固作业时捣镐的打击和列车频繁的动力冲击作用，使道砟不断被粉碎形成粉末；二是外界松散物质和尘土等的侵入。道床脏污程度在其断面上的分布并不是均匀的，一般在轨枕底下 10 cm 范围内较大。其结果是使道床丧失了排水性能及应有的弹性，使承载力迅速降低，从而引起翻浆冒泥、道床下沉和线路不平顺等病害。

②道床翻浆冒泥的防治

预防和整治道床翻浆冒泥，除了有计划地对道床进行清筛，保持道床清洁、饱满、密实外，必须切实做好道床排水，必要时可增设横向盲沟，以利于排水。

(3)道床沉陷

①道床沉陷的原因

一方面，道床脏污，排水不良，使路基顶面软化，承载力降低，道砟逐渐陷入路基内，造成道床沉陷；另一方面，道床厚度不足，或未按规定在路基面铺设砂垫层，道砟陷入路基面内形成道砟陷槽，造成道床沉陷。

道床沉陷使道砟陷入路基，形成各种道砟袋、道砟槽，使路基基床向两侧挤开，导致路基病害，降低路基承载力。

②道床沉陷的防治

为防止道床沉陷，必须做好道床垫层和排水设备。在日常养护工作中，要及时清筛道床和清理排水设备，排水困难地段可设置横向盲沟。对已经产生道床沉陷的地段，应及时清理，必要时需对路基面填土进行换填，并做好排水、补充石砟、加强捣固。

1.6　轨道加强设备

1.6.1　学习目标

1. 知识目标

(1)掌握轨道加强设备的类型。

(2)掌握线路爬行的原因及规律。

(3)掌握防爬设备的组成及安装方式。

(4)掌握轨道加强设备的种类。

(5)掌握轨距杆和轨撑的安装方式和数量。

(6)掌握轨道加强设备伤损的种类及判定标准。

2. 能力目标

(1)能进行轨道加强设备类型的判别。

(2)能确定防爬设备安装的位置和数量。

(3)能确定轨距杆和轨撑安装的位置和数量。

(4)能根据图片或实物辨认轨道加强设备伤损类型并说明产生的原因及防治方法。

1.6.2　相关学习内容

1. 防爬设备

(1)轨道的爬行

列车车轮沿钢轨运行时，除产生竖直力和横向力外，还有纵向力。由于纵向力的作用，在钢轨基础阻力不足以抵抗这一纵向力时，会引起钢轨纵向位移，在扣件阻力大于道床阻力的条件下，还会带动轨枕一起移动，这种现象称为轨道的爬行，其纵向力称为爬行力。

①爬行的原因

轨道爬行的原因十分复杂，其中最基本和起决定性的则是钢轨在动荷载作用下的波浪形挠曲，如图 1.88 所示。图中 *a-b* 表示钢轨每一点上的横断面，随着车轮驶近，各个断面依次发生转动。通常距车轮前约 70～80 cm 处，钢轨断面的转动量最大，轨底向前的滑移量也最大。愈靠近车轮处断面转动愈小，在车轮中线下成为垂直位置。当采用普通道钉联结而扣压力又不足时，轨底将在垫板上顺着行车方向滑动，当车轮驶过时，钢轨断面恢复竖直，钢轨底部开始回缩，但运行方向前面的轨底已被车轮压住，这种回缩只能在车轮已经离开的一端实现，结果使钢轨被拉向前移动，产生与行车方向一致的爬行。

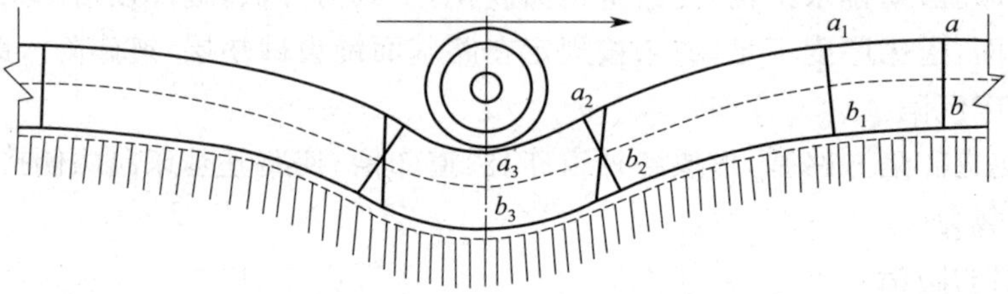

图 1.88　动荷载作用下钢轨的波浪形挠曲

机车在运行时，由于机车车轮黏着力的影响，会使钢轨产生一种与行车方向相反的爬行。在列车制动地段，列车的制动对钢轨产生与行车方向一致的纵向力，促使钢轨沿着行车方向爬行。

此外，车轮通过接头时，轨头受到冲击发生振动而降低轨道的纵向阻力，使钢轨因受阻力的影响而未能实现的温度伸缩变形释放出来，也造成轨道的爬行。

②轨道爬行的一般规律

a. 在双线地段爬行方向与列车运行方向基本相同，列车运行方向在下坡道时爬行量较大。

b. 两个方向运量大致相等的单线地段，其两个方向都发生爬行，且易向下坡道方向爬行。

c. 两个方向运量显著不同的单线地段，其运量大的方向爬行量较大，在运量大的下坡道方向爬行量更大。

d. 双线或单线的制动地段，均易向制动方向爬行。

③轨道爬行的危害

线路爬行对轨道的危害很大，钢轨爬行后使接头挤成连续瞎缝，促使胀轨跑道；另一端则拉大轨缝，造成钢轨、夹板、螺栓伤损或拉弯、拉断螺栓，拉弯中间扣件，拉裂木枕或拉斜轨枕，造成轨道不平顺，增加维修工作量。在明桥上的钢轨爬行时，使桥枕间距扩大，甚至会带动钢梁造成支座损坏，严重时使墩台发生裂纹。在道岔上的钢轨产生爬行时，将影响尖轨的正确位置或转辙器扳动的灵活性。轨道爬行往往使轨枕离开捣固坚实的道床，造成轨道沉落，轨枕吊板增多，产生并加大轨面坑洼。由此可见，爬行不仅影响线路质量，降低轨道各组成部件的使用寿命，而且严重地危及行车安全。

④防止爬行的措施

防止轨道爬行的根本措施，在于提高轨道的纵向阻力，保证钢轨与轨枕之间不发生相对移动，亦即需要加强中间扣件的扣压力、接头夹板的夹紧力、夯实道床以提高道床的阻力，并增设足够的防爬设备，以加大轨道抵抗纵向移动的阻力。

(2)防爬设备

轨道爬行是线路的主要病害之一，对轨道结构的整体性和稳定性起破坏作用，因此，必须从设备上采取措施防止爬行。

①防爬设备的组成

我国铁路目前采用的防爬设备，基本上采用穿销式防爬器和防爬支撑相结合的方式。防爬设备包括防爬器和防爬支撑两部分。

我国广泛使用的是穿销式防爬器，如图 1.89 所示。它是由带挡板的轨卡及穿销组成，轨卡的一边紧密地卡住轨底，另一边用楔形穿销将相应轨底间的空隙楔紧，使之牢固地卡住轨底，而挡板与轨枕之间需设置木制承力板，才能起到抗爬的作用。每对穿销式防爬器的防爬阻力为 40 kN，而每根木枕的道床纵向阻力为 7 kN，每根混凝土枕的道床纵向阻力为 10 kN。如在一根轨枕上产生的爬行力大于轨下道床纵向阻力时，钢轨能带着防爬器和轨枕一起爬行。因此，为了充分发挥防爬器和道床防爬阻力的作用，在碎石道床地段，一般用一对防爬器和三对支撑组成一个防爬组，将四根轨枕连成一个防爬整体，这种形式称为单方向锁定组；如在反方向也安装一对防爬器时，则称为双方向锁定组。因砂子道床和筛选卵石道床的纵向阻力较低，故规定这两种道床每组防爬设备要比碎石道床增加一对支撑，防爬支撑可用木制，亦可用石料、混凝土制造。

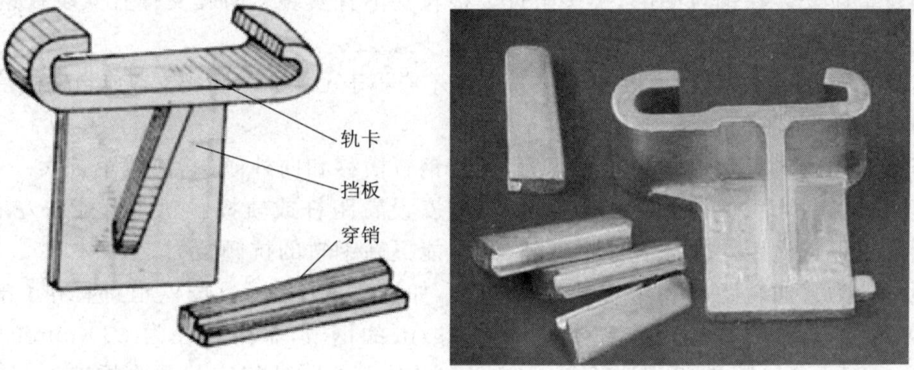

图 1.89　穿销式防爬器

②防爬设备的安装

铺设木枕的线路、道岔，采用分开式扣件时，如无爬行，可不安装防爬设备；采用道钉联结时，正线、到发线上的线路和道岔应安装防爬设备，防爬器安装数量和方式见表 1.19 和表 1.20；正线、到发线上的道岔、绝缘接头、桥梁前后各 75 m 地段及驼峰线路，应增加防爬设备数量；其他站线的线路、道岔，应根据爬行情况，适当安装防爬设备。

表 1.19　正线线路防爬器安装数量和方式

线路及运营特征	安装方向	非制动地段（对）		制动地段（对）	
		25 m 钢轨	12.5 m 钢轨	25 m 钢轨	12.5 m 钢轨
复线单方向运行线路	顺向/逆向	6/2	3/1	8/2	4/1
单线两方向运量接近	顺向/逆向	4/4	2/2	6/4	3/2
单线两方向运量显著不同	运量大/运量小	6/2	3/1	8/2	4/1
	运量小/运量大	—	—	4/6	2/3

注：(1)表中分子表示制动方向安装对数，分母表示另一方向安装对数；

(2)到发线比照正线处理；

(3)非标准长度钢轨，可比照本表安装。

表 1.20 正线道岔防爬器安装数量和方式

安装位置	安装方向	9号道岔(对)		12号道岔(对)		18号道岔(对)	
		单线	双线	单线	双线	单线	双线
尖轨跟后	正方向/反方向	4/4	4/4	6/6	8/4	6/6	6/6
中间部分	正方向/反方向	—	—	—	—	4/4	6/2
辙叉趾前	正方向/反方向	4/4	6/2	4/4	6/2	6/6	8/4

注:(1)到发线道岔比照正线道岔办理;

(2)其他型号道岔,可比照本表安装。

铺设混凝土枕的线路、道岔,采用弹条扣件时,可不安装防爬设备;采用其他扣件时,对线路坡度大于6‰地段、制动地段、驼峰线路和正线及到发线上的道岔、绝缘接头、桥梁(明桥面)前后各75 m地段,可按具体情况适当安装防爬设备。

在碎石道床地段,每组防爬设备的组成:单方向锁定为1对防爬器和3对支撑;双方向锁定为2对防爬器和3对支撑。

防爬设备应安装在钢轨中部,接头附近2根轨枕不宜安装。防爬支撑宜安装在钢轨底下,也可安装在与轨底边净距不小于350 mm的道心内。

防爬器与轨枕之间应设承力板,防爬支撑断面不应小于120 cm^2,防爬支撑应与轨枕密贴。

2. 轨距杆和轨撑

列车通过曲线时对轨道的横向作用力,能使钢轨横移和向外倾倒,使轨距扩大。为避免上述弊端、防止轨距扩大、保持曲线轨道的稳定,应安设轨距杆或轨撑。轨距杆能将左右两股钢轨连接固定以保持轨距。轨撑安设在钢轨外侧,能提高钢轨的抗倾覆力。

轨距杆分为普通轨距杆和绝缘轨距杆两种,如图1.90所示。按铁道部标准《普通轨距杆》(TB 1780—1986)的规定,对43 kg/m、50 kg/m的钢轨,采用直径为ϕ30 mm的轨距杆;对60 kg/m、75 kg/m钢轨,采用直径为ϕ36 mm的轨距杆。轨撑有与铁垫板连为一体的和铁垫板与轨撑分开的两种形式,如图1.91所示。

图1.90 轨距杆

图1.91 轨撑

曲线地段应按下列条件安装轨距杆或轨撑:

(1)铺设木枕线路,正线半径800 m及以下和站线半径450 m及以下的曲线,按表1.21的规定安装轨距杆或轨撑。半径350 m及以下的曲线和道岔导曲线,可根据需要同时安装轨距杆和轨撑。

表 1.21　轨距杆或轨撑安装数量

曲线半径(m)	轨距杆(根)		轨　　撑(对)	
	25 m 钢轨	12.5 m 钢轨	25 m 钢轨	12.5 m 钢轨
$R\leqslant350$	10	5	14	7
$350<R\leqslant450$	10	5	10	5
$450<R\leqslant600$	6～10	3～5	6～10	3～5
$600<R\leqslant800$	根据需要安装			

(2)铺设混凝土枕线路,采用弹条扣件时,不安装轨距杆或轨撑;采用其他扣件时,行驶电力机车区段半径 600 m 及以下的曲线、其他区段半径 350 m 及以下的曲线,可根据需要比照表 1.21 安装。

(3)设有轨道电路线路,安装轨距杆时,应使用绝缘轨距杆。

3. 轨道加强设备使用规定

轨道加强设备应保持数量齐全,作用良好,缺少时应有计划地补充。防爬设备的安装数量和方式与线路锁定要求不相适应时,应及时调整。线路爬行量大于 20 mm 时应及时整正。轨道加强设备伤损达到下列标准,应有计划地修理或更换:

(1)轨距杆折断或丝扣损坏,螺帽、垫圈、铁卡损坏或作用不良。

(2)轨撑损坏或作用不良。

(3)防爬器折损,穿销不紧或作用不良。

(4)防爬支撑断面小于 110 cm^2,损坏、腐朽或作用不良。

1.7　道　　口

1.7.1　学习目标

1. 知识目标

(1)掌握道口的类型。

(2)掌握道口设置的原则和技术条件。

(3)掌握道口的防护设备。

2. 能力目标

(1)能进行道口类型的判别。

(2)能依据图片或实物辨认各种道口安全防护标识。

1.7.2　相关学习内容

1. 道口分类

铁路与道路平面交叉的种类有道口、人行过道和平过道。

(1)道口是指铁路上铺面宽度在 2.5 m 及以上,直接与道路贯通的平面交叉,如图 1.92 所示。

(2)人行过道是指铁路上铺面宽度在 2.5 m 以下与道路贯通的平面交叉。其中,城市人行过道的宽度一般为 0.75 ～1.5 m,乡村人行过道的宽度一般为 0.4～1.2 m。人行过道只准行人及自行车通过,禁止畜力车、机动车通行。

(3)平过道是指在车站、货场、专用线内,专为内部作业使用,不直接与道路贯通的平面交叉。

道口按看守情况可分有人看守道口和无人看守道口两种(图 1.92)。

(a) 无人看守道口　(b) 有人看守道口

图 1.92　铁路道口

2. 道口设置原则

道口应根据铁路沿线交通运输的具体情况合理设置,并优先考虑立体交叉。允许速度 120 km/h 及以上线路全封闭、全立交,线路两侧按标准进行栅栏封闭,并设置相应的警示标志。新建、改建铁路原则上不设置平面交叉。既有铁路与道路的平面交叉应逐步改为立体交叉。设置或拓宽铁路道口、人行过道应当符合国铁集团有关规定。

(1)道口应设置在瞭望条件良好的地点,车辆或行人在距钢轨外侧不小于 50 m 范围内的道路上,线路允许速度不大于 120 km/h 时应能看到两侧各 400 m (双线各 500 m)以外的列车,线路允许速度不大于 100 km/h 时应能看到两侧各 340 m 以外的列车,线路允许速度不大于 80 km/h 时应能看到两侧 270 m 以外的列车;机车乘务员在 850 m 以外应能看见道口。

(2)在车站内,桥梁、隧道两端及进站信号机外方 100 m 范围内,区间或专用线道岔两端 50 m 范围内,不应设置道口;在铁路曲线地段,尽可能不设道口,对已设置的道口应逐步改造或拆除。

(3)两道口之间的距离不应小于 2 km。

(4)道口的增设、拆除和是否需要看守,由各铁路局集团有限公司决定。

3. 道口设备配置

(1)有人看守道口设备配置如下。

①基本设备:道口房、栏杆(门)、铺面、道路连接平台、道口道路交通标志、护桩(栏)、防护栅栏、鸣笛标公告牌、限界架及揭示牌(电气化铁路)、电源照明、道口电话、遮断信号、自动通知(列车接近报警装置)、自动信号(警示灯)、短路设备(轨道电路区段)、列车无线调度通信设备(无线列调固定电台、手持电台或 GSM-R 手持终端)及信号工具备品。

②选用设备:道口无线报警装置、道口视频监控设备、列车接近预警器道口广播、作业记录仪、栏杆(门)开闭显示装置、电子警察以及其他安全强化设施。

(2)无人看守道口应具有铺面道路连接平台、道口道路交通标志、护桩(栏)、鸣笛标、限界架及揭示牌(电气化铁路)。

(3)道口主要的防护设备如下。

①道口应设置道口警标、司机鸣笛标及护桩,并根据需要设置栅栏。

a. 道口警标:设在通向道口,距道口最外股钢轨不小于 20 m 处的道路右侧,预告前方有铁路道口,如图 1.93 所示。

图 1.93　道口警标

b. 司机鸣笛标:设在铁路上距道口 500～1 000 m,列车运行方向左侧的钢轨头部外侧不小于 2 m 处(站内或站内道口两端不设)。司机见此标志需长声鸣笛,以引起车辆、行人和道口工作人员注意,如图 1.94 所示。

c. 道口护桩:设在道口附近的道路两侧(路堑及城市市区内可不设)。每侧埋设 4～5 根,间距为 1.0～1.5 m 并高出路面 0.8 m,第一根护桩距钢轨外侧不小于 2.5 m,如图 1.95 所示。

图 1.94　司机鸣笛标

图 1.95　道口护桩

②根据需要可在通向道口,距道口最外股钢轨 5 m 处的道路右侧设置道口自动信号机,未设道口信号机的无人看守道口,应在设置道口信号机的位置上设置停车(止步)让行标志。

③有人看守道口除在通向道口,距道口最外股钢轨 5 m 处的道路右侧设置道口自动信号机外,还应修建道口看守房,在距最外股钢轨不小于 3 m 处设置带有标志的自动栏木或栏门,并应设置道口照明、自动信号及报警装置和通信、电铃等设备。交通繁忙和瞭望条件不良的道口应设置遮断色灯信号机,其位置距道口不小于 50 m。

④电气化铁路与公路的交叉道口,在道口两侧的公路上应设置限界架,防止车辆及其装载的货物触及供电线路,其净高为 4.5 m。

4. 道口铺设技术条件

(1)道口上铁路与道路交叉应为正交,困难条件下必须斜交时,其交角不得小于 45°。

(2)道口的两侧道路应设有平台,平台长度从钢轨外侧算起,按表 1.22 的规定办理。不通行机动车辆的道口不得短于 6 m，山区不得短于 3 m。两侧道路连接平台的纵坡，其坡度不应大于表 1.23 的规定。不通行机动车辆的道口不得大于 10%，特殊情况下不大于 20%。

表 1.22　道口平台长度(m)

城市道路	公　　路	乡村道路	
	一至四级	通行机动车	通行非机动车
20	16	10	8

注：在困难地段的四级公路，平台长度可采用 13 m。

表 1.23　连接平台的纵坡(%)

道路种类 \ 工程难易程度	一　般	困　难
城市道路	2.5	3.5
一至四级公路	3	5
乡村道路	3	6

(3)道口、人行过道、平过道铺面宽度应与道路路面宽度相同。铺面铺砌应平整、稳固，材质及规格应符合设计要求。道口铺面材料有铺面板橡胶、混凝土铺面板等，如图 1.96 所示。

图 1.96　橡胶铺面板

(4)道口铺面应与轨顶面齐平，但在钢轨外侧 50 mm 范围内的路面应较轨顶面低 5 mm，以防止铺面影响车轮而酿成脱轨事故。在钢轨与铺面板之间应设置护轨，其主要作用是保障车轮行驶应有的空间，保持轮缘槽的平顺性。护轨轮缘槽宽度，直线上应为 70～100 mm，曲线内股应为 90～100 mm；轮缘槽(图 1.97)深度应为 45～60 mm。护轨两端做成喇叭口，距护

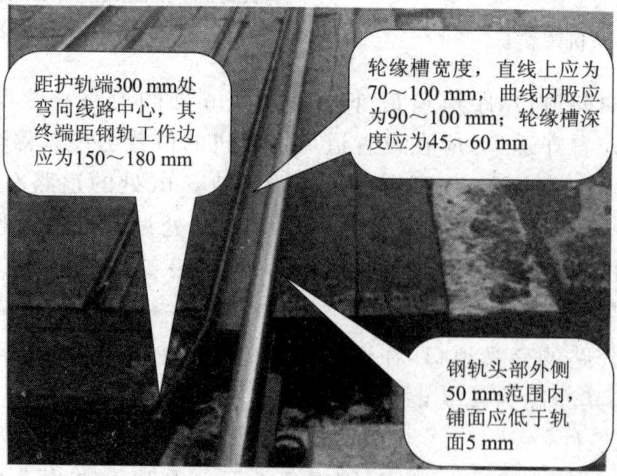

图 1.97　道口轮缘槽

轨端 300 mm 处弯向线路中心，其终端距钢轨工作边应为 150～180 mm。

道口除应满足上述要求外，还要注意以下事项：

a. 在道口铺面范围内不应有钢轨接头，如不能避开时，应将其焊接或冻结。

b. 在道口处，两线轨面不宜有高差，困难时两相邻线路的轨面高差不应大于 10 cm。

c. 在道口范围内，轨枕不得有失效或缺损，轨枕间距与铺面板宽度应相互配合；扣件应保持位置正确，扣压紧固。加强道床捣固，保持轨道的轨距、水平及方向等处于良好状态。

d. 道口处如有路基病害，应及时整治。

e. 道口标志必须齐整、位置正确、状态完整、油漆鲜明、字迹清楚，并符合规定要求。

1.8　轨道几何形位

1.8.1　学习目标

1. 知识目标

(1)掌握轨距的概念、标准及检查方法。

(2)掌握水平的概念、标准及检查方法。

(3)掌握高低的概念、标准及检查方法。

(4)掌握轨向的概念、标准及检查方法。

(5)掌握轨底坡的概念、标准及检查方法。

2. 能力目标

(1)能检查轨距并对检查数据进行分析。

(2)能检查水平并对检查数据进行分析。

(3)能检查轨向并对检查数据进行分析。

(4)能检查高低并对检查数据进行分析。

(5)能检查轨底坡并对检查数据进行分析。

1.8.2　相关学习内容

轨道几何尺寸是指轨道的几何形状、相对位置和基本尺寸。为确保列车的安全运行，轨道的两股钢轨之间，应保持一定的距离；两股钢轨的顶面应位于同一水平或保持一定的相对高差；轨道的轨向在直线上应保持顺直，曲线上应保持圆顺；为使钢轨顶面与车轮锥形踏面相吻合，以使轨顶受力均匀，两股钢轨均应向内侧倾斜等。轨道结构的几何尺寸标准，是根据机车车辆的有关尺寸和性能确定的。因此，研究轨道结构时，必须对机车车辆的走行部分进行分析和了解。

1. 机车车辆走行部分

(1)轮对及轮对尺寸

轮对由一根车轴和两个车轮组成，通过压装而成，车轮随车轴一起转动，如图 1.98 所示。车轮由轮心及轮箍两部分组成。

轮缘内侧的竖直面称为车轮内侧面，轮踏面外侧的竖直面称为车轮的外侧面，内、外侧面间的距离称为车轮宽度。轮对两车轮内侧面的距离称轮背内侧距，用 T 表示，轮对宽度（用 q 表示）等于轮背内侧距 T 加上两个轮缘厚度($2h$)，即

$$q=T+2h \tag{1.2}$$

轮对尺寸见表 1.24。

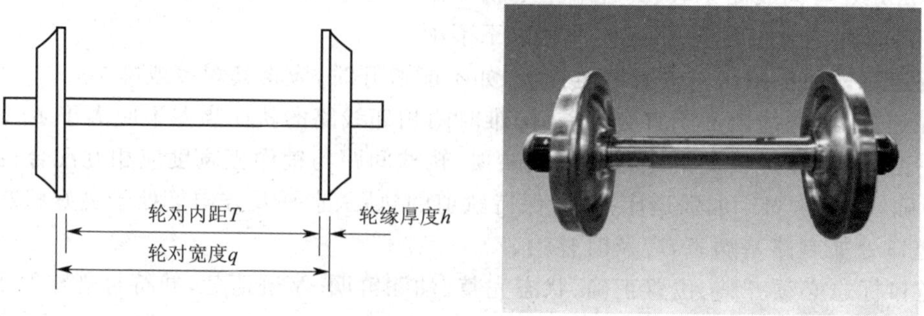

图 1.98　轮对

表 1.24　轮对几何尺寸(单位 mm)

名　称	轮缘高度	轮缘厚度 h		轮背内侧距 T			轮对宽度 q		
		最大(正常)	最　小	最　大	正　常	最　小	最　大	正　常	最　小
机车轮	28	33	23	1 356	1 353	1 350	1 422	1 419	1 396
车辆轮	25	32	22	1 356	1 353	1 350	1 420	1 417	1 394

由于蒸汽机车的轴箱装在车轮内侧,在荷载作用下车轴向下挠曲,轮对宽度会有所增加;内燃、电力机车及车辆的轴箱装在两轮外侧,在荷载作用下车轴向上挠曲,轮对宽度会有所减少,其增减值均按 2 mm 考虑。

(2)车轮踏面

车轮在钢轨上滚动的面称为车轮踏面,车轮踏面为圆锥形。图 1.99 为机车及车辆的踏面外形和尺寸。踏面的斜坡由 1∶20 和 1∶10 两段组成。1∶20 的一段是经常与钢轨顶面接触的部分,1∶10 的一段只在小半径曲线上才与钢轨顶面接触。车轮踏面的主要部分作成 1∶20 圆锥面后,可以减少横向水平力对车轮的影响,增加车辆行驶的平稳性,同时可使直线地段上行驶的车辆,当偏向轨道一侧时,由于左右车轮滚动半径的不同,仍然能返回到轨道中线。

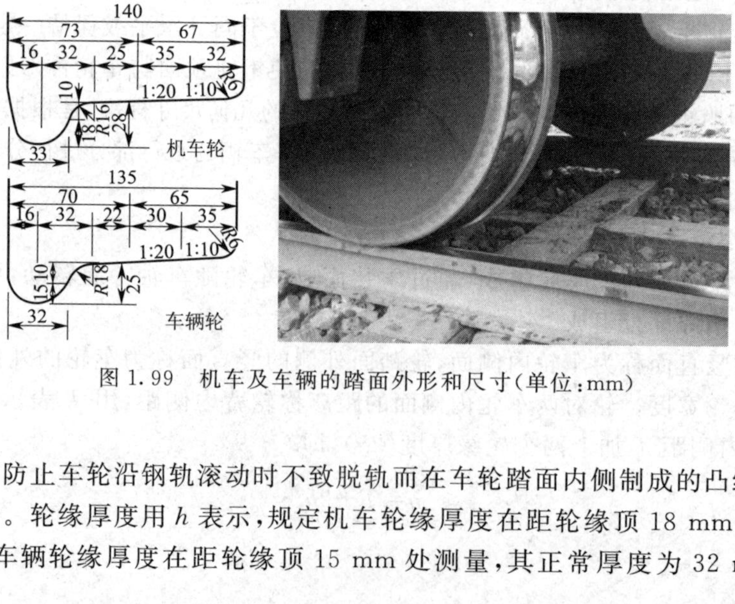

图 1.99　机车及车辆的踏面外形和尺寸(单位:mm)

(3)轮缘

轮缘是为了防止车轮沿钢轨滚动时不致脱轨而在车轮踏面内侧制成的凸缘,如图 1.99 中左侧突起的部分。轮缘厚度用 h 表示,规定机车轮缘厚度在距轮缘顶 18 mm 处测量,其正常厚度为 33 mm;车辆轮缘厚度在距轮缘顶 15 mm 处测量,其正常厚度为 32 mm,见表 1.24。

机车轮缘正常高度规定为 28 mm；车辆轮缘正常高度规定为 25 mm。

(4)固定轴距和全轴距

在同一车架或转向架上，始终保持平行的最前位和最后位车轴中心间的水平距离，称为固定轴距。同一机车或车辆最前位和最后位的车轴中心间的水平距离，称为全轴距，如图 1.100 所示。

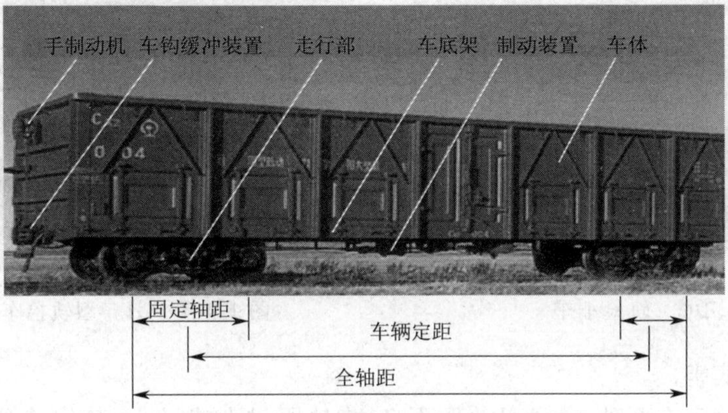

图 1.100　车辆固定轴距和全轴距

2. 直线轨道几何尺寸

轨道的几何形位按静态与动态两种状况进行管理。静态几何形位是轨道不行车时的状态，用道尺等工具测量检查。动态几何形位是在行车条件下的轨道状态，需用轨道检查车进行动态检查。下面主要介绍在静态条件下，轨道几何形位的有关规定。

(1)轨距

①轨距的概念

轨距是指两股钢轨头部内侧轨顶面以下 16 mm 处两作用边之间的最小距离，如图 1.101 所示。

目前世界上采用的轨距分为标准轨距、宽轨距和窄轨距三种。大部分国家采用标准轨距，标准轨距尺寸为 1 435 mm。大于标准轨距的称为宽轨距，常用的有 1 524 mm、1 600 mm和1 670 mm等，采用的国家有俄罗斯、印度、蒙古等。采用比标准轨距窄的称为窄轨距，有1 067 mm、1 000 mm、762 mm 和 610 mm 等，东南亚一些国家采用窄轨距。我国铁路轨距绝大多数为标准轨距，仅在云南省境内尚保留有 1 000 mm 的轨距。台湾省既有铁路采用1 067 mm轨距。

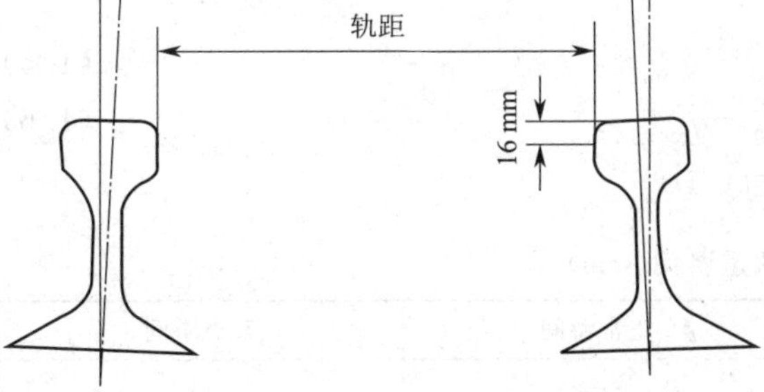

图 1.101　轨距示意图

图 1.102　道尺

②轨距的测量

静态检查时，轨距用道尺（也叫轨距尺）、轨检小车等检查工具进行测量，如图 1.102 和图 1.103所示。用道尺检查轨距时，通常每 6.25 m 检查一处。动态检查时，采用轨检车进行检查，如图 1.104 所示。

图 1.103　轨检小车

图 1.104　GJ-5 型轨检车（WX999287）

③轨距常见病害

轨距常见的病害有两种，一种是轨距不良，指轨距过大或过小，其偏差管理值超过标准允许范围。另外一种是轨距变化率不良，轨距变化应缓和平顺，其变化率在正线、到发线上不得大于 2‰（规定递减部分除外），允许速度大于 120 km/h 的线路不得大于 1‰。

④游间

为了使列车在轨道上顺利运行，轨距应略大于轮对宽度，两者之间应留有一定的空隙，称为游间。当轮对中的一个车轮轮缘与钢轨贴紧时，另一个车轮轮缘与钢轨之间的间隙（游间）δ 为

$$\delta = S - q \tag{1.3}$$

式中　S——轨距（mm）；

q——轮对宽度（mm）。

游间过小时，轮对易被两股钢轨楔住，增加行车阻力和轮轨间的磨耗。但游间也不能过大，以免列车运行时产生剧烈的摇摆，影响行车的平稳性和轨道的稳定性。

设 S_0 为标准轨距，q_0 为正常轮对宽度，则正常游间 δ_0 为

$$\delta_0 = S_0 - q_0 \tag{1.4}$$

设 S_{max} 及 S_{min} 分别为最大及最小轨距，q_{max} 及 q_{min} 分别为最大及最小轮对宽度，则最大及最小游间分别为

$$\delta_{max} = S_{max} - q_{min} \tag{1.5}$$

$$\delta_{min} = S_{min} - q_{max} \tag{1.6}$$

表 1.25 为直线轨道的正常、最大及最小游间。

表 1.25　直线轨道游间（mm）

车轮类型	最大游间	正常游间	最小游间
机车轮	45	16	11
车辆轮	47	18	13

为了提高列车运行的平稳性和线路的稳定性，减少轮轨磨耗和动能损失，确保行车安全，需要把游间限制在一个合理的范围内。根据我国现场测试和养护维修经验，适当减小直线轨距，改道时轨距按 1 434 mm 或1 433 mm控制，尽管轨头有少量侧磨发生，但达到轨距超限的时间得以延长，有利于提高行车平稳性，延长维修周期。随着行车速度的日益提高，目前世界上一些国家正致力于通过试验研究以寻求游间 δ 的合理取值。

(2)水平

①水平的概念

水平是指线路上左右两股钢轨顶面的相对高差，如图 1.105 所示。在直线地段，两股钢轨顶面应置于同一水平面上，使两股钢轨受力均匀，保持列车平稳运行。为确保行车平稳与安全，两股钢轨顶面的水平误差应控制在一定范围内。

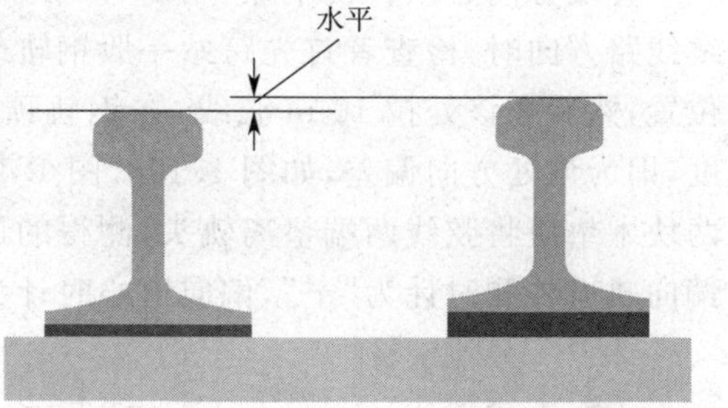

图 1.105 水平示意图

②水平的测量

静态检查时，水平用道尺(也叫轨距尺)、轨检小车等检查工具进行测量。用道尺检查轨距时，通常每 6.25 m 检查一处。动态检查时，采用轨检车进行检查。在日常管理上，直线部分按里程前进方向，以左股为标准股，道岔以直线上股为标准股，标准股高记为正，反之记为负；曲线以下股为标准股，外股较内股高出的数值减去规定的外轨超高值即为水平偏差值。

③水平的病害

两股钢轨顶面的水平偏差值，沿线路方向的变化率不可太大，在 1 m 距离内，这个变化不能超过 1 mm，否则即使两股钢轨的水平偏差不超过允许范围，也将引起机车车辆的剧烈摇晃。因此，规定水平的变化率不得超过 1‰。

实践中有两种性质不同的钢轨水平偏差，对行车的危害程度也不相同。一种偏差称为水平差，就是在一段较长的距离内，一股钢轨的顶面始终比另一股高。另一种称为三角坑，其含义是在一段不太长的距离内，先是左股钢轨高于右股，后是右股钢轨高于左股，两股钢轨在立面上出现扭曲，即水平差出现正、负交替，如图 1.106 所示。日常对三角坑的检查，是在检查水平时按前后两检查点(每 6.25 m 检查一处)的水平相对差来表示三角坑的大小，连续两处水平误差符号相同或有一处为零时不需要计算三角坑，只有在连续两处水平误差为一正一负时才需要计算三角坑。

图 1.106 三角坑示意图

在一般情况下，线路上出现超过容许限值的水平差，只是引起车辆摇晃和两股钢轨的不均匀受力，并导致钢轨不均匀磨耗。但如果出现三角坑，将会使同一转向架的四个车轮中，只有三个正常压紧钢轨，另一个形成减载或悬空。如果恰好在这个车轮上出现较大的横向力，就可能使浮起的车轮只能以它的轮缘贴紧钢轨，在最不利的情况下甚至可能爬上钢轨，引起脱轨事故。因此，三角坑一旦超过容许值就必须立即消除。

(3)轨向

①轨向的概念

轨向是指轨道中心线在水平面上的平顺性，也称方向。为了使行车安全与平稳，直线轨道应当顺直，曲线轨道应当圆顺，如图 1.107 所示。

②轨向的检查

直线方向必须目视平顺，用 10 m 弦测量最大矢度，其允许偏差不超过允许范围。测量直线线路方向时，检查者首先跨站一股钢轨或站在一股钢轨的里侧，目视前方，找出方向不良的位置，然后在该处拉 10 m 弦线，在钢轨顶面以下 16 mm 处测量轨头内侧与弦线间的最大矢度，即为该处方向偏差，如图 1.108、图 1.109 所示。如轨向是向轨道内凹入者，应使用等高的两块木垫块将弦线两端垫离轨头，测得的最大矢度减去木垫块高即为该处的方向偏差。轨向偏向轨道外侧时计为“＋”，偏向道心时计为“－”。

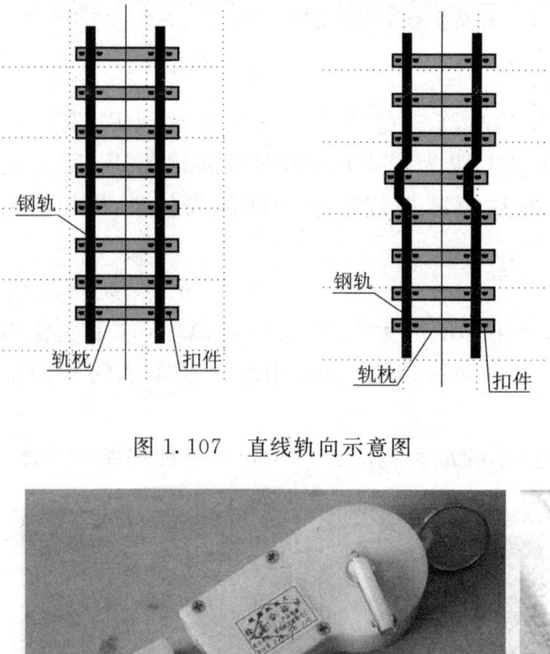

图 1.107　直线轨向示意图

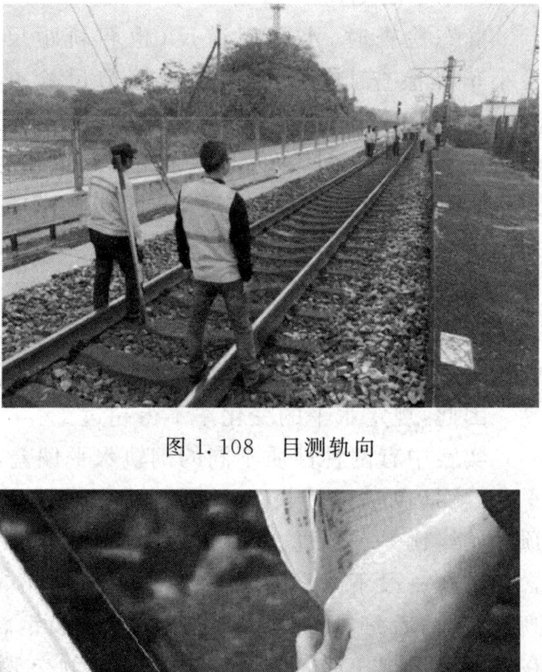

图 1.108　目测轨向

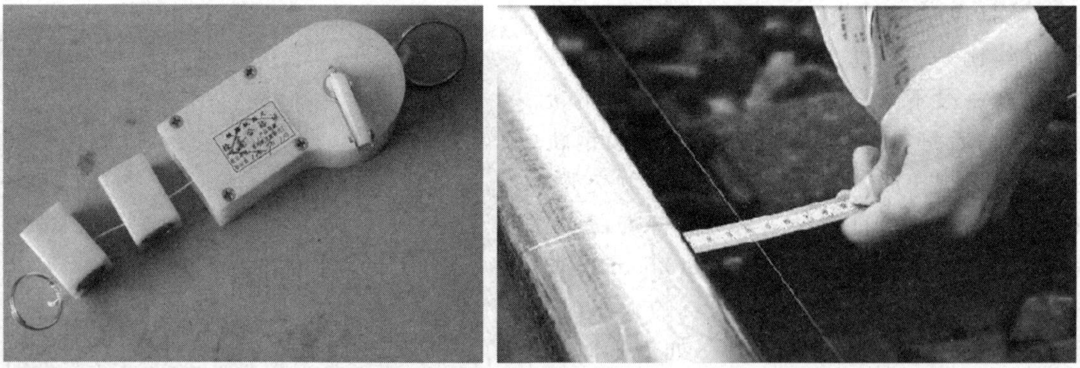

图 1.109　弦线测量轨向

③轨向的病害

实际上经过运营的直线轨道并非直线，而是由许多波长 10～20 m 的曲线所组成，因其曲度很小，故通常不易察觉。若直线不直则必然引起列车的摇晃和蛇行运动。相对轨距来说，轨道方向往往是行车平稳性的控制性因素。只要方向偏差保持在容许范围以内，轨距变化对车辆振动的影响就处于从属地位。特别是在行驶快速列车的线路上，线路方向对行车的平稳性更具有重要的影响。在无缝线路地段，若轨道方向不良，还可能在高温季节引发胀轨跑道事故,严重威胁行车安全。

(4)高低

①高低的概念

一股钢轨顶面纵向的高低差,叫作线路的前后高低,简称高低,高低不良示意图如图1.110所示。

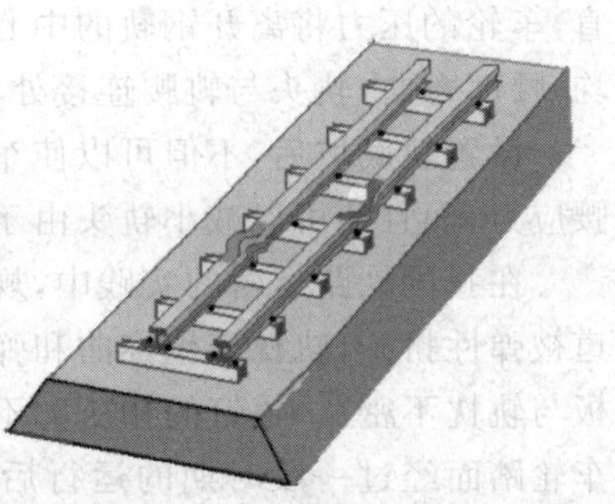

图1.110 高低不良示意图

②高低的检查

前后高低应目视平顺,用10 m弦测量轨顶最大矢度。在日常检查时,先俯身目视钢轨下颚线的高低平顺情况,找出高低不良处所,然后用10 m弦线在钢轨顶面中部测量最大矢度,弦线应置于能测量出最大矢度的位置上,如图1.111所示。如钢轨是向上凸起的,应使用相同厚度的垫块将弦线两端垫高,垫块厚度一般可采用20 mm或30 mm,将测得的结果减去垫块厚即为高低差。对直线地段两股钢轨的高低应分别进行检查,对曲线地段只检查里股钢轨的高低。为减小误差,还应考虑弦线的挠度,一般按1 mm考虑。

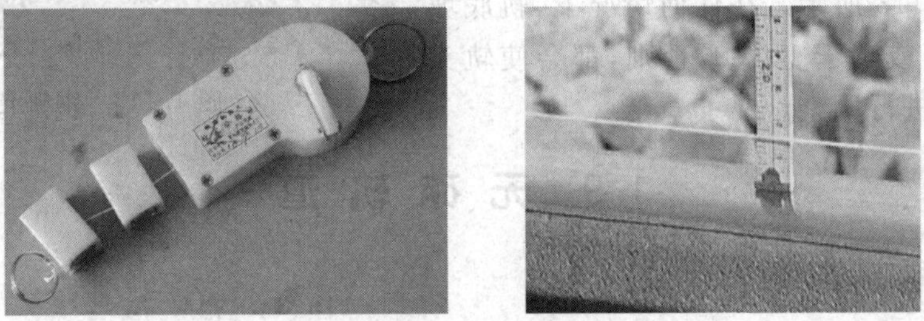

图1.111 弦线测量高低

③高低的病害

高低反映的是钢轨顶面纵向的平顺情况。钢轨顶面的高低不平顺,会使列车通过时冲击动力增加,使道床变形加快,反过来又扩大不平顺,从而使列车对轨道的破坏力更大,形成恶性循环。这种破坏作用往往同不平顺(坑洼)的深度成正比,而同它的长度成反比,即长度越短,破坏力越大。

新铺或刚大修过的线路,轨面应目视平顺,但经过一段时间列车运营后,由于路基下沉、道床捣固不实、扣件松动、轨枕失效、钢轨不均匀磨耗等原因,轨面会出现高低不平,轨底与垫板、垫板与轨枕之间出现间隙(间隙超过2 mm时称为吊板)或轨枕与道床顶面间出现间隙(间隙超过2 mm时称为空板或暗坑)。列车通过时,有吊板或暗坑的地方下沉就大,将引起列车的剧烈振动,加速道床的变形,继而又引起更加剧烈的振动,形成恶性循环,对行车极为不利。

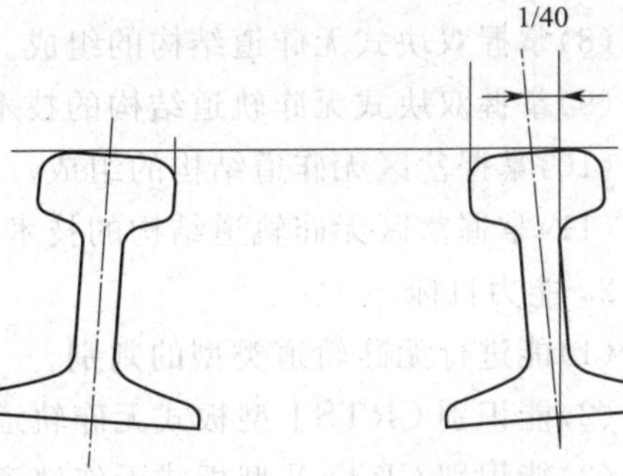

图1.112 轨底坡测量示意图

(5)轨底坡

①轨底坡的概念

由于车轮踏面主要部分为1∶20的圆锥面,故在直线上的钢轨不应竖直铺设,而要适当地向道心倾斜,钢轨向轨道中心的这种倾斜度称为轨底坡,如图1.112所示。如果钢轨保持竖直，车轮的压力将离开钢轨的中心线而偏向道心一侧，且微向外斜，其结果使钢轨头部磨损不均，腰部弯曲，轨头与轨腰连接处易发生纵裂，甚至折损。

设置轨底坡后，不但可以使车轮压力更集中于钢轨的中轴线，减少荷载的偏心矩，降低轨腰应力，而且还可以减小轨头由于接触应力而产生的塑性变形。

在我国铁路运营的实践中，规定轨底坡为1：40。这是因为在机车车辆的动力作用下，轨道被弹性挤开，轨枕产生挠曲和弹性压缩，加上垫板与轨枕不密贴，道钉的扣压力不足等原因，以及车轮踏面经过一段时期的运行后，原来1：20的踏面也被磨耗接近1：40的坡度，故将直线轨道的轨底坡标准定为1：40。

②轨底坡的检查

轨底坡是否正确，可以使用轨底坡测量仪或从钢轨顶面的光带位置来判断，光带如偏向内侧，则说明轨底坡不足，光带如偏向外侧，则说明轨底坡过大，如图1.113所示。在任何情况下，轨底坡不应大于1：20或小于1：60，否则，都会使轨头偏磨，故应及时进行调整。

图1.113　钢轨光带

1.9 无砟轨道

1.9.1 学习目标

1. 知识目标

(1)掌握无砟轨道的类型。

(2)掌握CRTSⅠ型板式无砟轨道结构的组成。

(3)掌握CRTSⅠ型板式无砟轨道结构的技术要求。

(4)掌握CRTSⅡ型板式无砟轨道结构的组成。

(5)掌握CRTSⅡ型板式无砟轨道结构的技术要求。

(6)掌握CRTSⅢ型板式无砟轨道结构的组成。

(7)掌握CRTSⅢ型板式无砟轨道结构的技术要求。

(8)掌握双块式无砟道结构的组成。

(9)掌握双块式无砟轨道结构的技术要求。

(10)掌握岔区无砟道结构的组成。

(11)掌握岔区无砟轨道结构的技术要求。

2. 能力目标

(1)能进行无砟轨道类型的判别。

(2)能识别CRTSⅠ型板式无砟轨道结构的各组成部分。

(3)能识别CRTSⅡ型板式无砟轨道结构的各组成部分。

(4)能识别CRTSⅢ型板式无砟轨道结构的各组成部分。

(5)能识别双块式无砟轨道结构的各组成部分。

(6)能识别岔区无砟轨道结构的各组成部分。

1.9.2　相关学习内容

国外高速铁路的运行经验和试验研究表明，列车速度达到 300 km/h 时，有砟轨道仍能保证列车的安全运行，所以法国、日本和德国的高速铁路除了无砟轨道还有有砟轨道，道砟能为线路提供一定的弹性，吸收轮轨的冲击振动，而且其表明有良好的吸收噪声作用。但其不足之处是列车荷载反复作用下，轨道的残余变形积累很快，并且沿轨道纵向分布又是很不均匀的，从而导致轨道高低不平顺，影响旅客乘坐的舒适性，增大轨道养护维修的工作量。

高速度、高密度、长距离跨线运输是我国客运专线的主要运营特点。为满足行车安全、乘车舒适和准点行车的要求，铁路线路必须具有结构连续、平顺、稳定、耐久和少维修的性能。无砟轨道在国外高速铁路已在性能方面显示出明显的优越性，取得了良好的技术和经济效益，因此采用无砟轨道技术是必要的。

与有砟轨道相比无砟轨道具有以下特点：

(1)轨道稳定性好，线路养护维修工作量显著减少(50%以上)；

(2)耐久性好，服务期长；

(3)可减轻桥梁二期恒载，降低隧道净空；

(4)初期投资相对较大(下部基础与轨道部分)；

(5)一旦基础变形下沉，修复困难；

(6)在维修作业困难、公铁交叉、减振降噪与环境要求高的区段、优质道砟短缺的地区适于铺设。

我国无砟轨道的主要结构形式有 CRTSⅠ、Ⅱ、Ⅲ型板式、CRTSⅠ、Ⅱ型双块式以及道岔区轨枕埋入式和板式无砟道床等。

1. CRTSⅠ型板式无砟轨道

CRTSⅠ型板式无砟轨道是在现浇的钢筋混凝土底座上铺装预制轨道板，通过砂浆充填层进行调整，采用凸形挡台进行限位，并适应 ZPW-2000 轨道电路的单元板式无砟轨道结构形式。

CRTSⅠ型板式无砟轨道结构从上至下由钢轨、扣件、充填式垫板、轨道板、水泥乳化沥青砂浆调整层、混凝土底座、凸形挡台及其周围填充树脂等组成，如图 1.114 所示。

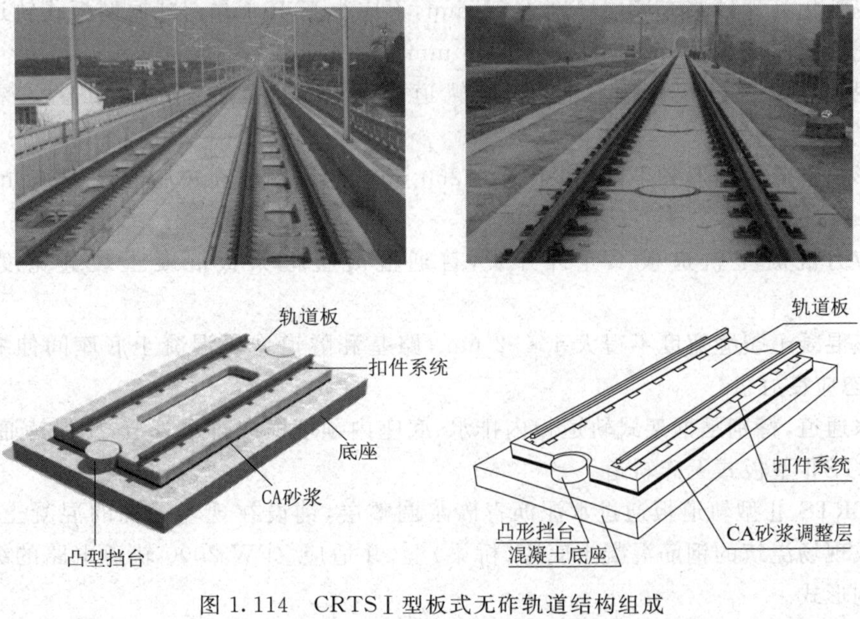

图 1.114　CRTSⅠ型板式无砟轨道结构组成

(1)轨道板

混凝土轨道板有预应力平板(P)、预应力框架板(PF)、普通钢筋混凝土框架板(RF)等多种形式,目前各线多采用预应力平板,即P型轨道板。

以P型轨道板为例,32 m简支梁桥上采用P4962(4962指板长度规格,下同)和P3685型轨道板,24 m简支梁桥上采用P4856和P4856A型轨道板,路基地段以P4962型轨道板为主,异形轨道板需进行特殊设计。

(2)充填层

采用低弹模水泥乳化沥青砂浆,目前主要采用袋装法施工,充填层厚度设计值为50 mm,弹性模量为100~300 MPa。

(3)凸形挡台

凸形挡台有圆形和半圆形两种,其中,半圆形凸形挡台主要应用于梁端和过渡段等特殊部位。凸形挡台半径260 mm、高250 mm,圆形凸形挡台圆心位于板缝中心线上,半圆形凸形挡台圆心位于相连轨道板板端面。

凸形挡台和轨道板半圆缺口之间灌注凸台树脂,与凸形挡台一起限制轨道板的纵横向位移,抵抗纵横向作用力,并传递荷载;同时,凸台树脂可以提供合适的弹性,有效的缓冲列车纵横向的冲击。

(4)底座

混凝土底座分段设置。路基地段2~4块轨道板设置一道底座伸缩缝;桥梁地段每块轨道板设置独立混凝土底座;隧道地段一般2块轨道板设置一道底座伸缩缝,遇隧道沉降缝应对应设置伸缩缝。

路基直线地段底座宽3 000 mm、高300 mm;桥梁和隧道直线地段底座宽2 800 mm、高200 mm。

(5)CRTSⅠ型板式无砟道床结构及主要技术要求

①道床结构由轨道板、水泥乳化沥青砂浆充填层、混凝土底座、凸形挡台及其周围填充树脂等部分组成。曲线超高在底座上设置。

②水泥乳化沥青砂浆充填层厚度为50 mm,不应小于40 mm。减振型板式轨道水泥乳化沥青砂浆充填层厚度为40 mm,不应小于35 mm。

③水泥乳化沥青砂浆应灌注饱满,与轨道板底部密贴,轨道板边角悬空深度应小于30 mm。

④凸形挡台分为圆形和半圆形,半径为260 mm,其周围填充树脂厚度为40 mm,不应小于30 mm。

⑤预应力混凝土轨道板不允许开裂,普通混凝土框架板混凝土裂缝宽度不得大于0.2 mm。

⑥底座混凝土裂缝宽度不得大于0.2 mm,路基和隧道地段混凝土底座间伸缩缝宽度为20 mm,状态应良好。

⑦排水通道,特别是框架式轨道板内排水、底座内预埋横向排水管道,应保持通畅。

2. CRTSⅡ型板式无砟轨道

预制CRTS Ⅱ型轨道板通过水泥沥青砂浆调整层,铺设在现场摊铺的混凝土支承层(路基、隧道)或现场浇筑的钢筋混凝土底座(桥梁)上,并适应ZPW-2000轨道电路的纵连板式无砟轨道结构形式。

路基及隧道地段 CRTS Ⅱ型板式无砟轨道结构由钢轨、弹性不分开式扣件、轨道板、水泥沥青砂浆调整层、支承层等部分组成。

桥梁地段 CRTS Ⅱ型板式无砟轨道结构由钢轨、弹性不分开式扣件、轨道板、水泥沥青砂浆充填层、底座板、滑动层、高强度挤塑板、侧向挡块及弹性限位板等部分组成。台后路基设置锚固结构(包括摩擦板、土工布、端刺)及过渡板，如图 1.115、图 1.116 所示。

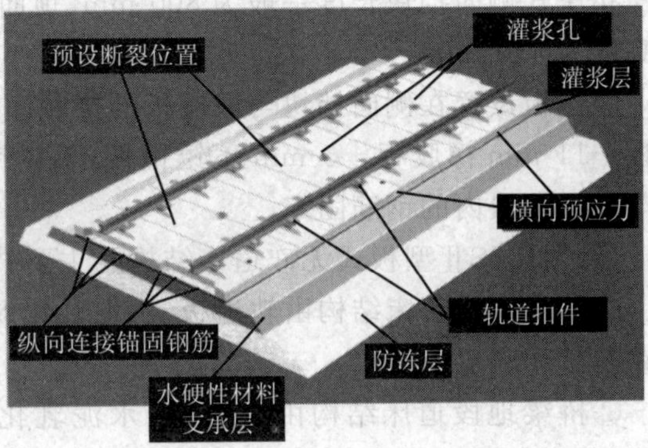

图 1.115　CRTSⅡ型板式无砟轨道

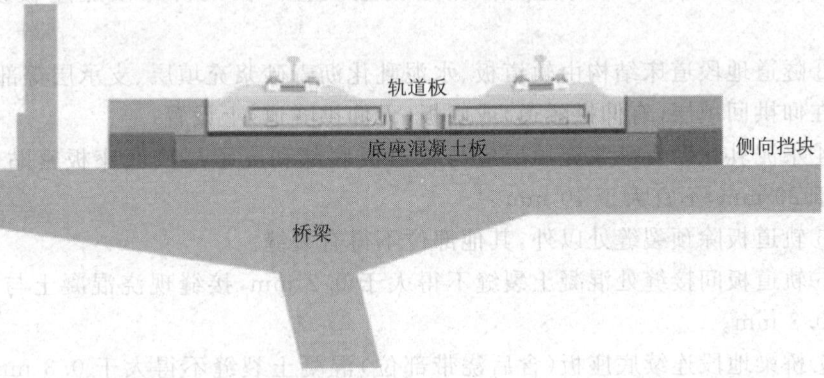

图 1.116　桥梁地段结构组成示意图

(1)轨道板

混凝土轨道板为有挡肩预应力混凝土板，标准长度 6 450 mm，承轨台间距 650 mm。板间采用张拉锁件张拉连接，混凝土封填。

(2)充填层

采用高弹模水泥乳化沥青砂浆，设计厚度为 30 mm，弹性模量 7 000～10 000 MPa。

(3)支承层(底座)

路基、隧道地段采用连续的混凝土支承层结构，宽度为 2 950 mm、3 250 mm，厚度为 300 mm。桥上采用连续的钢筋混凝土底座，宽度为 2 950 mm，直线地段厚度为 1 900 mm，曲线地段厚度根据设计确定。

(4)滑动层

滑动层为桥上 CRTSⅡ型板式无砟轨道系统的组成部分，由土工膜、土工布、胶粘剂组成，为“两布一膜”结构，即两层土工布夹一层土工膜，其中下层土工布通过胶粘剂粘在梁面防水层或梁面上。土工膜采用高密度聚乙烯薄膜，宽度为 2.95 m，厚度为 1 mm；土工布采用聚丙烯针刺非织造土工布，宽度为 2.95 m，下层厚度为 3.0～3.5 mm，上层厚度为 1.8～2.2 mm；胶粘剂为单组分或双组分聚氨酯胶。

(5)高强度挤塑板

材质为挤塑聚苯乙烯泡沫塑料板，宽度为 2.95 m，长度为 1.45 m，厚度为 50 mm，布置在梁端。

(6)侧向挡块及限位板

扣压式侧向挡块长度一般为 800 mm，顶面宽度为 590 mm，底面宽度为 400 mm，直线地段高度为 459 mm。

限位板设置在侧向挡块与底座板的接触面上。限位板结构自接触面起分别为 2 mm 不锈钢板＋11 mm 橡胶板＋5 mm 不锈钢板，不锈钢板硫化于橡胶板表面。限位板通过锚固连接件与侧向挡块内的钢筋固定。

(7) CRTSⅡ型板式无砟道床结构及主要技术要求

①路基地段道床结构由轨道板、水泥乳化沥青砂浆充填层、支承层等部分组成。曲线超高在路基基床表层上设置。

②桥梁地段道床结构由轨道板、水泥乳化沥青砂浆充填层、底座板、滑动层、高强度挤塑板、侧向挡块及弹性限位板等部分组成。桥台后路基设置锚固结构(包括摩擦板、土工布、端刺)及过渡板。曲线超高在底座板上设置。长大桥区段底座板设有钢板连接器后浇带。

③隧道地段道床结构由轨道板、水泥乳化沥青砂浆充填层、支承层等部分组成。曲线超高一般在仰拱回填层(有仰拱隧道)或底板(无仰拱隧道)上设置。

④水泥乳化沥青砂浆充填层应与轨道板底部和支承层或底座板密贴，厚度为 30 mm，不应小于 20 mm，不宜大于 40 mm。

⑤轨道板除预裂缝处以外，其他部位不得有裂缝。

⑥轨道板间接缝处混凝土裂缝不得大于 0.2 mm，接缝现浇混凝土与轨道板间离缝不得大于 0.3 mm。

⑦桥梁地段连续底座板(含后浇带部位)混凝土裂缝不得大于 0.3 mm，侧向挡块与底座板不得粘连。

⑧路基和隧道地段支承层不得有竖向贯通裂缝。

⑨排水通道应保持通畅。

3. CRTSⅢ型板式无砟轨道

CRTS Ⅲ型板式无砟轨道是在现浇的钢筋混凝土底座或混凝土支承层上铺装预留连接钢筋的预制混凝土轨道板，中间设置自密实混凝土层，并适应 ZPW-2000 轨道电路的无砟轨道结构形式，如图 1.117 所示。

(1)轨道板

轨道板采用双向后张无黏结预应力体系，板顶面设置承轨台，板底预留连接钢筋，通过轨道板与自密实混凝土之间的黏结以及连接钢筋限制轨道板纵横向位移，如图 1.118 所示。

(2)自密实混凝土层

自密实混凝土层强度等级 C40，四周与轨道板侧面齐平，厚度设计值一般为 100 mm 左右。自密实混凝土层间设置钢筋网片或冷轧焊网，通过轨道板中部灌注孔进行灌注施工。

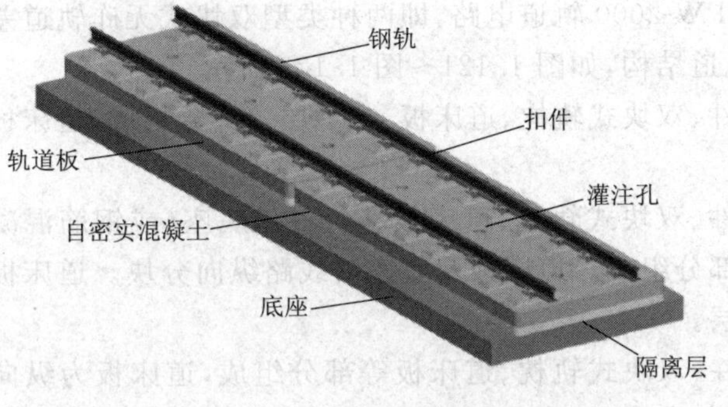

图 1.117　CRTS Ⅲ型板式无砟轨道结构

图 1.118　轨道板底连接钢筋

(3)底座(支承层)

底座(支承层)现场浇注完成,路基地段宽 3 100 mm,厚度 200～300 mm;桥梁和隧道区段宽 2 900 mm,厚度一般为 200 mm 左右。当轨道板纵向连续时,采用混凝土支承层,线路纵向连续设置;当轨道板单元设置时,采用混凝土底座,顶面限位凹槽,如图 1.119 所示,路基地段 2～4 块轨道板设置一道底座伸缩缝;桥梁地段每块轨道板设置独立混凝土底座;隧道地段一般 2 块轨道板设置一道底座伸缩缝,遇隧道沉降缝应对应设置伸缩缝。

(4)凸台

灌注自密实混凝土,通过其良好的流动性,在底座限位凹槽处形成凸台,如图 1.120 所示。凹槽四周设置弹性缓冲垫层,与凸台一起限制轨道板的纵横向位移,抵抗纵横向作用力,并传递荷载;同时,弹性缓冲垫层可提供合适的弹性,有效的缓冲列车纵横向的冲击。

图 1.119　底座限位凹槽

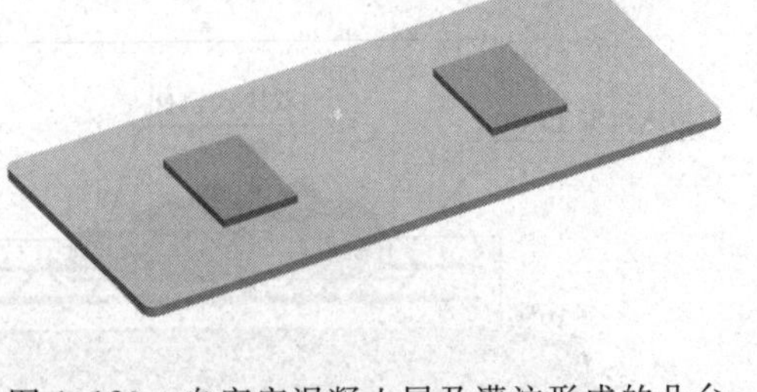

图 1.120　自密实混凝土层及灌注形成的凸台

(5)结构特点

CRTS Ⅲ型板式无砟轨道结构主要特点如下:

① 采用弹性不分开式扣件配套有挡肩预制混凝土轨道板。

②轨道板底面预留 U 形筋与自密实混凝土层连接,形成复合结构,改善了轨道板受力。

③采用自密实混凝土作为轨道板下充填材料。

④自密实混凝土层和混凝土底座之间设置隔离层。

⑤通过底座设置限位凹槽、自密实混凝土灌注形成凸台的方式进行结构限位。

4. 双块式无砟轨道

双块式无砟轨道包括 CRTS Ⅰ型和 CRTS Ⅱ型双块式无砟轨道。

(1)CRTS Ⅰ型双块式无砟轨道是指将预制双块式轨枕组装成轨排,以现浇混凝土的方式将轨枕埋入道床板中;CRTS Ⅱ型双块式无砟轨道是指将预制双块式轨枕组装成轨排,以机械振动方式将轨排压入混凝土中;均能适应 ZPW-2000 轨道电路,即两种类型双块式无砟轨道差异仅在施工工艺上,故统称为双块式无砟轨道结构,如图 1.121～图 1.123 所示。

(2)路基地段轨道结构由钢轨、弹性扣件、双块式轨枕、道床板、支承层等部分组成,道床板为纵向连续的钢筋混凝土结构。

(3)桥梁地段轨道结构由钢轨、弹性扣件、双块式轨枕、道床板、隔离层、底座(或钢筋混凝土保护层)、凹槽(或凸台)周围弹性垫层等部分组成。道床板及底座沿线路纵向分块。道床板宽度范围的底座或保护层顶面应铺设隔离层。

(4)隧道地段轨道结构由钢轨、弹性扣件、双块式轨枕、道床板等部分组成,道床板为纵向连续的钢筋混凝土结构。

图 1.121 CRTS Ⅰ型双块式无砟轨道

图 1.122 CRTS Ⅱ型双块式无砟轨道

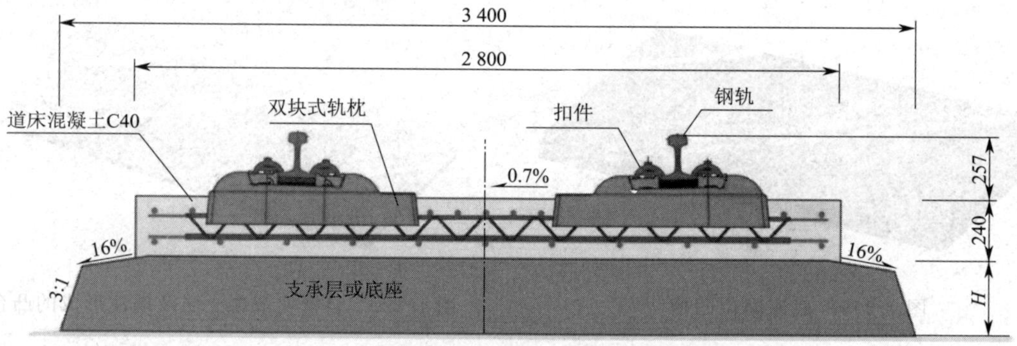

图 1.123 双块式无砟轨道结构组成示意图(单位:mm)

(5)双块式无砟道床结构及主要技术要求。

①路基地段道床结构由双块式轨枕、道床板、支承层等部分组成,道床板一般为纵向连续的钢筋混凝土结构。曲线超高在基床表层上设置。

②桥梁地段道床结构由双块式轨枕、道床板、隔离层、底座(或钢筋混凝土保护层)、凹槽(或凸台)周围弹性垫层等部分组成。道床板或底座沿线路纵向分块设置,间隔缝为 100 mm。道床板与底座(或保护层)间设置隔离层,底座凹槽(凸台)侧立面粘贴弹性垫层。曲线超高在底座或道床板上设置。

③隧道地段道床结构由双块式轨枕、道床板等部分组成,道床板为纵向连续的钢筋混凝土结构。曲线超高在道床板上设置。

④双块式轨枕不得有裂缝，道床板混凝土不得有横向或竖向贯通裂缝。

⑤路基地段支承层不应有竖向贯通裂缝，支承层与道床板、路基基床表层间应密贴，不得有离缝。

⑥排水通道应保持通畅，道床板表面不得积水。

5. 岔区轨枕埋入式无砟轨道

路基上岔区轨枕埋入式无砟轨道结构如图1.124所示，其组成为：道岔钢轨件、扣件、岔枕、道床板及混凝土支承层（下部基础），混凝土支承层直接铺设在路基基床表层上。当在桥上使用时，道床板与梁面上铺设的底座板连接。

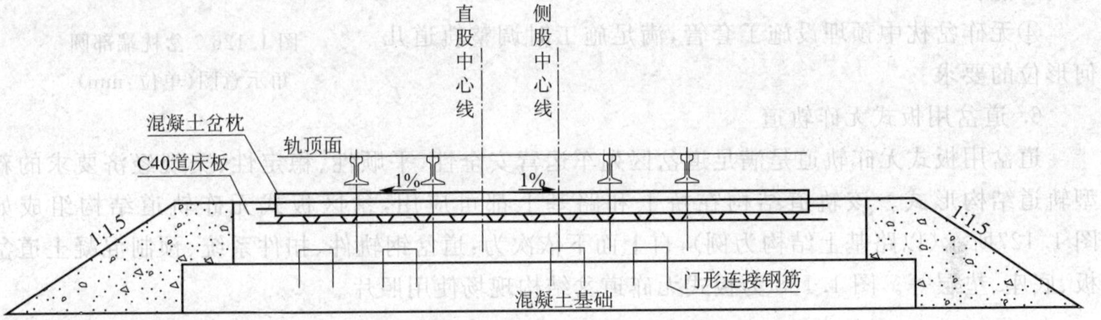

图1.124　岔区轨枕埋入式无砟轨道结构示意图

(1)混凝土岔枕

混凝土岔枕为梯形截面，内部设置有纵、横向普通钢筋和预应力钢筋；岔枕通过枕底预设的桁架钢筋、枕端部伸出钢筋以及转辙机位置岔枕侧面伸出锚固钢筋等方式与混凝土道床、支承层（底座）构成轨道结构，岔枕结构如图1.125所示。

图1.125　无砟岔枕示意图（单位：mm）

(2)道床板

道床板采用强度等级为C40的混凝土。道床板的横向宽度沿道岔纵向是变化的数值，设计的原则是，首先保证有足够的道床强度，道床结构钢筋侧面保护层厚度满足要求，其次道床板的宽度变化要尽量连续，使整个岔区道床板侧边顺畅、美观。道床板的高度考虑线路排水的要求，设计有坡度。

(3)道床板与下部基础的连接

道床板可通过门形连接钢筋、板底与基础设凸台和凹槽以及表面拉毛等方式进行连接，从而形成整体，满足轨道结构纵、横向限位的要求。

(4)结构特点

①无砟岔枕截面为梯形截面，内部设置有纵、横向普通钢筋和预应力钢筋，其中非预应力

钢筋侧面通过焊接 S 形连接筋与枕底的非预应力钢筋连接组成桁架结构；

②无砟岔枕通过枕底的桁架钢筋、枕端部伸出钢筋以及转辙机位置岔枕侧面伸出锚固钢筋等方式与混凝土道床、支承层(底座)构成轨道结构；

③无砟岔枕端角在竖向做成带圆弧的结构形式(图 1.126)，可改善预制岔枕与后灌注道床板混凝土之间新老结合问题，减小岔枕端部混凝土道床应力集中造成裂纹出现的可能；

④无砟岔枕中预埋设施工套管，满足施工时调整轨道几何形位的要求。

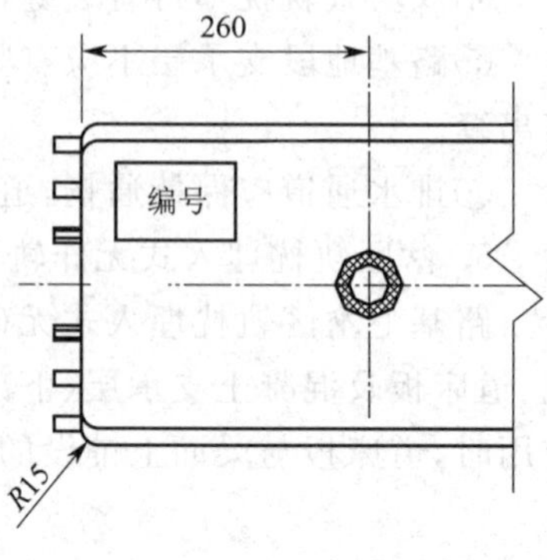

图 1.126　岔枕端部圆角示意图(单位：mm)

6. 道岔用板式无砟轨道

道岔用板式无砟轨道是满足道岔区列车运营安全性、平顺性、稳定性、美观经济要求的新型轨道结构形式。该轨道结构在桥上和路基上都可应用，岔区板式无砟轨道结构组成如图 1.127所示(以路基上结构为例)，自上而下依次为：道岔钢轨件、扣件系统、预制混凝土道岔板、底座、垫层等。图 1.128 为板式无砟道岔结构现场使用照片。

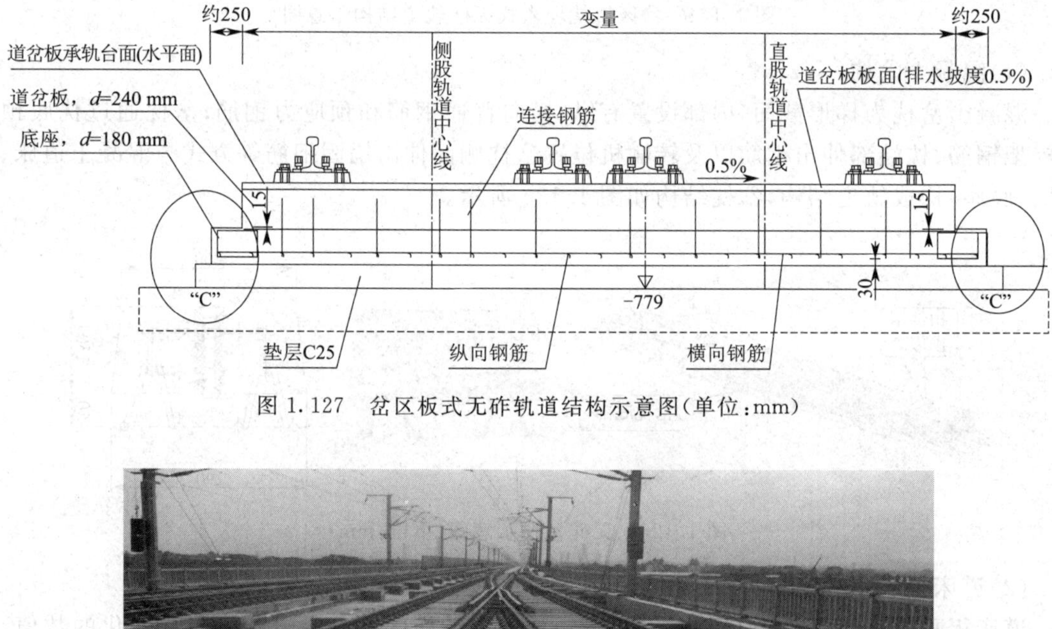

图 1.127　岔区板式无砟轨道结构示意图(单位：mm)

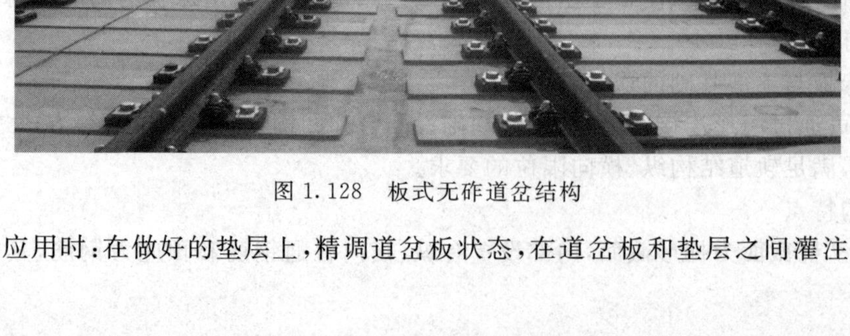
图 1.128　板式无砟道岔结构

路基上应用时：在做好的垫层上，精调道岔板状态，在道岔板和垫层之间灌注自密实混凝土，道岔板底面预留的门形桁架钢筋与底座相连，通过道岔板底面和底座混凝土的黏结力、摩擦力以及门形桁架钢筋的抗剪作用实现轨道结构纵、横向限位。各部件如下：

(1)道岔板

道岔板采用C55普通钢筋混凝土结构，根据不同的道岔型号，纵向上按扣件间距及电务设备安装要求等因素合理分块，除转辙机安装位置外道岔板间连接缝宽度为100 mm。

(2)底座

底座采用流动性较好的自密实混凝土，强度等级为C40。底座厚度为180 mm，横向宽度较相应的道岔板宽400 mm。突出的边缘向轨道系统外侧设置4%的排水坡，亦可以根据具体情况而定。

(3)垫层

垫层混凝土强度等级为C25，可不配筋。垫层厚度为130～200 mm，横向宽度较相应的底座宽300 mm。

(4)门形桁架钢筋

道岔板板底预留门形桁架钢筋植入底座，从而将道岔板和底座连接为整体。通过道岔板和底座的黏结力、摩擦力以及门形桁架钢筋的抗剪作用保证轨道结构的稳定。

在桥上使用时，在混凝土底座上，进行道岔板状态精调，在道岔板和底座之间灌注充填层，在道岔板和底座钻孔植入销钉，通过销钉的抗剪作用实现轨道结构的纵、横向限位。

(5)道岔区板式无砟道床结构及主要技术要求

①路基地段道床结构由道岔板、底座(自密实混凝土层)及找平层等部分组成。

②桥梁地段道床结构由道岔板、水泥乳化沥青砂浆充填层、底座、滑动层、高强度挤塑板、侧向挡块及弹性限位板等部分组成。

③道岔板(或预设裂缝处)混凝土裂缝宽度应小于0.2 mm，扣件周围不得有裂缝。

④路基地段底座、桥梁地段水泥乳化沥青砂浆充填层应与道岔板底部密贴。水泥乳化沥青砂浆充填层厚度为30 mm，不应小于20 mm，不宜大于40 mm。

⑤桥梁地段连续底座混凝土裂缝不得大于0.3 mm，侧向挡块不得有裂缝。

⑥排水通道应保持通畅，道岔板表面不得积水。

复习思考题

1. 铁路轨道主要由哪几部分组成？

2. 钢轨类型是怎样表示的？我国铁路钢轨标准类型有哪几种？钢轨标准长度是多少？

3. 钢轨接头联结零件有哪些？常用的接头联结形式有几种？

4. 为什么要预留轨缝？《修规》对钢轨接头轨缝有什么规定？

5. 某地区最高轨温为60 ℃，最低轨温为−10 ℃，铺设60 kg/m、25 m标准轨，若施工时轨温为28 ℃，试确定预留轨缝的大小。

6. 常用的中间扣件有哪些？各由哪些部件组成？

7. 道床断面有哪几个主要特征？对道床材料有什么要求？

8. 道床病害主要有哪些？如何预防和整治道床病害？

9. 轨道爬行的原因有哪些？轨道的爬行会产生什么危害？如何防止轨道的爬行？

10. 无砟轨道有哪些类型？

任务2 曲线轨道认识

曲线轨道是线路的重要组成部分。由于受地形和其他各种因素的限制，整条铁路线路不可能是一条直线，其方向需要不断改变，当线路在平面上由一个方向转向另一个方向时，在两条直线之间必须用曲线来连接，这种曲线称为平面曲线。此外，铁路线路在纵断面上由一个坡度转到另一个坡度，或在平道与坡道的连接处，为了使行车平稳和安全，当两坡度代数差超过某一规定值时，中间也需要用曲线来连接，这种曲线称为竖曲线，竖曲线可采用圆曲线形或抛物线形。我们通常所说的曲线指的是平面曲线，平面曲线的主要线型采用圆曲线，本任务只阐述平面曲线有关知识。

在平面曲线中，需在曲线轨道外股设置超高，用来平衡列车行驶曲线轨道产生的离心力，使内外股受力均衡；在小半径曲线上，为了保证较大固定轴距的机车车辆能够顺利通过，将轨距进行适当加宽处理；在直线与圆曲线之间设置曲率连续变化的缓和曲线，使超高与小半径曲线轨距加宽随着曲率缓慢变化，防止离心力突然产生与变化，保证列车舒适度与受力均衡；曲线轨道在列车离心力等作用下，平面位置容易发生变化，使曲线圆顺状态破坏，需要对曲线轨道进行方向整正，利用绳正法进行曲线方向整正是曲线轨道维修养护的重要方法之一；曲线轨道由于存在内外股半径差，为了保证内外股钢轨接头（焊头）在同一位置，应对内股钢轨缩短量进行计算，在钢轨铺设时内股按照计算合理配置缩短轨；列车在曲线上运行时，车体纵向轴线与轨道中心线不相吻合，致使车体两端向轨道外侧突出，并且曲线外轨设置超高，致使车体向曲线内侧倾斜，因此需要曲线地段建筑接近限界在直线建筑接近限界的基础上适当加宽。

2.1 铁路曲线概述

2.1.1 学习目标

1. 知识目标

(1)能正确说出曲线轨道的特点。

(2)能正确回答确定最小曲线半径和最大曲线半径的意义。

2. 能力目标

(1)能画出平面曲线简单示意图。

(2)能正确绘制夹直线示意图。

(3)能识读工程图纸中曲线要素。

2.1.2 相关学习内容

由于受地形和其他各种因素的限制，整条铁路线路不可能是一条直线，其方向需要不断改变，当线路在平面上由一个方向转向另一个方向时，在两条直线之间必须用曲线来连接，这种曲线称为平面曲线。此外，铁路线路在纵断面上由一个坡度转到另一个坡度，或在平道与坡道的连接处，为了使行车平稳和安全，当两坡度代数差超过某一规定值时，中间也需要用曲线来连接，这种曲线称为竖曲线，竖曲线可采用圆曲线形或抛物线形。我们通常所说的曲线指的是平面曲线，平面曲线的主要线型采用圆曲线，本部分内容只讲述平面曲线的有关知识。

1. 曲线轨道构造特点

由于机车车辆运行通过曲线时离心力的出现，导致轮轨间作用力的产生，使得曲线轨道结构产生一些特殊病害。与直线轨道相比，曲线轨道具有以下特点：

(1)曲线外轨须设置超高；

(2)小半径曲线轨距应适当加宽；

(3)在直线和圆曲线之间应设置缓和曲线过渡；

(4)在曲线内轨上应铺设缩短轨；

(5)曲线地段的建筑接近限界须适当加宽等。

2. 曲线基本要素

平面曲线的基本要素主要包括曲线中心角(转角)α、曲线半径 R、切线长 T、外矢距 E、缓和曲线长 l_0、曲线长度 L 等，如图 2.1 所示。

直线与缓和曲线的连接处称为直缓点或缓直点，用 ZH 或 HZ 表示；缓和曲线与圆曲线的连接处称为缓圆点或圆缓点，用 HY 或 YH 表示；曲线中部称为曲中点，用 QZ 表示。如曲线未设缓和曲线，而是直线和圆曲线直接相连接，其连接处称为直圆点或圆直点，用 ZY 或 YZ 表示。图 2.1 中，虚线表示未设缓和曲线时圆曲线与直线直接相连的情况。在各要素中，曲线半径是决定列车运行条件的主要因素。曲线半径愈大，列车运行条件就愈好。为了测设、施工和养护的方便，曲线半径一般应取 50 m、100 m 的整倍数，即 10 000 m、8 000 m、6 000 m、5 000 m、4 000 m、3 000 m、2 500 m、2 000 m、1 800 m、1 600 m、1 400 m、1 200 m、1 000 m、800 m、700 m、600 m、550 m、500 m、450 m、400 m、350 m；特殊困难条件下，可采用上列半径间 10m 整倍数的曲线半径。

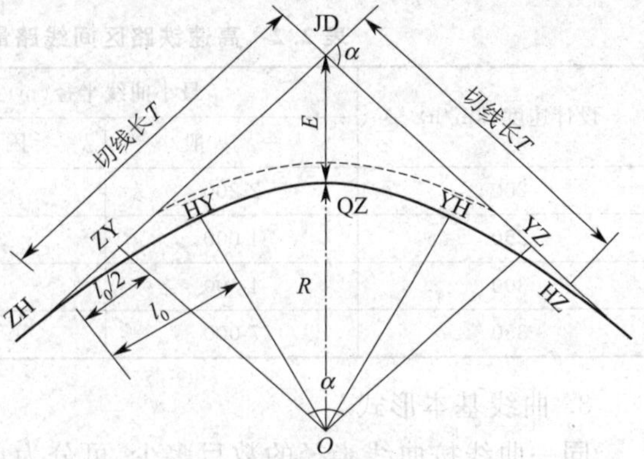

图 2.1　平面曲线基本要素

最小曲线半径是一条干线或其中某一路段允许采用的曲线半径最小值。它是铁路主要技术标准之一，应在初步设计阶段比选确定。小半径曲线的缺点：

(1)增加线路长度；

(2)降低黏着系数，机车通过时，车轮在钢轨上的纵向、横向滑动加剧，黏着系数降低；

(3)轨道需要加强，$R<600$ m 时，横向冲击力加大，轨道需要加强，常采用设置轨撑、轨距杆，增加曲线外侧道床宽度等方式来提高轨道横向阻力；

(4)增加接触导线的支柱数量，R 越小，中心线与接触导线的矢度越大，支柱间间距应该减小；

(5)增加轮轨磨耗，轮轨间的纵向横向滑动、挤压，使磨耗增加；半径越小、磨耗越大；

(6)维修工作量加大，小半径曲线地段，轨距、方向容易错位；

(7)小半径曲线限制列车速度，列车通过曲线时，需要减速、限速、加速，机车需要额外做功，使得运行时分和行车费用增加；

(8)小半径曲线使线路加长、总偏角加大，导致曲线阻力加大、行车费用增加。

最大的曲线半径定为 10 000 m，是考虑到如再增大曲线半径，因行车速度不高，行车条件的改善并不显著。相反，因曲率太小，维修工作加大，曲线也不易保持圆顺。我国铁路规定，客货共线铁路区间线路最小曲线半径不得小于表 2.1 的规定值，客运专线铁路区间线路最小曲线半径和最大曲线半径规定值见表 2.2。

表 2.1 客货共线铁路区间线路最小曲线半径

铁路等级	路段设计行车速度(km/h)	最小曲线半径(m)	
		一 般	特殊困难
Ⅰ	200	3 500	2 800
	160	2 000	1 600
	120	1 200	800
Ⅱ	120	1 200	800
	80	600	500

表 2.2 高速铁路区间线路最小曲线半径和最大曲线半径

设计速度(km/h)	最小曲线半径(m)		最大曲线半径(m)	
	一 般	困 难	一 般	困 难
200	2 200	2 000	10 000	12 000
250	4 000	3 500	10 000	12 000
300	4 500		12 000	14 000
350	7 000		12 000	14 000

3. 曲线基本形式

同一曲线按曲线半径的数目多少，可分为单曲线和复曲线两种形式。只有一个圆心和一个半径的圆曲线称为单曲线；两条或两条以上半径不同的圆曲线直接或用缓和曲线连接所组成的曲线称为复曲线。因复曲线结构较复杂、铺设和养护维修不便，故我国铁路规定，允许速度大于 120 km/h 的线路不得采用复曲线，其他线路不宜采用复曲线，仅在个别特殊困难地段允许保留原有的复曲线。且规定复曲线的两圆曲线之间应用缓和曲线连接，其长度不得短于 20 m，条件困难不能设置缓和曲线连接时，两个连续圆曲线的曲率差应不大于表 2.3 的规定。每个圆曲线的长度不得短于表 2.4 的规定。

表 2.3 复曲线可不设中间缓和曲线的两圆曲线的最大曲率差

线路允许速度(km/h)	140	120	100	80
可不设中间缓和曲线的两圆曲线的最大曲率差	1/6 000	1/4 000	1/2 000	1/1 000

表 2.4 圆曲线或夹直线最小长度

线路允许速度(km/h)			200	160	140	120	100	80
圆曲线或夹直线最小长度(m)	工程条件	一 般	140	130	110	80	60	50
		困 难	100	80	70	50	40	30

相邻两曲线根据其转向角的方向不同，可分为同向曲线和反向曲线两种形式。相邻两曲线若转向角的方向相同，则这两条曲线称为同向曲线；若转向角的方向相反，则这两条曲线称为反向曲线。无论是同向曲线还是反向曲线，其相邻两曲线之间均有夹直线相连接，两相邻曲线间的直线段，即前一曲线终点(HZ_1)与后一曲线起点(HZ_2)间的直线，称为夹直线，如图 2.2

所示。

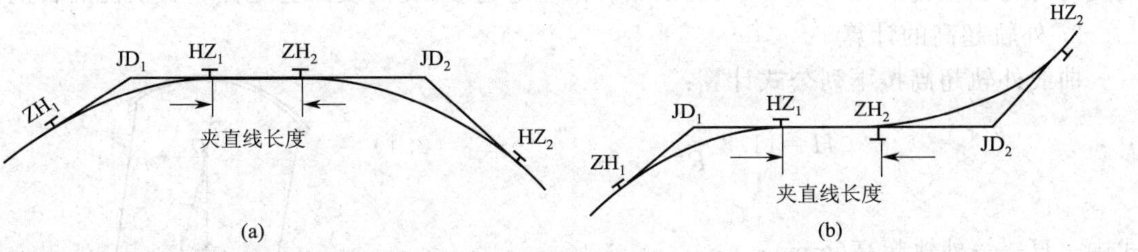

图 2.2　夹直线示意图

夹直线长度应尽量长一些，为行车和维修创造有利条件，但为适应地形节省工程，需要设置较短的夹直线时，其最小长度受下列条件控制。

(1)线路养护要求夹直线太短，特别是反向曲线路段，列车通过时，因频繁转换方向，车轮对钢轨的横向推力加大，夹直线的正确位置不易保持。维修实践证明：夹直线长度不宜短于2～3节钢轨，钢轨标准长度为 25 m，即 50～75 m；地形困难时，至少应不小于一节钢轨长度，即 25 m。

(2)行车平稳要求旅客列车从前一曲线通过夹直线进入后一曲线的运行过程中，因外轨超高和曲线半径不同，未被平衡的横向加速度频繁变化，引起车辆左右摇摆，反向曲线地段更为严重。为了保证行车平稳、旅客舒适，夹直线长度不宜短于 2～3 节客车长度。我国 25 型客车全长为 25.5 m，故夹直线长度不宜短于 51.0～76.5 m。

按照《铁路线路设计规范》，夹直线的长度应满足表 2.4 的规定。

2.2　曲线外轨超高

2.2.1　学习目标

1. 知识目标

(1)能正确掌握曲线外轨超高设置的目的。

(2)能正确掌握外轨超高的计算公式。

(3)能正确掌握过超高与欠超高的计算公式。

(4)能正确掌握外轨超高设置原则和设置方法。

2. 能力目标

(1)能进行超高计算。

(2)能利用欠超高、过超高公式与限值对超高值进行检算。

(3)能根据曲线要素进行超高顺坡率计算，并能够绘制顺坡示意图。

(4)能根据曲线要素，进行曲线超高计算与设置。

(5)能使用道尺进行曲线轨道水平检查并分析。

2.2.2　相关学习内容

1. 设置外轨超高的目的

列车在曲线上运行时产生向外的离心力，使外股钢轨承受较大的压力和横向作用力，这不仅加剧外轨的磨耗，缩短钢轨的使用寿命，也使旅客感觉不舒适，离心力过大还将影响行车安全。

为了平衡离心力的作用，需要将曲线外股适当抬高，即设置外轨超高(图 2.3)，使机车车辆通过曲线时向内倾斜，其自身重力产生一个向心的水平分力来抵消离心力，达到内外两股钢轨受力均匀和垂直磨耗均等，以及满足旅客乘坐舒适度，提高线路稳定性和安全性的目的。

2. 外轨超高的计算

曲线外轨超高按下列公式计算：

$$H=11.8\frac{v_{\mathrm{j}}^2}{R} \tag{2.1}$$

式中　H——外轨超高（mm）；

R——曲线半径（m）；

v_{j}——平均速度（km/h），

$$v_{\mathrm{j}}=\sqrt{\frac{\sum N_iQ_iv_i^2}{\sum N_iQ_i}}$$

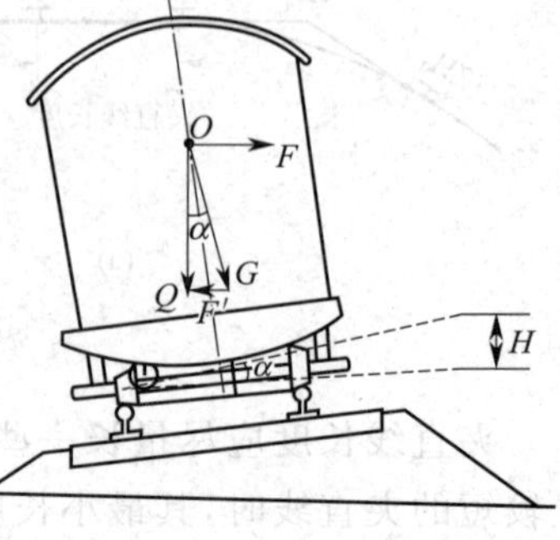

图 2.3　曲线外轨超高设置

其中　N_i——一昼夜通过曲线各类列车次数（列），

Q_i——各类列车重量（t），

v_i——实测各类列车速度。

对于新建铁路，v_{j} 通常取设计速度的 0.8 倍。为便于设置，我国铁路规定，按式(2.1)计算的超高值应取整为 5 mm 的整倍数作为超高的设计值。《普速铁路线路修理规则》规定，实设最大超高，在单线上不得大于 125 mm，在双线上不得大于 150 mm。我国铁路规定，采用加厚外侧道床的办法来实现曲线外轨超高的设置。

《高速铁路无砟轨道线路维修规则》规定：曲线超高应满足旅客舒适度要求，按线路允许速度进行计算并设置。超高最大值一般不得超过 150 mm，在困难条件下仅运行客车的线路不得超过 175 mm。未被平衡超高的一般要求：①欠超高一般不应大于 40 mm，困难条件下不大于 60 mm。②仅运行客车的线路过超高不应大于 70 mm；客货共线线路货物列车按 80 km/h 速度检算时，过超高不应大于 50 mm；初期兼顾货运的客运专线，货物列车按 80 km/h 速度检算时，最大过超高不得大于 90 mm。

《高速铁路无砟轨道线路维修规则》规定：曲线超高应满足旅客舒适度要求，按设计允许速度（设计有预留速度时按预留速度）进行计算并设置，超高最大值不得超过 175 mm。未被平衡超高的一般要求：①欠超高一般应不大于 40 mm，困难条件下不大于 60 mm。②过超高应不大于 70 mm。初期兼顾货运的客运专线，货物列车的过超高应不大于 70 mm。按 80 km/h 速度检算时，最大过超高不得大于 90 mm。

3. 欠超高和过超高计算

按平均速度计算设置外轨超高的曲线，当速度较高的旅客列车通过时，实设的外轨超高就显得不足，这不足的部分称为未被平衡的欠超高（简称欠超高）；当速度较低的货物列车通过时，实设的超高又过大，超过的部分称为未被平衡的过超高（简称过超高或余超高）。欠超高和过超高的存在，对钢轨磨耗、轨道变形、旅客的舒适度以及行车的安全性都有很大的影响。

(1)欠超高

由于存在欠超高，列车通过曲线时产生的离心力没有被全部抵消，这样就增大了外股钢轨所承受的垂直压力和车轮轮缘对外股钢轨的横向水平力，造成曲线外轨垂直和侧面磨耗加剧，并且影响旅客乘坐舒适度。过大的横向水平力还可导致轨距扩大、轨排横移，加剧扣件损伤、混凝土轨枕挡肩破损，增加线路的检查维修工作等。因此，未被平衡的欠超高必须控制在一定的数值范围内。

①欠超高的计算

根据最高行车速度，未被平衡的欠超高按下式检算：

$$H_{欠}=11.8\frac{v_{max}^2}{R}-H \tag{2.2}$$

式中　$H_{欠}$——未被平衡欠超高(mm)；

v_{max}——通过曲线最高行车速度(km/h)；

R——曲线半径(m)；

H——实设外轨超高(mm)。

②允许未被平衡欠超高

允许未被平衡欠超高按保证旅客乘坐舒适条件来决定，而旅客乘坐舒适度与未被平衡的离心加速度有关。我国铁路综合国内外铁路对旅客乘坐舒适度和行车安全试验研究结果和多年运营经验，结合我国实际情况，规定未被平衡欠超高不应大于 75 mm，困难情况下不应大于 90 mm，容许速度大于 120 km/h 的线路的个别特殊情况下已设置的 90(不含)～110 mm 的欠超高可暂时保留，但应及时改造。

(2)过超高

在客、货车混运的线路上，随着客车速度的不断提高，货车与客车的速度相差越来越大，过超高对线路和行车安全的影响也就更加明显。由于过超高的存在，使曲线内股所受的垂直压力比外轨大，因而造成内股钢轨轨头垂直磨耗严重、轨头压宽、肥边；木枕内侧机械磨损严重；混凝土轨枕内侧开裂等。过大的过超高还会使装载的货物在运行过程中发生位移，造成车辆偏载，危及行车安全。

未被平衡的过超高按下式检算：

$$H_{过}=H-11.8\frac{v_{货}^2}{R} \tag{2.3}$$

式中　$H_{过}$——未被平衡过超高(mm)；

$v_{货}$——货物列车平均行车速度(km/h)。

为限制客、货列车的速度差，控制低速列车对钢轨磨耗和线路变形的影响，确保行车安全，我国铁路规定，按货物列车平均行车速度检算，未被平衡的过超高不应大于 30 mm，困难情况下不应大于 50 mm，允许速度大于 160 km/h 的线路的个别特殊情况下不应大于 70 mm。

4. 外轨超高顺坡

曲线外轨超高的设置有一个逐渐的顺坡过程。在超高顺坡地段，外股钢轨被逐渐抬高，不仅造成机车车辆对外轨的偏载，而且车辆外轮的升降速度对旅客的舒适度有直接的影响。因此，对超高顺坡坡度需要予以适当控制，《普速铁路线路修理规则》规定：

(1)曲线超高应在整个缓和曲线内顺完，允许速度大于 160 km/h 的线路，超高必须在整个缓和曲线内顺完；允许速度大于 120 km/h 的线路，顺坡坡度不应大于 $1/(10v_{max})$；允许速度不大于 120 km/h 的线路，顺坡坡度不应大于 $1/(9v_{max})$。

允许速度不大于 160 km/h 的线路，如缓和曲线长度不足，顺坡可延至直线上；允许速度为 120(不含)～160 km/h 线路，在直线上顺坡坡度不应大于 $1/(10v_{max})$，在直线上顺坡的超高不应大于 8 mm；允许速度不大于 120 km/h 的线路，在直线上顺坡坡度不应大于$1/(9v_{max})$，在直线上顺坡的超高，有缓和曲线时不应大于 15 mm、无缓和曲线时不应大于 25 mm。

在困难条件下，可适当加大顺坡坡度，但允许速度大于 120 km/h 的线路不应大于 $1/(8v_{max})$；其他线路不应大于 $1/(7v_{max})$，且不得大于 2‰。

(2)同向曲线两超高顺坡终点间的夹直线长度应满足表 2.4 的规定，允许速度不大于 160 km/h的特殊困难地段不应短于 25 m。容许速度不大于 120 km/h 的线路的极个别情况下，不足 25 m 时，可在直线部分设置不短于 25 m 的相等超高段，如图 2.4～图 2.6 所示。困难条件下可在直线部分从较大超高向较小超高均匀顺坡，如图 2.7 所示。

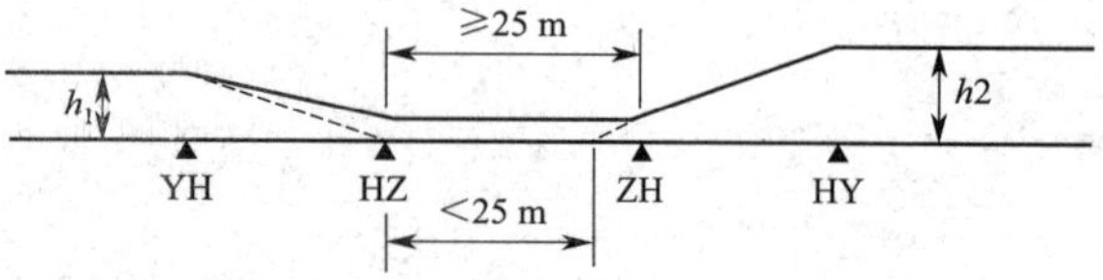

图 2.4　同向曲线超高顺坡

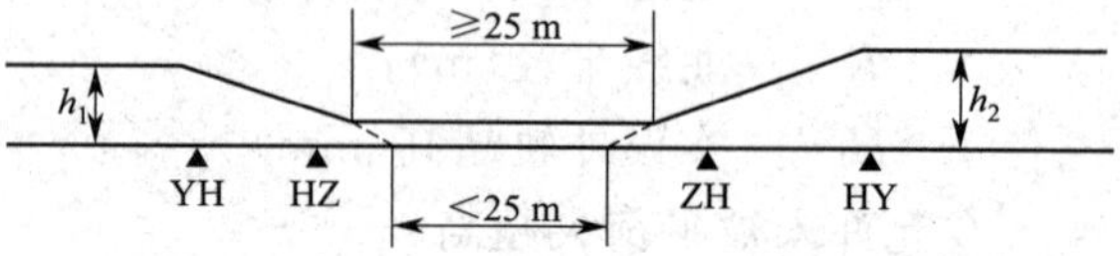

图 2.5　同向曲线超高顺坡

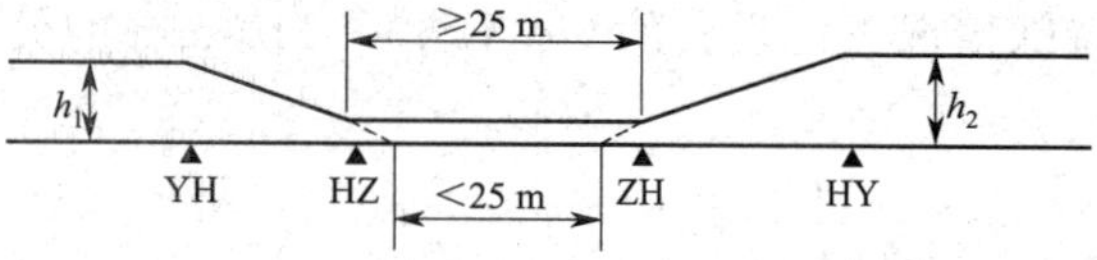

图 2.6　同向曲线超高顺坡

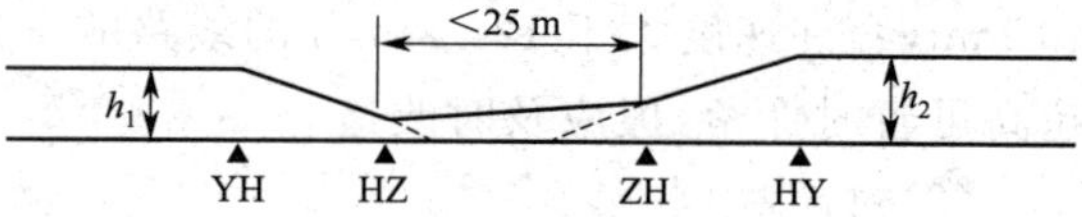

图 2.7　同向曲线超高顺坡

(3)反向曲线两超高顺坡终点间的夹直线长度应满足表 2.4 的规定，允许速度不大于 160 km/h的特殊困难地段不应短于 25 m，如图 2.8 所示。容许速度不大于 120 km/h 的线路的极个别情况下不足 25 m 时，正线不应短于 20 m，站线不应短于 10 m；困难条件下，可按不大于 $1/(7v_{max})$顺坡，特殊困难条件下超高顺坡可延伸至圆曲线上，但圆曲线始终点的未被平衡欠超高不得超过容许值，如图 2.9 所示。

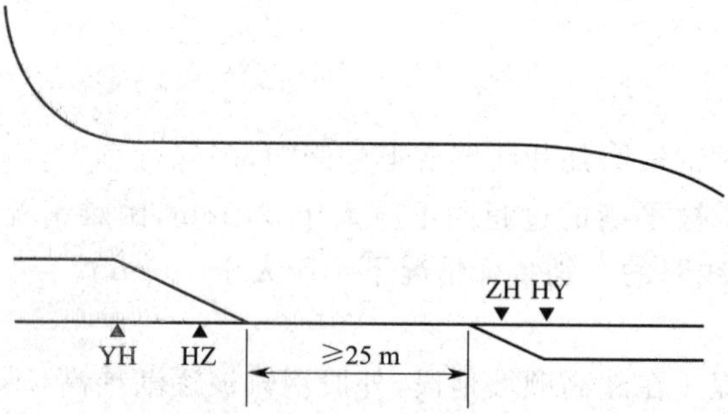

图 2.8　反向曲线超高顺坡

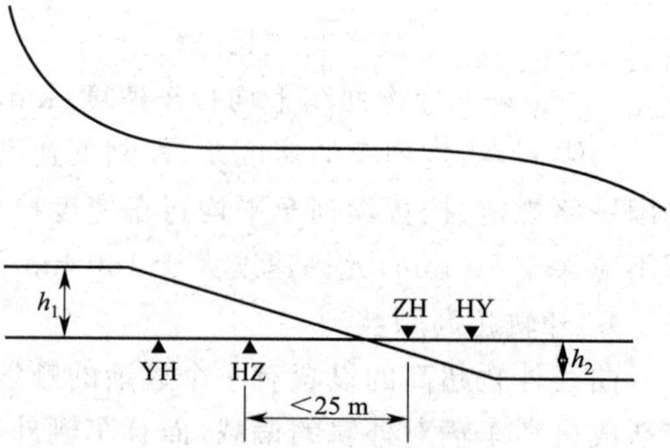

图 2.9　反向曲线超高顺坡

(4)容许速度不大于 120 km/h 的线路，在特殊条件下的超高顺坡，铁路局集团有限公司可根据具体情况规定，但不得大于 2‰。

《高速铁路有砟轨道线路维修规则》和《高速铁路无砟轨道线路维修规则》规定：曲线超高顺坡率一般条件下不应大于 $1/(10v_{max})$，困难条件下不得大于 $1/(9v_{max})$。

5. 算例

【例 2.1】　某单线区间曲线半径为 1 000 m，线路容许速度为 110 km/h，一昼夜各类列车次数、列车重量及实测行车速度见表 2.5，通过计算确定曲线外轨超高。

表 2.5　列车的重量、列数及速度

顺号	列车种类	列车重量(t)	列数	实测行车速度(km/h)
1	特快旅客列车	800	4	105、110、110、108
2	直快旅客列车	900	4	100、95、98、105
3	普通旅客列车	700	2	80、85
4	直达货物列车	3 300	10	80、78、75、78、76、70、76、80、78、75
5	区段货物列车	2 200	4	80、76、70、78
6	排空货物列车	1 100	4	78、75、80、72

解:(1)计算平均速度

为计算方便,先按各类列车的列数、重量及速度计算如下:

①特快旅客列车

$$N_1Q_1v_1^2=800\times(105^2+110^2+110^2+108^2)=37\ 511\ 200,N_1Q_1=4\times800=3\ 200$$

② 直达旅客列车

$$N_2Q_2v_2^2=900\times(100^2+95^2+98^2+105^2)=35\ 688\ 600,N_2Q_2=4\times900=3\ 600$$

③普通旅客列车

$$N_3Q_3v_3^2=700\times(80^2+85^2)=9\ 537\ 500,N_3Q_3=2\times700=1\ 400$$

④直达货物列车

$$N_4Q_4v_4^2=3\ 300\times(80^2+78^2+75^2+78^2+76^2+70^2+76^2+80^2+78^2+75^2)=193\ 888\ 200$$

$$N_4Q_4=10\times3\ 300=33\ 000$$

⑤区段货物列车

$$N_5Q_5v_5^2=2\ 200\times(80^2+76^2+70^2+78^2)=50\ 952\ 000,N_5Q_5=4\times2200=8\ 800$$

⑥排空货物列车

$$N_6Q_6v_6^2=1\ 100\times(78^2+75^2+80^2+72^2)=25\ 622\ 300,N_6Q_6=4\times1100=4\ 400$$

将各有关数值代入式(2.1)得

$$v_{平}=\sqrt{\frac{37\ 511\ 200+35\ 688\ 600+9\ 537\ 500+193\ 888\ 200+50\ 952\ 000+25\ 622\ 300}{3\ 200+3\ 600+1\ 400+33\ 000+8\ 800+4\ 400}}$$

$$=\sqrt{\frac{353\ 199\ 800}{54\ 400}}\approx80.6(\text{km/h})$$

(2)计算超高

将 $v_{平}=80.6$ km/h 代入式(2.1)得:$H=11.8\times\frac{80.6^2}{1\ 000}\approx77(\text{mm})$。为便于管理,超高按5 mm的倍数设置,此曲线可设置超高为 75 mm 或 80 mm。

(3)检算欠超高和过超高

超高按 80 mm 设置进行检算:

①检算欠超高

$H_{欠}=11.8\times\frac{110^2}{1000}-80=62.78(\text{mm})$,小于容许值 75 mm。

②检算过超高

货物列车平均速度为

$v_{货}=\sqrt{\dfrac{193\ 888\ 200+50\ 952\ 000+25\ 622\ 300}{33\ 000+8\ 800+4\ 400}}\approx 76.5(\text{km/h})$，$H_{过}=80-11.8\times\dfrac{76.5^2}{1\ 000}\approx$ 10.9(mm)，未超过容许值 30 mm。

根据检算结果，该曲线超高按 80 mm 设置。此例如果超高按 75 mm 设置，其检算结果也是符合要求的，因此也可按 75 mm 设置超高，但考虑到旅客列车的行车速度较高，为更多考虑旅客的乘坐舒适度，该曲线设置 80 mm 的超高较为理想。

2.3 曲线轨距加宽

2.3.1 学习目标

1. 知识目标

(1)能说出曲线轨距加宽的目的。

(2)能正确掌握轨距加宽标准。

(3)能正确掌握曲线轨距加宽设置的方法及要求。

2. 能力目标

(1)能根据曲线半径合理选择曲线加宽值。

(2)能利用曲线要素计算轨距递减率并能够绘制示意图。

(3)能使用道尺进行曲线轨道轨距加宽地段轨距检查并进行分析。

2.3.2 相关学习内容

1. 曲线轨道轨距加宽原因

机车车辆的走行部分是由两根及以上车轴组成的转向架，各车轴之间保持平行且保持固定距离，是一个刚性结构。当机车车辆由直线进入半径较小的曲线时，机车转向架第一车轴的外轮轮缘冲击外轨，迫使转向架转向，进入曲线后，转向架中部车轴的内侧车轮轮缘紧靠内轨，而最后一个车轴的外轮又靠向外轨。为使机车车辆平稳和安全地通过曲线，避免被钢轨卡住，并尽可能地减少轮轨磨耗及机车车辆对轨道的破坏，在半径小到一定数值的曲线上，必须将轨距适当加宽。

在小半径曲线，为使机车车辆顺利通过曲线而不致被楔住或挤开轨道，减小轮轨间的横向作用力，以减少轮轨磨耗，轨距要适当加宽。加宽轨距，系将曲线轨道内轨向曲线圆心方向移动，曲线外轨的位置则保持与轨道中心半个轨距的距离不变。曲线轨道的加宽值与机车车辆转向架在曲线上的几何位置有关。

由于轮轨游间的存在，机车车辆的车架或转向架通过曲线轨道时，可以占有不同的几何位置，即可以有不同的内接形式。随着轨距大小的不同，机车车辆在曲线上可呈现以下四种内接形式：①斜接。机车车辆车架或转向架的外侧最前位车轮轮缘与外轨作用边接触，内侧最后位车轮轮缘与内轨作用边接触，如图 2.10(a)所示。②自由内接。机车车辆车架或转向架的外侧

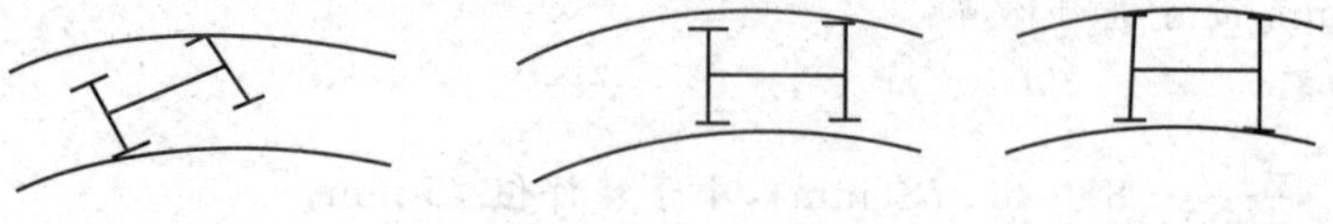

(a) 斜接　(b) 自由内接　(c) 楔形内接

图 2.10　机车通过曲线的内接形式

最前位车轮轮缘与外轨作用边接触其他各轮轮缘无接触地在轨道上自由行驶，如图 2.10(b)所示。③楔形内接。机车车辆车架或转向架的最前位和最后位外侧车轮轮缘同时与外轨作用边接触，内侧中间车轮的轮缘与内轨作用边接触，如图 2.10(c)所示。④正常强制内接。为避免机车车辆以楔形内接形式通过曲线，对楔形内接所需轨距增加 ，此时转向架在曲线上所处的位置称为正常强制内接。

已如上述，机车车辆通过曲线的内接形式，随着轮轨游间大小而定。根据运营经验以自由内接最为有利，但机车车辆的固定轴距长短不一，不能全部满足自由内接通过。为此，确定轨距加宽必须满足如下原则：①保证占列车大多数的车辆能以自由内接形式通过曲线；②保证固定轴距较长的机车通过曲线时，不出现楔形内接，但允许以正常强制内接形式通过；③保证车轮不掉道，即最大轨距不超过容许限度。

2. 曲线轨距加宽标准

我国铁路规定半径为 295 m 及以上的曲线不作轨距加宽；半径为 245 m 及以上至 295 m 以下的曲线轨距加宽为 5 mm；半径为 195 m 及以上至 245 m 以下的曲线轨距加宽为 10 mm；半径 195 m 以下加宽 15 mm，但任何地方轨距不超过 1 456 mm，见表 2.6。

表 2.6　曲线轨距加宽标准

曲线半径(m)	轨距加宽(mm)	曲线半径(m)	轨距加宽(mm)
$R \geqslant 295$	0	$245 > R \geqslant 195$	10
$295 > R \geqslant 245$	5	$R < 195$	15

3. 曲线轨距加宽方法及加宽递减

为保持曲线外股钢轨的圆顺，我国铁路规定在设置轨距加宽时外股钢轨保持不动，轨距加宽通过将内股钢轨向外横移来实现。

《普速铁路线路修理规则》规定：

(1)曲线轨距加宽应在整个缓和曲线内均匀递减。如无缓和曲线，则在直线上递减，递减率不得大于 1‰，如图 2.11、图 2.12 所示。

(2)复曲线应在正矢递减范围内，从较大轨距加宽向较小轨距加宽均匀递减，如图 2.13 所示。

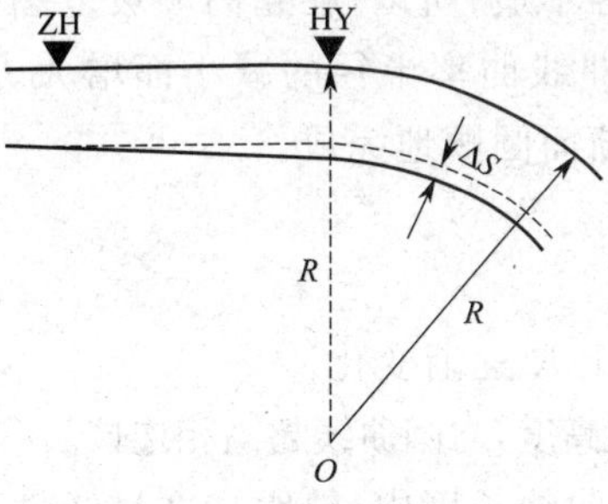

图 2.11　有缓和曲线轨距加宽递减

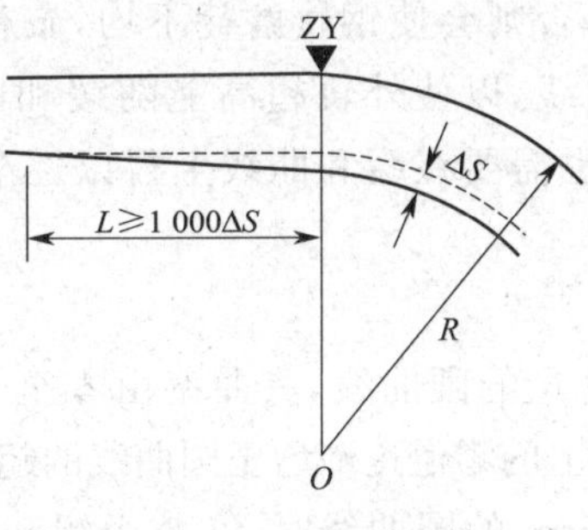

图 2.12　无缓和曲线轨距加宽递减

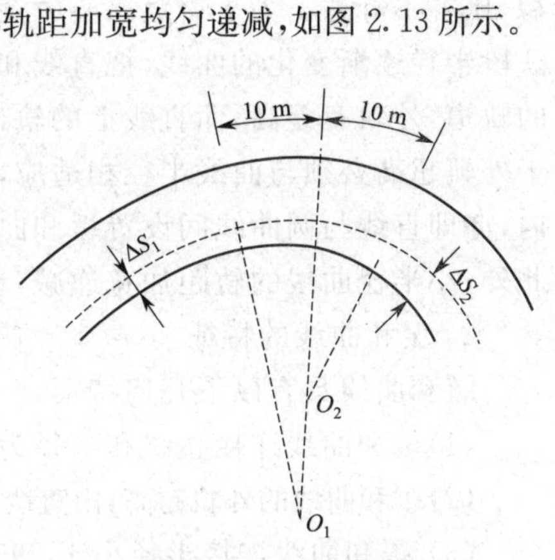

图 2.13　复曲线轨距加宽递减

(3)两曲线轨距加宽按 1‰递减，其终点间的直线长度不应短于 10 m。不足 10 m 时，如直线部分的两轨距加宽相等，则直线部分保留相等的加宽；如不相等，则直线部分从较大轨距加宽向较小轨距加宽均匀递减，如图 2.14、图 2.15 所示。在困难条件下，站线上的轨距加宽可按 2‰递减。

(4)特殊条件下的轨距加宽递减，铁路局集团有限公司可根据具体情况规定，但不得大于 2‰。

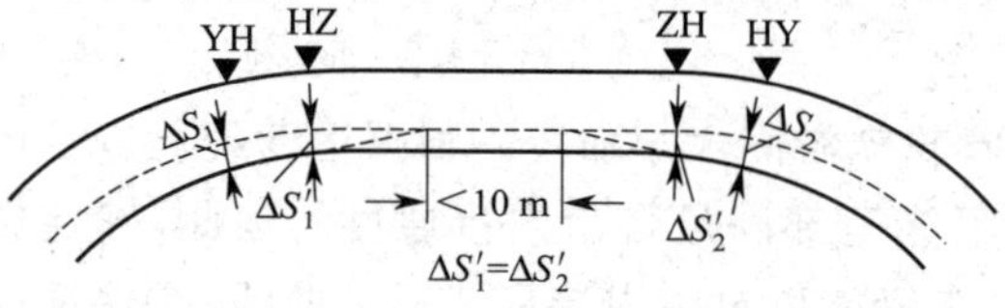

图 2.14　直线部分保留相等的加宽

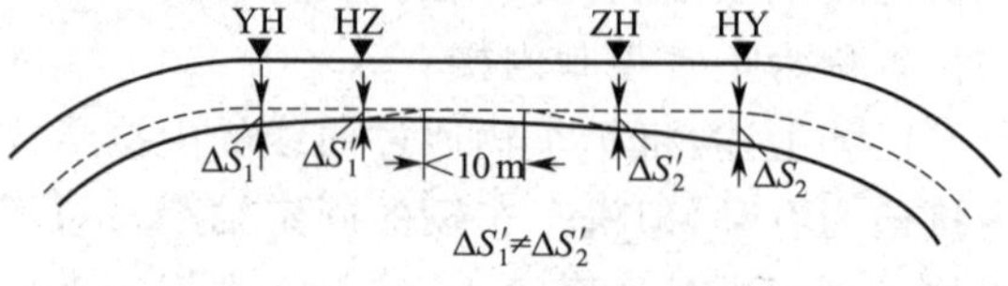

图 2.15　从较大轨距向较小轨距均匀递减

2.4　缓和曲线

2.4.1　学习目标

1. 知识目标

(1)能正确掌握设置缓和曲线的目的。

(2)能正确掌握缓和曲线的特点。

(3)能正确掌握缓和曲线长度的主要技术要求。

2. 能力目标

能通过查表或者计算确定缓和曲线长度。

2.4.2　相关学习内容

1. 设置缓和曲线的目的

机车车辆在曲线上运行时，出现了在直线上运行时所没有的力，如转向力、离心力及各种惯性力。当车辆由直线运行至曲线时，这些力，尤其是离心力的突然产生，使列车振动、行车不稳、旅客不舒适。为了避免离心力突然产生及突然消失，使离心力逐渐地增加或减少，就需要一段半径逐渐变化的曲线，把直线和圆曲线连接起来，我们称这段曲线为缓和曲线。圆曲线上的轨道，外轨有超高，而直线上的轨道无超高，外轨超高需要相当长的一段距离来进行顺坡，由于外轨超高必须与曲线半径相适应，否则会使钢轨磨耗不均，旅客不适；所以，在超高顺坡范围内，亦即直线与圆曲线间设置缓和曲线，以使外轨超高能随缓和曲线曲率半径的减小而增大。此外，小半径曲线的轨距加宽递减，也需要在缓和曲线上得以逐渐而圆顺地完成。

2. 缓和曲线的特征

缓和曲线具有以下几何特征：

(1)缓和曲线连接直线和半径为 R 的圆曲线，其曲率由零至 $1/R$ 逐渐变化。

(2)缓和曲线的外轨超高，由直线上的零值逐渐增至圆曲线的超高度，与圆曲线超高相连接。

(3) 缓和曲线连接半径小于 295 m 的圆曲线时，在整个缓和曲线长度内，轨距加宽呈线性递增，由零至圆曲线加宽值。

(4)缓和曲线是一条曲率、超高(小半径曲线轨距加宽)均逐渐变化的空间曲线。

3. 缓和曲线线性要求

根据设置缓和曲线的目的，缓和曲线的线形应符合如下要求。

(1)平面形状

列车经过缓和曲线时,车体受到离心力 $F=m\dfrac{v^2}{\rho}$ 的作用,为了不使离心力突然产生和消失,应使缓和曲线始点处的离心力为零,亦即使缓和曲线始点处的曲率半径 $\rho\to\infty$;为使离心力不产生突变,应使缓和曲线终点处车体所受的离心力与圆曲线上的相同,亦即使缓和曲线终点处的曲率半径 $\rho=R$。

从缓和曲线始点至缓和曲线终点,其曲率半径 ρ 是连续渐变的。因此,缓和曲线在平面上应是一条曲率半径 ρ 由∞逐渐减小至 R 的一条变径曲线。

(2)立面形状

列车在缓和曲线上运行时,由于外轨设置超高,车体重力的水平分力构成向心力 $F_n=\dfrac{Gh}{S_1}$,为使向心力 F_n 不突然产生或突然消失,则外轨超高在缓和曲线始终点处的变化率皆应为零,而且在始终点间连续渐变。所以,缓和曲线在立面的形状应是一条 S 曲线,此 S 曲线在始点处与直线部分的外轨顶面相切,在终点处与圆曲线部分的外轨顶面相切。

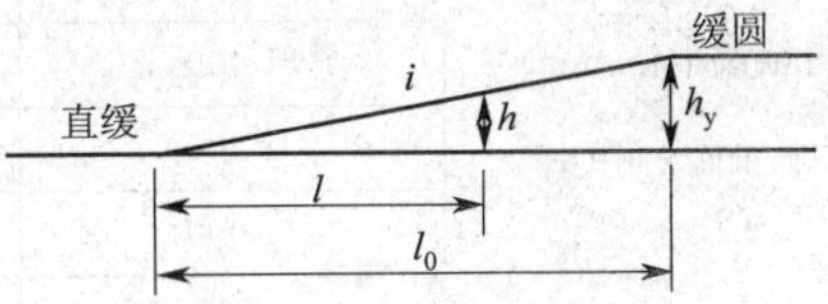

图 2.16 外轨超高顺坡立面图

由于既满足平面形状要求,又满足立面形状要求的缓和曲线是一条高次方空间曲线,在目前的轨道结构及养护条件下,很难保持曲线的正确位置。故在行车速度不高的线路上,着重考虑缓和曲线的平面形状,而放宽对其立面形状的要求,在立面上采用直线形外轨超高顺坡,如图 2.16 所示。这样就可选用三次抛物线作为缓和曲线的线形。我国铁路广泛采用三次抛物线作为缓和曲线,其方程式为 $y=\dfrac{x^3}{6Rl_0}$。

4. 缓和曲线的长度要求

缓和曲线的长度应满足以下各项要求:

(1)缓和曲线上的外轨超高顺坡不致使车轮轮缘爬越内轨;

(2)车辆外轮的升高速度(或降低速度)不能太快,不应使旅客感到不舒适;

(3)未被平衡的离心加速度的变化率不应影响旅客的舒适度;

(4)车轮由直线进入曲线,因车轮撞击钢轨所产生的动能损失,不应超过一定数值;

(5)便于测设和养护维修。

根据我国铁路列车的最高行驶速度、机车车辆的构造特点以及轨道的养护维修条件等情况,缓和曲线的长度主要受“客车外轮升高速度不应使旅客感到不适”这一条件的制约。只要满足这一条件,其余各项要求一般都能满足。因此,在设计缓和曲线长度时,首先按旅客舒适度计算出缓和曲线长,然后用外轨超高顺坡不致使车轮轮缘爬越内轨这一条件进行检算。

我国铁路规定,缓和曲线长度在普通线路上一般不得短于 $9Hv_{max}$,在困难条件下不得短于 $7Hv_{max}$;在行车速度大于 120 km/h 的线路上,一般不得短于 $10Hv_{max}$,在困难条件下不得短于 $8Hv_{max}$。为便于铺设和维修管理,根据以上计算结果采用的缓和曲线长度应进整为 10 m的整倍数,且不应小于 20 m。

缓和曲线长度应根据曲线半径,路段旅客列车设计速度和地形条件按表 2.7 选用。有条件时应采用较表 2.7 规定的更大值。

表 2.7 缓和曲线长度(m)

路段旅客列车设计行车速度(km/h)		140		120		100		80	
标准类别		一般	困难	一般	困难	一般	困难	一般	困难
曲线半径(mm)	10 000	30	20	20	20	20	20	20	20
	8 000	40	20	30	20	20	20	20	20
	6 000	50	30	30	20	20	20	20	20
	5 000	60	40	40	30	20	20	20	20
	4 000	60	40	50	30	30	20	20	20
	3 000	70	50	50	40	40	20	20	20
	2 500	80	70	60	40	40	30	30	20
	2 000	90	80	60	50	50	40	30	20
	1 800	100	80	70	60	50	40	30	20
	1 600	110	100	70	60	50	40	40	20
	1 400	130	110	80	70	60	40	40	20
	1 200	150	130	90	80	60	50	40	30
	1 000	—	—	120	100	70	60	40	30
	800	—	—	150	130	80	70	50	40
	700	—	—	—	—	100	90	50	40
	600	—	—	—	—	120	100	60	50
	550	—	—	—	—	130	110	60	50
	500	—	—	—	—	—	—	60	60
	450	—	—	—	—	—	—	80	70
	400	—	—	—	—	—	—	90	80
	350	—	—	—	—	—	—	100	90

2.5 曲线轨道方向整正

2.5.1 学习目标

1. 知识目标

(1)能正确掌握圆曲线、缓和曲线正矢计算的公式。

(2)能正确掌握曲线正矢点布置的方法。

(3)能认识现场正矢的标识。

(4)能正确掌握正矢测量的工具和方法。

(5)能简要回答绳正法进行曲线整正的基本原理。

2. 能力目标

(1)能根据曲线要素、正矢计算公式计算曲线正矢。

(2)能根据曲线要素对曲线进行正矢点布置,并绘制正矢点布置示意图。

(3)能利用弦线进行曲线正矢调查。

(4)能进行拨道量计算。

2.5.2　相关学习内容

1. 曲线绳正法概述

曲线圆顺度通常是用半径来表达，如果一处曲线，其圆曲线部分各点半径完全相等，而缓和曲线部分从起点开始按照同一规律从无限大逐渐减少，到终点时和圆曲线半径相等，那就说明这处曲线是圆顺的。但是铁路曲线半径都是很大的，现场无法用实测半径的方法来检查曲线圆顺度，通常以曲线半径(R)、弦长(L)、正矢(f)的几何关系来检验，如图 2.17 所示。

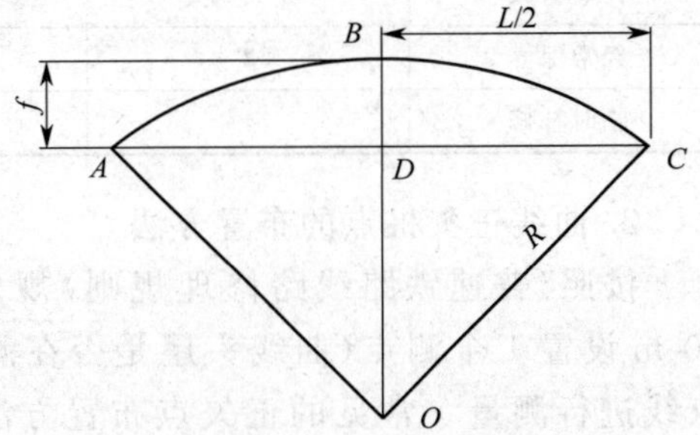

图 2.17　曲线正矢示意

以弦线测量正矢的方法，即用绳正法来检查曲线的圆顺度，用调整正矢的方法，使曲线达到圆顺。测量现场正矢时，应用 20 m 弦，在钢轨踏面下 16 mm 处测量正矢，其偏差不得超过《普速铁路线路修理规则》规定的限度，见表 2.8、表 2.9。《高速铁路有砟轨道线路修理规则》规定见表 2.10、表 2.11。

表 2.8　曲线正矢作业验收容许偏差管理值

曲线半径 R(m)		缓和曲线的正矢与计算正矢差(mm)	圆曲线正矢连续差(mm)	圆曲线正矢最大最小值差(mm)
$R\leqslant250$		6	12	18
$250<R\leqslant350$		5	10	15
$350<R\leqslant450$		4	8	12
$450<R\leqslant800$		3	6	9
$R>800$	$v_{max}\leqslant120$ km/h	3	6	9
	$v_{max}>120$ km/h	2	4	6

注：曲线正矢用 20 m 弦在钢轨踏面下 16 mm 处测量。

表 2.9　曲线正矢计划维修容许偏差管理值

曲线半径 R(m)	缓和曲线的正矢与计算正矢差(mm)		圆曲线正矢连续差(mm)		圆曲线正矢最大最小值差(mm)	
	正线及到发线	其他站线	正线及到发线	其他站线	正线及到发线	其他站线
$R\leqslant250$	7	8	14	16	21	24
$250<R\leqslant350$	6	7	12	14	18	21
$350<R\leqslant450$	5	6	10	12	15	18
$450<R\leqslant800$	4	5	8	10	12	15
$R>800$	3	4	6	8	9	12

表 2.10　200～250 km/h 线路曲线正矢容许偏差管理值

项　目	实测正矢与计算正矢差		圆曲线正矢连续差(mm)	圆曲线最大最小正矢差(mm)
	缓和曲线	圆曲线		
作业验收	2	3	4	5
经常保养	3	4	5	6
临时补修	5	6	7	8

表 2.11　250(不含)～300 km/h 线路曲线正矢容许偏差管理值

项　目	实测正矢与计算正矢差		圆曲线正矢连续差(mm)	圆曲线最大最小正矢差(mm)
	缓和曲线	圆曲线		
作业验收	2	3	3	5
经常保养	3	4	5	6
临时补修	4	5	6	8

2. 曲线正矢桩点的布置方法

按照《普速铁路线路修理规则》规定，铁路线路正线上在外股钢轨上用钢尺丈量，每 10 m 设置 1 个测点(曲线头尾是否在测点上不限)，根据 10 m 设置一个测点，采用 20 m 弦线进行测量。常见的正矢点布置方法如下：①以 QZ 点对称布置(QZ 不布置测点)，如图 2.18 所示；②以 QZ 点对称布置(QZ 布置测点)；③以 ZH 或 HZ 点为起点进行布置，如图 2.19 所示，还可以采用其他的布点方式，只要满足《普速铁路线路修理规则》规定即可。

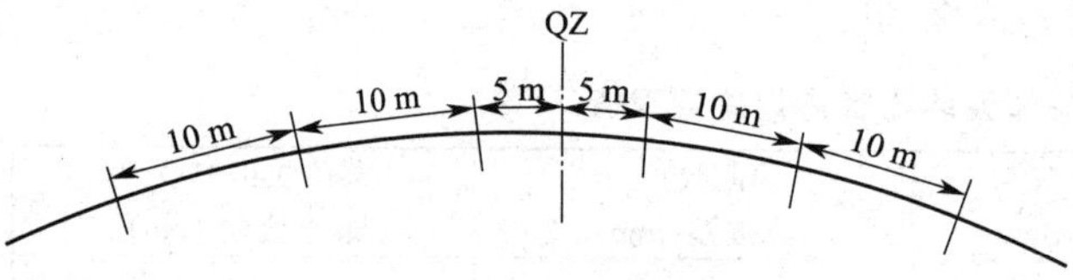

图 2.18　以 QZ 点对称布置正矢点(QZ 不布置测点)示意图

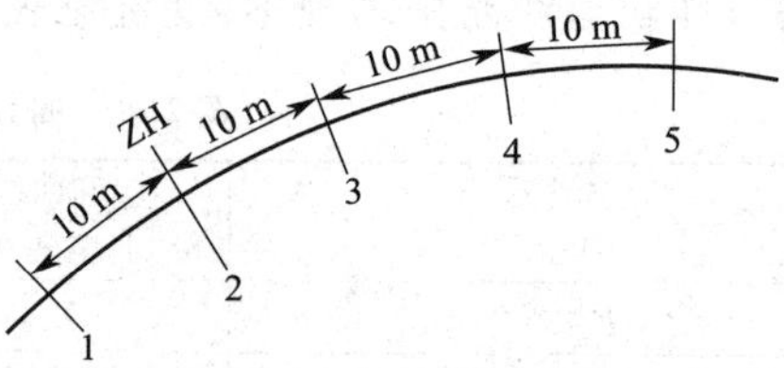

图 2.19　以 ZH 或 HZ 点为起点布置正矢点示意图

《高速铁路线路标志标识管理办法》规定：曲线正矢标识。在曲线上股钢轨非作用边上标识正矢点位置。在轨枕面上标识正矢值。格式为“Nf＝XX 或 NF＝XX”，其中 N 为正矢点顺序编号，f 为正桩正矢，F 为副桩正矢，XX 为正矢数值，如图 2.20 所示。

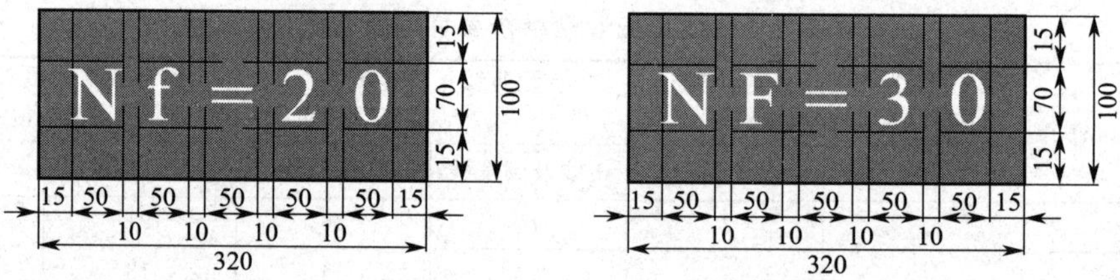

(a) 正桩正矢标识　　(b) 副桩正矢标识

图 2.20　正矢标识示意图(单位：mm)

3. 曲线整正的基本原理

(1)两条假定

① 假定曲线两端切线方向不变，即曲线始终点拨量为零。

切线方向不变，也就是曲线的转角不变，即

$$\sum f_{现}=\sum f_{计}$$

式中　$\sum f_{现}$——现场正矢总和；

$\sum f_{计}$——计划正矢总和。

同时还要保证曲线两端直线不发生平行移动，即始终点拨量为零，即

$$e_{始} = e_{终} = 2\sum_{0}^{n-1}\sum_{0}^{n-1} df = 0 \tag{2.4}$$

式中 $e_{始}$——曲线始点处拨量；

$e_{终}$——曲线终点处拨量；

df——正矢差，等于现场正矢减计划正矢；

$2\sum_{0}^{n-1}\sum_{0}^{n-1} df$——全拨量，即为二倍的正矢差累计的合计。

② 曲线上某一点拨道时，其相邻测点在长度上并不随之移动，拨动后钢轨总长不变。

(2)四条基本原理

① 等长弦分圆曲线为若干弧段，则每弧段正矢相等。即等圆等弧的弦心距相等(平面几何定理)。

② 曲线上任一点拨动对相邻点均有影响，对相邻点正矢的影响量为拨点处拨动量的二分之一，其方向相反。

这是由于线路上钢轨是连续的，拨动曲线时某一点正矢增加，前后两点正矢则各减少拨动量的二分之一值；反之，某一点正矢拨动量减少，前后两点正矢则随之增加拨量的二分之一值。如图2.21所示，i 点处由 f_i 拨至 i' 点，此时，$f'_i = f_i + e_i$(此时仅限于 $i-1$ 及 $i+1$ 点保证不动)。i 点的拨动对 $i-1$ 点和 $i+1$ 点正矢产生影响均为 $-\frac{e_i}{2}$。同理，若 $i-1$ 点和 $i+1$ 点分别拨动 e_{i-1} 和 e_{i+1}，则对 i 点影响各为 $-\frac{e_{i-1}}{2}$ 和 $-\frac{e_{i+1}}{2}$，则

$$f'_i = f_i + e_i - \frac{e_{i-1} + e_{i+1}}{2} \tag{2.5}$$

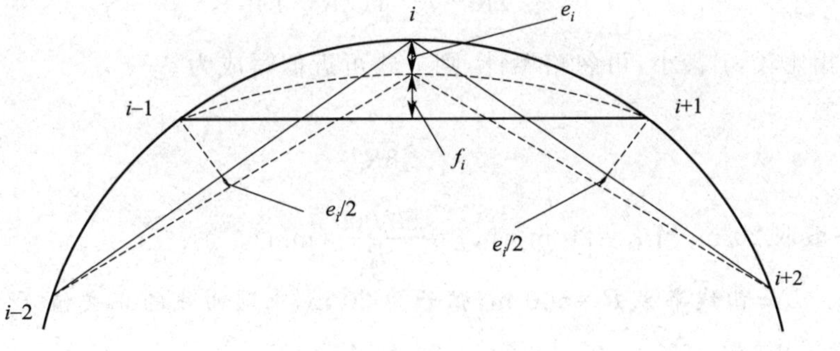

图2.21 某测点正矢拨动后变化示意图

式中 f'_i——i 点处拨后正矢；

f_i——i 点处现场正矢；

e_i——i 点处拨动量；

e_{i-1}——i 点前点拨动量；

e_{i+1}——i 点后点拨动量。

③由以上推论可知，拨道前与拨道后整个曲线正矢总和不变。

④由第二条推论，在拨道时整个曲线各测点正矢发生的增减量总和必等于零。

3. 曲线整正的外业测量

测量现场正矢是曲线整正计算前的准备工作，这项工作的质量好坏直接关系到计算工作，并影响到拨后曲线的圆顺。因此应注意以下几点：

(1)测量现场正矢前，先用钢尺在曲线外股按计划的桩距(10 m)丈量，并划好标记和编出测点号。测点应尽量与直缓、缓圆等点重合。

(2)测量现场正矢时，应避免在大风或雨天进行，弦线必须拉紧，弦线两端位置和量尺的位置要正确。在踏面下 16 mm 处量，肥边大于 2 mm 时应铲除之，每个曲线至少要丈量 2～3 次，取其平均值。

(3)如果直线方向不直，就会影响整个曲线，应首先将直线拨正后再量正矢；如果曲线头尾有反弯(鹅头)应先进行整正；如果曲线方向很差，应先粗拨一次，但拨动部分应经列车辗压且稳定以后，再量取现场正矢，以免现场正矢发生变化，而影响拨道量计算的准确性。

(4)在测量现场正矢的同时，应注意线路两旁建筑物的限界要求，桥梁、隧道、道口、信号机等建筑物的位置，以供计划时考虑。

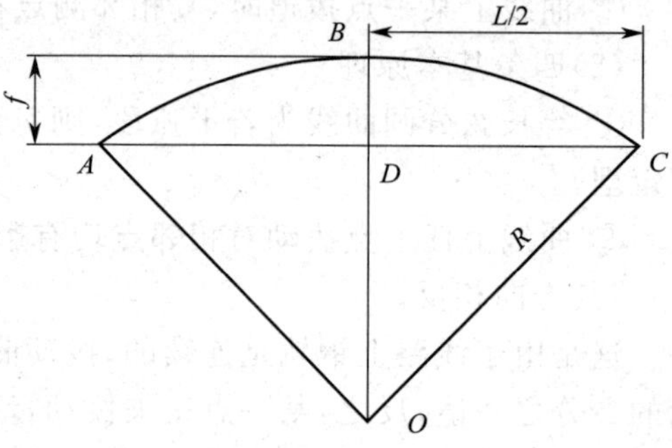

图 2.22 圆曲线计划正矢示意图

4. 曲线计划正矢的计算

由图 2.22 可知：$BD=f$，即曲线正矢；$AD=\frac{L}{2}$，即弦长的一半。

正矢的计算公式如同轨距加宽的原理：

$$f=\frac{\left(\frac{L}{2}\right)^2}{2R-f}=\frac{L^2}{4(2R-f)}$$

由于 f 与 $2R$ 相比较，f 甚小，可忽略不计，则上式可近似写成为

$$f=\frac{L^2}{8R} \tag{2.6}$$

弦长 L 现场一般取 20 m，当 $L=20$ m 时，$f=\frac{50\ 000}{R}$(mm)。

【例 2.2】 已知曲线半径 $R=500$ m，弦长为 20 m，求圆曲线的正矢值 f_y。

解：$f=\frac{50\ 000}{R}=\frac{50\ 000}{500}=100$(mm)，$f_y=100$(mm)。

5. 无缓和曲线时，圆曲线始终点处正矢计算

如图 2.23 所示，当圆曲线与直线相连时，由于测量弦线的一端伸入到直线内，故圆曲线始、终点(ZY、YZ)两侧测点的正矢与圆曲线内的各点不同。设 1、2 测点的正矢分别为 f_1、f_2，则

$$f_1=\frac{b^2}{2}f_y \tag{2.7}$$

$$f_2=\left(1-\frac{a^2}{2}\right)f_y \qquad (2.8)$$

当 $a=0$、$b=1$ 时，1 测点为圆曲线始点，则 $f_1=\frac{f_y}{2}$、$f_2=f_y$，即圆曲线始点位于测点时其正矢为圆曲线正矢的二分之一。

【例 2.3】 圆曲线计划正矢 $f_y=100$ mm，$a=0.15$、$b=0.85$，求 f_1、f_2。

解：$f_1=\frac{b^2}{2}f_y=\frac{0.85^2}{2}\times100=36.1$(mm)，$f_2=\left(1-\frac{a^2}{2}\right)f_y=\left(1-\frac{0.15^2}{2}\right)\times100=98.9$(mm)。

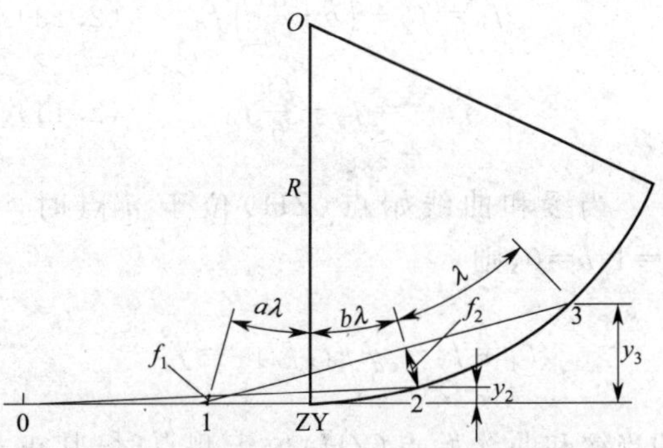

图 2.23　ZY 点相邻测点计划正矢

6. 有缓和曲线时，缓和曲线上各测点的正矢

(1)缓和曲线中间各点的正矢 f_i

$$f_i=m_if_d \qquad (2.9)$$

式中　m_i——缓和曲线由始点至测点 i 的测量段数；

f_d——为缓和曲线相邻各点正矢递变率。

$$f_d=\frac{f_y}{m} \qquad (2.10)$$

式中　f_y——圆曲线计划正矢；

m——缓和曲线全长按 10 m 分段数。

(2)缓和曲线始点(ZH、HZ)相邻测点的正矢

如图 2.24 所示，设 1、2 两测点分别在 ZH 点两侧，与 ZH 点相距分别为 $a\lambda$、$b\lambda$，则

$$f_1=\frac{b^3}{6}f_d \qquad (2.11)$$

$$f_2=\left(b+\frac{a^3}{6}\right)f_d \qquad (2.12)$$

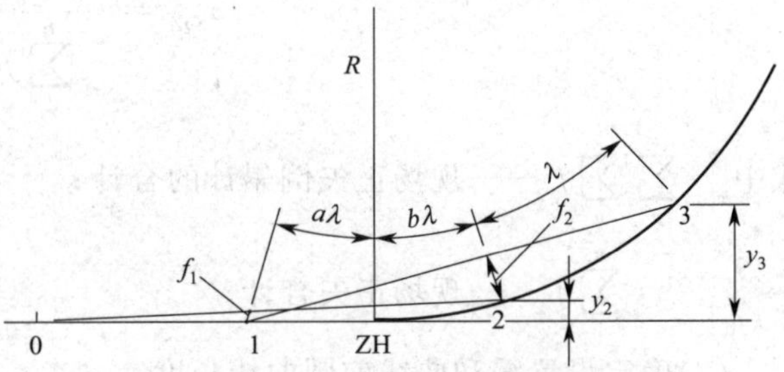

图 2.24　ZH(HZ)点相邻测点计划正矢

当缓和曲线始点(ZH)1 位于点时，此时 $a=0$、$b=1$，则

$$f_1=\frac{1}{6}f_d，f_2=f_d$$

【例 2.4】 缓和曲线正矢递变率 $f_d=30$ mm，1 测点和 2 测点距 ZH 点分别为 $a=0.75$ 段，$b=0.25$ 段，求 f_1 和 f_2。

解：$f_1=\frac{b^3}{6}f_d=\frac{0.25^3}{6}\times30=0.1$(mm)，$f_2=\left(b+\frac{a^3}{6}\right)f_d=\left(0.25+\frac{0.75^3}{6}\right)\times30=9.6$(mm)

(3)缓和曲线终点(HY、YH)相邻两点的正矢

如图 2.25 所示，n 和 $n+1$ 为与缓圆点相邻的两个测点，距缓圆点分别为 $b\lambda$ 和 $a\lambda$。

$$f_n=f_y-\left(b+\frac{a^3}{6}\right)f_d \qquad (2.13)$$

$$f_{n+1}=f_y-\frac{b^3}{6}f_d \qquad (2.14)$$

当缓和曲线始点(ZH)位于 n 点时，$a=1$、$b=0$，则

$$f_n=f_y-\frac{1}{6}f_d,\ f_{n+1}=f_y$$

即当缓和曲线始点(ZH)位于测点时，其正矢为圆曲线正矢减缓和曲线正矢递减变率的六分之一。

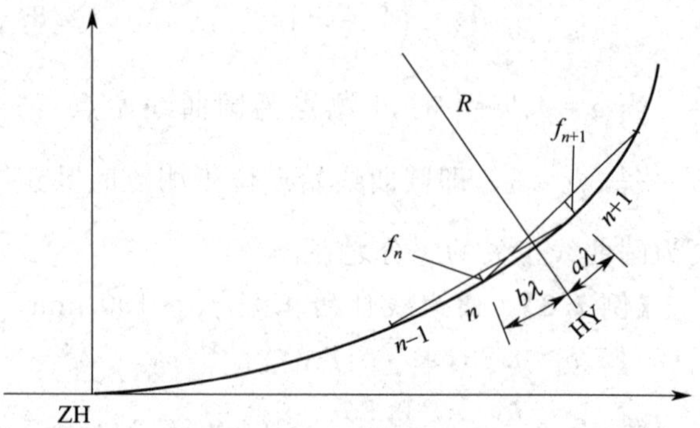

图 2.25　HY(YH)点相邻测点计划正矢

【例 2.5】 圆曲线计划正矢 $f_y=90$ mm，缓和曲线正矢递减变率 $f_d=30$ mm，设 n 测点距 HY 点 0.75 段，$n+1$ 测点距 HY 点 0.25 段，求 f_n 和 f_{n+1}。

解：

$$f_n=f_y-\left(b+\frac{a^3}{6}\right)f_d=90-\left(0.75+\frac{0.25^3}{6}\right)\times 30=67.4(\text{mm})$$

$$f_{n+1}=f_y-\frac{b^3}{6}f_d=90-\frac{0.75^3}{6}\times 30=87.9(\text{mm})$$

7. 既有曲线确定曲线主要桩点位置方法

曲线轨道经过一段时间的运营，其平面形状已经产生了较大的变化，为了减少曲线整正中的拨道量，并尽量照顾曲线的现状，应对曲线主要桩点的位置进行重新确定。

(1)计算曲线中央点的位置

$$x_{QZ}=\frac{\sum_{n}^{1}\sum_{n}^{1}f}{\sum_{1}^{n}f}\text{(段)} \qquad (2.15)$$

式中　$\sum_{n}^{1}\sum_{n}^{1}f$——现场正矢倒累计的合计；

$\sum_{1}^{n}f$——现场正矢合计。

(2)确定设置缓和曲线前圆曲线长度

$$L_y=\frac{\sum_{1}^{n}f}{f_y}\text{(段)} \qquad (2.16)$$

式中　f_y——圆曲线正矢，可用曲线中部测点的现场正矢平均值或用式 $f_y=\frac{50\ 000}{R}$ 求得。

(3)确定缓和曲线长度

缓和曲线的长度，按不同条件可由以下几种方法确定：

①求出曲线两端现场正矢递减变率的平均值，由 $m_0=\frac{f_y}{f_d}$ 知，用圆曲线平均正矢除以正矢递减变率，即得缓和曲线长度(以段为单位)。

②根据正矢变化规律来估定缓和曲线长度。当曲线方向不是太差时，缓和曲线始点正矢只有几毫米，终点正矢接近圆曲线正矢，中间各点近似于均匀递变。掌握这个规律，缓和曲线长度很容易确定。

③查阅技术档案或在现场调查曲线标来确定缓和曲线长度。另外，还可以根据现场超高顺坡长度来估定。

(4)确定曲线主要桩点位置

圆曲线在加缓和曲线时，是将缓和曲线的一半长度设在直线上，另外半个长度设在圆曲线上，如图 2.1 所示。在加设缓和曲线前，圆曲线的直圆点(ZY)和圆直点(YZ)是缓和曲线的中点。因此，曲线主要标桩点的位置可以根据曲线中央点的位置 x_{QZ}，设缓和曲线之前的圆曲线长度 L_y，及缓和曲 l_0 来计算确定。

$$\mathrm{ZH}=x_{QZ}-\frac{L_y}{2}-\frac{l_0}{2} \tag{2.17}$$

$$\mathrm{HY}=x_{QZ}-\frac{L_y}{2}+\frac{l_0}{2} \tag{2.18}$$

$$\mathrm{YH}=x_{QZ}+\frac{L_y}{2}-\frac{l_0}{2} \tag{2.19}$$

$$\mathrm{HZ}=x_{QZ}+\frac{L_y}{2}+\frac{l_0}{2} \tag{2.20}$$

经过以上计算，重新确定曲线主要标桩点的位置，然后再编制计划正矢，就可以比较接近现场曲线的实际形状，使拨量较小。

8. 拨量计算

获得现场正矢和有关限界、控制点、轨缝、路基宽度及线间距等资料后，即可进行曲线整正的内业计算。现结合现场实例说明计算过程和计算方法。

【例 2.6】 设有一曲线，共有 23 个测点，其现场正矢列于表 2.12 之第三栏中，求测点拨量。

解：(1)计算曲线中央点的位置

$$x_{QZ}=\frac{\sum_{n}^{1}\sum_{n}^{1}f}{\sum_{1}^{n}f}=\frac{23\ 745}{1\ 992}=11.92(\text{段})$$

上值表示曲线中央点位于第 11 测点再加 9.20 m 处。

(2)确定设置缓和曲线前圆曲线长度

经过对现场正矢的分析，可以初步估定圆曲线大致在第 8 测点至第 17 测点之间。圆曲线平均正矢

$$f_y=\frac{\sum_{23}^{8}-\sum_{23}^{17}}{17-8}=\frac{1\ 553-416}{9}=126(\text{mm})$$

计算加设缓和曲线前圆曲线长度：

$$L_y=\frac{\sum_{1}^{n}f}{f_y}=\frac{1\ 992}{126}=15.81(\text{段})$$

(3)确定缓和曲线长度

通过对现场正矢的分析，可估定缓和曲线为 6 段，即 $l_0=6$。

(4)计算主要桩点位置

$$ZH=x_{QZ}-\frac{L_y}{2}-\frac{l_0}{2}=11.92-\frac{15.81}{2}-\frac{6}{2}=1.015(\text{段})$$

$$HY=x_{QZ}-\frac{L_y}{2}+\frac{l_0}{2}=11.92-\frac{15.81}{2}+\frac{6}{2}=7.015(\text{段})$$

$$YH=x_{QZ}+\frac{L_y}{2}-\frac{l_0}{2}=11.92+\frac{15.81}{2}-\frac{6}{2}=16.825(\text{段})$$

$$HZ=x_{QZ}+\frac{L_y}{2}+\frac{l_0}{2}=11.92+\frac{15.81}{2}+\frac{6}{2}=22.825(\text{段})$$

(5)确定各点的计划正矢

①圆曲线的计划正矢

采用圆曲线的平均正矢 $f_y=126$ mm。

②缓和曲线的计划正矢

曲线各主要桩点的位置如图 2.26 所示。

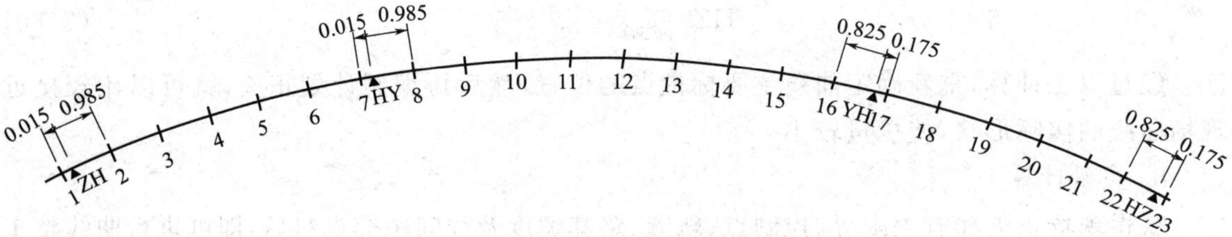

图 2.26　曲线桩点布置示意图

③求缓和曲线正矢递减变率

$$f_d=\frac{f_y}{m_0}=\frac{126}{6}=21(\text{mm})$$

④求第一缓和曲线上各点正矢

$f_1=\frac{b^3}{6}f_d=\frac{0.985^3}{6}\times21=3.3(\text{mm})$，取为 3mm；

$f_2=\left(b+\frac{a^3}{6}\right)f_d=\left(0.985+\frac{0.015^3}{6}\right)\times21=20.7(\text{mm})$，取为 21 mm；

$f_3=(3-1.015)\times21=41.7(\text{mm})$，取为 42 mm；

$f_4=(4-1.015)\times21=62.7(\text{mm})$，取为 63 mm；

$f_5=(5-1.015)\times21=83.7(\text{mm})$，取为 84 mm；

$f_6=(6-1.015)\times21=104.7(\text{mm})$，取为 105 mm；

$f_7=f_y-\left(b+\frac{a^3}{6}\right)f_d=126-\left(0.015+\frac{0.985^3}{6}\right)\times21=122.3(\text{mm})$，取为 122 mm；

$f_8=f_y-\frac{b^3}{6}f_d=126-\frac{0.015^3}{6}\times21=126(\text{mm})$，取为 126 mm。

⑤求第二缓和曲线上各点正矢

$f_{16}=f_y-\frac{b^3}{6}f_d=126-\frac{0.175^3}{6}\times 21=125.9(\text{mm})$，取为 126 mm；

$f_{17}=f_y-\left(b+\frac{a^3}{6}\right)f_d=126-\left(0.175+\frac{0.825^3}{6}\right)\times 21=120.4(\text{mm})$，取为 120 mm；

$f_{18}=(22.825-18)\times 21=101.3(\text{mm})$，取为 101 mm；

$f_{19}=(22.825-19)\times 21=80.3(\text{mm})$，取为 80 mm；

$f_{20}=(22.825-20)\times 21=59.3(\text{mm})$，取为 59 mm；

$f_{21}=(22.825-21)\times 21=38.3(\text{mm})$，取为 38 mm；

$f_{22}=\left(b+\frac{a^3}{6}\right)f_d=\left(0.825+\frac{0.175^3}{6}\right)\times 21=17.3(\text{mm})$，取为 17 mm；

$f_{23}=\frac{b^3}{6}f_d=\frac{0.825^3}{6}\times 21=1.9(\text{mm})$，取为 2 mm。

(6)检查计划正矢是否满足曲线整正前后两端的直线方向不变的要求

曲线整正前后，其两端直线方向不变的控制条件是 $\sum_{0}^{n}d_f=0$，亦即 $\sum f-\sum f'=0$。此题中 $\sum f-\sum f'=1\,992-1\,991=1(\text{mm})$，现场正矢总和比计划正矢总和多 1 mm，不满足要求。此时，可根据计划正矢在计算中近似值的取舍情况，在适当测点上进行计划正矢调整，以满足要求。调整计划正矢时，每个测点计划正矢的调整值不宜大于 2 mm。此例中将第 7 测点增加 1 mm。

将各测点的计划正矢值填入表 2.12 之第四栏中，以便进行拨量计算。

(7)计算拨量

计算拨量 $e_n=2\sum_{0}^{n-1}\sum_{0}^{n-1}d_f$，曲线上任一测点的拨量，等于到前一测点为止的全部正矢差累计合计的 2 倍。故计算拨量应首先计算正矢差，再计算差累计，最后计算拨量。

①计算各测点的正矢差

曲线上各测点的正矢差等于现场正矢减去计划正矢，$d_f=f-f'$，因此将各测点第三栏的值减去第四栏的值，把差值填入第五栏中即可。

②计算正矢差累计

某测点的正矢差累计等于到该测点为此的以前各测点正矢差的合计。因此，可按表 2.12 中第五、六栏箭头所示，用“斜加平写”的方法累计。第六栏最后一测点的正矢差累计必为零，否则说明计算有误。

表 2.12　曲线整正计算表(点号差法)

测点	现场正矢倒累计	现场正矢	计划正矢	正矢差	正矢差累计	半拨量	正矢修正	修正后计划正矢	修正后正矢差	修正后差累计	修正后半拨量	拨量	拨后正矢	注
一	二	三	四	五	六	七	八	九	十	十一	十二	十三	十四	十五
1	1 992	4	3	1 →	1 →	0		3	1	1	0	0	3	ZH=1.015
2	1 988	21	21	0 ↗	1	1	−1	20	1	2	1	2	20	
3	1 967	46	42	4	5	2		42	4	6	3	6	42	

续上表

测点	现场正矢倒累计	现场正矢	计划正矢	正矢差	正矢差累计	半拨量	正矢修正	修正后计划正矢	修正后正矢差	修正后差累计	修正后半拨量	拨量	拨后正矢	注
4	1 921	56	63	−7	−2	7		63	−7	−1	9	18	63	
5	1 865	84	84	0	−2	5		84	0	−1	8	16	84	
6	1 781	107	105	2	0	3		105	2	1	7	14	105	
7	1 674	121	123	−2	−2	3		123	−2	−1	8	16	123	HY=7.015
8	1 553	123	126	−3	−5	1	−1	125	−2	−3	7	14	125	
9	1 430	125	126	−1	−6	−4		126	−1	−4	4	8	126	
10	1 305	126	126	0	−6	−10		126	0	−4	0	0	126	
11	1 179	133	126	7	1	−16		126	7	3	−4	−8	126	
12	1 046	128	126	2	3	−15		126	2	5	−1	−2	126	
13	918	125	126	−1	2	−12		126	−1	4	4	8	126	
14	793	122	126	−4	−2	−10		126	−4	0	8	16	126	
15	671	131	126	5	3	−12	+1	127	4	4	8	16	127	
16	540	124	126	−2	1	−9		126	−2	2	12	24	126	
17	416	114	120	−6	−5	−8		120	−6	−4	14	28	120	YH=16.825
18	302	102	101	1	−4	−13		101	1	−3	10	20	101	
19	200	83	80	3	−1	−17		80	3	0	7	14	80	
20	117	55	59	−4	−5	−18		59	−4	−4	7	14	59	
21	62	40	38	2	−3	−23		38	2	−2	3	6	38	
22	22	19	17	2	−1	−26	+1	18	1	−1	1	2	18	
23	3	3	2	1	0	−27		2	1	0	0	0	2	HZ=22.825
24														
Σ	23 745	1 992	1 992	+30 −30	+17 −44			1 992	+29 −29	+28 −28			1 992	

③计算半拨量

某点的半拨量等于该点前所有测点正矢差累计的合计(不包括该测点)。因此,可按表2.12中第七栏箭头所示,用"平加下写"的方法计算。半拨量的符号为正时,表示该测点应向外拨(上挑),半拨量的符号为负时,表示该测点应向内拨(下压)。

为了不使曲线两端直线发生平移,应使 $e_n = 2\sum_{0}^{n-1}\sum_{0}^{n-1} d_{\mathrm{f}} = 0$,亦即必须使最后一测点的半拨量为零。而在表2.9第七栏中,最后第23测点的半拨量为−27,这表示曲线终端直线要向内拨移(下压)2×27 mm,显然,此方案是违背整正曲线的基本原理,必须重新修正计划正矢,以使最后一测点的半拨量为零,来满足曲线两端直线位置不变的要求。

④使终点半拨量调整为零

终点半拨量不为零且数值不大时,通常采用点号差法对计划正矢进行修正。从半拨量的计算过程可知,如果在某测点上,将计划正矢减少1 mm,同时在其下边相距为 M 个点号的测点上,将计划正矢增加1 mm(计划正矢在上一测点减1 mm,在下一测点加1 mm,简称"上减下加"),其结果,将使下一测点以后的各测点的半拨量增加 $1\times M$ mm。反之,如果在相距为 M 个点号的一对测点上,对其计划正矢进行"上加下减"的修正,其结果将使下一测点以后各测点的半拨量减少 $1\times M$ mm。

由于计划正矢的修正是在一对测点上进行的,修正值为1 mm,且符号相反,故不会影响曲线整正的原则,即 $\sum d_f=0$ 这一条件,仍能保证使曲线两端直线方向不变的要求。以上调整半拨量的方法,是通过在一对相距为 M 个点号的测点上,各调整1 mm的计划正矢,而使这对测点以后各测点的半拨量变化 $1\times M$ mm,由于 M 为这对测点的点号之差,故称此法为点号差法。

使用点号差法调整半拨量时需注意:

a. 点号之差 M 值应尽可能地大。

b. 如果一对测点的调整量不足以达到所需调整的值时,可以酌情使用几对测点。

c. 选择测点时,应考虑该点计划正矢的修正历史,避免与曾经进行过计划正矢修正的点发生同号重复修正。

d."先加后减"的各对测点,最好安排在负半拨量最大的点号之后,"先减后加"的各对测点,最好安排在正半拨量最大的点号之后,以避免使某些点的半拨量增大,对拨道不利。

e. 曲线的始点和终点不要进行正矢修正,以保证曲线始、终点的半拨量为零。

f. 在修正值的正值与负值之间,最好间隔二个测点以上,以保证曲线的圆顺。

在表2.12的实例中,曲线最后一点的半拨量为−27,且负半拨量最大值位于最后一点,因此,用点号差法,以两对测点采用"先减后加"格式进行正式修正。将计划正矢修正值填入表2.12之第八栏。第九至第十二栏的计算方法与第四至第七栏相同。第十三栏为拨量,其值为第十二栏中各点半拨量值的2倍。第十四栏的值是用曲线上各点拨道量和拨后正矢的关系,即

$f'_n=f_n+e_n-\left(\dfrac{e_{n-1}+e_{n+1}}{2}\right)$ 计算的。其目的是为了检查计算是否有误,各测点的拨后正矢应与各点修正后的计划正矢(在第九栏)相吻合,否则应重新复核。

2.6 曲线缩短轨配置

2.6.1 学习目标

1. 知识目标

(1)能正确掌握设置缩短轨的目的。

(2)能正确掌握曲线使用缩短轨的规格。

(3)能正确掌握曲线缩短配轨原则与方法。

(4)能正确掌握曲线缩短量计算公式。

2. 能力目标

(1)能利用曲线缩短轨公式计算曲线缩短量。

(2)能利用曲线地段配轨表格进行曲线配轨设计。

(3)能利用缩短量公式进行曲线地段换轨空搭头计算。

2.6.2 相关学习内容

1. 曲线铺设缩短轨的目的和要求

在曲线上,里股钢轨线比外股钢轨线短,若里外两股铺以同样长度的标准轨,则里股钢轨

的接头势必较外股的接头超前，不能满足钢轨接头对接的要求。为了使里外股钢轨接头对接，必须在里股钢轨的适当位置处铺缩短轨。

由于线路上曲线的半径和长度不一，难以使曲线上每个接头均正好相对，因此，允许里外两股钢轨接头有少量相错。在正线及到发线上，相错量不大于 40 mm 加所用缩短轨缩短量的一半；在其他站线、次要线和使用非标准长度钢轨的线路上，容许再增加 40 mm 。如使用不同的缩短轨，则取其缩短量较大者作为计算标准。

我国铁路使用下列标准缩短轨：对于 12.5 m 的标准轨，配有缩短量为 40 mm、80 mm 和 120 mm 三种标准缩短轨；对于 25m 的标准轨，配有缩短量为 40 mm、80 mm 和 160 mm 三种标准缩短轨。为了维修管理方便，同一曲线一般宜使用同一种标准缩短轨。曲线缩短轨选取可以参考表 2.13。

表 2.13　缩短量选取表

缩短量(mm) / 曲线半径(m)	12.5 m	25 m	缩短量(mm) / 曲线半径(m)	12.5 m	25 m
1 000～4 000	40	40、80	300～450	80	160
500～800	40	80、160	200～300	120	

2. 曲线里股轨线应有缩短量的计算

曲线上里外股轨线弧长之差即为里股轨线应有的缩短量 ε：

$$\varepsilon = S_1 \varphi$$

其中，S_1 为两股钢轨中心线之间的距离，采用 1 500 mm。

对于缓和曲线，$\varphi = l^2/2c$，当曲线为已知时，$c = Rl_0$，则缓和曲线部分缩短量按下式计算：

$$\varepsilon_H = S_1 \frac{l^2}{2c} = S_1 \frac{l^2}{2Rl_0} \tag{2.21}$$

式中　ε_H——缓和曲线上任一点至缓和曲线始点里股轨线应有的缩短量；

l——缓和曲线上任一点至缓和曲线始点的轨线长度；

l_0——缓和曲线全长。

圆曲线缩短量按下式计算：

$$\varepsilon_y = S_1 \frac{L_y}{R} \tag{2.22}$$

式中　ε_y——圆曲线里股轨线应有的缩短量；

L_y——圆曲线长。

3. 曲线缩短轨的配置

(1)缩短轨需要数量的计算

设缓和曲线长度为 l_0，圆曲线长度为 L_y，则由式(2.21)及式(2.22)可计算出曲线里股轨线的总缩短量为

$$\varepsilon_{总} = 2\varepsilon_H + \varepsilon_y = 2 \times S_1 \frac{l_0^2}{2Rl_0} + S_1 \frac{L_y}{R} = \frac{S_1 l_0}{R} + \frac{S_1 L_y}{R} = S_1 \frac{l_0 + L_y}{R} \tag{2.23}$$

式中　ε_H——一侧缓和曲线应有的缩短量；

ε_y——圆曲线应有的缩短量。

设每根缩短轨的缩短量为 K，则该曲线所需缩短轨的根数 N 为

$$N=\frac{\varepsilon_{总}}{K} \tag{2.24}$$

外股轨线所需标准轨的根数 N_0 为

$$N_0=\frac{2l_0+L_y}{l_{标}+a_0} \tag{2.25}$$

式中　$l_{标}$——标准轨长度；

　　　a_0——轨缝。

显然，曲线里股铺设的缩短轨根数 N 不应大于曲线外股轨线上铺设的标准轨的根数 N_0，即

$$N \leqslant N_0$$

否则，应选用缩短量更大的缩短轨。一般来说，当 $R>500$ m，可选用 $K=40$ mm 的缩短轨，R 在 250～450 m 时，可选用 $K=80$ mm 的缩短轨。

(2)缩短轨的配置

在运营线上，可采用现场丈量的办法布置缩短轨。如图 2.27 所示，其步骤如下：

①根据所使用的缩短轨类型及算出的缩短轨根数配齐轨料。

②在现场用钢尺从曲线头附近的钢轨接头量起，在外股量一根标准轨长加一轨缝值，里股也量同样长度。然后，将外股丈量终点用方尺方到里股，则里股丈量终点比外股方过来的点要超前一个量值，称此值为应有缩短量。

③继续丈量，当应有缩短量大于缩短轨缩短量的一半时，即在里股此根轨上作一记号，表示此轨要换成缩短轨。

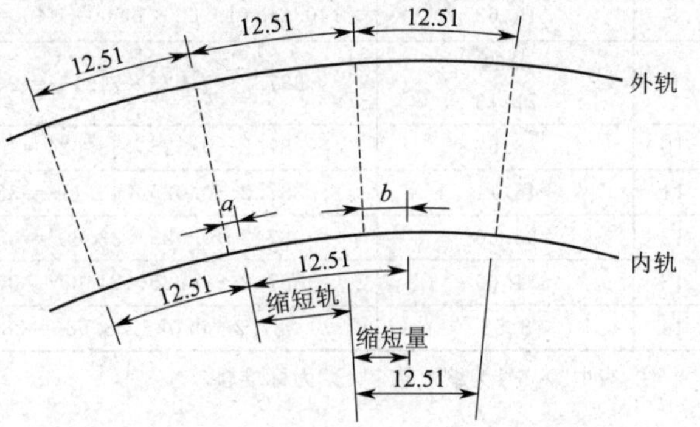

图 2.27　现场丈量法布置缩短轨(单位：m)

注：$a<\frac{1}{2}$缩短量，$b>\frac{1}{2}$缩短量。

④将里股丈量起点向丈量始点方向退一缩短轨缩短量的长度，再按前述方法继续丈量，直至定出所有缩短轨的位置为止。

在新线铺轨或线路大修组装轨排工程中，只能通过计算来配置缩短轨。配置的方法是从曲线始点开始，计算外股轨线每一钢轨接头处里股应有的缩短量。凡里股应有缩短量与实际缩短量之差大于缩短轨缩短量的一半时，即应在该处布置一根缩短轨，以使里外股接头错距不大于缩短轨缩短量的一半。

【例 2.7】　缓和曲线长 75 m，圆曲线长 28.27 m，曲线半 400 m，铺设长度 12.5 m 的标准轨及缩短量为 80 mm 的缩短轨，试计算缩短轨的根数并列表(表 2.14)确定缩短轨的位置。

解：(1)计算曲线缩短量及缩短轨根数

曲线里股总缩短量＝1 500×(28.27＋75)÷400＝1 549÷400＝387.2(mm)；需用 80 mm 缩短量的缩短轨根数＝$\frac{387.2}{80}$＝4.8 根，取 5 根。

(2) 计算由曲线起点到接头的距离（ 第 2 栏 ）

第一根钢轨进入曲线的长度为 7.06 m，然后按照每节轨长为 12.51 m，包括轨缝 10 mm，逐根计算各个接头在曲线上的位置 。缓和曲线内接头从缓和曲线起点算起，圆曲线内的接头从圆曲线起点算起 。在计算第二缓和曲线的接头位置时，要先计算曲线上最后一根钢轨的接头位置，例中最后一根钢轨只有 8.58 m 位于曲线上，然后再算出其他接头距缓和曲

线起点,也即曲线终点的距离 。

表 2.14 曲线缩短轨布置计算表

接头号数	由缓和曲线或圆曲线起点到接头的距离(m)	应有的缩短量(mm)	钢轨类型	实际缩短量(mm)	接头错开量(mm)	附注
1	7.06	$(1\,500\times7.06^2)\div(2\times400\times75)=$ $0.025\times7.06^2=1.2$	○		−1.2	进入缓和曲线 7.06 m
2	19.57	$0.025\times19.57^2=9.5$	○		−9.5	
3	32.08	$0.025\times32.08^2=25.7$	○		−25.7	
4	44.59	$0.025\times44.59^2=49.7$	×	80	+30.3	
5	57.10	$0.025\times57.10^2=81.5$	○		−1.5	
6	69.61	$0.025\times69.61^2=121.1$	×	160	+38.9	
7	5.39 7.12	$0.025\times75^2=140.6$ $140.6+(7.12\times1500)\div400=167.3$	○		−7.3	进入圆曲线 7.12
8	19.63	$140.6+(19.63\times1\,500)\div400=214.2$	×	240	+25.8	
9	8.64 71.13	$387.2-0.025\times71.13^2=242.2$	○		−2.2	进入缓和曲线 3.87 m
10	58.62	$387.2-0.025\times58.62^2=301.3$	×	320	+18.7	
11	46.11	$387.2-0.025\times46.11^2=334.0$	○		−14.0	
12	33.60	$387.2-0.025\times33.60^2=359.0$	○		−39.0	
13	21.09	$387.2-0.025\times21.09^2=376.1$	×	400	+23.9	
14	8.58	$387.2-0.025\times8.58^2=385.4$	○		+14.6	

注:表中"×"号为缩短轨,"○"为标准轨。

(3)计算各个接头上的缩短量(第 3 栏)

第一缓和曲线上的缩短量,1～6 号接头的缩短量,根据各接头距缓和曲线起点的距离,按公式进行计算。第 7 号接头有 5.39 m,在第一缓和曲线内,有 7.12 m 已进入圆曲线范围,因此它的缩短量应为缓和曲线总缩短量,再加上 7.12 m 长圆曲线的缩短量。圆曲线范围内各接头总缩短量,应包括一个缓和曲线的缩短量,加圆曲线范围内的缩短量。

第二缓和曲线上各接头的缩短量,从缓和曲线的起点或终点开始,各个接头的缩短量用整个曲线的缩短量,减去由缓和曲线起点或终点至接头位置长度内的缩短量 。要注意第 9 号接头只有 3.87 m 位于第二缓和曲线中。

(4)布置缩短轨

采用的标准缩短轨为 12.420 m,当计算的缩短量超过 40 mm 时,即应配置一根缩短轨。上表中 4 、6 、8 、10 、13 为缩短轨,如图 2.28 所示。

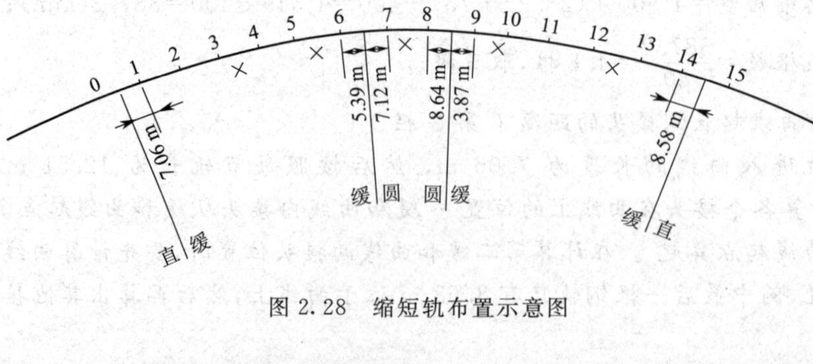

图 2.28 缩短轨布置示意图

4. 曲线上成段更换钢轨时新轨卸轨空搭头计算

曲线上的钢轨由于运量增加或磨耗严重，须成段更换钢轨。在更换前，先将新轨联成一定长度的轨组，布置在道心（距旧轨不小于 300 mm）或枕木头上（距旧轨不小于 150 mm），新轨组 的两端均应钉固或卡死。

当新轨组布置在道心时，靠近外股的新轨组间有一搭头，靠近里股的新轨组间应有一空头，如图 2.29 所示。

当新轨组布置在枕木头上时，在外股外的新轨组间应有空头，在里股外的新轨组间应有一搭头，如图 2.30 所示。

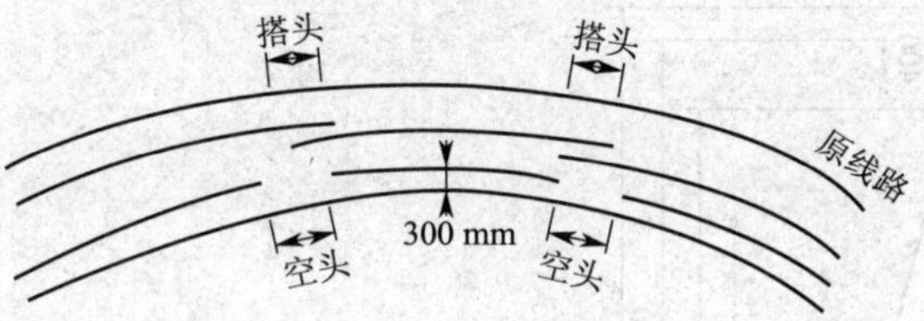

图 2.29　钢轨道心布置空搭头示意图

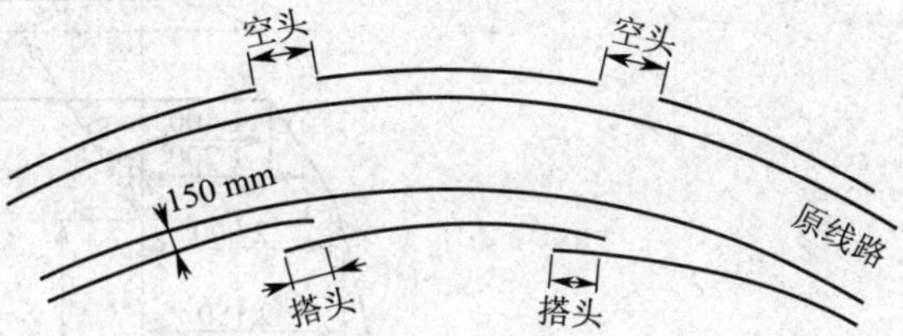

图 2.30　钢轨枕木头布置空搭头示意图

根据曲线半径不同弧长不同的原理，空头和搭头长度的计算方法如下：

$$新旧轨组钢轨中心弧线差=轨组长\times\frac{新旧轨组间距离+新旧轨头平均宽}{曲线半径}$$

计算轨组长、曲线半径单位为 m，轨组间距离、轨头宽单位均为 mm。

【例 2.8】　在曲线半径为 800 m 的轨道内侧（道心）散布和连接 60 kg/m 钢轨，每段轨组长为 100 m，新旧轨之间的距离为 300 mm，旧轨头宽 70 mm，60 kg/m 钢轨轨头宽 73 mm，如预留轨缝为 8 mm 时，求空头和搭头的数值。

解：$$弧线差=轨组长\times\frac{新旧轨组间距离+新旧轨头平均宽}{曲线半径}$$

$$=100\times\frac{300+\frac{70+73}{2}}{800}=46.4(\text{mm})$$

$$空头=新旧轨组弧线差+一个轨缝量=46.4+8=54.4(\text{mm})$$

$$搭头=新旧轨组弧线差-一个轨缝量=46.4-8=38.4(\text{mm})$$

2.7　曲线限界加宽

2.7.1　学习目标

1. 知识目标

(1)能掌握限界的概念、意义。

(2)能掌握曲线限界加宽计算公式。

2. 能力目标

能够正确使用曲线限界加宽公式，根据曲线要素计算曲线地段限界加宽值。

2.7.2　相关学习内容

1. 限界的概念

机车车辆限界:在铁路线上,为确保行车安全和人身安全,机车车辆及其装载的货物,不得超越一定的轮廓线,此轮廓线称为机车车辆限界。

建筑接近限界:靠近轨道的建筑物及设备,不得侵入其线路的轮廓线,此轮廓线称为建筑接近限界。种类有基本建筑限界,隧道建筑限界,桥梁建筑限界,如图 2.31 所示。

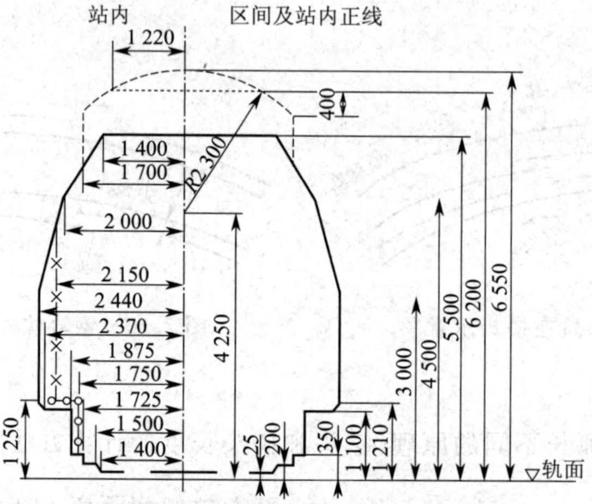

图 2.31　基本建筑限界图(单位:mm)

—×—×—×—信号机、高架候车室结构柱和接触网、跨线桥、天桥、电力照明、雨棚等杆柱的建筑限界(正线不适用)。

—○—○—○—站台建筑限界(正线不适用)。

————各种建(构)筑物的基本限界。

------适用于电力牵引区段的跨线桥、天桥及雨棚等建(构)筑物。

······电力牵引区段的跨线桥在困难条件下的最小高度。

2. 曲线上建筑接近限界的加宽计算

曲线限界加宽的原因:列车在曲线上运行时,转向架可以转动,但车体为刚体,不能随轨道而弯曲,车体纵向轴线与轨道中心线不相吻合,导致车体两端向轨道外侧突出,车体中部向轨道内侧偏入,使车体与建筑接近限界间净空减少,如图 2.32 所示。另外,由于曲线外轨超高,车体向内倾斜,占用内侧空间,限界也将减少。所以,曲线地段建筑接近限界较直线地段应大,应在直线的基础上适当加宽。

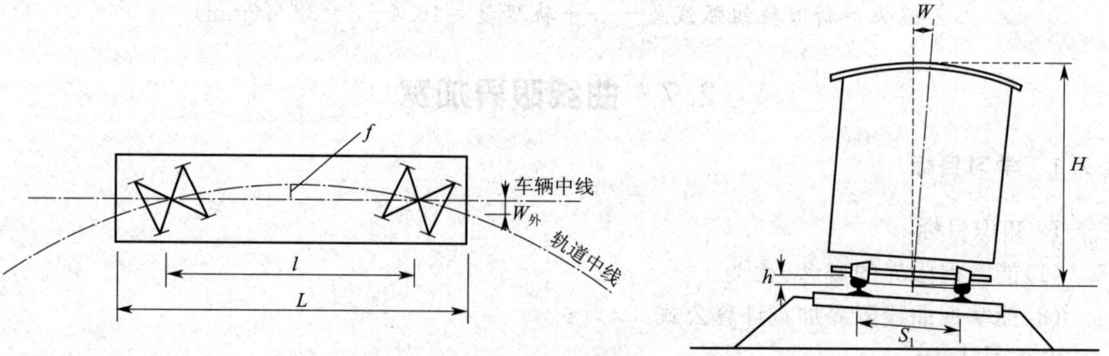

图 2.32　车体偏移图示

(1)曲线限界内侧加宽

限界的加宽与车体长度、两转向架间距离、曲线半径及外轨超高有关。

①平面内侧加宽 $W_{平内}$

由 $f=\frac{l^2}{8R}$ 可知转向架长 l 为 18 m，车体长为 26 m，则

$$W_{平内}=\frac{18^2}{8R}\times 1\,000=\frac{40\,500}{R}(\text{mm}) \tag{2.26}$$

②立面内侧加宽 $W_{立内}$

由于外轨抬高则

$$\frac{W_{立内}}{H}=\frac{h}{S_1}$$

③曲线限界内侧总加宽

$$W_{立内}=\frac{H}{1\,500}\cdot h \tag{2.27}$$

$$W_{内}=\frac{40\,500}{R}+\frac{H}{1\,500}h \tag{2.28}$$

(2)曲线限界外侧加宽

$$W_{外}=\frac{L^2}{8R}-\frac{l^2}{8R}=\frac{26^2-18^2}{8R}\times 1\,000=\frac{44\,000}{R}(\text{mm}) \tag{2.29}$$

(3)曲线线间距加宽

①外侧线超高大于内侧线超高时

$$W_{线间}=W_{外内}+W_{内外}-W_{内立内}=\frac{40\,500}{R_{外}}+\frac{H}{1\,500}h_{外}+\frac{44\,000}{R_{内}}-\frac{H}{1\,500}h_{内}$$

$$=\frac{40\,500}{R_{外}}+\frac{44\,000}{R_{内}}+\frac{H}{1\,500}(h_{外}-h_{内}) \tag{2.30}$$

② 内侧线超高大于外侧线超高时

$$W_{线间}=W_{外平内}+W_{内外}=\frac{40\,500}{R_{外}}+\frac{44\,000}{R_{内}}\quad(\text{mm}) \tag{2.31}$$

以上加宽量均应进整成 5 mm 的倍数。

3. 曲线上建筑接近限界的加宽方法

曲线上建筑限界的加宽范围，包括全部圆曲线、缓和曲线和部分直线。加宽方法可采用图 2.33所示阶梯形方式，或采用曲线圆顺方式。

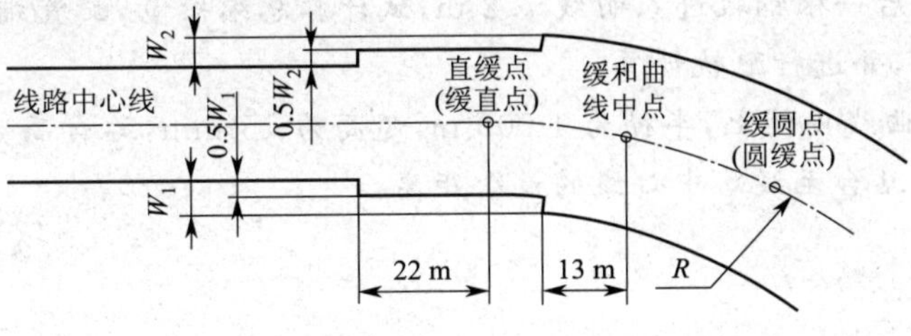

图 2.33　曲线上建筑接近限界的加宽示意图

【例 2.9】 某站台设于曲线上，如图 2.34 所示，半径为 800 m，超高为 25 mm，站台高 500 mm。直线站台限界为 1 750 mm，求站台至线路中心线的最小距离。

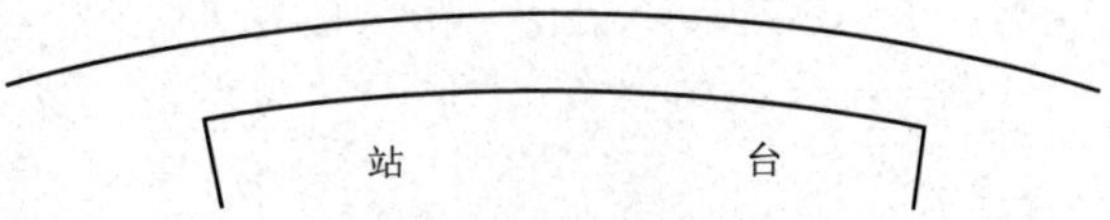

图 2.34　站台设置示意图

解:站台位于曲线内侧,属于内侧加宽,H 为站台到轨面的高度。

$W_{内}=\frac{40\ 500}{800}+\frac{500}{1\ 500}\times 25=59$(mm),取 60 mm;站台至线路中心线的最小距离=1 750+60=1 810(mm)。

复习思考题

1. 简述设置曲线超高的目的。

2. 简述曲线超高顺坡的原则和方法。

3. 一铁路曲线上,半径为 1 500m,列车通过该曲线时的平均速度为 95 km/h,该线路容许速度为 120 km/h,货物列车的平均速度为 76 km/h,问该曲线应该设置超高是多少?试检算之。

4. 简述曲线轨距加宽的目的。

5. 某曲线半径为 240 m,圆曲线长 200 m 缓和曲线长 50 m,求其轨距加宽是多少?缓和曲线的轨距递减率为多少?我国现在轨距加宽的标准是什么?

6. 简述曲线加宽的方法及要求。

7. 一条曲线半径为 190 m,缓和曲线长为 50 m,超高 50 mm,加宽 15 mm,求超高顺坡率及轨距递减率。

8. 简述设置缓和曲线的目的。

9. 简述缓和曲线的特点。

10. 简述绳正法基本原理。

11. 简述曲线正矢桩点布置方法。

12. 已知某曲线半径为 1 000 m,缓和曲线为 100 m,测点"1"与直缓点重合,计算第一缓和曲线(ZH 至 HY)各测点的计划正矢。

13. 10 号点现场正矢为 35 mm,11 号为 29 mm,12 号为 28 mm,13 号 33 mm,对 11 号测点向外拨 10 mm,12 号测点向外拨 8 mm,求四点的拨后正矢分别为多少?

14. 圆曲线半径为 1 000 m,圆曲线长 188 m,缓和曲线长 80 m,标准轨长为 25 m,轨缝 $a=10$ mm,直线上最后一根钢轨进入曲线 7.2 m,试计算总缩短量,配置缩短轨的根数并检算缩短轨选型是否合理,并进行配轨计算。

15. 某站台设于曲线内侧上,半径为 1 000 m,超高为 15 mm,站台高 500 mm。直线站台限界为 1 750 mm,求站台至线路中心线的最小距离。

任务 3　无缝线路认识

无缝线路与普通线路相比，在其长钢轨段内消灭了轨缝，从而消除了车轮对钢轨接头的冲击，使得列车运行平稳、旅客舒适，延长了线路设备和机车车辆的使用寿命，减少了线路养护维修工作量，并能适应高速行车的要求，是轨道现代化的发展方向。主要内容包括无缝线路概述、无缝线路基本原理、线路阻力、钢轨内的温度力分布、无缝线路稳定性、无缝线路设计、全区间和跨区间无缝线路及特殊地段无缝线路。通过本任务学习，要求掌握无缝线路的工作原理，熟悉无缝线路的结构，掌握无缝线路的线路阻力，会绘制温度力图并掌握无缝线路内部的温度力分布规律，掌握无缝线路稳定性的影响因素，了解无缝线路设计、全区间和跨区间无缝线路及特殊地段无缝线路的基本知识，为后期无缝线路维修保养、无缝线路铺设奠定基础。

3.1　无缝线路概述

3.1.1　学习目标

1. 知识目标

(1)掌握铺设无缝线路的意义。

(2)了解无缝线路的优点。

(3)掌握无缝线路的种类及组成。

(4)了解无缝线路的焊接工艺。

(5)掌握无缝线路的基本原理。

2. 能力目标

(1)能对无缝线路进行正确分类。

(2)能分析无缝线路的优点。

(3)能分析跨区间无缝线路特点。

3.1.2　相关学习内容

1. 铺设无缝线路的意义

普通线路是由标准长度的钢轨(长度为 12.5 m 或 25 m)利用接头联结零件联结而成的，线路上存在着大量的钢轨接头。钢轨接头是铁路线路的薄弱环节，接头的存在不仅加剧列车通过时对线路产生的冲击和振动，促使道床板结、溜坍，混凝土轨枕破裂损坏，使接头处线路产生较严重的病害，而且还会加剧线路的爬行，降低钢轨和机车车辆的使用寿命，影响行车的速度和平稳性，并产生振动和噪声，使旅客感觉不舒适。另外，大量的接头需消耗大量的接头零部件，整治接头病害还将大大增加线路的养护维修工作量和养护维修费用。随着轴重、运量和行车速度的不断增长，普通线路的上述缺点更为突出。实践统计表明，列车对钢轨接头的冲击力比对非接头区的冲击力大 3 倍以上。在普通线路上，接头的养护维修费用约占全部养护维修费用的 35%～50%，钢轨由于轨端损坏而需更换的数量也较因其他部位损坏而需更换的数量多 2～3 倍。

显然，从根本上消除钢轨接头，对列车运行、旅客的舒适条件和线路的养护维修等方面均极为有利，无缝线路也因此而迅速发展起来。

所谓无缝线路(图 3.1),就是把标准长度的钢轨一根一根地焊接成具有相当长度的长钢轨(我国铁路规定不短于 200 m)用以代替标准钢轨而铺设的线路。与普通线路相比,无缝线路在很大程度上消灭了钢轨接头,减少了列车对轨道的动力冲击和振动作用,因而具有行车平稳、噪音低、减少材料消耗、降低养护维修费用、延长维修周期、延长线路设备和机车车辆的使用寿命、减少行车阻力等优点,能适应高速行车的需要,有利于发展高速铁路、重载铁路。

无缝线路作为一种先进的轨道结构形式,是铁路轨道结构发展的方向之一。早在 20 世纪 20 年代,国外就已经开始铺设无缝线路。我国从 1957 年开始试铺无缝线路,随着铺设技术的日趋完善,特别是全区间和跨区间无缝线路铺设技术的不断成熟,无缝线路铺设的范围越来越广,直线、曲线地段(图 3.2),路基、桥梁(图 3.3)、隧道地段,高寒地区(图 3.4)等均可进行铺设。近几年来,无缝线路的铺设进程明显加快,占正线延展长度比例逐年提高,并将继续得到大力发展。

图 3.1 无缝线路

图 3.2 曲线地段无缝线路

图 3.3 桥上无缝线路

图 3.4 高寒地区无缝线路

2. 无缝线路的分类

无缝线路按处理长钢轨内部因轨温变化而引起的温度应力方式的不同,分为温度应力式和放散温度应力式两种类型;按长轨节的长度不同可分为普通无缝线路(图 3.5)、全区间无缝线路和跨区间无缝线路(图 3.6)等三种。

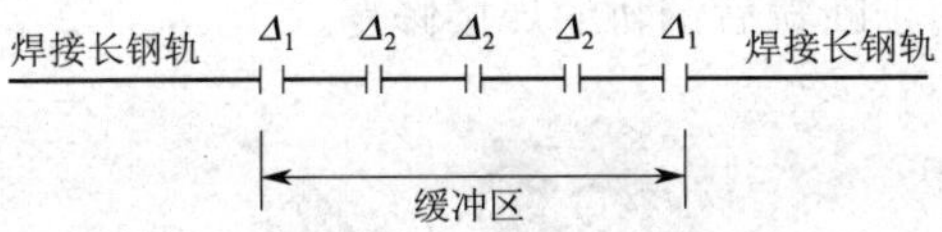

图 3.5　普通无缝线路结构

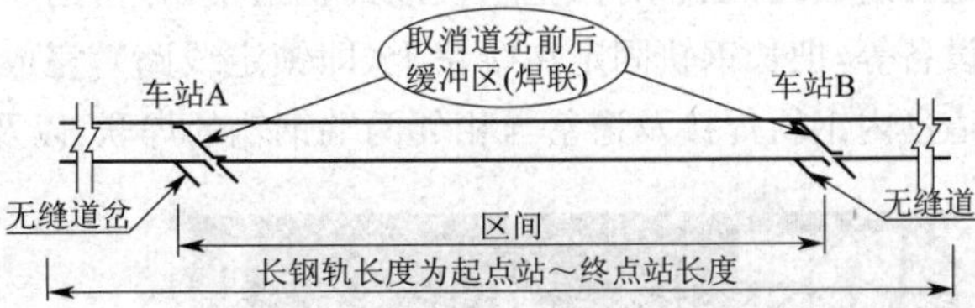

图 3.6　跨区间无缝线路结构

温度应力式无缝线路，每股由焊接长钢轨及两端 2～4 根标准轨(或厂制缩短轨)组成，长钢轨两端的接头采用普通接头形式。这种形式的无缝线路铺设锁定后，由于钢轨不能随轨温变化而自由伸缩，因而在钢轨内部产生一个应力，称为温度应力，温度应力的大小随轨温变化而变化，因此叫作温度应力式无缝线路。长钢轨随轨温变化而引起的伸缩受到接头阻力和钢轨基础部分阻力的约束，在长钢轨中间一定长度的一段钢轨的伸缩完全被阻力所阻止，不因轨温的变化而伸缩，称为无缝线路的固定区；在长钢轨的两端，当钢轨内部的温度力大于接头所能提供的最大阻力后，将有一段钢轨发生伸缩，当轨温变化幅度达到最大时，这段发生伸缩的钢轨长度也将达到最大，长钢轨两端可能发生伸缩的这个范围，称为无缝线路的伸缩区；两根长钢轨之间铺设的 2～4 根标准轨(或厂制缩短轨)地段，它的主要作用是调节轨缝、应力放散时调换调节轨、设置绝缘接头，以及作为与道岔连接的过渡段等，称为无缝线路的缓冲区。温度应力式无缝线路结构简单不需要特殊设备，铺设和养护维修方便，是一种比较好的无缝线路结构形式，被广泛采用。我国已铺设的无缝线路，除特大桥梁的个别梁跨外，均为温度应力式无缝线路。

放散温度应力式无缝线路适用于年最高和最低轨温差较大的地区，根据温度应力放散方法的不同，可分为自动放散式和定期放散式两种。

自动放散温度应力式无缝线路，是在焊接长钢轨两端设置钢轨伸缩调节器(即尖轨接头)，使长钢轨能随着轨温的变化而伸缩，随时将温度应力释放。在温差较大的地区和特大桥上，为了消除或减少钢轨内部的温度力和尽量消除桥梁伸缩附加力的影响，可采用这种形式的无缝线路。

定期放散温度应力式无缝线路，其结构形式与温度应力式无缝线路相同。它是根据当地轨温条件，在每年春、秋两季的适当轨温条件下，把长钢轨内部的温度应力进行放散。放散时，松开焊接长钢轨的全部扣件和钢轨接头，使它自由伸缩，从而放散内部温度应力，利用更换缓冲区不同长度调节轨的办法，保持必要的轨缝。这种形式的无缝线路曾在我国年轨温差较大的地区试用，但由于放散作业工程量较大，且作业不便，每次放散应力时需耗费大量的人力物力，故目前已不使用。现今世界各国主要采用的是温度应力式无缝线路，因此本部分将主要介绍温度应力式无缝线路的有关知识。

普通无缝线路是指长轨节的长度为 1 000～2 000 m 的无缝线路；全区间无缝线路是指不跨越车站只跨越闭塞分区，整个区间用一根长钢轨联结的无缝线路；跨区间无缝线路也称超长无缝线路，是指轨节长度跨越车站道岔并贯穿区间的无缝线路。

3. 长钢轨的焊接

无缝线路上铺设的长钢轨，是由定尺钢轨(或短尺轨)焊接而成的，长钢轨的焊接质量将直接关系到无缝线路能否达到规定的设计强度。现代焊接技术的发展(如采用闪光焊技术等)，已能使钢轨焊接接头的力学性能基本上和钢轨母材相同。目前，我国主要采用的长钢轨焊接方法是，将轨端不钻孔的定尺钢轨(或短尺轨)，在焊轨厂用闪光焊(图 3.7)，焊接成 200～500 m的长度，然后用长钢轨专运列车将其运到铺设地点，再用移动式闪光或数控接触焊(图 3.8)把钢轨焊接成设计长度，最后选择适当的轨温条件，把它换铺到轨道上，并借助于拧紧接头夹板螺栓、上紧中间扣件和打紧防爬设备等，把长钢轨固定在线路上(即锁定线路)，完成无缝线路的铺设。铝热焊接(图 3.9)一般用于道岔内钢轨焊接及道岔与相邻两端钢轨的焊联，以及用于断轨后钢轨的焊接修复。

图 3.7　闪光焊

图 3.8　气压焊

图 3.9　铝热焊

3.2　无缝线路基本原理

3.2.1　学习目标

1. 知识目标

(1)掌握钢轨自由伸缩量和受约束时的温度应力、温度力计算。

(2)掌握无缝线路长轨条可以无限长的理论依据。

(3)掌握轨温、锁定轨温、设计锁定轨温、施工锁定轨温、实际锁定轨温的含义。

2. 能力目标

(1)能分析无缝线路内部温度力的影响因素。

(2)能区分无缝线路的三个锁定轨温：设计锁定轨温、施工锁定轨温、实际锁定轨温。

(3)会使用轨温计测量轨温。

(4)会计算温度力、温度应力。

3.2.2　相关学习内容

1. 钢轨内的温度应力和温度力

无缝线路铺设后，随着轨温的变化，长钢轨由于热胀冷缩不能实现，因而在其内部产生应力，称为温度应力，特别是在轨温很高或很低时，钢轨内将产生巨大的温度应力。对整个钢轨断面而言，由轨温变化而产生的力，相应的称为温度力。

(1)钢轨的自由伸缩量

一根不受任何限制可以自由伸缩的钢轨，当轨温变化时，其自由伸缩量可按下式计算：

$$\Delta l=\alpha \cdot L \cdot \Delta t \tag{3.1}$$

式中 Δl——钢轨的自由伸缩量(mm)；

α——钢轨的线膨胀系数，$\alpha=0.011\,8$ mm/m℃，即每米长的钢轨，当轨温变化1 ℃时，钢轨将伸缩0.011 8 mm；

L——钢轨长度(m)；

Δt——轨温变化幅度(℃)。

【例3.1】 若钢轨长度为1 000 m，轨温变化为20 ℃，求其自由伸缩量。

解：$\Delta l=0.011\,8\times1\,000\times20=236$(mm)，可见，长钢轨的自由伸缩量是相当大的。

(2)温度应力和温度力

如果长钢轨被完全锁定，不能随轨温变化而伸缩，则随着轨温的变化，在钢轨内部将产生温度应力。根据虎克定律，在一股钢轨上产生的温度应力为

$$\sigma_t=E \cdot \varepsilon_t=E \cdot \frac{\Delta l}{L}$$

将 $\Delta l=\alpha \cdot L \cdot \Delta t$ 代入上式得

$$\sigma_t=E \cdot \frac{\alpha L \Delta t}{L}=E\alpha\Delta t \tag{3.2}$$

式中 σ_t——钢轨内部产生的温度应力(N/cm²)；

E——钢的弹性模量，$E=2.1\times10^7$ (N/cm²)；

ε_t——钢轨的温度应变(轨温变化时钢轨未能实现的长度变化率)。

将 E、α 的数值代入式(3.2)得

$$\sigma_t=2.1\times10^7\times11.8\times10^{-6}\Delta t=247.8\Delta t\ (\text{N/cm}^2) \tag{3.3}$$

相应地，整个钢轨断面所承受的温度力为

$$P_t=\sigma_t \cdot F=247.8F\Delta t\ (\text{N}) \tag{3.4}$$

式中 P_t——温度力(N)；

F——钢轨断面面积(cm²)。对于75 kg/m、60 kg/m、50 kg/m、43 kg/m的标准钢轨，其断面面积分别为95.04 cm²、77.45 cm²、65.8 cm²、57.0 cm²。

【例3.2】 已知60 kg/m钢轨无缝线路，$F=77.45$ cm²，求线路锁定后，轨温每升降1 ℃时，在钢轨内部产生的温度应力和温度力。

解： $\sigma_t=247.8\times1=247.8$(N/cm²)，$P_t=247.8\times1\times77.45\approx19\,192$(N)

即60 kg/m长钢轨铺设锁定后，轨温升(或降)1 ℃时，一股钢轨上将承受19 192 N的温度力，若轨温变化较大，则钢轨承受的温度力将更大。由此可见，长钢轨内部承受巨大的温变力，这是温度应力式无缝线路区别于普通线路的一个重要特征，也是在无缝线路设计、施工及养护维修工作中必须考虑的一个特殊问题。不同类型的长钢轨轨温变化1 ℃时钢轨内部的温度力值见表3.1。

表3.1 轨温变化1 ℃时钢轨内部产生的温度力值

钢轨类型(kg/m)	43	50	60	75
断面积(cm²)	57.00	65.80	77.45	95.04
温度力(N)	14 125	16 305	19 192	23 551

从式(3.3)、式(3.4)可以看出，无缝线路长钢轨锁定后，随着轨温的变化，钢轨内部所承受的温度应力和温度力与轨温变化幅度 Δt 成正比，而与钢轨的长度 L 无关。也就是说，不同类型的长钢轨只要轨温变化幅度相同，不论长短，在其内部产生的温度应力是一样的；对于同一类型不同长度的钢轨，如果轨温变化幅度相同，那么其内部所承受的温度力大小是一样的。根据这个道理，从理论上讲，无缝线路焊接长钢轨的长度可以任意长，而不会影响其内部的温度应力值，这就是无缝线路得以铺设的主要理论依据。考虑到施工及管理技术的限制，长钢轨的长度也不能太长，我国普通无缝线路长钢轨的长度一般以一个闭塞分区长度来考虑，采用 1 000～2 000 m。为便于锁定线路和进行养护维修，充分体现无缝线路的优越性，我国铁路规定，无缝线路焊接长钢轨的长度不应短于 200 m，特殊地段不应短于 150 m。随着无缝线路铺设技术的不断完善和胶结绝缘接头的推广应用，为最大限度地减少钢轨接头，无缝线路长钢轨的长度正在向超长发展。

2. 钢轨温度和锁定轨温

由于温度应力式无缝线路长钢轨内部产生的温度力的大小与钢轨温度的变化有直接关系，钢轨温度的升降幅度直接影响无缝线路长钢轨的伸缩及轨道的强度和稳定，因此，钢轨温度是无缝线路设计、铺设和养护维修的重要技术参数。

(1)钢轨温度

钢轨温度简称轨温，影响轨温的因素比较复杂，它不但受气温、风力及日照程度的影响，而且还与地形、线路方向、测量部位等因素有关。一般来说，轨温是随大气温度的变化而改变的，根据调查观测资料分析，最高轨温比当地最高气温约高 20 ℃，最低轨温与同一地点的最低气温基本相同。最高轨温多出现在当天的 13～14 时，而最低轨温一般出现在黎明前。轨温一般用轨温计进行测量，如图 3.10 所示。我国主要地区的最高、最低和中间轨温见表 3.2。

图 3.10　钢轨温度测量

表 3.2　我国主要地区的最高、最低和中间轨温(℃)

地区	最高轨温(℃)	最低轨温(℃)	中间轨温(℃)	地区	最高轨温(℃)	最低轨温(℃)	中间轨温(℃)
北京	62.2	−27.4	17.6	开封	63.0	−16.0	23.5
天津	65.0	−22.9	21.1	安阳	61.7	−21.7	20.0
石家庄	62.7	−26.5	18.1	成都	60.1	−5.9	27.1
承德	61.5	−23.3	19.1	内江	61.1	−3.0	29.1
唐山	63.3	−22.6	20.4	绵阳	57.1	−2.3	27.4
太原	61.4	−29.5	16.0	西昌	59.7	−6.0	26.9
大同	58.0	−30.5	13.8	重庆	64.0	−2.5	30.8
呼和浩特	58.0	−36.2	10.9	昆明	52.3	−5.4	23.5
包头	59.5	−32.8	13.4	贵阳	61.3	−7.8	26.8
赤峰	62.5	−31.4	15.6	遵义	58.7	−7.1	25.8
集宁	55.7	−33.8	11.0	桐梓	57.5	−6.9	25.3
沈阳	59.3	−33.1	13.1	济南	62.5	−19.7	21.4
本溪	57.3	−32.3	12.5	德州	63.4	−27.0	18.2
锦州	61.8	−24.7	18.6	青岛	56.6	−20.5	18.1

续上表

地区	最高轨温(℃)	最低轨温(℃)	中间轨温(℃)	地区	最高轨温(℃)	最低轨温(℃)	中间轨温(℃)
大连	56.1	-21.1	17.5	南京	63.0	-14.0	24.5
长春	59.5	-36.5	11.5	徐州	63.3	-22.6	20.4
四平	56.6	-38.7	9.0	上海	60.3	-12.1	24.1
通化	55.5	-36.3	9.6	杭州	62.1	-10.5	25.8
哈尔滨	59.1	-41.4	8.9	金华	61.2	-9.6	25.8
齐齐哈尔	60.1	-39.5	10.3	合肥	61.0	-20.6	20.1
佳木斯	56.4	-39.6	8.4	安庆	64.7	-12.5	26.1
牡丹江	57.2	-39.7	8.8	蚌埠	64.5	-19.4	22.6
加格达奇	57.3	-45.4	6.0	福州	59.8	-2.5	28.7
乌鲁木齐	60.7	-41.5	9.6	厦门	58.5	-2.0	28.3
吐鲁番	67.6	-28.0	19.8	邵武	60.4	-7.9	26.3
哈密	63.9	-32.0	16.0	武汉	61.3	-18.1	21.6
喀什	60.1	-24.4	17.9	宜昌	63.9	-9.8	27.1
兰州	59.1	-23.3	17.9	南昌	60.6	-9.3	25.7
酒泉	58.4	-31.6	13.4	九江	61.0	-10.0	25.5
天水	58.2	-19.2	19.5	长沙	63.0	-11.3	25.9
西宁	53.5	-26.6	13.5	衡阳	61.3	-7.9	26.7
格尔木	53.1	-33.6	9.8	南宁	60.4	-2.1	29.2
银川	59.3	-30.6	14.4	桂林	59.7	-5.0	27.4
中卫	58.5	-29.2	14.7	柳州	59.2	-3.8	27.7
西安	65.2	-20.6	22.3	拉萨	49.4	-16.5	16.5
延安	59.7	-25.4	17.2	日喀则	58.2	-25.1	16.6
汉中	58.0	-10.1	24.0	广州	58.7	-0.3	29.2
宝鸡	61.6	-16.1	22.8	深圳	58.7	0.2	29.5
安康	61.7	-9.5	26.1	湛江	58.1	2.8	30.5
郑州	63.0	-17.9	22.6	海口	60.9	1.9	31.4
洛阳	64.2	-20.0	22.1	香港	56.1	0.0	28.1
南阳	63.2	-21.2	21.0	台北	58.6	-2.0	28.3

现场实地测量钢轨温度，目前多用半导体点温计或吸附式轨温计。要准确地测量轨温，除应有良好的测温计外，还要掌握正确的测温方法。钢轨的温度，在晴天阳光直射面与背阴面不同，轨底与轨头不同，钢轨内部与表面也不同。因此，为了测得准确的轨温值，应在钢轨的全断面上选定多点进行测量，然后取其平均值。铺设无缝线路时，确定钢轨的实际锁定轨温就应如此测量。

(2)锁定轨温

无缝线路是通过拧紧钢轨两端接头螺栓、上紧中间扣件及防爬设备来把焊接长钢轨固定在线路上的，这一过程称为锁定线路。锁定线路时的钢轨温度称为无缝线路的锁定轨温。严格地讲，锁定轨温应该是长钢轨在被锁定瞬间的轨温。但在实际运用中，长钢轨不可能在瞬间锁定，这个瞬间的轨温很难掌握，因此，通常是把长钢轨锁定时两端轨温的平均值作为锁定轨温，其测量方法已于前述。很显然，长钢轨在锁定瞬间处在自由伸展状态，从理论上讲，此时长钢轨内部的温度应力应为零，故锁定轨温也称零应力轨温。

温度应力和温度力计算式中的轨温变化幅度 Δt，是指实际轨温与锁定轨温的差数。由于无缝线路长钢轨内的温度应力和温度力与轨温变化幅度成正比，轨温变化幅度越大，钢轨内的温度力也越大，而轨温变化幅度与锁定轨温有直接的关系。因此，正确、合理地选择锁定轨温成为无缝线路设计、铺设的关键，锁定轨温必须准确、均匀。

①设计锁定轨温

设计锁定轨温是根据线路结构的具体条件，通过轨道强度和稳定性检算所确定的零应力轨温。从前面分析可知，降低钢轨内部的温度应力，保证在最低轨温时长钢轨不被拉断，在最高轨温时轨道不失去稳定的关键，在于适当控制轨温的变化幅度 Δt，而 Δt 的计算依据是无缝线路的锁定轨温。因此，无缝线路的设计锁定轨温，应以最高轨温时轨道不发生胀轨跑道，最低轨温时不拉断钢轨或螺栓为基本条件，经过轨道强度和稳定性检算而设计确定。根据多年来无缝线路的铺设经验，在日常管理中，一般更侧重于防止胀轨跑道，可取较当地中间轨温略高的轨温作为无缝线路的设计锁定轨温。中间轨温是指当地最高轨温和最低轨温的平均值，即

$$T_z = \frac{T_{max} + T_{min}}{2} \tag{3.5}$$

式中 T_z——中间轨温(℃)；

T_{max}——当地最高轨温(℃)；

T_{min}——当地最低轨温(℃)。

各地区锁定轨温比中间轨温的偏高值，可根据当地最高轨温差按表 3.3 确定，但它只能作为参考而不能作为正式设计的依据。在实际铺设无缝线路时，由于轨温时刻在变化，而铺轨锁定工作需有一定时间来完成，要把锁定轨温定在确定的固定值是很困难的。因此，在满足轨道强度和稳定条件的前提下，允许在设计锁定轨温左、右一定范围内进行锁定线路，这个轨温范围称为设计锁定轨温范围。允许的设计锁定轨温范围，一般取设计锁定轨温加、减 5 ℃。在寒冷地区困难条件下，设计锁定轨温范围可采用 6～8 ℃。无缝线路铺轨施工时，应在这个轨温范围内完成铺设锁定工作，并做好详细记录，作为以后养护维修的技术资料妥善保存。

表 3.3 锁定轨温比中间轨温偏高值

当地最高轨温差(℃)	偏高值(℃)	
	混凝土轨枕	木枕
91～95	6～7	/
86～90	4～5	5～6
81～85	3～4	4～5
80 及以下	3 以下	4 以下

②施工锁定轨温

施工锁定轨温指的是施工锁定时的轨温。施工中一段长轨条的锁定需要一定的时间，所以大修施工规定把长轨条始终端落槽就位时的轨温平均值作为施工锁定轨温，同时要求始终端就位时的轨温必须在设计锁定轨温的允许范围之内。

③实际锁定轨温

实际锁定轨温所强调的是“实际”二字。它既区别施工锁定轨温所表示的名义上的零应力轨温，又说明零应力轨温在运营过程中是可能发生变化的。

无缝线路铺设锁定之后，要想保持某一长度钢轨范围内锁定轨温不变，就必须保持该段钢

轨长度不变。因某种原因，如果钢轨伸长了，就意味着锁定轨温升高了；钢轨缩短了，则意味着锁定轨温降低了，因此运营中的无缝线路实际锁轨定轨温较施工锁定轨温就发生了变化，这就是实际锁定轨温。据测算，每100 m长的无缝线路钢轨，每伸长1.2 mm，相当于锁定轨温升高了1 ℃；每缩短1.2 mm，相当于锁定轨温降低了1 ℃。

3.3　线路阻力

3.3.1　学习目标

1. 知识目标

(1)能掌握线路阻力的种类及各种阻力的作用。

(2)能掌握线路各种纵向阻力的影响因素。

(3)能掌握影响道床横向阻力的因素。

2. 能力目标

(1)能区分线路各种阻力。

(2)能说出提高各种阻力的措施。

(3)能分析各种阻力衰减的原因。

3.3.2　相关学习内容

1. 线路阻力分类

无缝线路线路阻力包括：纵向阻力、横向阻力和竖向阻力。线路上的各种阻力是无缝线路设计、铺设及其养护的重要参数。无缝线路能保持正常的工作状态，离不开这些线路阻力。各种线路阻力所起的作用各不相同，其中线路纵向阻力与钢轨内的纵向力分布、线路爬行、钢轨伸缩等有关，而横向和竖向阻力与无缝线路的稳定性有关，充分认识并掌握这些线路阻力是非常必要的。图3.11是线路阻力分类树状图。

2. 接头阻力

温度应力式无缝线路长钢轨被锁定以后，钢轨就不能发生自由伸缩。这个阻止长钢轨随轨温变化而发生纵向伸缩的阻力称为轨道纵向阻力，主要有接头阻力、道床纵向阻力及扣件阻力等。

无缝线路长钢轨两端钢轨接头阻止钢轨纵向伸缩的阻力，称为接头阻力。接头阻力由钢轨与夹板接触部分之间的摩擦力和螺栓的抗剪力所提供，为了安全，我国只考虑摩擦力。接头阻力的大小主要取决于接头螺栓的拉力和钢轨与夹板接触面之间的摩擦系数。

接头螺栓拧紧后，螺栓杆承受拉力，相应地，接头夹板对钢轨产生一个夹紧力，螺栓承受的拉力越大，螺栓个数越多，则这个夹紧力也越大，钢轨和夹板之间的摩擦力也越大，接头抵抗长钢轨伸缩的能力也越强。螺栓杆的拉力与螺栓的拧紧程度有关。当采用的接头夹板类型确定后，螺栓的拧紧程度就成为保证接头阻力的关键。根据理论计算和实践证明，钢轨与夹板间的纵向摩擦阻力与螺栓杆所受的拉力基本相同。我国铁路广泛采用六孔夹板，钢轨接头每端有三根螺栓，不同螺栓扭矩条件下的接头阻力值见表3.4。

- 线路阻力
  - 纵向阻力
    - 接头阻力
    - 扣件阻力
    - 道床纵向阻力
  - 横向阻力
    - 道床横向阻力
    - 轨道框架水平刚度
  - 竖向阻力
    - 道床竖向阻力
    - 轨道框架竖向刚度

图3.11　线路阻力类型

表 3.4　不同螺栓扭矩条件下的接头阻力值

	T_N(N·m)	500	600	700	800	900	1000
P_H (kN)	50 kg/m 钢轨，ϕ24 mm 螺栓	250	300	370	430	490	
	60 kg/m 钢轨，ϕ24 mm 螺栓	230	280	390	450	510	570
	75 kg/m 钢轨，ϕ24 mm 螺栓		350	430	500	550	

《普速铁路线路修理规则》规定，无缝线路缓冲区的钢轨接头必须使用不低于 10.9 级的螺栓，螺栓扭矩应保持在 700～1 100 N·m。

3. 道床纵向阻力

道床抵抗轨道框架纵向位移的阻力称为道床纵向阻力，如图 3.12 所示。道床纵向阻力的大小，与道砟材质、粒径级配、道床断面、捣固质量、脏污程度、轨枕类型等因素有关。它是抵抗钢轨伸缩、防止线路爬行的重要参数，一般以每根轨枕提供的阻力 R(N/根)或一股钢轨下每延长厘米道床提供的平均阻力 r(N/cm)来表示(r 也称单位道床纵向阻力)。试验表明，道床纵向阻力随轨枕沿线路纵向位移的增加而增大，但当位移达到一定数值后，阻力不再明显增加。通常取轨枕位移为 2 mm 时的阻力值作为设计无缝线路时的道床纵向阻力值，一级道砟线路道床纵向阻力值见表 3.5。

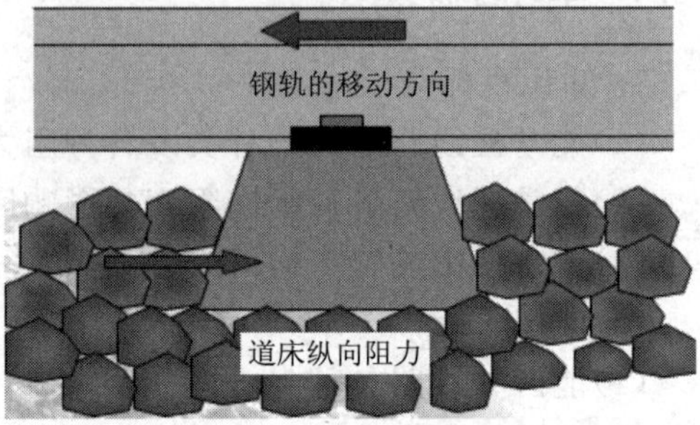

图 3.12　道床纵向阻力

表 3.5　道床纵向阻力值

线路条件		单根轨枕的道床纵向阻力 R(N)	一股钢轨下单位道床纵向阻力 r(N/cm)		
			1 840 根轨枕/km	1 760 根轨枕/km	1 667 根轨枕/km
木枕轨道		7 000	64	61	—
混凝土枕轨道	Ⅰ型	10 000	91	87	—
	Ⅱ型	12 500	115	109	—
	Ⅲ型	18 300	—	160	152

清筛道床等作业会使道床的纵向阻力下降，容易引起线路爬行，危及轨道的稳定，因此，清筛作业后必须夯实道床以增强阻力。

4. 扣件阻力

中间扣件及防爬设备阻止钢轨沿轨枕面纵向位移的阻力称为扣件阻力。扣件阻力的大小与扣件类型、拧紧程度及防爬设备类型、配置数量有关。图 3.13 为Ⅱ型扣件。

为了充分发挥道床纵向阻力的作用，避免钢轨发生相对于轨枕面的纵向位移，扣件阻力必须大于道床纵向阻力，这是无缝线路轨道结构设计的基本要求之一。为此，要求在无缝线路上采用扣压力较大的中间扣件，并设置足够的防爬设备。《普速铁路线路修理规则》规定，无缝线路混凝土枕地段，应采用弹条扣件，木枕地段应采用分开式扣件。列车通过时的冲击振动会使扣件螺帽松动、扭矩下降，导致扣件阻力下降，因此，扣件应经常进行复拧，使其扭力矩保持在规定的范围内。不同扣件的阻力值见表 3.6。

5. 道床横向阻力

道床横向阻力是指道床抵抗轨道框架横向位移的阻力。它是防止胀轨跑道，保持无缝线路轨道稳定的重要因素。

图 3.13　Ⅱ型扣件

表 3.6　Ⅰ、Ⅱ、Ⅲ型扣件的扣件阻力

扣件类型	扣件扭力矩(N·m)	
	80	150
Ⅰ型	9.0	12.0
Ⅱ型	9.3	15.0
Ⅲ型	16	

注:Ⅲ型扣件为无螺栓扣件,其扣件阻力与扭矩无关。

道床横向阻力由轨枕的两侧及底部与道床接触面之间的摩阻力和轨枕端部的抗剪力组成。经试验测试得宽轨枕、混凝土轨枕、木枕的横向阻力与位移的关系曲线如图 3.15 所示,其弹性工作范围亦为 2 mm 左右。

道床横向阻力与轨枕类型、道床断面尺寸、道砟材料及其密实度有关。由图 3.14 可以看出宽轨枕线路横向道床阻力最高,混凝土轨枕线路次之,木枕线路最低。随着轨枕重量的增加,横向阻力增大,横向阻力与轨枕横向位移呈非线性关系,阻力随位移的增加而增加,当位移达到一定数值时,阻力接近常量,位移继续增大,道床破坏。

影响道床横向阻力的主要因素有:

(1)道床的饱满程度

道床的饱满程度关系到轨枕与道砟接触面的大小及道砟之间的相互咬合,直接影响道床阻力值。道床越饱满,其横向阻力越大。试验资料表明,混凝土枕与道砟各接触面的阻力占道床横向阻力的百分数为:枕底 50%,枕侧 20%~30%,枕端 30%。

(2)道床肩宽

道床肩部所承担的道床横向阻力约占道床总横向阻力的 1/3。其阻力形成在于轨枕产生位移时扰动道砟使棱体滑动,构成滑动面,该滑动面上的剪力即为这部分阻力,如图 3.15 所示。滑动体的大小直接影响轨枕端部的阻力。

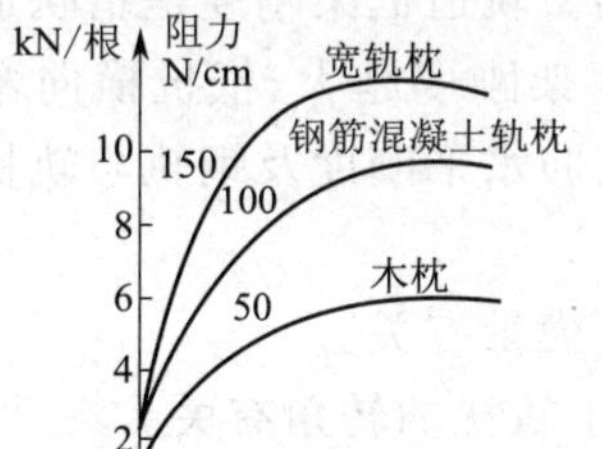

图 3.14　道床横向阻力与位移的关系

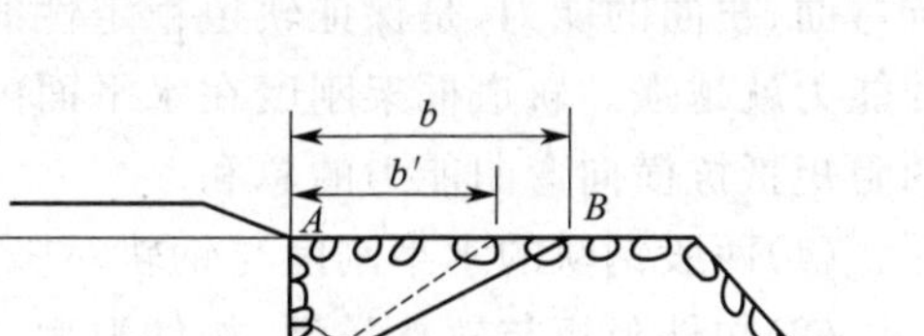

图 3.15　轨枕端部破裂面

滑动体的顶宽 b 为

$$b = H \cdot \tan(45° + 2/\varphi) \tag{3.6}$$

式中 b——滑动体的顶面宽度；

H——轨枕端部高度；

φ——道砟摩擦角，$\varphi=35°\sim50°$。

以Ⅱ型混凝土枕为例，$H=200$ mm，$\varphi=50°$，则 $b=549$ mm。试验也表明，道床肩宽从300 mm增加到550 mm时，总阻力增加16%，若再加宽，阻力值就不再增加了。这说明适当的肩宽可能提供一定的横向阻力，但并不是肩宽愈大，横向阻力就愈大。

(3)道床肩部堆高

在滑动棱体内堆高道砟，加大了滑动体的重量，因此增加了道床横向阻力。试验表明：在肩宽为550 mm的端部道床堆高185 mm的梯形棱体，道床横向阻力比不堆高时要增加12%，比肩宽为300 mm的道床增大34%。国内外无缝线路广泛使用肩部堆高道砟，如图3.16所示。

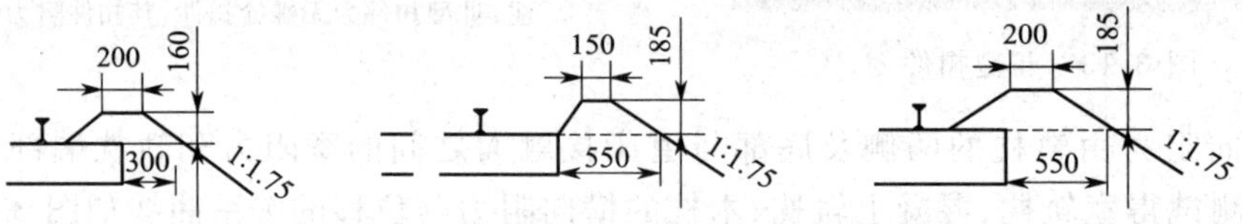

图3.16 道床肩部堆高(单位：mm)

(4)道床种类及粒径尺寸

不同材质的道砟，它们之间的摩阻力也不同。如砂砾石道床，砾石棱角圆滑，阻力值比碎石道床低30%～40%。道砟粒径应有一定的级配，德国试验表明：粒径级配由25～65 mm减少到15～30 mm，道床横向阻力降低20%～40%。

(5)线路维修作业的影响

线路维修作业如起道捣固、清筛等都影响道砟之间的咬合和接触状况，从而导致道床阻力下降。

(6)行车条件的影响

列车经过时，迫使两转向架之间的轨道框架向上抬起，列车经过时引起的振动都会使道床阻力下降。

6. 道床竖向阻力

道床抵抗轨道框架沿垂直方向移动的力叫道床竖向阻力。它由轨道框架的重量及轨枕各侧面与碎石道床之间的摩擦力所组成，也可以近似的认为是轨道框架的重量。

7. 轨道框架刚度

轨道框架是指钢轨与轨枕通过扣件连在一起形成的框架。轨道框架刚度是指轨道框架抵抗弯曲、扭曲的能力，是保证轨道稳定性的重要因素。轨道框架刚度越大，抵抗横向弯曲变形的能力就越强。轨道框架刚度在水平面内等于两股钢轨的横向水平刚度及钢轨与轨枕节点间的阻矩抵抗横向弯曲能力的总和。

(1)两股钢轨的水平刚度与钢轨对竖直轴的惯性矩、弹性模量有关。

(2)扣件阻矩与轨枕类型、扣件类型、扣压力及钢轨相对于轨枕的转角有关。

3.4 钢轨内的温度力分布

3.4.1 学习目标

1. 知识目标

(1)掌握普通无缝线路缓冲区、伸缩区、固定区的含义。

(2)掌握温度力与接头阻力、道床纵向阻力的关系。

(3)掌握温度压力峰值产生的原因。

2. 能力目标

(1)能画出无缝线路轨温单方向变化温度力图。

(2)能计算无缝线路伸缩区长度。

(3)能根据温度力变化规律指导维修作业。

3.4.2　相关学习内容

1. 温度力与纵向阻力的关系

温度力沿长钢轨的纵向分布规律,常用温度力分布图表示,简称温度力图。温度力图的横坐标轴表示长钢轨长度方向,纵坐标轴表示钢轨内部温度力值的大小。规定温度拉力为正,绘在横坐标轴的上方;温度压力为负,绘在横坐标轴的下方。

在无缝线路长钢轨中,温度力(主动力)与纵向阻力(被动力)同时作用在长钢轨上,两者大小相等、方向相反。长钢轨两端的纵向伸缩、轨道的纵向阻力及温度力三者之间,存在着互相联系、互相制约的关系。

(1)温度力与接头阻力的关系

无缝线路锁定后,当轨温发生变化时,长钢轨的热胀冷缩首先受到接头阻力的约束,长钢轨不产生伸缩,只在钢轨全长范围内产生温度力 P_t,这时有多大温度力作用于接头上,接头就提供相同的阻力与之相平衡。当温度力大于接头所能提供的最大阻力时,长钢轨两端才能开始伸缩,而接头仍提供最大的阻力与温度力相抗衡。因此在克服接头阻力阶段,温度力的大小等于接头阻力,要使温度力达到接头所能提供的最大阻力 P_H 所需的轨温变化幅度 Δt_H 可用式(3.7)计算:

由平衡条件得 $P_t=247.8F\Delta t_H=P_H$,则

$$\Delta t_H=\frac{P_H}{247.8F} \tag{3.7}$$

【例 3.3】　60 kg/m 钢轨无缝线路,$F=77.45\ cm^2$,接头螺栓扭矩为 1 000 N·m 时 $P_H=570$ kN,求轨温变化幅度 Δt_H。

解:

$$\Delta t_H=\frac{570\ 000}{247.8\times 77.45}\approx 29.7(℃)$$

当轨温由增温转为降温(或由降温转为增温)反向变化时,只有在原方向的接头阻力被抵消,反方向的接头阻力被克服后,长钢轨两端才能由伸长转为缩短(或由缩短转为伸长)。

(2)温度力与道床纵向阻力的关系

在上述基础上,若轨温继续变化,在接头阻力被克服后,长钢轨的伸缩又受到道床纵向阻力的约束。温度力克服接头阻力后的余量由某段道床长度所提供的纵向阻力与之相抗衡,钢轨将带动该段长度的轨枕一起伸缩,直至轨温变化幅度达到最大。温度力达到最大时,温度力克服接头阻力后的余量也达到最大,提供纵向阻力与温度力相抗衡的道床长度也达到最长,长钢轨两端带动轨枕一起伸缩的长度也达到最长。

当轨温反向变化时,只有在道床的正向纵向阻力被抵消,反向纵向阻力被克服后,长钢轨两端才能由伸长转为缩短(或由缩短转为伸长)。

2. 温度力图

温度力沿长钢轨的纵向分布是不均匀的,它不仅与轨温变化幅度和轨道纵向阻力有关,而

且还与轨温变化过程有关。温度力分布图有两种类型，一种为轨温单向变化时的温度力图（也称基本温度力图），另一种为轨温往复变化时的温度力图。

1）轨温单向变化时的温度力图

轨温单向变化是指长钢轨锁定后，轨温从锁定轨温向增温（或向降温）一个方向变化。以轨温从锁定轨温向最低轨温方向降温变化为例，绘温度力分布图，如图 3.17 所示。

（1）当轨温为锁定轨温时，钢轨内部无温度力，即 $P_t=0$，如图 3.18 中 $A-A'$线。

（2）轨温从锁定轨温开始下降，钢轨内部产生温度拉力，当下降幅度 $\Delta t_{降}\leqslant\Delta t_H$ 时，轨端无位移，有多少温度拉力作用在接头上，接头就提供多大的阻力与之相平衡。在长钢轨任一断面处的温度拉力均为 $P_{t拉}=247.8F\Delta t_{降}$，温度力在整个长轨条内均匀分布。当 $\Delta t_{降}=\Delta t_H$ 时，温度拉力达到接头所能提供的最大阻力 P_H，钢轨和夹板之间处于即将发生相对位移的临界状态，温度力图为图 3.17 中 $ABB'A'$线所示的矩形。

（3）当轨温继续下降，$\Delta t_{降}>\Delta t_H$ 时，温度拉力大于接头阻力，轨端开始产生收缩位移，在距轨端长度 x 范围内，钢轨将带动轨枕位移，道床受挤压，道床纵向阻力开始作用。这时，在长钢轨两端除接头阻力外，还有 x 长度范围内的道床纵向阻力，共同起着平衡温度拉力的作用。在温度拉力图 3.18，温度拉力的分布为 $ABCC'B'A'$线所示的形状，根据温度力与阻力平衡条件，这时长钢轨内最大的温度拉力 $P_{t拉}$为

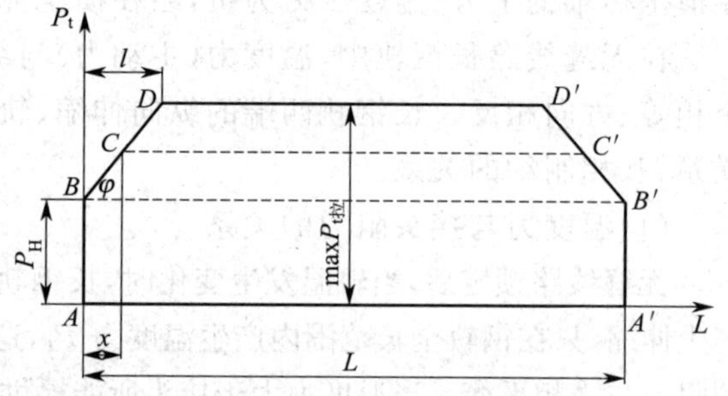

图 3.17　轨温单向变化时的温度力图

$$P_{t拉}=P_H+\gamma\cdot x \tag{3.8}$$

（4）当轨温下降到当地最低轨温 $T_{\min}$时，下降幅度达到最大值 $\Delta t_{降\max}$，温度拉力也达到最大 $\max P_{t拉}$。此时，发生收缩的钢轨长度（也即道床阻力起作用的范围）达到其极限长度 l，在温度力图 3.18 上，温度力的分布为 $ABCDD'C'B'A'$线所示的形状，此时：

$$\max P_{t拉}=247.8F\Delta t_{降\max}=P_H+\gamma\cdot l$$

$$l=\frac{\max P_{t拉}-P_H}{\gamma} \tag{3.9}$$

式中　$\Delta t_{降\max}$——最大降温幅度（℃）；

$\max P_{t拉}$——最大温度拉力（N）；

l——最低轨温时伸缩区的长度（cm）；

γ——单位道床纵向阻力（N/cm）。

在长钢轨两端长度 l 范围内，钢轨克服接头阻力及道床纵向阻力的约束，产生一定的伸缩，称为无缝线路的伸缩区。由于一般情况下锁定轨温要高于中间轨温，在一年中最大温度拉力比最大温度压力的数值大，因此，伸缩区长度可按式（3.9）计算设置，为便于养护维修和有利于安全，规定伸缩区长度应按上式计算结果进整为一节钢轨长度 25 m 的整倍数来设置，一般为 50～100 m。

【例 3.4】　某地区最高轨温 60 ℃，最低轨温 −20 ℃，铺设 60 kg/m 钢轨混凝土轨枕无缝线路，$F=77.45\ \text{cm}^2$，$P_H=570$ kN，$\gamma=91$ N/cm，锁定轨温为 25 ℃，求伸缩区长度。

解：按式（3.9）可得

$$l=\frac{\max P_{t拉}-P_H}{\gamma}=\frac{247.8\times77.45\times[25-(-20)]-570\ 000}{91}\approx3\ 227(\text{cm})=32.27\ \text{m}$$

进整为 25 m 的倍数，可采用 50 m。

在长钢轨中部 DD' 范围内，钢轨已完全被接头阻力及道床纵向阻力所约束，不能随轨温变化而伸缩，因而称为无缝线路的固定区。为控制固定区钢轨不伸缩，保持其应有状态，便于日常检查维修，《普速铁路线路修理规则》规定，固定区的长度最短不得短于两节标准钢轨的长度，即最短不得短于 50 m。

由图 3.18 可得出以下结论：

①长钢轨中部的固定区，各断面处的温度力相同且数值最大，钢轨不发生伸缩变化。

②长钢轨两端的伸缩区，各断面处的温度力及伸缩量都不一样，从固定区两端向外，温度力逐渐减小，而伸缩量逐渐增大。

③斜线 BD 可称为阻力梯度线，其与横坐标轴之间的夹角 φ 与单位道床纵向阻力 γ 的大小有关，γ 值越大、φ 值越大。

若轨温从锁定轨温开始向最高轨温方向增温单向变化时，长钢轨内部产生的是温度压力，故绘在横坐标轴的下方，温度力图与图 3.18 相似，这里不再详述。

2)轨温往复变化时的温度力图

轨温往复变化是指长钢轨锁定后，轨温从增温转为降温或从降温转为增温往复发生变化。现以轨温单向变化到最低轨温 $T_{\min}$ 时的温度力图为初始状态，向最高轨温 $T_{\max}$ 方向增温变化时为例，绘温度力图，如图 3.18 所示。

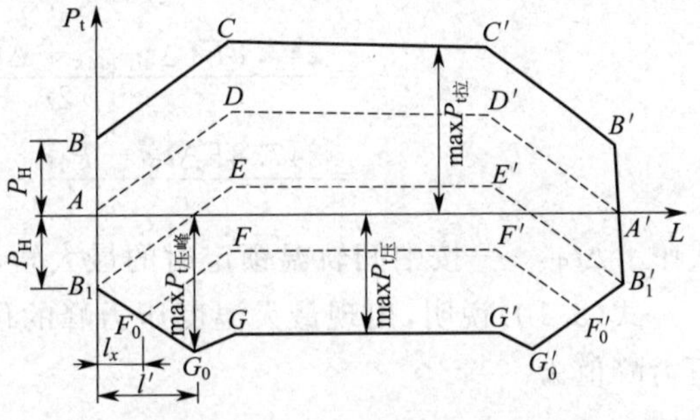

图 3.18　轨温从最低向最高变化时的温度力图

(1)轨温从最低轨温 $T_{\min}$ 开始回升，长钢轨内部的温度拉力逐渐减小，当回升幅度等于 Δt_H 时，正向的接头阻力(拉力)被抵消，接头处温度拉力变为零，温度力图平行下移 P_H 值。在温度力图 3.19 上，温度力的分布变为 $ADD'A'$ 线所示的梯形。

这一阶段的特点是长钢轨上任一点无纵向伸缩，长轨全长范围内温度拉力均匀减小 P_H，温度力在长钢轨内仍全部为拉力。

(2)轨温继续回升，此时反向的接头阻力(阻止钢轨伸长)开始起作用，长钢轨两端开始产生温度压力，但由于受到接头阻力的约束，钢轨不能伸长。当回升幅度等于 $2\Delta t_H$ 时，反向的接头阻力达到最大值 P_H，在温度力图上，温度力的分布变为 $AB_1EE'B_1'A'$ 线所示的形状。

这阶段的特点是长钢轨上任 一点仍无纵向伸缩，全长范围内的温度力图线仍平行向下移动，固定区钢轨受到温度拉力(也可能受温度压力)，而两端伸缩区内靠近接头处的钢轨受到温度压力。

(3)轨温进一步回升，回升幅度大于 $2\Delta t_H$ 后，这时接头阻力已经用尽，钢轨开始伸长，反向的道床纵向阻力开始起作用，而平衡克服接头阻力后剩余部分温度压力，只需要一部分长度的道床纵向阻力，所以在长钢轨两端伸缩区内会有一个道床纵向阻力的变换点，如距轨端距离为 l_x 处。在这一变换点靠近轨端一侧，道床纵向阻力起阻止钢轨伸长的作用；而在另一侧，因为钢轨未发生伸长，道床未被扰动，其道床纵向阻力仍保持原方向不变；在两变换点之间范围内的钢轨没有发生伸长，故其温度力图线仍是平行向下移动。在温度力图(图 3.19)上，温度力分布变为 $AB_1F_0FF'F_0'B_1'A'$ 线所示的形状。

这一阶段的特点是长钢轨两端长度 l_x 范围内，钢轨产生伸长，反向的道床纵向阻力起作用，而伸缩区其余长度($l-l_x$)范围，道床纵向阻力未反向，仍保持原来方向，钢轨无新的纵向伸缩。从温度力图中可以看出，在反向阻力梯度线与正向阻力梯度线相交点 F_0 及 F'_0 处出现了一个较大的温度压力值，其值大于固定区的温度压力，是整个长钢轨内部最大的压力值，称为温度压力峰，用 $P_{t压峰}$ 表示。

(4)当轨温回升到当地最高轨温 T_{max} 时，在温度力图(图 3.19)上，温度力分布 $AB_1G_0GG'G'_0B'_1A'$ 线所示。

这一阶段的特点是反向的道床纵向阻力起作用的长度增加到最长 l'，固定区温度压力达到最大值 $\max P_{t压}$。由于锁定轨温一般要高于中间轨温，$\Delta t_{降\max}>\Delta t_{升\max}$，在固定区温度力平行下移到 GG'，而正向和反向的道床纵向阻力变换点则移到 G_0 和 G'_0 点，温度压力峰值达到最大值 $\max P_{t压峰}$。

从图 3.19 可知

$$P_H+r\cdot l'=\max P_{t压}+r(l-l')$$

由此得到出现最大温度压力峰的位置距长钢轨端的距离为

$$\begin{aligned}l'&=\frac{\max P_{t压}+r\cdot l-P_H}{2r}=\frac{\max P_{t压}+\max P_{t拉}-2P_H}{2r}\\&=\frac{247.8F(\Delta t_{压\max}+\Delta t_{拉\max})-2P_H}{2r}\\&=\frac{247.8F\Delta t_{中}-P_H}{r}\end{aligned}\tag{3.10}$$

式中　$\Delta t_{中}$——按中间轨温锁定时的最大轨温变化幅度，其他符号同前。

式(3.10)说明，出现最大温度压力峰的位置相当于中间轨温锁定时的伸缩区终点。最大压力峰值为

$$\begin{aligned}\max P_{t压峰}&=P_H+r\cdot l'=P_H+r\cdot\frac{\max P_{t压}+\max P_{t拉}-2P_H}{2r}\\&=\frac{1}{2}(\max P_{t压}+\max P_{t拉})\end{aligned}\tag{3.11}$$

(5)当轨温再从最高轨温 T_{max} 向最低轨温 T_{min} 降温时，其温度力图的变化情况如图 3.20所示。以温度力图线 $AB_1G_0GG'G'_0B'_1A'$ 为初始状态，在轨温下降幅度小于 $2\Delta t_H$ 时，长钢轨无伸缩，全长范围内的温度压力将随轨温的下降而均匀减小，温度力图线平行向上移动。当轨温下降幅度等于 $2\Delta t_H$ 时，在温度力图(图 3.19)上，温度力的分布为 $ABE_0EE'E'_0B'A'$ 所示的图形。

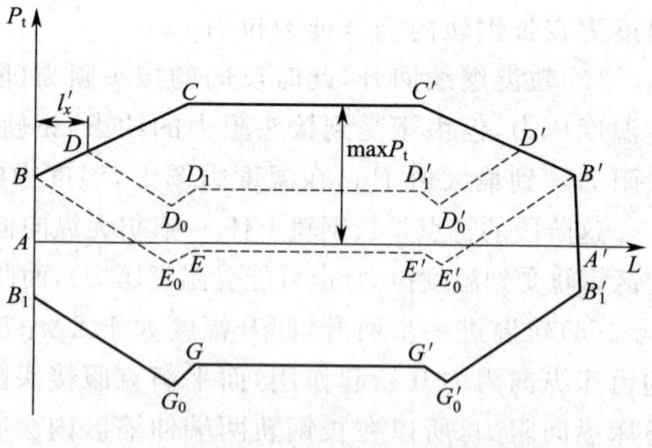

图 3.19　轨温从最高向最低变化时的温度力图

轨温进一步下降，下降幅度大于 $2\Delta t_H$ 后，长轨两端发生收缩，反向的道床纵向阻力开始起作用。这时，在长钢轨两端伸缩区内距轨端距离 l'_x 处，有一个道床纵向阻力变换点，在这一变换点靠近轨端侧的道床纵向阻力已被克服，道床纵向阻力的方向由原来的阻止钢轨伸长变为阻止钢轨缩短，而在该点另一侧的道床纵向阻力仍保持原来的方向。在温度力图(图 3.20)

上，温度力分布变为 $ABDD_0D_1D_1'D_0'D'B'A'$ 线所示的图形，在 D 及 D' 处出现温度拉力峰。随着轨温的继续下降，产生温度拉力峰的位置 D 及 D' 点不断向固定区方向靠近，当轨温下降到当地最低轨温 T_{min} 时，D 和 D_0 重合，D' 和 D_0' 重合，温度拉力峰消失，温度力图又回到最低轨温时的温度力图，即 $ABCC'B'A'$ 线组成的图形。

根据以上分析可得出以下结论：

①轨温从最低轨温 T_{min}（或最高轨温 T_{max}）开始反向变化，当变化幅度小于 $2\Delta t_H$ 时，在温度力图上，温度力图线平行移动，长钢轨全长范围内温度力均匀减小，长钢轨不发生伸缩变化。

②轨温从最低轨温 T_{min}（或最高轨温 T_{max}）开始反向变化，变化幅度大于 $2\Delta t_H$ 后，在长钢轨两端伸缩区内，一部分长度的钢轨发生伸缩，道床纵向阻力反向，在道床纵向阻力方向变换点处出现温度力峰值，它高出固定区的温度力。这一现象在无缝线路养护维修中应予以注意。

③由于选择的设计锁定轨温略高于中间轨温，因而在轨温往复变化达到当地最高轨温时，在长钢轨两端伸缩区内靠近固定区的两端产生最大的温度压力峰，它高出固定区的最大温度压力；当轨温达到当地最低轨温时，温度拉力峰消失，不产生最大的温度拉力峰。

3. 无缝线路技术要求

我国铁路规定，正线钢轨大修应采用 60 kg/m 及以上钢轨无缝线路。正线允许速度 160 km/h及以上线路应铺设跨区间无缝线路，正线允许速度 160 km/h 以下线路宜铺设跨区间无缝线路，不满足铺设无缝线路条件的地段，可铺设标准长度钢轨。无缝线路轨道结构应具备下列技术条件：

(1)路基

路基必须稳定，无翻浆冒泥、冻害及下沉挤出等路基病害。

(2)道床

无缝线路的道床应采用一级碎石道砟，碎石材质、粒径级配应符合标准，道床应保持清洁、密实、均匀。跨区间无缝线路道岔范围内道床肩宽应达到 450 mm。

(3)轨枕及扣件

铺设无缝线路的地段，应铺设混凝土枕或混凝土宽枕，有砟桥面应铺设混凝土桥枕，特殊情况可使用木枕。混凝土枕或混凝土宽枕应使用弹条扣件，木枕应使用分开式扣件。

(4)钢轨

普通无缝线路应采用 50 kg/m 及以上钢轨，全区间及跨区间无缝线路应采用 60 kg/m 及以上钢轨。

(5)无缝线路位移观测桩的设置

为及时检查观测无缝线路长钢轨的位移和钢轨伸缩情况，掌握锁定轨温的变化，从而准确掌握钢轨的实际锁定轨温，无缝线路必须设置位移观测桩。

我国铁路规定，普通无缝线路每段应设位移观测桩 5～7 对，固定区较长时，可适当增加对数，其中固定区中间点 1 对，伸缩区始终点各 1 对，其余设置在固定区。

全区间和跨区间无缝线路，单元轨条长度(一次锁定的轨条长度)大于 1 200 m 时，设置 7 对位移观测桩(单元轨条起、讫点，距单元轨条起、讫点 100 m 及 400 m 和单元轨条中点各设置一对)；单元轨条长度不大于 1 200 m 时，设置 6 对位移观测桩(单元轨条起、讫点，距单元轨条起、讫点 100 m 及 400 m 各设置一对)。无缝道岔在间隔铁(或限位器)处设 1 对，在岔头、岔尾处各设 1 对。

位移观测桩必须预先埋设牢固，桩身内侧应距线路中心不小于 3.1 m。在轨条铺设就位或拉伸到位后，应立即进行标记。

3.5 无缝线路稳定性分析

3.5.1 学习目标

1. 知识目标

(1)掌握无缝线路稳定性的含义。

(2)掌握影响无缝线路稳定性的因素。

(3)掌握胀轨跑道的含义及影响因素。

2. 能力目标

(1)能说出无缝线路稳定性的有利因素和不利因素。

(2)能利用无缝线路稳定性分析指导维修作业。

3.5.2 相关学习内容

1. 分析无缝线路稳定性的目的

无缝线路作为一种新型轨道结构，其最大特点是在夏季高温季节在钢轨内部存在巨大的温度压力，容易引起轨道横向变形。在列车动力或人工作业等干扰下，轨道弯曲变形有时会突然增大，这一现象常称为胀轨跑道(图 3.20)，在理论上称为丧失稳定，这将严重危及行车安全。

图 3.20 胀轨跑道

稳定性分析的目的是研究温度压力、轨道原始不平顺、道床横向阻力以及轨道框架刚度之间的关系，了解胀轨跑道的发生机理，分析其力学条件和主要影响因素的作用，计算出保证线路稳定的允许温度压力。因此，稳定性分析对无缝线路的设计、铺设及养护维修具有重要的理论和实践意义。胀轨跑道分持稳、胀轨和跑道三个阶段，如图 3.21 所示。

温度应力式无缝线路锁定后，如果轨温升高不大，温度压力较小时，轨道不发生变形，将保持原来的状态，这就是持稳阶段。但是到了夏季，随着轨温的升高，轨道框架受到巨大的温度压力。当钢轨内部的温度压力增加到一定数值时，钢轨连同轨枕一起，就有可能会克服轨道框架刚度和道床横向阻力，出现沿水平面的臌曲。这种臌曲现象可分两个阶段，开始臌曲前，往往先是轨道框架向上鼓起，由于轨枕在一定程度上脱离了道床的约束，使道床阻力大为减少。这时轨道便在线路的薄弱地段(如曲线地段、钢轨有原始弯曲或道床横向阻力被削弱处)出现缓慢的臌曲，此时如果轨温不继续升高，并无外力干扰，轨道的臌曲变形一般不会增大，且有可能随轨温的下降而减少，直至恢复到原有状态，这种现象称为无缝线路的胀轨。此时，无缝线路仍处于稳定平衡状态。

如果轨温继续升高或受外力干扰，这一臌曲现象将会继续扩大，当轨温值达到某一临界值时(此时的温度压力称为临界温度压力)，轨温稍有升高或稍受外力干扰，轨道便会突然发生明显的臌曲，导致轨道完全被破坏，这一现象称为无缝线路的跑道。跑道使积蓄于轨道框架中的能量被突然释放，引起大量位移，并使钢轨形成塑性弯曲，使轨枕劈裂、道砟抛散，甚至颠覆列车，造成严重后果。

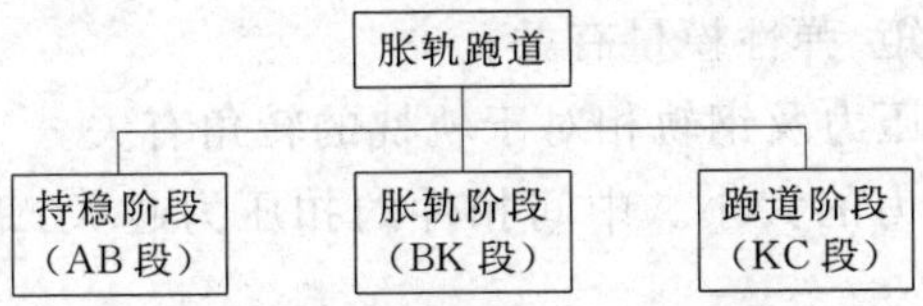

图 3.21 胀轨跑道的三个阶段

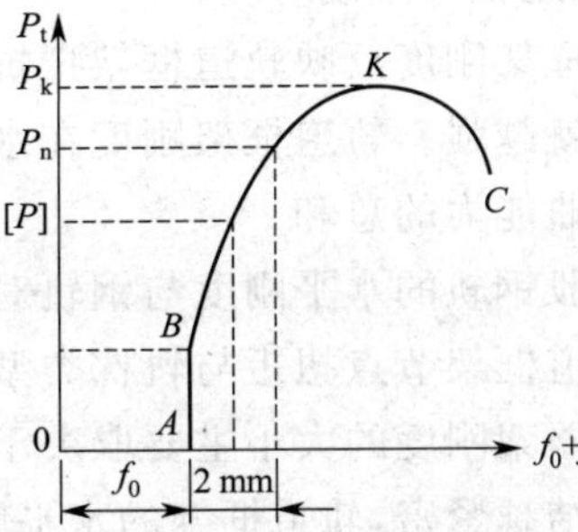

图 3.22 温度压力与轨道横向变形的关系

注：P_t—钢轨压力；f_0+f—轨道横向弯曲变形矢度；

ABK —无缝线路处于平衡状态；K 点—临界平衡状态；

KC—不稳定状态。

在图 3.22 中，在 AB 段，钢轨温度压力增大，但轨道不变形，处于持稳阶段；在 BK 段，随轨温增加，钢轨温度压力随之增加，轨道出现微小变形，压力与位移呈现的非线性关系，处于胀轨阶段；在 KC 段，当钢轨温度压力达到临界值后，在外部干扰或轨温继续升高时，轨道将会发生突然臌曲，处于跑道阶段。

2. 无缝线路稳定性

无缝线路的稳定性，就是指由于轨温升高，钢轨内部的温度压力与道床横向阻力、轨道框架刚度等的相对平衡关系。

现在无缝线路的稳定性计算方法，是把温度压力限制在小于 P_k 的某点(此时横向位移为 2 mm)，以保证线路既不产生变形积累，又不致于过分限制温度压力，这样可以适当的扩大无缝线路铺设的温度范围。将相应于使轨道产生 2 mm 横向位移的温度压力 P_n 除以安全系数 K 后得出的$[P]$，即是保证无缝线路稳定的允许温度压力。

3. 影响无缝线路轨道稳定性的因素

通过对多次无缝线路胀轨跑道事故的现场分析，发现无缝线路胀轨跑道的发生并非完全是由于温度压力过大所引起的，而是在养护维修过程中破坏了无缝线路的稳定性所致。因此，我们在无缝线路养护维修中，必须充分保持轨道稳定方面的因素，以防止胀轨跑道事故的发生。

1)保持轨道稳定因素

(1)道床横向阻力

道床横向阻力是阻止轨道框架横向移动，防止无缝线路胀轨跑道，从而保持轨道稳定的重要因素。道床横向阻力的大小与轨枕类型、道砟材质、密实程度以及轨道框架的重量等因素有关，并且随着道床肩宽与砟肩断面形状不同而异。根据试验证明，肩宽在 450～550 mm 时，横向阻力接近最高值；砟肩堆高，也可以提高横向阻力。

图 3.23 为道床对每根轨枕横向阻力实测的数值。从图中可知，道床横向阻力随轨枕位移增大而增长，当位移达到某一定值时，道床横向阻力接近常数，最后道床受到破坏，无缝线路稳定性计算时，通常采用横向位移为 2 mm时的道床横向阻力值。

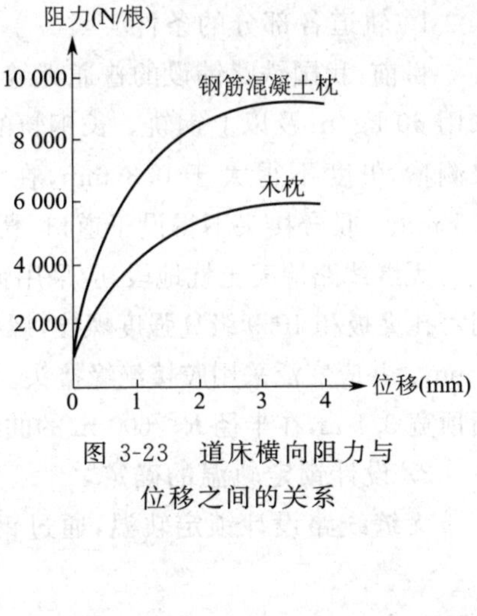

图 3-23 道床横向阻力与位移之间的关系

(2)轨道框架刚度

轨道框架刚度反映轨道框架抵抗横向弯曲的能力。轨道框架刚度越大，抵抗横向弯曲变形的能力就越强。轨道框架刚度在水平面内等于两股钢轨的水平刚度及轨道框架节点扭矩抵抗横向弯曲能力的总和。

①两股钢轨的水平刚度与钢轨对竖直轴的惯性矩、弹性模量有关；

②轨道框架节点扭矩与轨枕类型、扣件类型、扣压力及钢轨相对于轨枕的转角有关。

轨道框架刚度的大小主要取决于中间扣件扣压力的大小。中间扣件的扣压力越大，钢轨与轨枕联结越紧密，轨道框架的水平刚度就越大。

2)促使轨道丧失稳定的因素

(1)温度压力

温度压力的不断增加是促使无缝线路轨道失去稳定的直接因素。

(2)轨道原始弯曲

钢轨在轧制过程中或由于焊接、运输、铺设、列车振动和养护维修不当等因素的影响，常形成一定矢度的原始弯曲，这是促使轨道膨曲，造成线路不稳定的重要因素。

(3)外力的偏心作用

如果两股钢轨锁定轨温不同，加上焊缝错口，使轨道偏心受压，这样，轨道不但承受轴向压力，而且额外地承受一个偏心力矩的作用，从而增加了外力，降低了轨道的稳定性。

(4)由于设备不符合要求或作业不当，降低了轨道框架刚度与道床横向阻力。

3.6　无缝线路设计

3.6.1　学习目标

1. 知识目标

(1)掌握无缝线路轨道各部分应满足的条件。

(2)了解长轨条和防爬设备布置方法。

2. 能力目标

能利用计算公式确定设计锁定轨温，伸缩区长度及压力峰检算。

3.6.2　相关学习内容

1. 轨道各部分的条件

目前，我国铁路铺设的普通无缝线路采用 50 kg/m 及以上钢轨，全区间及跨区间无缝线路应采用 60 kg/m 及以上钢轨。长钢轨的焊缝部分要保持平直，在 $v_{max} \geqslant 120$ km/h 线路上用 1 m 直尺测量，矢度不得大于 0.3 mm，在 $v_{max} < 120$ km/h 线路上用 1 m 直尺测量，矢度不得大于 0.5 mm。联合接头不得设于道口、桥台、桥墩或不做单独设计的桥上，距桥台边墙不得小于 2 m。

无缝线路混凝土枕地段，应采用弹条扣件和厚度为 10 mm 的大胶垫。缓冲区钢轨接头，必须使用六孔夹板和 10.9 级高强度螺栓，螺栓扭矩应保持在 700～1 100 N · m。绝缘接头轨缝不得小于 6 mm。并应广泛采用胶接绝缘接头。无缝线路铺设地段应尽量采用混凝土轨枕、碎石道床；道床断面顶宽 3.4 m，在半径 $R \leqslant 600$ m 的曲线地段，曲线外侧加宽 0.10 m，边坡坡度为 1 ∶ 1.75。

2. 设计锁定轨温的确定

无缝线路设计锁定轨温，通过钢轨强度及线路稳定性计算确定，在保证钢轨强度及线路稳定的条件下，应尽量使钢轨轨头、轨底应力相等。

1)按强度条件确定容许的轨温变化幅度

钢轨在机车动力、温度力及制动力作用下所产生的应力，必须满足钢轨的容许温度拉、压应力，再进一步转换为容许的轨温变化幅度加以控制，从而保证钢轨强度条件。

为满足钢轨的强度条件，钢轨所承受的各种应力总和应不超过钢轨的容许应力，即

$$\sigma_d + \sigma_t + \sigma_f \leqslant [\sigma_s] \tag{3.12}$$

式中　σ_d——钢轨承受的最大动弯应力；

σ_t——温度应力；

σ_f——钢轨承受的制动力，按 10MPa 计算；

$[\sigma_s]$——钢轨容许应力。

由此得，钢轨容许的拉、压应力为

$$\sigma_{t(拉)} \leqslant [\sigma_s] - \sigma_{d(头)} - \sigma_f \tag{3.13}$$

$$\sigma_{t(压)} \leqslant [\sigma_s] - \sigma_{d(底)} - \sigma_f \tag{3.14}$$

而钢轨容许的轨温变化幅度则为

$$[\Delta t_{降}] = \sigma_{t(拉)} / E\alpha \tag{3.15}$$

$$[\Delta t_{升}] = \sigma_{t(压)} / E\alpha \tag{3.16}$$

2)按稳定条件确定容许的轨温变化幅度

无缝线路的稳定条件，是计算使线路产生的横向位移不超过 2 mm 的温度应力，并考虑一定的安全系数，再求出容许温度压力，并把这个压力转换为容许的升温幅度加以控制，从而保证线路的稳定。

按稳定条件确定容许的轨温变化幅度为

$$[\Delta t'_{升}] = [P] 2E\alpha F \tag{3.17}$$

3)锁定轨温计算

(1)由强度和稳定条件确定锁定轨温

铺轨上限锁定轨温：

$$t_{锁(上)} = T_{\max} + [\Delta t_{降}] \tag{3.18}$$

铺轨下限锁定轨温：

$$t_{锁(下)} = T_{\max} - [\Delta t_{升}] 或 [\Delta t'_{升}] (取 [\Delta t_{升}] 或 [\Delta t'_{升}] 数值较小值) \tag{3.19}$$

(2)根据钢轨轨头、轨底应力相等的条件确定锁定轨温

$$t_{锁} = (T_{\max} + T_{\min})/2 + (\sigma_{d头} + \sigma_{d底})/2E\alpha \tag{3.20}$$

(3)无缝线路铺设锁定轨温范围

铺轨上限锁定轨温：

$$t'_{锁(上)} = t_{锁} + 5\ ℃ \tag{3.21}$$

铺轨下限锁定轨温：

$$t'_{锁(下)} = t_{锁} - 5\ ℃ \tag{3.22}$$

由轨头、轨底应力相等条件确定的锁定轨温，是最合理的锁定轨温，但必须在由强度和稳定条件所确定的锁定轨温范围之内，以满足强度和稳定条件的要求，方可作为设计锁定轨温。

综合上述条件，在满足无缝线路强度和稳定性条件下，选择最合理的锁定轨温作为设计锁定轨温同时，在确定最大温度压力时，必须考虑在无缝线路伸缩区与固定区交界处出现的最高温度压力峰值。

3. 长钢轨的布置

无缝线路上铺设的焊接长钢轨，在理论上不受长度限制，但考虑到与桥梁、隧道、道岔的衔接，自动闭塞区段绝缘接头的要求，以及铺设、养护维修的方便，普通无缝线路一般焊接长钢轨的长度为 1 000～2 000 m。

在自动闭塞区段，每段长钢轨的长度，原则上应与自动闭塞区段的长度一致，如受条件限制，固定区也不应短于 50 m。

在隧道长度为 1 000 m 及以上铺设无缝线路时，宜将隧道内单独铺设一根长轨，伸缩区设于隧道洞口内方，缓冲区尽量设置在隧道洞口外。

缓冲区和伸缩区不得设置在平交道口和桥梁上，不宜设在曲线上。困难条件下，缓冲区也应尽量避免设在缓和曲线上。

焊接长钢轨各段长度及缓冲区的布置确定后，应根据每段焊接长钢轨的设计长度，向焊轨厂提出配轨计划。

4. 伸缩区长度与防爬设备的布置

(1)伸缩区长度计算

参见 3.4 有关内容。

(2)防爬设备布置

在无缝线路伸缩区和缓冲区内，为充分发挥道床纵向阻力的作用，并防止钢轨沿轨枕面伸缩移动，要求扣件阻力大于道床纵向阻力。所以，应根据需要设置足够的防爬设备，考虑到防爬器是成对布置的，故应满足下列条件：

$$2P_a + nP_c \geqslant nR$$

$$n \leqslant \frac{2P_a}{R - P_c} \tag{3.23}$$

式中　n——配置一对防爬器的轨枕根数；

P_a——一个防爬器提供的阻力；

P_c——一根轨枕上中间扣件提供的阻力；

R——一根轨枕提供的道床纵向阻力。

5. 缓冲区预留轨缝计算

普通无缝线路缓冲区宜设置 2～4 对缓冲轨，缓冲区构造如图 3.24 所示。

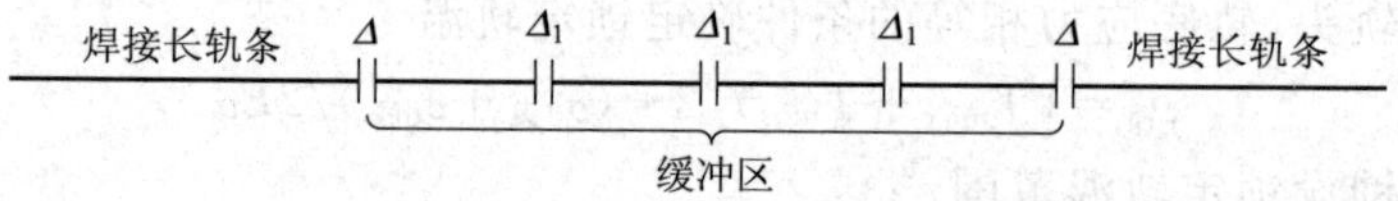

图 3.24　缓冲区设置示意图

在缓冲区中部设有胶接绝缘接头，相邻缓冲轨之间的轨缝 Δ_1 应保持不变，其值宜为 8～10 mm。需要计算的预留轨缝应为长轨条与缓冲轨之间的轨缝 Δ。预留轨缝应保证在最高轨温时两轨端不顶紧严(其轨缝大于或等于零)，在最低轨温时轨缝不应超过构造轨缝(18 mm)，以使螺栓不受剪力作用。对于普通无缝线路、跨区间无缝线路及全区间无缝线路均应计算缓冲区预留轨缝。

预留轨缝的大小与轨端的伸缩量有关，其值按下述方法计算。

1)轨端伸缩量计算

(1)长轨端伸缩量 λ_1 的计算

最高轨温条件下长钢轨温度力分布如图 3.25 所示。取长轨条左端伸缩区分析其伸长量，

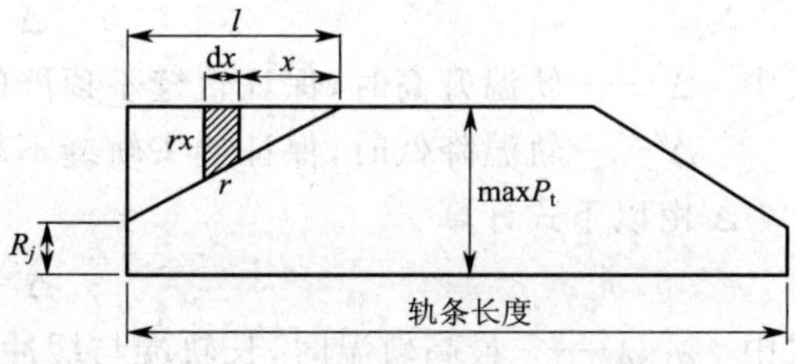

图 3.25　长钢轨温度力分布图

由于长钢轨受到不完全约束，伸缩区长度 l 范围内钢轨温度力的释放导致了长轨条端部的伸长。梯形部分是积蓄在钢轨内部的温度力，而梯形肩部上的三角形部分是被释放的钢轨温度力。取 l 范围内某一钢轨微分段 dx，设单位道床纵向阻力为 r，微分段 dx 所释放的钢轨温度力为 $rxdx$，若钢轨的断面积为 F，钢轨弹性模量为 E，则所释放的温度应力为

$$\sigma=\frac{rx}{F}dx$$

应变为

$$\varepsilon=\frac{\sigma}{E}$$

则 dx 的伸长量为

$$d\lambda_1=\varepsilon dx=\frac{rx}{EF}dx$$

伸缩区 l 范围的轨端伸长量为

$$\lambda_1=\int_0^l\frac{rx}{EF}dx=\frac{rl^2}{2EF} \tag{3.24}$$

将式(3.9)代入式(3.24)得

$$\lambda_1=\frac{(\max P_t-P_H)^2}{2EFr} \tag{3.25}$$

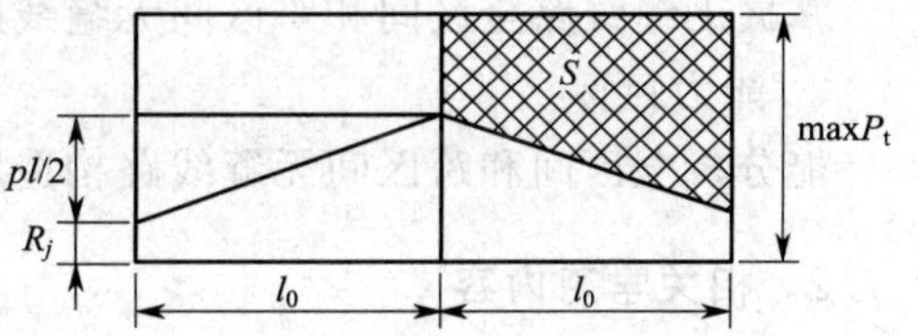

图 3.26　缓冲轨温度力图

由式(3.25)可知，长轨端伸长量等于长钢轨温度力图所释放的面积除以 EF。

(2)缓冲轨伸缩量 λ_2 计算

基于以上的分析，缓冲轨一端的伸长量可通过其温度力图释放的面积除以 EF 来计算。由于缓冲轨长度较小，在最高轨温时形成如图 3.26 所示的温度力图，其一端释放的温度力图面积为 S，则对应的伸长量为

$$\lambda_2=\frac{S}{EF}$$

通过计算可以得到 λ_2 的计算公式为

$$\lambda_2=\frac{1}{2EF}\left[(\max P_t-P_H)l_0-\frac{1}{4}rl^2\right] \tag{3.26}$$

式中　$\max P_t$——最高(最低)轨温时长钢轨内部的温度力；

P_H——接头阻力；

l_0——缓冲区长度；

E——钢轨弹性模量；

F——钢轨断面面积。

2)缓冲区预留轨缝计算

缓冲区内的轨缝 Δ_1 按常规线路轨缝设置，缓冲区标准轨与长轨之间的轨缝必须进行单独设计。其轨缝值 Δ(mm)应满足以下条件：

$$\Delta' < \Delta \leqslant \Delta''$$

式中　Δ'——轨温升高时，保证轨缝不顶严的预留轨缝值；

Δ''——轨温降低时，保证接头轨缝不超过构造轨缝的控制值。

Δ'由以下式计算：

$$\Delta' = \lambda_1' + \lambda_2' \tag{3.27}$$

式中　λ_1'、λ_2'——最高轨温时，长轨端与缓冲轨端的伸长量。

Δ''由以下式计算：

$$\Delta'' = a_g - (\lambda_1'' + \lambda_2'') \tag{3.28}$$

式中　a_g——构造轨缝(18mm)；

λ_1''、λ_2''——最低轨温时，长轨端与缓冲轨端的收缩量。

6. 压力峰检算

无缝线路长钢轨铺设锁定后，轨温往复发生变化，当轨温达到最高时，在长钢轨两端伸缩区与固定区交界处，产生最大的温度压力峰。为保证无缝线路的稳定性，最大的温度压力峰值必须小于按稳定条件求得的容许温度压力，即

$$\max P_{t压峰} \leqslant [P]$$

3.7　全区间和跨区间无缝线路

3.7.1　学习目标

1. 知识目标

掌握无缝线路全区间和跨区间无缝线路受力特点和构造要求。

2. 能力目标

能分析全区间和跨区间无缝线路构造应满足的要求，指导现场无缝线路维修和施工。

3.7.2　相关学习内容

1. 概述

全区间无缝线路长轨节长度为相邻两车站进站、出站信号机之间的距离，轨条长度跨越闭塞分区，在绝缘接头处采用了高强度胶结绝缘接头。跨区间无缝线路是在全区间无缝线路的基础上，轨节长度进一步延长，将区间无缝线路长轨节与道岔焊连起来。轨节长度可达几十甚至几百公里。这两种无缝线路以一次铺设锁定的轨节长度(称单元轨节)为管理单元，单元轨节的长度应根据线路条件、工点情况、施工工艺等因素综合研究确定，一般为1 000～2 000 m。

跨区间无缝线路的关键技术是胶接绝缘接头、无缝道岔以及施工养护技术等。我国已广泛采用自行研制的高强度、高韧性、长寿命的胶接绝缘接头。无缝道岔、桥上无缝线路理论与技术的不断成熟，高强、耐磨钢轨的生产和铺设等为跨区间无缝线路的应用打下了坚实的基础。目前正线允许速度 160 km/h 及以上线路应铺设跨区间无缝线路，正线允许速度 160 km/h以下线路宜铺设跨区间无缝线路。

2. 全区间和跨区间无缝线路的铺设

全区间或跨区间无缝线路是以一次铺入锁定的长轨节为单元，依次分段铺设而成。施工方法有以下两种可供选择：其一叫作连入法，用于作业轨温与设计轨温范围相符合的情况；另一种叫作插入法，用于作业轨温与设计锁定轨温范围不符合的情况。

1)连入法铺设

全区间或跨区间无缝线路采用连入法时，长轨节的始端要用焊接法与上次铺入的长轨节终端焊联。也就是说，在续铺的始端，新旧钢轨引入换轨车龙门，换轨车即缓慢前进，待新轨已稳定落地之后，即开始进行始端的连入焊接，此时，边连入焊、换轨车边前进，直至终端，新铺入的长轨节的终端与线路上的旧轨用临时联结器联结，如图 3.27 所示。

在不同轨温条件下，采用铝热焊法进行连入焊时有如下要求：

(1)施工过程中轨温比较平稳时要根据工艺要求把焊缝预留好。但现行施工方法很难做到使预留轨缝准确到位。因此，预留轨缝宁小勿大，待新轨拨入后，先把新轨端部 25 m 一段锁定，然后用砂轮钢轨机把多余钢轨锯掉，随即进行焊接。

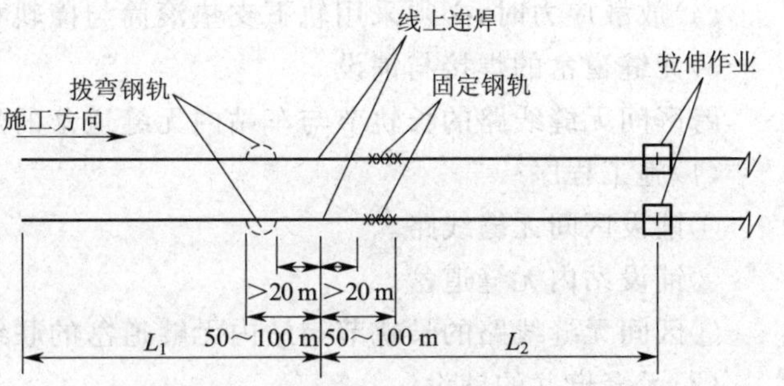

图 3.27　连入法铺设示意图

(2)在升温情况下进行连入焊。若施工过程中轨温处于上升阶段，在此情况下，预留轨缝可稍大一些。待新轨拨入后，立即将新轨始端 25 m 一段锁定。如轨缝过大，可用撞轨法予以调整，随即按铝热焊工艺程序进行焊接工作。

(3)在降温情况下进行连入焊。若施工过程中轨温处于下降阶段，在此情况下，预留轨缝值可稍小一些。采用宽臂距拉伸机拉伸，拉伸到位后可在保压状态下进行铝热焊。

(4)终端的联结。

①普通夹板联结

单元长轨节的终端落槽后与线路上旧轨端之联结与普通无缝线路的铺设无甚差别。但采用夹板联结时，要在准备工作中预先钻好螺栓孔。次日继续铺轨时，在线路封锁之后，先把带孔端轨头锯下，再进行连入焊，预留开口量时，要考虑这一锯下的长度。

②夹紧器联结

用夹紧器联结时，长轨节终端落槽与线路上既有轨合龙后，旧轨一端仍用夹板螺栓固定，而新轨(长轨条终端)一端则用 U 形夹紧器固定。U 形夹紧器定位于螺栓孔处，它靠夹紧夹板所产生的摩阻力固定新轨终端。无需钻孔是其优点，但昼夜温差较大时将难以平衡钢轨的伸缩力是其缺点。

2)插入法铺设

铺设时的轨温与设计锁定轨温范围不符时，多采用插入法铺设。采用此法铺设长轨条时，可在任意轨温条件下，先依次分段铺设，在两单元长轨节之间插入一根缓冲轨，待轨温适宜时放散应力。而后将缓冲轨拆除，并锯下长轨节的有孔端，插入一段焊接轨进行终焊，如图 3.28 所示。

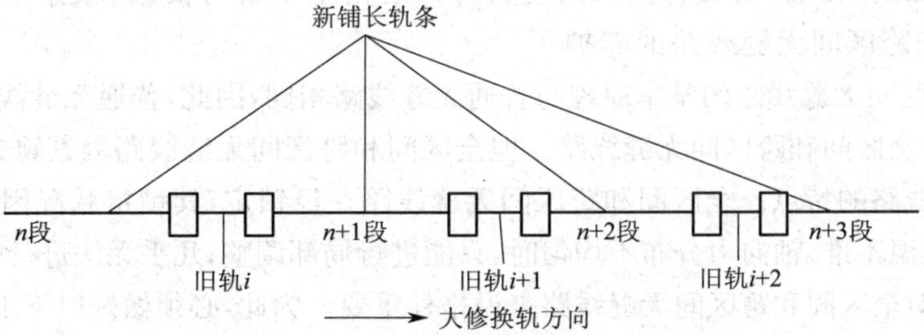

图 3.28　插入法铺设示意图

施工注意事项如下：

(1)虽然原则上可在任何轨温条件下铺设，但实际操作时还是要尽量选择在设计锁定轨温范围内铺设，或靠近设计轨温范围的轨温条件下铺设。

(2)终焊最好选在较低温度下进行，采用拉伸法放散应力与终焊一起进行。

(3)终焊采用铝热焊时，要采用宽臂距拉伸机，拉伸到位后保压施焊。

(4)放散应力时，必须采用轨下支垫滚筒与撞轨相结合的方法进行。

3)无缝道岔的焊接与铺设

跨区间无缝线路的长轨节与车站内无缝道岔的焊联，要在设计的锁定轨温条件下进行。

(1)施工程序

①铺设区间无缝线路。

②铺设站内无缝道岔。

③区间无缝线路的长轨节与站内无缝道岔的联结以焊接为主，不能焊接的接头采用冻结。

(2)无缝道岔的铺设

①无缝道岔的焊缝必须经过严格的探伤检查，不合格的焊缝要重焊。

②道岔内的绝缘接头必须采用胶接绝缘接头。

③60 kg/m 钢轨 12 号 AT 尖轨道岔，除整铸辙叉前后四个接头和绝缘接头分别采用高强度冻结接头和胶结绝缘接头外，其余接头全部焊接。

④可动心轨道岔的岔内接头，除绝缘接头采用胶结绝缘接头外，其余接头全部焊接。

⑤无缝道岔的铺设，最好采用岔外搭设平台组装，一次要点推进就位的施工方法。就位时的轨温要求接近中和轨温，并以其作为无缝道岔的铺设锁定轨温。

⑥无缝道岔的铺设，要求做到结构牢固稳定，纵不爬，横不移。

(3)无缝道岔与区间和站内长轨节的焊联

无缝道岔与长轨节的焊联，是跨区间无缝线路的一道关键工序，要求做到：

①焊接必须在设计锁定轨温范围内进行。对焊接工艺要从严要求，焊后要经过探伤检查。

②辙叉后过渡轨的焊接。

a. 整铸辙叉后过渡轨的焊接。按伸缩区长度松开长轨节一端的扣件，锯掉端头有孔部分，并撞击振动，而后与过渡轨之无孔端对焊。过渡轨的有孔端与辙叉跟端用高强度冻结接头联结。

b. 可动心轨辙叉后过渡轨的焊接。可动心轨辙叉后的过渡轨，应在铺道岔时即与辙跟焊联，与道岔同时铺入线路。过渡轨的另一端与区间长轨节用插入短轨连通。短轨一端与过渡轨焊联，另一端与长轨条焊联。

c. 道岔基本轨与区间或站内长轨节的终焊。终焊采用插入短轨的焊联方法。焊接之前先锯掉各焊接轨的有孔端，而后将插入的短轨焊入道岔基本轨与长轨节之间。

3. 全区间和跨区间无缝线路的养护

全区间和跨区间无缝线路的基本原理与普通无缝线路相同，因此，普通无缝线路的一切养护维修办法，都适用于全区间和跨区间无缝线路。但全区间和跨区间无缝线路因其轨条特长，也有一些不同于普通无缝线路的特点。全区间和跨区间无缝线路一经锁定，其锁定状况因其超长而不易改变。例如，锁定轨温不准、轴向力分布不均匀时，只能进行局部调整，几乎无法进行整体放散。因此，"锁定轨温要准"对全区间和跨区间无缝线路来说格外重要。为此，必须做好以下工作。

(1)跟踪监控

大修换轨时，工务段要派遣分管无缝线路的技术人员，对施工中锁定轨温的设置实行跟踪监控。施工单位确定的锁定轨温之依据是否可靠；新轨的入槽轨温和落槽轨温的测定是否准确适时；低温拉伸时，其拉伸温差和拉伸量的核定是否无误，拉伸是否均匀等，都要认真监视、检查和记录。

(2)严格验收

工程验交时，有关记录锁定轨温的资料，必须齐全，同时要一一查对核实，如有疑问必须核查清楚。

(3)最终复核

工程验交之后，工务段要对验交区段的轨长标定进行一次取标测量，去掉可疑点，算出各分段的锁定轨温值。而后将跟踪监控、交验资料、取标测算三方面的情况进行一次最终核查，将查定的锁定轨温作为日后管理的依据。

(4)日常监测

在日常管理中，要对爬行观测桩和轨长标定的设标点进行定期观测，并互相核对。如发现两观测柱之间有位移，则进一步对两观测桩之间的设标点进行取标测量，详查发生位移的实际位置。核定后进行局部应力调整，使之均匀。

3.8　特殊地段无缝线路

3.8.1　学习目标

1. 知识目标

掌握小半径曲线、长大坡道、长大隧道和桥梁上无缝线路受力特点。

2. 能力目标

能分析特殊地段无缝线路受力特点，指导无缝线路设计、维修和施工。

3.8.2　相关学习内容

1. 小半径曲线上的无缝线路

曲线上的无缝线路与直线上的无缝线路相比较，不同之处在于额外地承受了以下的力：

(1)列车通过曲线时，由于有未被平衡的欠超高而产生离心力，而且转向架通过曲线时对轨道产生向外的横向水平力。

(2)曲线上承受有纵向温度压力的径向分力，如图3.29所示，温度力 P_t 的径向分力 P_r 为

$$P_r = 2P_t \sin(\alpha/2) \tag{3.29}$$

在曲线轨道上，存在温度力的径向分力和列车通过时的横向水平力，这是造成曲线轨道稳定性差的重要原因，随着半径的减少，P_t 增大、稳定性降低。因此，在曲线上铺设无缝线路，受曲线半径的限制。

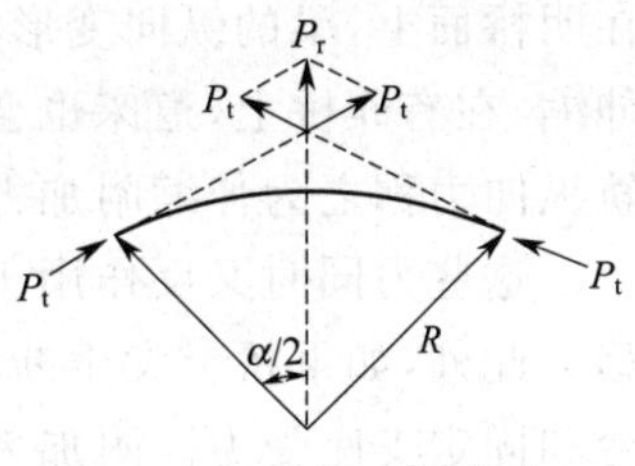

图3.29　曲线上温度力的径向分力

考虑到上述因素，对小半径曲线无缝线路，要注意以下几点：

①合理选择、配置轨枕，按规定加宽并堆高道床内、外侧砟肩。

②一个小半径曲线，最好单独铺一节长轨，伸缩区最好设在直线上。

③适当提高锁定轨温，以减小温度压力。

2. 长大坡道无缝线路

在长大坡道上铺设无缝线路可防止钢轨爬行，延长钢轨的使用寿命。长大坡道线路多位于山区的双机或多机牵引地段，列车频繁制动，列车制动使列车运行前方钢轨产生纵向压力，

列车尾部钢轨产生拉力，影响无缝线路的强度及稳定性，引起钢轨不均匀爬行，使原有的锁定轨温发生变化，也带来轨道方向的不良和道床不均匀下沉等病害，进而降低轨道的稳定性和强度。

因此，在长大坡道线上铺设无缝线路时应注意：

(1)一般情况下，在大坡道上铺设无缝线路不受限制，但在铺设时必须充分考虑制动力的影响，必要时需检算轨道强度及稳定性。

(2)为了防止不均匀爬行的发生，必须加强防爬锁定，包括采用Ⅱ型以上混凝土枕，按规定增加轨枕根数，采用扣压力大的弹条扣件，枕盒内道砟要保持充足、密实。

(3)在长大坡道的变坡点，如果是凹形纵断面，两侧钢轨均可能向该地段爬行，造成钢轨挤压，引起应力集中，严重影响线路的稳定性，因此，长轨节应在凹形变坡点断开，设置缓冲区，缓冲区钢轨数量应比一般情况下适当增加；如果是凸形纵断面，应按规定设置曲线半径较大的竖曲线，以降低纵向压力的竖向分力。

(4)加设观测桩，随时注意爬行状况，检查竖曲线半径的变化，防止不均匀爬行的积累而出现压力峰。

3. 长大隧道无缝线路

在隧道内，普通线路道床的厚度往往不足，接头病害严重，铺设无缝线路后能大大减少维修工作量。隧道气温和轨温变化都比较小，但隧道洞口附近每天轨温变化比较大，这又给铺设无缝线路带来一定困难。为此，在长大隧道内铺设无缝线路时应注意：

(1)无缝线路固定区应设在轨温变化小的隧道内，伸缩区可以设在洞口轨温变化较大的过渡段，缓冲区设在隧道外。如果是隧道群，可以用一根长轨通过，但应根据隧道内外的温差，在洞口里侧 50 m 范围内按伸缩区加强锁定。

(2)隧道内轨道结构应适当加强，当隧道长 $L \geqslant 300$ m 时，应按规定适当增加轨枕数量。条件许可时可设无砟道床，钢轨应用耐腐蚀的合金轨。

(3)隧道内轨道道床薄，接头处钢轨及轨枕损坏严重，应当在接头处采用枕下大胶垫或高弹性轨下胶垫，还应加强钢轨的探伤检查。

4. 桥上无缝线路

桥上铺设无缝线路的目的是为了最大限度地提高桥上轨道结构的平顺性。桥上铺设无缝线路与路基上铺设无缝线路有所不同，钢轨除受温度力作用外，还受桥上附加纵向力的作用。在明桥面上，梁的纵向变形将通过梁、轨之间的联结约束，使钢轨受到附加纵向力作用并产生伸缩，在有砟桥上，道床也会对梁、轨之间的相对位移产生约束作用。因梁的伸缩而引起的钢轨纵向力称之为伸缩附加力；因梁的挠曲而引起的钢轨纵向力称之为挠曲附加力。

这些力同时又反作用于梁跨和固定支座上，使桥梁墩台产生弹性变形，墩顶发生纵向位移。此外，如果桥上发生断轨，温度力和伸缩附加力就会得到释放，并通过梁、轨间的约束使墩台和固定支座受力。附加力的大小不仅与钢轨扣紧的程度有关，还与梁跨、支座布置、桥跨数量以及桥梁处于无缝线路的部位(伸缩区或固定区)等因素有关。桥上无缝线路的设计，除了路基上设计的内容外，还应当确定钢轨扣件的扣紧方式，力求达到既能防止钢轨爬行和保证钢轨断缝不超过允许值，又能减少梁与钢轨之间相互作用力的目的。

桥上无缝线路的设计，一般按跨度的不同分为两类：即中、小跨度(60 m 以下)桥上无缝线路的设计和大跨度(60 m 及以上)桥上无缝线路设计。中、小跨度桥多为简支梁，为减小梁、轨相互作用力，一般采用降低扣件阻力的办法来处理，但扣件阻力过低，会造成钢轨的爬行。若钢轨一旦在低温下折断，过低的扣件阻力会造成断缝过大，威胁行车安全。因此桥上无缝线路设计，既要满足强度和稳定性要求，又要控制钢轨可能出现断缝的安全性，综合考虑，合理组合。一般应将无缝线路固定区设在中、小跨度桥梁上。

桥上无缝线路承受着伸缩附加力和挠曲附加力，为了尽量减少这些附加力，又要防止在冬季因钢轨折断而使断缝过大，设计时要根据梁的情况、当地的各种条件，在满足强度和稳定的前提下，通过设计选择合理的扣件布置。对于桥上木枕轨道，应采用K形分开式扣件。该扣件的扣压力大，每股钢轨的枕上扣件阻力可达7 500 N；对于不扣紧的K形分开式扣件，可将扣件的轨卡不贴牢轨底顶面。当桥梁位于固定区时，长轨节应大于桥梁总长再加两端伸缩区，所以一般应大于300 m，桥头两端各75 m作为伸缩区，以便锁定，防止桥上钢轨因不均匀爬行而产生附加力。如果长轨节远远大于300 m，除了正常伸缩区外，还要在桥头两端各加设75 m的锁定区。在现场进行焊接的焊缝，由于强度低，焊缝应距梁上挡砟墙有50 m左右的距离，以防止桥梁附加力过大而使钢轨折断。

对于长大桥梁上的铝热焊接头，应加强检查，发现伤损要及时更换。由于桥上存在附加力，可能会使桥上无缝线路的锁定轨温与路基不同。在可能的条件下，应尽量采取与路基上的无缝线路相同的锁定轨温，以便施工。

桥上无缝线路的养护维修，要遵照设计所采用的扣件布置方式，该紧的扣件要按规定的扭矩拧紧，该松的扣件，要充分松动。

为减小各种附加力的影响，在长大桥梁铺设无缝线路时，常采用钢轨伸缩调节器（也称温度调节器），使长钢轨能纵向伸缩，自动放散温度应力。

复习思考题

1. 无缝线路可分为哪几种类型？

2. 与普通线路相比，无缝线路有哪些优点？

3. 简述无缝线路的基本原理。

4. 60 kg/m钢轨无缝线路，铺设锁定后若轨温升高30 ℃，试计算固定区钢轨内部产生的温度应力和温度力。

5. 什么是锁定轨温？对锁定轨温有什么规定？

6. 轨道纵向阻力有哪些？

7. 某地区最高轨温为62 ℃，最低轨温−8 ℃，铺设60 kg/m钢轨无缝线路，钢轨的断面积为$F=77.45\ \text{cm}^2$，接头阻力$P_H=570$ kN，道岔单位阻力$r=91$ N/m，锁定轨温为28 ℃，试计算并确定伸缩区长度。

8. 什么是温度压力峰？温度压力峰出现在什么位置？

9. 无缝线路位移观测桩的布置有何规定？

10. 影响无缝线路稳定的因素主要有哪些？

11. 在无缝线路轨道设计中，应如何确定锁定轨温？

12. 某无缝线路铺设锁定轨温为29 ℃，两相邻位移观测桩的距离为400 m。沿爬行方向测得两观测桩的爬行量分别为6 mm和10 mm，试确定该段钢轨的实际锁定轨温。

13. 小半径曲线地段无缝线路在养护维修中应注意哪些？

14. 什么是全区间无缝线路和跨区间无缝线路？

任务4　道岔构造认识

道岔是铁路轨道结构的重要组成部分，铁路运输业务中的列车到发、会让、越行，机车摘挂，车辆调车、编解，机车车辆整备修理，货物装卸作业，不同铁路线路的连接以及铁路网与矿山港口工厂专用铁路的连接等，均需要道岔才能实现。道岔具有数量多、构造复杂、使用寿命短、限制列车速度、行车安全性低、养护维修投入大等特点，道岔与曲线、接头并称为轨道的三大薄弱环节。按它的用途和构造形式的不同可分为连接设备、交叉设备、连接与交叉组合设备。常用的线路连接有各种类型的单式道岔和复式道岔；交叉有直角交叉和菱形交叉；连接与交叉的组合有交分道岔和交叉渡线等。

4.1　道岔概述

4.1.1　学习目标

1. 知识目标

掌握道岔的作用、熟悉道岔的分类。

2. 能力目标

能识别各种类型的道岔。

4.1.2　相关学习内容

1. 道岔的作用和分类

1)道岔的作用

把两条或两条以上的轨道，在平面上进行连接或交叉的设备，统称为道岔。根据用途和条件不同，可以利用道岔把许多股道连接组合成不同形式的车站或车场。

2)道岔的分类

根据道岔的用途和构造形式的不同，道岔可分为连接设备、交叉设备、连接与交叉设备。连接设备主要有普通单开道岔、对称双开道岔，交叉设备主要有菱形交叉，连接与交叉组合设备主要有渡线道岔、复式交分道岔。

(1)普通单开道岔

普通单开道岔又称单开道岔，是以直线为主线，侧线向主线的左侧或右侧分支的道岔，如图 4.1 所示。

(2)对称双开道岔

对称双开道岔是把直线轨道分为左右对称的两条轨道的道岔，如图 4.2 所示。

(3)三开道岔

三开道岔是将一个道岔纳入另一个道岔内构成的一种特殊道岔形式，具有可开通三个方向的独有特性，如图 4.3 所示。

(4)菱形交叉

菱形交叉是两条轨道在同一平面相交成菱形的交叉，如图 4.4 所示。

(5)渡线

渡线是连接两条平行股道的轨道设备。常有单渡线(图 4.5)和交叉渡线(图 4.6)。

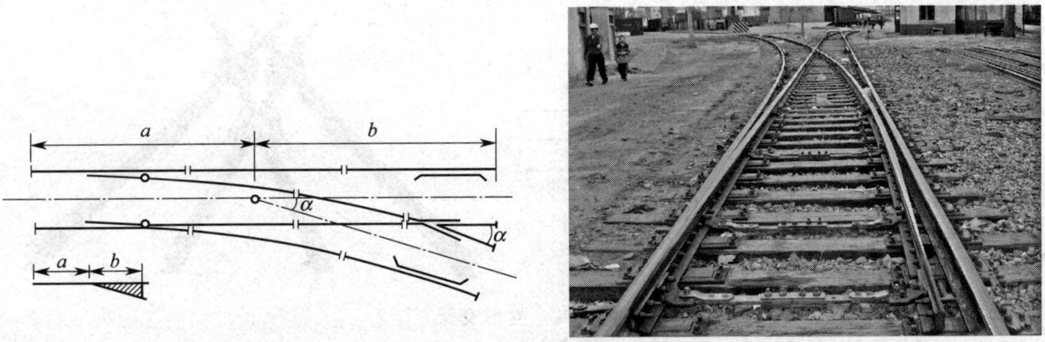

图 4.1　普通单开道岔

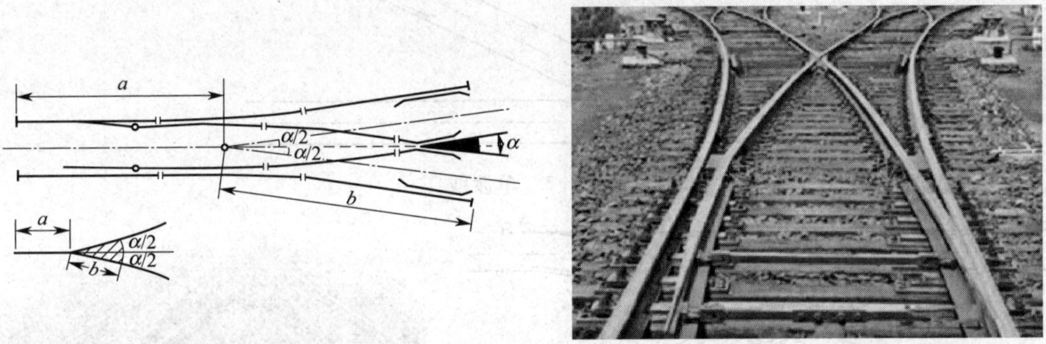

图 4.2　对称道岔

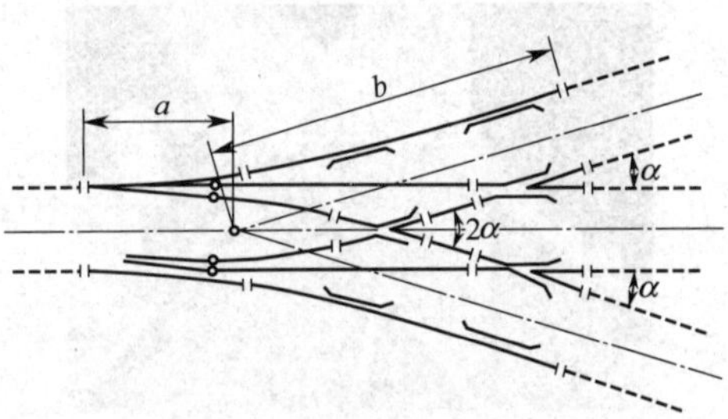

a—道岔前长；b—道岔后长；α—辙叉角

图 4.3　三开道岔

(6)交分道岔

两条线路相互交叉，列车不仅能够沿着直线方向运行，而且能够由一条直线转入另一条直线的设备，这种道岔设备称为交分道岔。一般分为单式交分(图 4.7)和复式交分(图 4.8)。

2. 单开道岔的类型

(1)按钢轨类型分类

目前我国常用的单开道岔有 43 kg/m、50 kg/m、60 kg/m 和 75 kg/m 钢轨道岔。

(2)按道岔号数分类

道岔型号可分为 6 号、7 号、9 号、12 号、18 号、30 号、38 号、42 号和 50 号等。其中 6 和 7

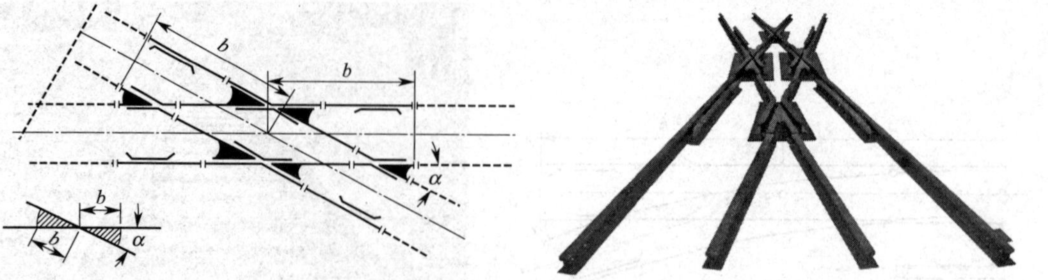

图 4.4　菱形交叉

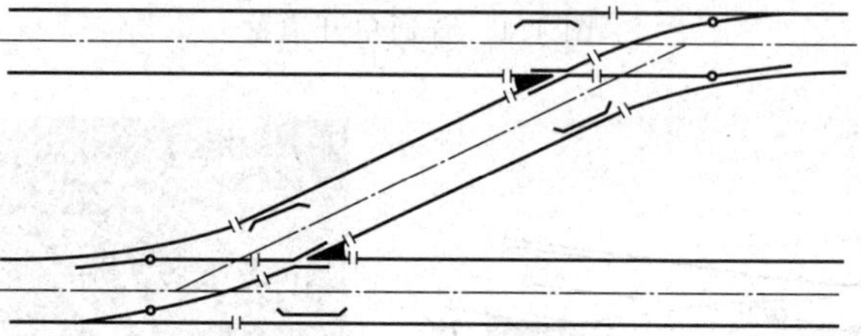

图 4.5　单渡线

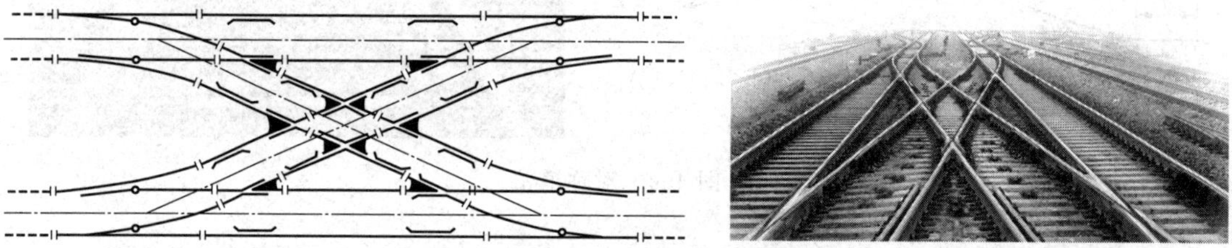

图 4.6　交叉渡线

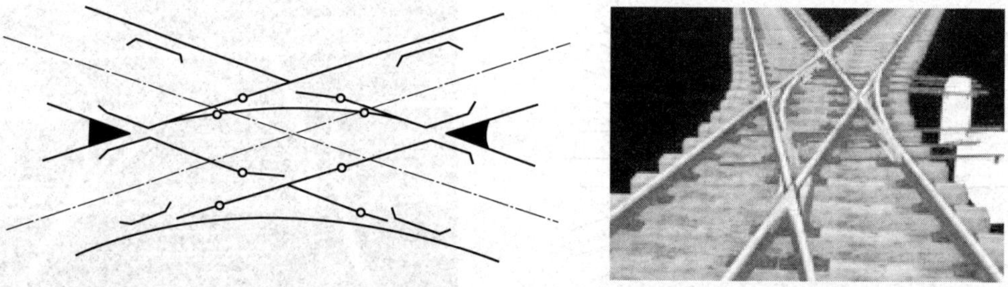

图 4.7　单式交分道岔

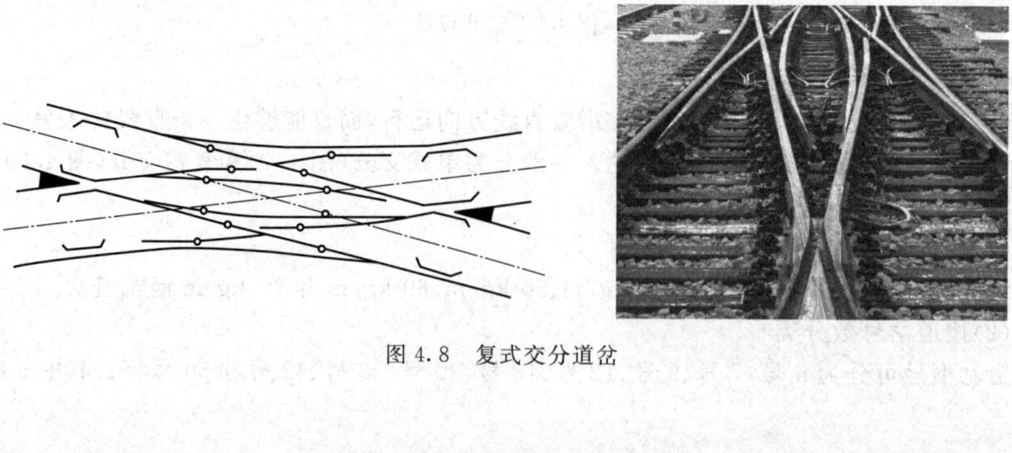

图 4.8　复式交分道岔

号道岔多为工矿企业常用的小号码道岔，我国营业铁路常用的单开道岔为12号，高速铁路道岔为18号、41号、42号和50号等。

(3)按道岔平面形式分类

单开道岔按平面形式主要有直线尖轨、直线辙叉的单开道岔；曲线尖轨、直线辙叉的单开道岔；曲线尖轨、曲线辙叉的单开道岔等。我国常用的单开道岔采用前两种形式。

(4)按辙叉结构形式分类

按辙叉结构形式，单开道岔可分为固定型和可动型单开道岔。固定型又分为钢轨组合式、高锰钢叉心组合式和高锰钢整铸式；可动型辙叉分为心轨可动和翼轨可动型两种。

(5)按设计年份分类

按设计年份分为"55"型、"57"型、"62"型、"75"型、"92"型、"92"改进型等。

(6)按过岔速度分类

按过岔速度可分为普速道岔、提速道岔、高速道岔三种。

(7)按枕下基础分类

有砟道岔和无砟道岔。

4.2 普通单开道岔

4.2.1 学习目标

1. 知识目标

(1)掌握单开道岔的组成。

(2)掌握单开道岔转辙器部分的构造特征。

(3)掌握辙叉及护轨部分的构造特征。

(4)掌握连接部分的构造特征。

2. 能力目标

(1)能说出单开道岔各部位名称。

(2)能识别道岔的型号。

(3)能够判断道岔各部位相互衔接的状态是否良好。

4.2.2 相关学习内容

1. 单开道岔的组成

单开道岔由转辙器、连接部分、辙叉及护轨组成，如图4.9所示。

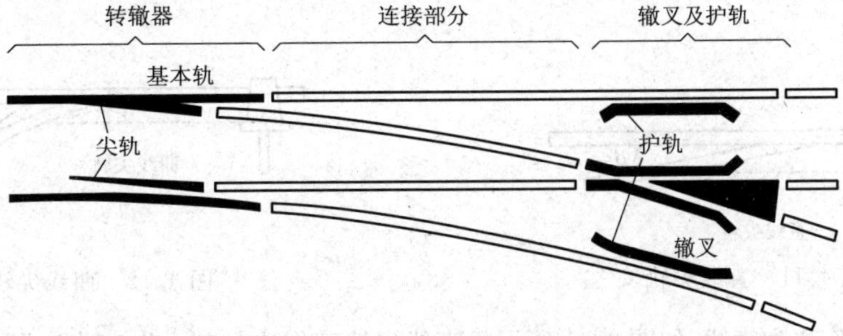

图4.9 单开道岔构造图

尖轨尖端前基本轨端轨缝中心处称道岔始端(或称岔头),辙叉跟端轨缝中心处则称道岔终端(或称岔尾)。站在道岔始端面向道岔终端,凡侧线位于直线左方的称左开道岔;侧线位于直线右方的称右开道岔。列车通过道岔时,凡由道岔终端驶向道岔始端时,称顺向通过岔;由始端驶向终端时,称逆向通过道岔。

2. 转辙器

转辙器是引导列车进入道岔不同方向的设备,其作用是通过将尖轨扳动到不同的位置,使列车沿直线或侧线行驶。它由尖轨、基本轨、联结零件(有拉杆、连接杆、顶铁、滑床板、轨撑),跟端结构、辙前垫板、辙后垫板及转辙机械等组成,如图 4.10 所示。

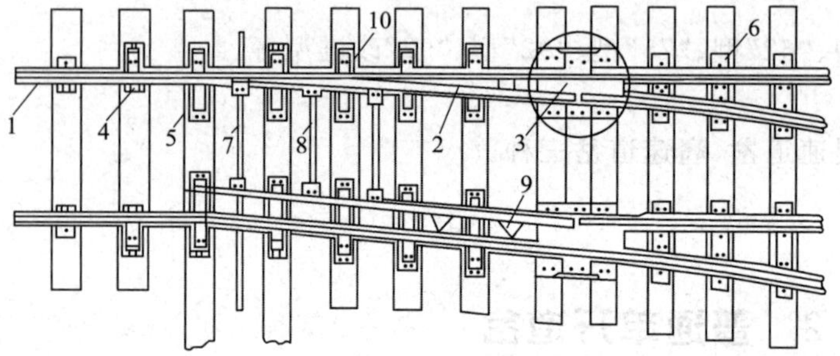

图 4.10 转辙器

1—基本轨;2—尖轨;3—跟端结构;4—辙前垫板;5—滑床板;
6—辙后垫板;7—拉杆;8—连接杆;9—顶铁;10—轨撑

1)基本轨

基本轨由标准断面的钢轨制成,直线方向的为直基本轨,侧线方向的为曲基本轨。基本轨除承受车轮的垂直压力外,还与尖轨共同承受车轮的横向水平推力,并保持尖轨位置的稳定。

曲基本轨应在工厂事先按要求进行弯折,以保持转辙器轨距、方向的正确以及尖轨和基本轨的密贴。为提高尖轨的耐磨性,基本轨轨头顶面应进行淬火处理。

2)尖轨

尖轨是用与基本轨同类型的标准断面钢轨或特种断面钢轨刨制而成。尖轨的作用是依靠其被刨尖的一端与基本轨紧密贴靠,以引导车轮的运行方向,列车靠它引进直股或侧股线路。

(1)尖轨平面形状

尖轨按平面形状分为直线尖轨和曲线尖轨两种。

①直线尖轨

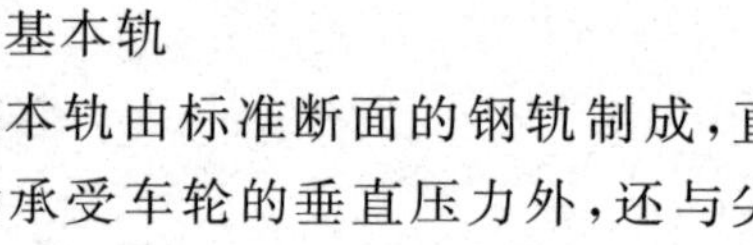

图 4.11 直线尖轨

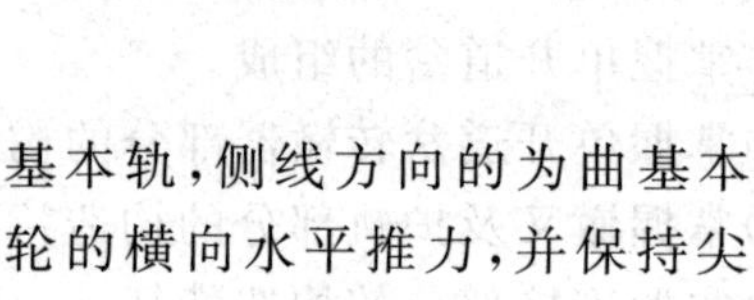

图 4.12 曲线尖轨

直线尖轨工作边为直线,如图 4.11 所示。直线尖轨工作边与基本轨工作边所成的夹角 β 称为转辙角,与车轮轮缘冲击尖轨工作边的冲击角相等。显然,冲击角愈大、车轮撞击尖轨的水平力和动能损失也愈大，不但增大了列车进入侧线时的摇晃，而且也限制了列车侧向通过道岔的速度。

直线尖轨制造加工简单，更换使用方便，左、右开道岔皆可互换使用，如需减小尖轨的冲击角、提高列车的侧向通过速度以及缩短道岔长度时，则宜采用曲线尖轨。

②曲线尖轨

曲线尖轨的曲线形状一般多为圆曲线，如图 4.12 所示。按其与基本轨贴靠形式的不同可分为：切线形、半切线形和割线形三种。

在曲线尖轨转辙器中，只有通向侧线的尖轨为曲线尖轨，而通向直线的尖轨仍需采用直线尖轨，左右开道岔不能互换使用，在铺设更换曲线尖轨的道岔时应特别注意。

(2)尖轨断面形状

尖轨按断面形状分为普通断面尖轨和特种断面尖轨。

①普通断面尖轨

采用普通断面钢轨制作的尖轨，为了使尖轨尖端紧密贴靠基本轨，需将尖轨尖端轨头两侧及轨底内侧(靠基本轨之一侧)进行刨切，并使尖轨覆盖在基本轨轨底之上，尖轨轨底未刨切的部分，则放在高出基本轨底面 6 mm 的滑床台上，形成爬坡式尖轨，如图 4.13 所示。

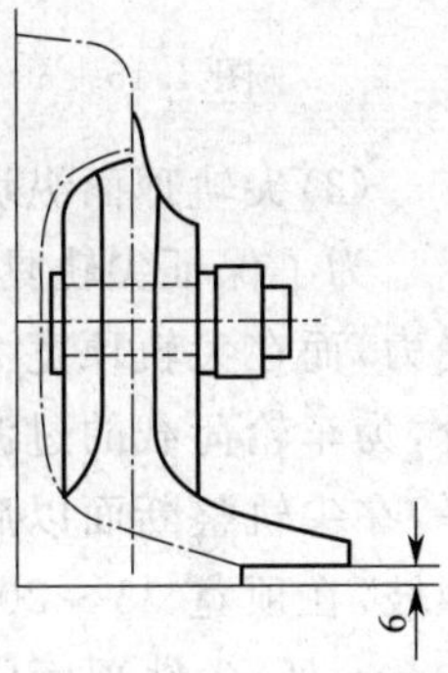

图 4.13　普通断面尖轨(单位：mm)

由于尖轨整断面轨顶比基本轨轨顶高 6 mm，这样也就造成列车过岔的垂直不平顺，这是普通钢轨尖轨的一个显著缺点，另外，加工补强板、钻孔等加工制造复杂。

②特种断面尖轨

特种断面尖轨是用特殊钢材制造出来的尖轨，尖轨采用藏尖式结构，基本轨颚部需要刨切，提高过岔安全性。按其断面特征分高型特种断面尖轨和矮型特种断面尖轨，如图 4.14 所示。

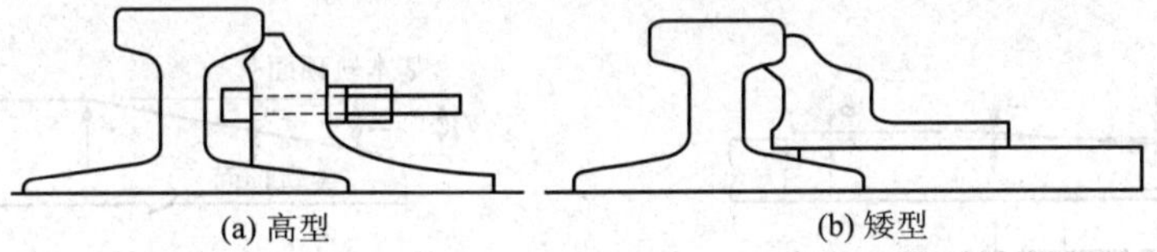
(a) 高型　(b) 矮型

图 4.14　特种断面尖轨

a. 高型特种断面尖轨(简称 GT 尖轨)

高型特种断面尖轨是采用与基本轨同类型等高的特种断面钢轨制造而成的尖轨，竖向和横向刚度大。

b. 矮型特种断面尖轨(简称 AT 尖轨)

矮型特种断面尖轨是用较同型基本轨高度低的特种断面钢轨制成，需配合较高的滑床台使用，跟端需要锻造成普通钢轨断面，以便与导轨连接，如 60AT 轨，如图 4.15 所示。当采用 AT 尖轨时，基本轨的轨头下颚轨距线以下作 1∶3 的斜切，使尖轨尖端藏于基本轨的轨距线之下，形成藏尖式尖轨，如图 4.16 所示。这样就保护了尖轨尖端不被车轮轧伤，并使尖轨在动荷载作用下保持良好的竖向稳定性。

AT 尖轨取消了普通钢轨尖轨 6 mm 抬高量，消除了列车过岔的垂直不平顺，可提高道岔直股过岔速度。AT 轨整体性强，刚度大，在使用中不易出现拱腰臌肚现象，养护维修工作量小。同时尖轨下设 24 mm 高滑床台，还可将基本轨轨底扣住，增加了基本轨的稳定性和道岔的整体性，还可减少沙、雪的影响，提高行车的安全性。

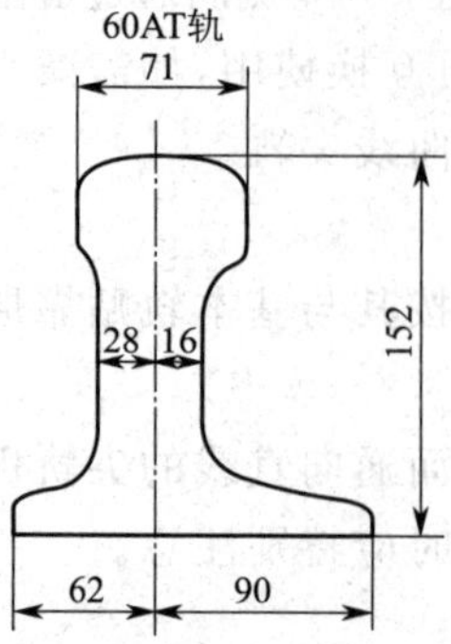

图 4.15　60AT 轨(单位:mm)

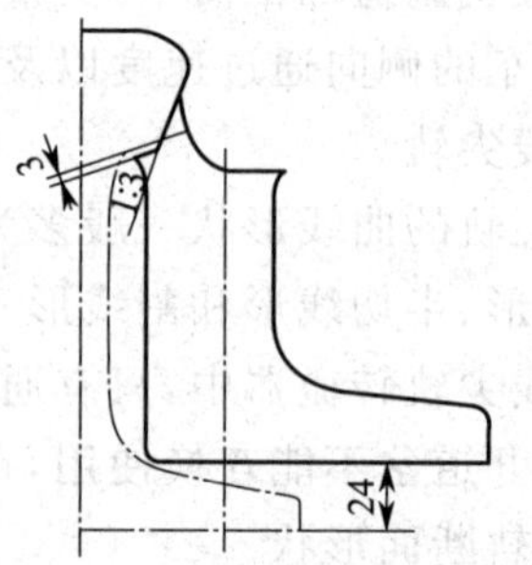

图 4.16　藏尖式尖轨(单位:mm)

(3)尖轨顶面纵坡

为了保证尖轨具有承受车轮压力的足够强度,规定在尖轨顶宽 50 mm 以上部分才能完全受力,而在尖轨顶宽 20 mm 以下部分,则应完全由基本轨受力。尖轨顶宽 20～50 mm 的部分,为车轮荷载的过渡段,如图 4.17 所示,即在尖轨顶面宽 35 mm 处,刨切成与基本轨顶面齐平,在尖轨整断面以后,尖轨顶面高出基本轨顶面 6 mm,由顶宽 35 mm 至整断面范围内均匀顺坡,在顶宽 35～20 mm 一段,使车轮压力逐渐由尖轨转移到基本轨上,因此,在尖轨顶宽 20 mm处,尖轨顶面应比基本轨顶面低 2 mm,使车轮的圆锥形踏面同时压在尖轨和基本轨顶面上。尖轨顶宽在 20 mm 以下的断面,就不再承受车轮的竖直压力,完全由基本轨受力。尖轨实际尖端比基本轨顶面低 23 mm,可以避免具有最大垂直磨耗的车轮轮缘爬上尖轨。

当采用 AT 尖轨时,尖轨顶宽 50 mm 以后部分与基本轨是等高的,尖轨顶宽 20～50 mm 这一段为过渡段,如图 4.18 所示。

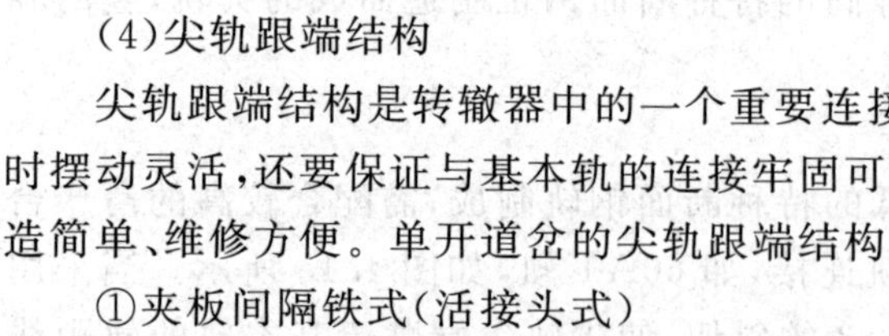

图 4.17　尖轨顶面尺寸(单位:mm)

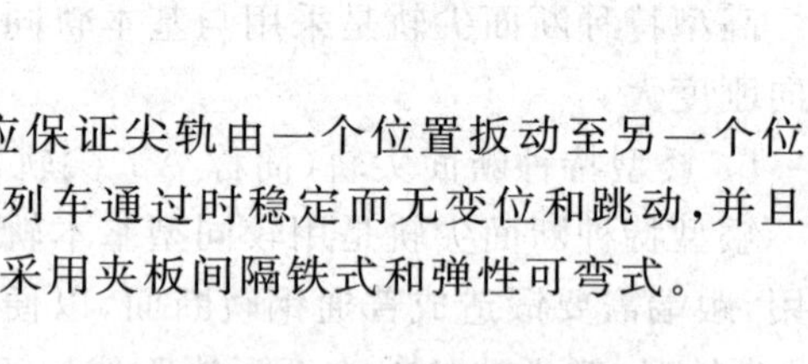

图 4.18　AT 尖轨顶面尺寸(单位:mm)

(4)尖轨跟端结构

尖轨跟端结构是转辙器中的一个重要连接点,应保证尖轨由一个位置扳动至另一个位置时摆动灵活,还要保证与基本轨的连接牢固可靠,在列车通过时稳定而无变位和跳动,并且构造简单、维修方便。单开道岔的尖轨跟端结构,主要采用夹板间隔铁式和弹性可弯式。

①夹板间隔铁式(活接头式)

夹板间隔铁式示意图如图 4.19 所示,用于直线形尖轨道岔中。该结构是由间隔铁、弯折夹板、辙跟外轨撑、防爬卡铁(辙跟内轨撑)和双头螺栓等组成,如图 4.20 所示。

间隔铁的作用是保持尖轨跟端处与基本轨有固定的间隔宽度,保证车轮的正常通过。弯折夹板与双头螺栓相配合,既能保证跟端的连接具有一定的牢固性,又可以使尖轨尖端灵活摆动。辙跟内轨撑和外轨撑的作用是固定跟端结构的位置、并防止尖轨和基本轨的爬行。夹板间隔铁式结构稳定性较差,容易发生病害。

②弹性可弯式

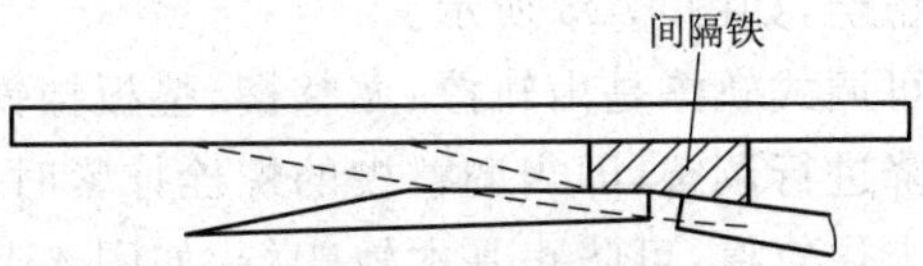

图 4.19　间隔铁式

弹性可弯式示意图如图 4.21 所示，用于 AT 弹性可弯尖轨道岔中。它在跟部采用普通钢轨接头形式，用间隔铁保持与基本轨的距离，并用轨撑保持跟部位置和稳定性。为减轻振动力，在间隔铁前将尖轨轨底一侧或两侧刨掉一部分(长约 1～2 m)，成为柔性点，尖轨便可围绕该点转动和弹性弯曲。弹性可弯式结构简单、坚固、易于保养。

3)其他主要零件

(1)拉杆及连接杆

道岔拉杆是尖轨与转辙设备相连的方钢杆件，用以转换尖轨的位置。拉杆设在尖轨前部距尖轨尖端 380 mm 处。使用 AT 弹性可弯尖轨的道岔，还在尖轨轨头刨切起点附近设有第二拉杆。

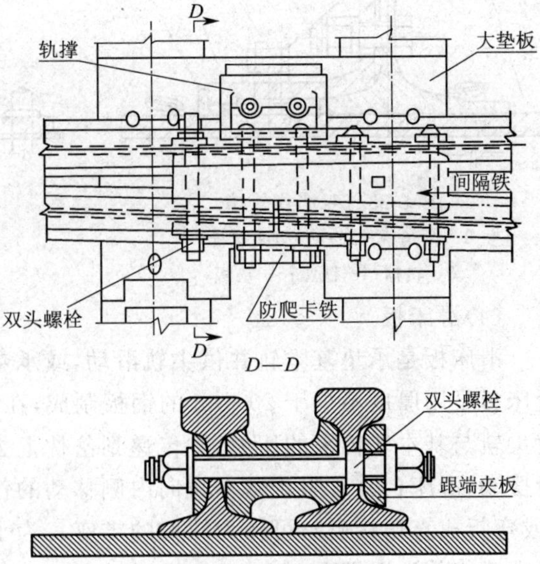

图 4.20　夹板间隔铁

连接杆是转辙器中连接两根尖轨的杆件，其作用是将两根尖轨联结成一个框架式整体，提高尖轨的稳定性。在有轨道电路的道岔上，拉杆、连接杆中部必须有隔断电流的绝缘装置。另外当道岔转换设备采用分动外锁闭装置时，两尖轨之间不设连接杆。

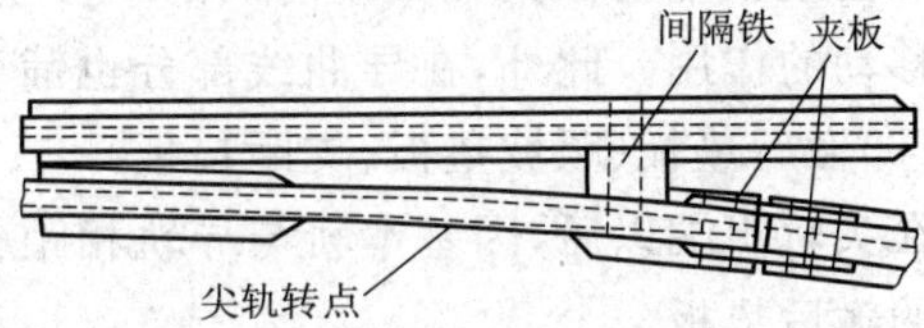

图 4.21　弹性可弯式

(2)顶铁

尖轨与轨枕没有扣件固定，为了保持尖轨在列车通过时不被车轮横向压力所挤弯，应在尖轨轨腰上安装顶铁，这样，车轮作用于尖轨的横向力便通过顶铁传递于基本轨，共同抵抗车轮的横向压力，如图 4.22 所示。

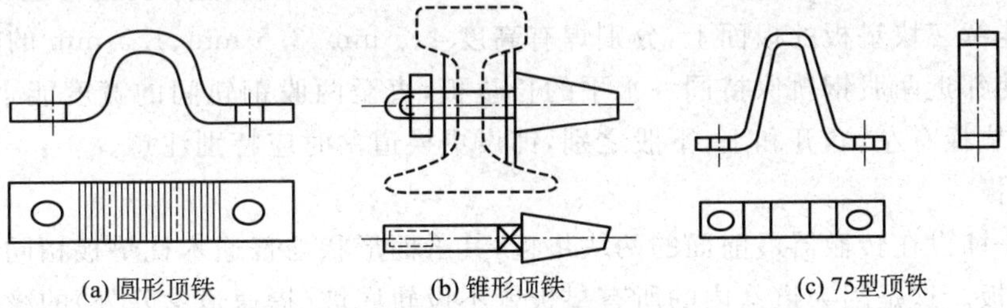

图 4.22　尖轨顶铁

(3)轨撑

为了增强转辙器的横向稳定性，在基本轨外侧安装轨撑，它的作用是承受横向力和防止基本轨产生横向移动和外翻，以保持轨距。轨撑有双墙式和可调式。

双墙式轨撑是通过水平螺栓与基本轨连接，用垂直螺栓与垫板连接，以保证基本轨的位置牢固稳定，如图 4.23 所示。

可调式轨撑是由轨撑、调整楔、垫板挡铁、两个垂直螺栓和一个水平螺栓组成。通过调整楔升降进行调整，即当调整楔的螺栓拧紧时，可把基本轨固定在滑床板上。调整楔设有突出部分以卡住轨撑，可防止基本轨爬行，如图 4.24 所示。

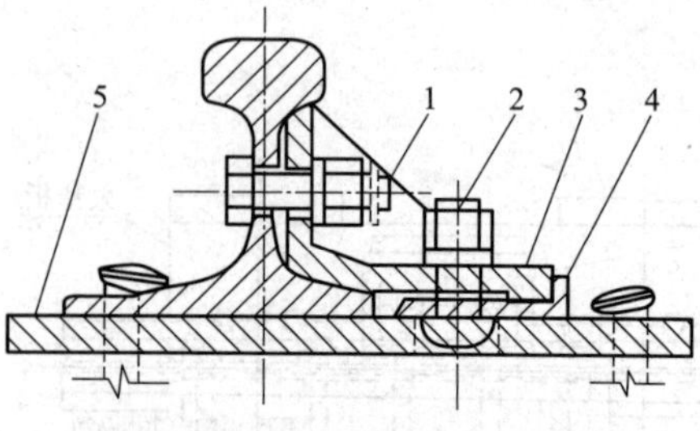

图 4.23　双墙式轨撑

1—六角螺栓；2—长方头螺栓；3—轨撑；4—铁座；5—垫板

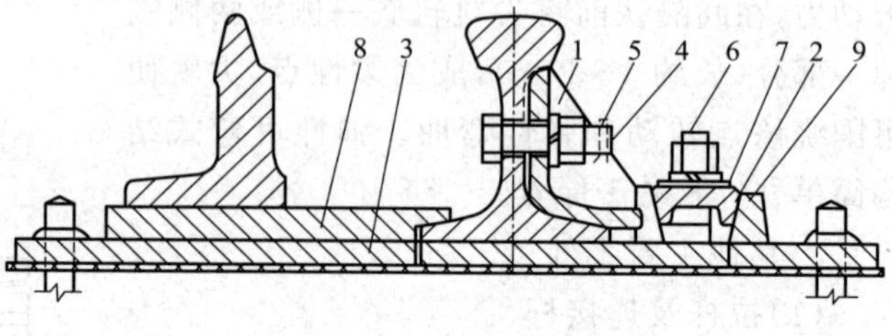

图 4.24　可调式轨撑

1—轨撑；2—调整楔；3—滑床板；4—六角螺栓；5—开口销；6—沉头螺栓；7—平垫圈；8—滑床台；9—挡铁

(4)滑床板

滑床板是承垫基本轨并供尖轨滑动，或承垫翼轨并供可动心轨滑动的垫板。单开道岔的滑床板是用厚度不少于 20 mm 的钢板制成，在板面上有凸出的滑床台。滑床板的作用是承托由尖轨与基本轨传来的压力，并传递到岔枕上去，同时应保证尖轨在滑床台上能正常的左右平滑摆动，滑床台具有阻止基本轨向内侧移动的作用。此外，滑床板靠轨枕端头的一侧焊有挡肩(或弯折成直角钩肩)，可作为轨撑的支座。为了减小尖轨摆动时的阻力，在使用中应对滑床台经常清扫并涂以润滑剂。

(5)辙前垫板(轨撑垫板)

辙前垫板铺设在尖轨尖端前面的一段基本轨下面，与轨撑共同配合起着防止基本轨向外横向移动的作用。此外，在导曲线部分也铺设有这种垫板。

(6)辙后垫板(顺坡垫板、支距垫板)

在尖轨跟端以后，因基本轨与导轨相距较近，不能设普通平垫板，故需在两轨下设置两轨共用的辙后垫板。

普通断面尖轨道岔为了使尖轨高出基本轨 6 mm 的轨面高差逐渐顺坡降低下来，并保持尖轨跟后导曲线支距的准确，在尖轨跟后一段长度内，应铺设辙后垫板。这种垫板的特点是在跟端接头后连续三块垫板的板面上，分别焊有高度 4.5 mm、3.5 mm、1.5 mm 的凸台，由第四块开始即为使邻近两股钢轨保持同一水平的长垫板，直至两股钢轨间的宽度能个别铺设平垫板为止，辙后垫板有左、右开和上、下股之别，铺设更换道岔时应特别注意。

(7)平垫板

平垫板是铺设在转辙器最前面的两块垫板，其平面形状与普通木枕垫板相同，但没有轨底坡，故称平垫板。这是因为道岔内的所有垫板皆不设轨底坡(提速道岔除外)的缘故。此外，在道岔的连接部分以及直、侧线的钢轨末端，也铺设这种垫板。

(8)转辙机械

转辙机械的作用是扳动尖轨到不同的位置上，使道岔准确地向直向或侧向开通。最常用的道岔转换设备的种类有机械式和电动式。转辙机械都必须具备三个功能：能扳动尖轨到不同的位置上，能锁闭道岔使尖轨密贴基本轨，能显示道岔的开通方向(定位或反位)。

3. 辙叉及护轨

辙叉及护轨包括辙叉、护轨、主轨(安装护轨的基本轨)及其他联结零件。辙叉与护轨共同配合发挥作用,如图 4.25 所示。

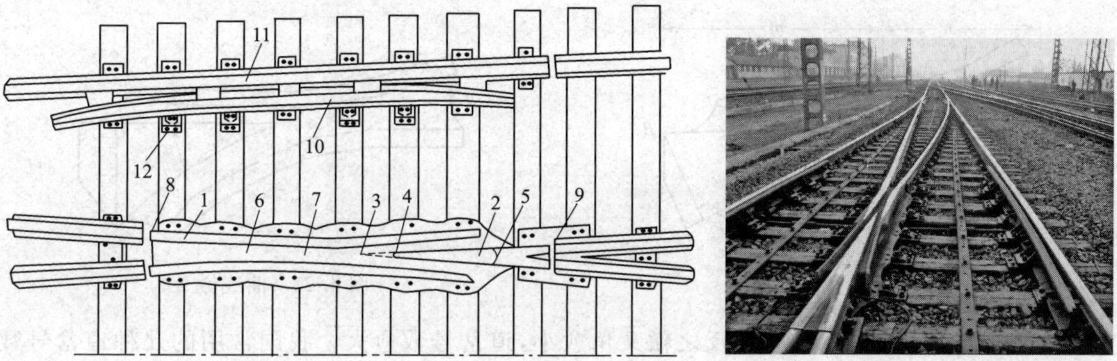

图 4.25　辙叉及护轨

1—翼轨;2—心轨(叉心);3—理论尖端;4—实际尖端;5—辙叉角;6—咽喉;7—有害空间;8—辙叉趾端;9—辙叉跟端;10—护轨;11—主轨;12—护轨垫板

1)辙叉

辙叉是道岔中两股线路相交处的设备,其作用是使列车能够按确定的行驶方向,跨越线路正常通过道岔。

(1)辙叉构造

辙叉是由翼轨和心轨(叉心)组成的。翼轨的始端称辙叉趾端;叉心的末端称为辙叉跟端;叉心两个工作边的交点称为辙叉理论中心(理论尖端);由于制造工艺原因,实际上辙叉尖端有 6～10 mm 的宽度,称为辙叉实际尖端;叉心两个工作边的夹角 α 称为辙叉角。

辙叉趾端处两个工作边之间的宽度称为前开口;辙叉跟端两个工作边之间的宽度称为后开口;两根翼轨之间的最窄处称为辙叉咽喉;由咽喉至实际尖端之间的距离,因轨线中断,车轮在此处对钢轨产生剧烈冲击,此空间称为道岔的“有害空间”;由辙叉理论尖端至趾端的距离称为辙叉趾长 n,由辙叉理论尖端至跟端距离称为辙叉跟长 m;由趾端至跟端沿一股轨道线量取的长度称为辙叉全长。

(2)辙叉号数

辙叉号数 N 也称道岔号数,是表示辙叉角大小的一种方法。因为辙叉角 α 是以度、分、秒表示的,运用不方便,故在实际工作中都以辙叉号数 N 表示。我国规定以辙叉角的余切表示辙叉号数。

①直线辙叉,如图 4.26 所示。辙叉号数 N 与辙叉角 α 的关系见下式:

$$N=\cot\alpha=\frac{AC}{BC} \tag{4.1}$$

式中　N——辙叉号数(道岔号数);

α——辙叉角;

BC——叉心工作边任一点 B 至另一工作边的垂直距离;

AC——由叉心理论尖端至垂足 C 的距离。

②曲线辙叉,如图 4.27 所示。

$$N=\cot\alpha=\frac{BD}{BC} \tag{4.2}$$

式中 D——曲边跟端 C 点的切线与直边工作边的交点；

BC——跟端 C 至直边工作边的垂直距离。

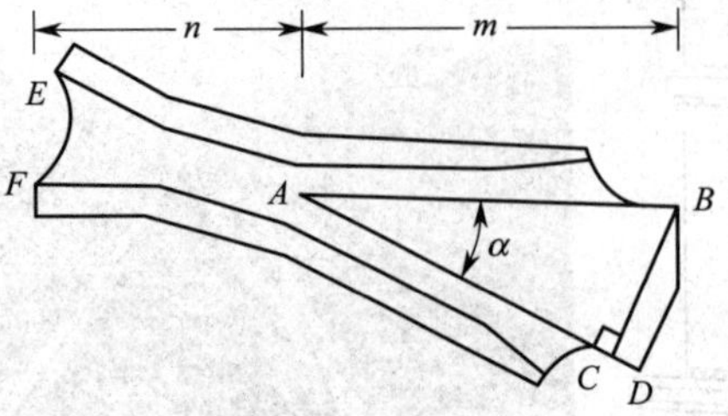

图 4.26 直线辙叉

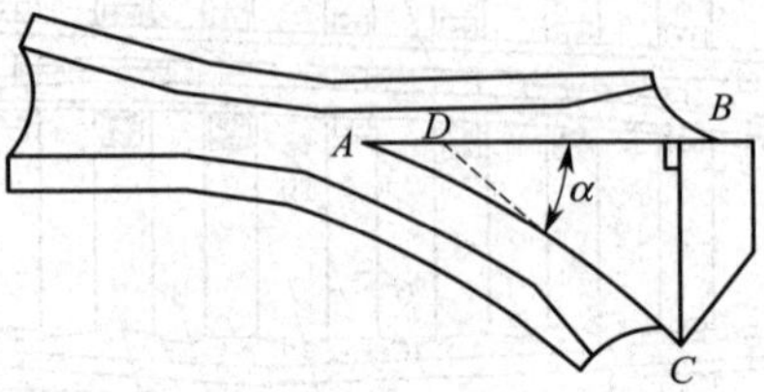

图 4.27 曲线辙叉

辙叉角愈大，道岔号数愈小；反之辙叉角愈小，道岔号数愈大。我国常用的几种道岔号数与辙叉角的对应值见表 4.1。

表 4.1 道岔号数与辙叉角的关系

道岔号数	7	9	12	18	30	38	42	50
辙叉角	8°07′48″	6°20′25″	4°45′49″	3°10′47″	1°54′33″	1°30′26.8″	1°21′50.13″	1°08′44.67″

(3)辙叉类型

按构造材料分类，有锰钢整铸式和钢轨组合式之分；按翼轨与心轨的固定关系分类，有固定式和可动心轨式之分；按平面形状分类，有直线式和曲线式之分。

①钢轨组合式固定辙叉

这种辙叉的主要特点是翼轨、心轨(包括长心轨和短心轨)都是用普通钢轨经过弯折、刨切加工与联结零件拼装组合而成，长心轨应铺设在正线或运量较大的线路方向上，如图 4.28 所示。钢轨组合辙叉各部分之间联系很差，零件较多、养护维修困难、使用寿命很短，目前我国正线上已很少使用。

②高锰钢整铸式固定辙叉

这种辙叉的主要材料，是用含锰量为 11%～14%和含碳量为 1.0%～1.4%的高锰合金钢，把翼轨和心轨铸成一个整体，既无间隔铁、螺栓等零件，也无需刨切加工。

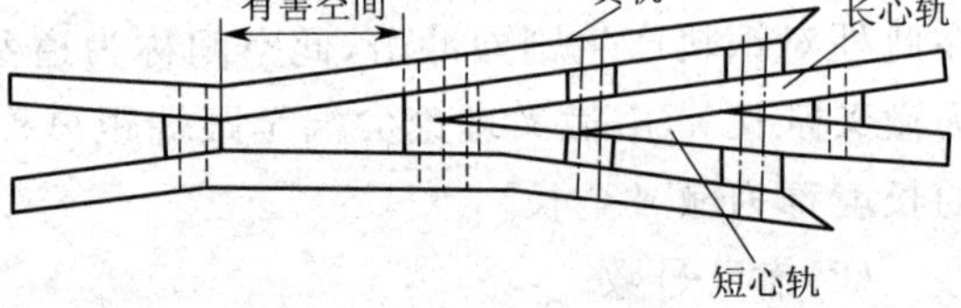

图 4.28 钢轨组合辙叉

高锰钢整铸辙叉不仅使用寿命长，而且零件少、结构坚固，能经常保持轮缘槽及控制尺寸的正确，提高行车的平稳性和安全性，如图 4.29 所示。

③可动心轨式辙叉

由于固定辙叉都存在着有害空间，形成轨线断开，当列车通过辙叉时，具有车轮剧烈冲击钢轨，产生车体的振荡，加速辙叉主要部件的磨耗损伤等缺点，限制了过岔速度的提高。而可动心轨式辙叉，则是利用心轨可以摆动并与翼轨紧密贴靠的特点，来达到消灭有害空间的一种辙叉，这种辙叉直股可以不设护轨。由于心轨贴靠翼轨使轨线连续不断，不但避免了车轮对翼轨和心轨的冲击，提高了列车运行的平顺性，为提高列车过岔速度创造了条件，也可延长辙叉使用寿命，减少养护维修工作量。但因其结构复杂，且可动心轨正反位转换需另设转换装置，主要用于高速列车运行的正线上，如图 4.30 所示。

图 4.29　高锰钢整铸式固定辙叉

图 4.30　可动心轨式辙叉

④曲线形辙叉

这种辙叉的特点是:一股轨线保持直线(直向),另一股轨线则为曲线(侧向)或两股轨线皆为曲线。其优点为可以缩短道岔长度或加大导曲线半径,以提高侧向通过速度,如用于对称三开道岔中的曲线辙叉,可较显著地缩短道岔的全长。但是制造加工较复杂,且不能在左右开道岔中互换使用。

(4)辙叉纵断面

当车轮沿翼轨向叉心方向滚动时,由于车轮踏面是锥形的,车轮逐渐下降,当车轮离开翼轨完全滚到心轨后,又恢复到原来的高度,因此,产生了垂直不平顺。为了消除垂直不平顺,并防止心轨在其前端断面过分削弱部分承受车轮荷载,采用了提高翼轨顶面和降低心轨前端顶面的做法,并将翼轨顶面做成 1∶20 的横坡,使翼轨和心轨顶面之间保持必要的相对高差。

对高锰钢整铸辙叉,规定叉心顶面 35 mm 及其以上部分承受全部车轮压力,而在 20 mm 及其以下部分则完全不受压力。因此,将翼轨顶面从辙叉咽喉到叉心顶宽 35 mm 一段以堆焊法加高。为防止车轮撞击心轨尖端,应使该处叉心顶面低于翼轨顶面 35 mm,如图 4.31 所示。

2)护轨

护轨设置在辙叉两侧,是固定型辙叉的重要组成部分。其作用是控制车轮运行方向,使之正常通过有害空间而不错入轮缘槽,防止轮缘冲击或爬上辙叉心轨尖端,保证行车安全。

护轨由平直段、缓冲段和开口段组成,如图 4.32 所示。

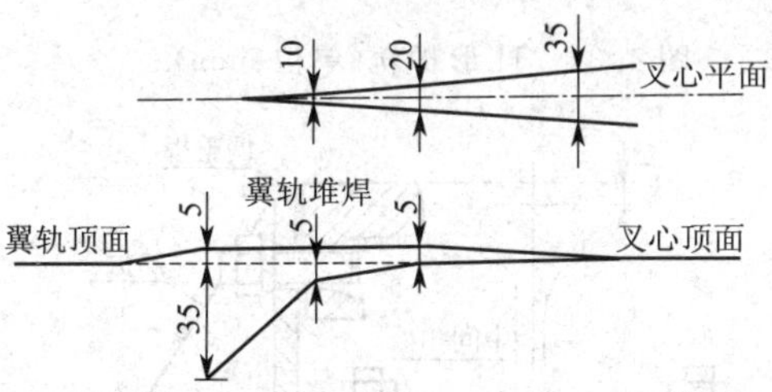

图 4.31　辙叉纵断面(单位:mm)

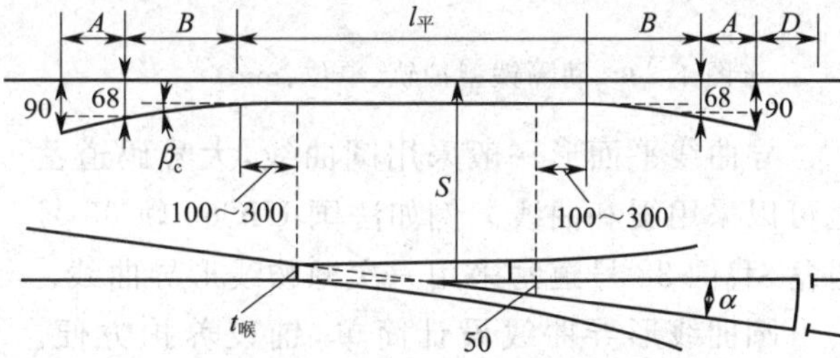

图 4.32　护轨设置图(单位:mm)

平直段($l_平$)是护轨实际起作用的部分,其长度从咽喉起到心轨宽 50 mm 处。根据构造要求,两端还应设 100～300 mm 的安全余量,平直段护轨与主轨之间的轮缘槽宽度为 42 mm。

缓冲段(B)起着将车轮平稳引入平直段的作用。它是由平直段两端各向轨道内侧弯折的一段。其弯折角(护轨缓冲角)的大小应与列车允许的侧向速度相匹配,一般采用值近似尖轨的冲击角。缓冲段末端轮缘槽宽应为 68 mm。

护轨两端的开口段(A)是将车轮导入护轨轮缘槽内的部分,以保证行车安全。其长度一般采用 150 mm,如受结构限制时可采用 100 mm。开口段外端的轮缘槽宽度为 90 mm。

固定辙叉由于存在有害空间,直、侧向都设护轨。可动心轨辙叉消灭了有害空间,直向不设护轨,只在侧向设置护轨,起防磨作用,同时可避免轮缘侧向通过心轨产生磨耗而影响直股转换密贴,并且也有利于提高侧向行车的安全可靠性。道岔的护轨类型主要有钢轨间隔铁型、H 形和槽形三种。

①钢轨间隔铁型护轨结构。它用普通钢轨作护轨,用间隔铁保持轮缘槽宽度,在护轨内侧设轨撑以保持护轨的位置,如图 4.33 所示。

②H 形护轨结构。它由普通钢轨加工成的 H 形护轨、护轨垫板、调整片和联结螺栓组成。护轨与基本轨不直接联结,故又称分开式护轨结构。查照间隔和护背距离可使用护轨和撑板之间的调整片进行调整。为提高护轨的作用,将护轨轨顶比基本轨轨顶提高 12 mm,如图 4.34所示。

③槽形护轨结构。它由槽形钢护轨、护轨垫板、扣板、调整片及联结螺栓等组成。这种形式为完全分开式结构,不但可以调整查照间隔和护背距离,还可以调整轨距。因基本轨内侧可设扣件,在运营中能保持紧扣状态,克服 H 形护轨台板因制造误差或磨耗而扣不紧现象,如图 4.35所示。

4. 道岔连接部分

连接部分是转辙器和辙叉之间的连接线路,包括直股连接线和曲股连接线(亦称为导曲线)。直股连接线与区间线路构造相同,下面主要介绍导曲线的平面和构造特征。

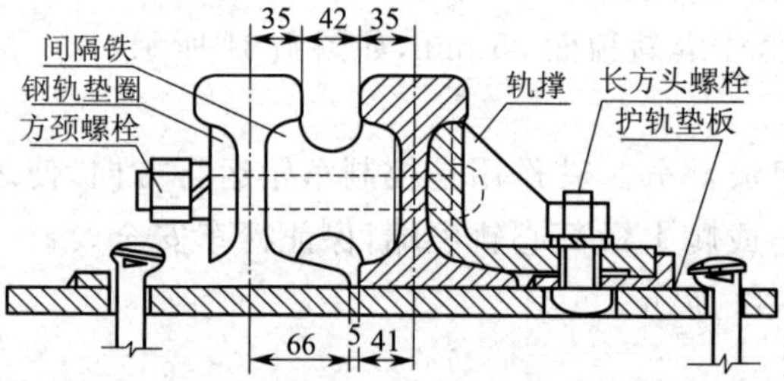

图 4.33 间隔铁型护轨(单位:mm)

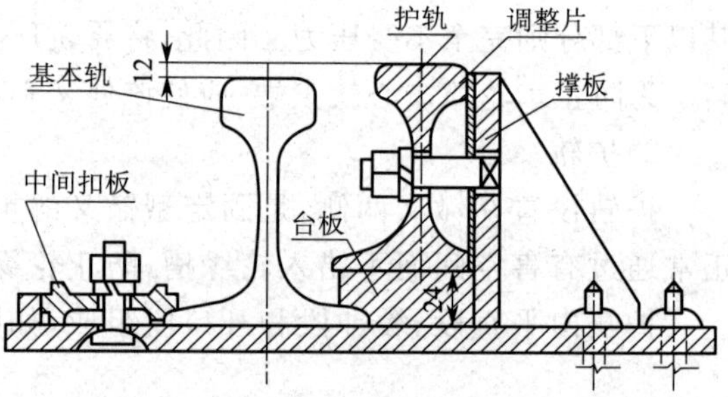

图 4.34 H 形护轨(单位:mm)

导曲线平面形一般采用圆曲线,大号码道岔也可以采用缓和曲线。例如法国 UIC60 轨 65 号道岔、我国 38 号道岔采用三次抛物线形导曲线。

圆曲线形导曲线设计简单,铺设养护方便。圆曲线形导曲线半径的大小视道岔号数大小而定。道岔号数越大,导曲线半径越大,列车侧向通过道岔速度也愈高,同时道岔长度也必相应加长。转辙器尖轨或辙叉为曲线形时,尖轨或辙叉

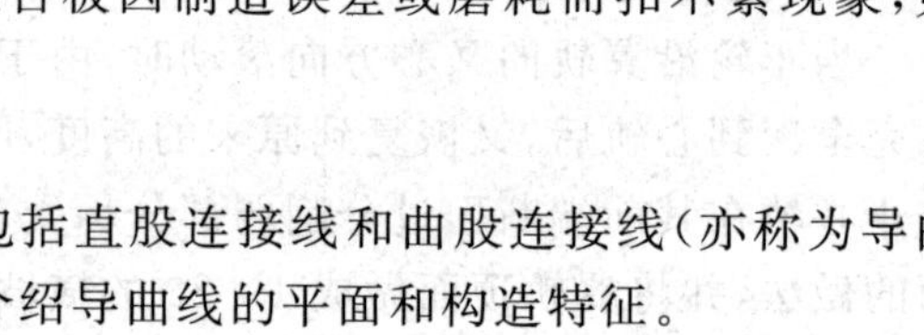

图 4.35 槽形护轨(单位:mm)

本身就是导曲线的一部分，确定导曲线平面形式时应将尖轨或辙叉平面一并考虑。道岔号数一定时，曲线尖轨的导曲线半径比直线尖轨的导曲线半径大。常用的几种道岔号数及其对应的导曲线半径见表4.2。

表4.2　常用的道岔的导曲线半径

道岔号数 N	9	12		18	30
导曲线半径 R(m)	180	330	AT尖轨350	800	2 700

普通断面尖轨道岔导曲线起点位于尖轨跟端处，AT型尖轨道岔导曲线起点落在尖轨的前部。导曲线终点位于辙叉理论尖端前一段直线长度处，这段直线的作用是使车体转向架进入叉心前，处于直线位置上，使列车平稳地通过辙叉。

为了保持导曲线的位置和圆顺度，除铺设支距垫板和平垫板外，还在导曲线钢轨内外侧设置一定数量的轨撑，必要时增设轨距拉杆。也可以在导曲线范围内设置一定数量的防爬设备，以减少钢轨爬行。单开道岔的导曲线，由于长度和限界的限制，一般不设超高和轨底坡。也可根据构造设置6 mm的超高，对防止反超高的出现是有利的。

5. 岔枕

岔枕有木岔枕、混凝土岔枕和钢岔枕。木岔枕广泛应用于各种线路的道岔上，混凝土岔枕多铺设在中间站的正线道岔上，钢岔枕在提速道岔中专用。

木岔枕的长度为260～480 cm共12级，每级长度差为20 cm，高度16 cm，底宽24 cm。旧标准木岔枕长度为16级，最短为260 cm，最长为485 cm，每级长度差为15 cm。

混凝土岔枕自20世纪70年代开始试铺以来，经过不断改进，已经取得良好成果。它不但达到了道岔基础与轨道基础的一致性，而且消除了木岔枕的缺点。随着铁路运输的发展，混凝土岔枕正在逐步大量的铺设于正线的道岔上。混凝土岔枕的长度为240～490 cm共26级，每级长度差为10 cm，高度22 cm，底宽30 cm，顶宽26 cm。

4.3　普通单开道岔几何尺寸

4.3.1　学习目标

1. 知识目标

(1)掌握道岔各部分几何形位及要求。

(2)掌握道岔各部分的槽宽及间隔尺寸。

(3)掌握“查照间隔”“护背距离”和“尖轨动程”要求。

2. 能力目标

(1)能找准普通单开道岔的检查位置并会检测。

(2)会查找道岔静态几何尺寸容许偏差管理值。

4.3.2　相关学习内容

1. 道岔各部分的轨距

要保证机车车辆的安全和平顺通过，道岔各部分的轨距过大或过小都是不容许的。养护维修道岔时对此应有足够的重视。确定道岔各部分的轨距尺寸时，必须掌握两个基本参数，即机车车辆的轮对尺寸和道岔的轨距，并应在两者最不利的组合条件下进行确定。

单开道岔中各部分的轨距，不同于一般直线和曲线轨道的轨距。为减轻车轮对钢轨的挤压和磨耗，对道岔的尖轨尖端、尖轨跟端和导曲线的轨距根据需要进行适当地加宽。

1)各部分的轨距

(1)尖轨尖端轨距见表 4.3。

表 4.3　尖轨尖端轨距

尖轨种类	尖轨长度(mm)	轨距(mm)	附注
直线形尖轨	6 250 以下	1 453	
	6 250～7 700 以下	1 450	
	7 700	1 445	
12 号道岔 AT 弹性可弯尖轨		1 437	道岔允许速度大于 120 km/h 时为 1 435 mm
其他曲线形尖轨		按标准图办理	无标准图按设计图办理

(2)尖轨跟端轨距见表 4.4。

表 4.4　尖轨跟端轨距

尖轨种类	直向(mm)	侧向(mm)	附注
直线形尖轨	1 439	1 439	
12 号道岔 AT 弹性可弯尖轨	1 435	1 435	尖轨轨头刨切范围内曲线轨距构造加宽除外
其他曲线形尖轨	1 435	按标准图办理	无标准图按设计图办理

(3)导曲线中部轨距根据导曲线半径大小，按曲线轨距加宽标准来确定。

(4)辙叉部分轨距，直、侧向均为 1 435 mm(采用心轨加宽技术的辙叉应符合设计要求)。

2)轨距递减

(1)尖轨尖端轨距加宽，允许速度不大于 120 km/h 的线路按不大于 6‰的递减率递减至基本轨接头。

(2)尖轨尖端与尖轨跟端的轨距差数，直尖轨在尖轨全长范围内均匀递减，曲尖轨按标准图或设计图办理。

(3)尖轨跟端直向轨距加宽，向辙叉方向递减距离为 1.5 m。

(4)导曲线中部轨距加宽，直尖轨时，向两端递减至距尖轨跟端为 3 m，距辙叉前端为 4 m(前三后四)；曲尖轨时，按标准图或设计图办理。

(5)对口道岔尖轨尖端轨距递减：两尖轨尖端距离小于 6 m，两尖端出轨距相等时不作递减，不想等时则从较大轨距向较小轨距均匀递减；两尖轨尖端距离大于 6 m 时，允许速度不大于 120 km/h 的线路按不大于 6‰的递减率递减，但中间应有一段不短于 6 m 的相等轨距段。

(6)道岔前端与另一道岔的后端相连时，允许速度不大于 120 km/h 的线路，尖轨尖端轨距递减率应不大于 6‰。如果不能按 6‰递减时，可加大前面道岔的辙叉轨距为 1 441 mm；若仍不能解决时，旧有道岔容许保留大于 6‰的递减率。

3)轨距的容许偏差及检查

(1)道岔轨距的容许偏差为＋3，－2mm($v \leqslant 160$ km/h)；尖轨尖端轨距作业验收的偏差不超过±1 mm。

(2)任何道岔最大轨距不得超过 1 456 mm。

(3)轨距检查顺序一般由岔头到岔尾,逐处进行检查并填写记录,如图 4.36 所示。

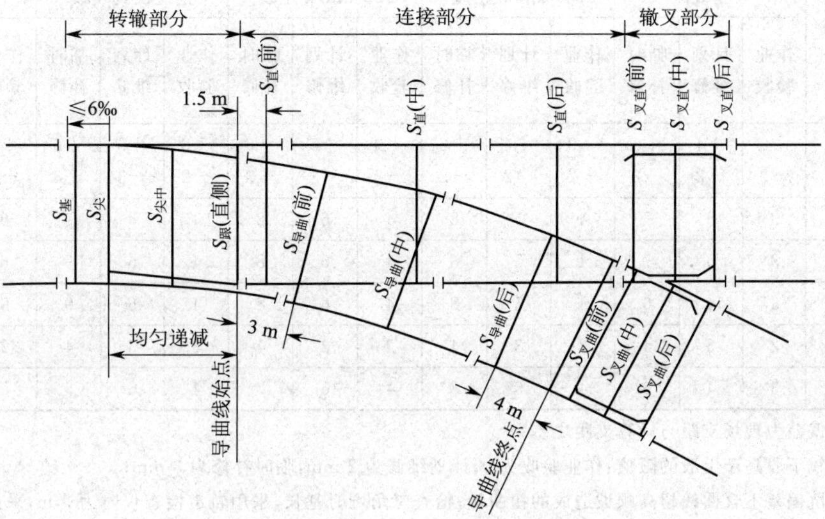

图 4.36　道岔轨距检查

(4)单开道岔各部分轨距及检查部位,见表 4.5。

表 4.5　单开道岔各部分的轨距及检查部位表(mm)

序号	检查部位	9	12	尖轨-12	18
S_1	尖轨前顺坡终点($S_基$)	1 435	1 435	1 435	1 435
S_2	尖轨尖端($S_尖$)	1 450	1 445	1 437	1 435
S_3	尖轨中部($S_{尖\ 中}$)	1 444	1 442	—	1 435
S_4	尖轨跟部(直股)[$S_跟$(直)]	1 439	1 439	1 435	1 435
S_5	尖轨跟部(曲股)[$S_跟$(侧)]	1 439	1 439	1 435	1 435
S_6	导曲线前(直股 1.5 m)[$S_直$(前)]	1 435	1 435	—	—
S_7	导曲线前(曲股前 3.0 m)[$S_{导曲}$(前)]	1 450	1 445	1 435	1 435
S_8	导曲线中(曲股)[$S_{导曲}$(中)]	1 450	1 445	1 435	1 435
S_9	导曲线中(直股)[$S_直$(中)]	1 435	1 435	1 435	1 435
S_{10}	导曲线后(直股)[$S_直$(后)]	1 435	1 435	1 435	1 435
S_{11}	导曲线后(曲股后 4.0 m)[$S_{导曲}$(后)]	1 450	1 445	1 435	1 435
S_{12}	辙叉前(曲股)[$S_{叉曲}$(前)]	1 435	1 435	1 435	1 435
S_{13}	辙叉中(曲股)(91 和 48)[$S_{叉曲}$(中)]	1 435	1 435	1 435	1 435
S_{14}	辙叉后(曲股)[$S_{叉曲}$(后)]	1 435	1 435	1 435	1 435
S_{15}	辙叉后(直股)[$S_{叉直}$(后)]	1 435	1 435	1 435	1 435
S_{16}	辙叉中(直股)(91 和 48)[$S_{叉直}$(中)]	1 435	1 435	1 435	1 435
S_{17}	辙叉前(直股)[$S_{叉直}$(前)]	1 435	1 435	1 435	1 435

4)道岔轨道静态几何尺寸容许偏差

道岔轨道静态几何尺寸容许偏差管理值,见表 4.6。

表 4.6　道岔轨道静态几何尺寸容许偏差管理值

项目		160 km/h<v_{max} 正线			120 km/h<v_{max}≤160 km/h 正线			80 km/h<v_{max}≤120 km/h 正线			v_{max}≤80 km/h 正线及到发线			其他站线		
		作业验收	计划维修	临时补修	作业验收	计划维修	临时补修	作业验收	计划维修	临时补修	作业验收	计划维修	临时补修	作业验收	计划维修	临时补修
轨距		+2 −2	+4 −2	+5 −2	+3 −2	+4 −2	+6 −2	+3 −2	+5 −3	+6 −3	+3 −2	+5 −3	+6 −3	+3 −2	+5 −3	+6 −3
水平		3	5	7	4	5	8	4	6	8	4	6	9	6	8	10
高低		3	5	7	4	5	8	4	6	8	4	6	9	6	8	10
轨向	直线	3	4	6	4	5	8	4	6	8	4	6	9	6	8	10
	支距	2	3	4	2	3	4	2	3	4	2	3	4	2	3	4
三角坑		3	4	6	4	6	8	4	6	8	4	6	9	5	8	10

注：(1)支距偏差为现场支距与计算支距之差；

(2)导曲线下股高于上股的限值：作业验收为 0，计划维修为 2 mm，临时补修为 3 mm；

(3)三角坑偏差不含曲线超高顺坡造成的扭曲量；检查三角坑时基长，采用轨道检查仪时为 3 m，采用轨距尺时按规定位置检查，但在延长 18 m 的距离内无超过表列的三角坑；

(4)轨距偏差不含构造轨距加宽值，尖轨尖处轨距作业验收的容许偏差管理值为±1 mm；

(5)段管线、岔线道岔按其他站线道岔办理。

2. 道岔各部分的槽宽及间隔

道岔中的槽宽及间隔尺寸，必须严格按规定设置，并使之经常保持在容许误差范围以内，否则将会造成道岔部件的剧烈冲击、磨损或发生行车事故。各槽宽间隔尺寸的计算原则，是在综合轮对与道岔最不利的条件下，应能保证列车安全通过道岔。

1)尖轨跟端槽宽及跟距

(1)直线尖轨跟端槽宽 $t_{跟}$ 及尖轨跟距 u

尖轨跟端槽宽 $t_{跟}$ 的计算条件，是使具有最小内侧距和最薄轮缘的轮对通过时，轮缘背面不应挤压尖轨跟端非工作边，如图 4.37 所示，即

$$t_{跟} \geqslant (S_{跟}+e+\Delta S)-(T_{min}+h_{min}-\varepsilon_1) \tag{4.3}$$

式中　$S_{跟}$——尖轨跟端轨距；

e——在荷载作用下，轨距的弹性扩张量，$e=2$ mm；

ΔS——道岔轨距容许正误差，$\Delta S=3$ mm；

T_{min}——轮对内侧距最小值，车辆钢轮 $T_{min}=1\ 350$ mm；

h_{min}——轮缘厚度最小值，车辆钢轮 $h_{min}=22$ mm；

ε_1——车辆轮轴重载时向上弯曲，使内侧距减小的数值，$\varepsilon_1=2$ mm。

尖轨跟距 u：

$$u= t_{跟}+b \tag{4.4}$$

式中　b——尖轨跟端处钢轨头的宽度。

(2)曲线尖轨槽宽 t_{min}

当列车直向过岔时，应保证在最不利条件下，即轮对一侧的车轮轮缘紧贴直股尖轨时，另一侧车轮轮缘能顺利通过而不冲击曲线尖轨的非作用边，如图 4.38 所示，则

$$t_{min} \geqslant (S+e+\Delta S)-(T_{min}+h_{min}-\varepsilon_1) \tag{4.5}$$

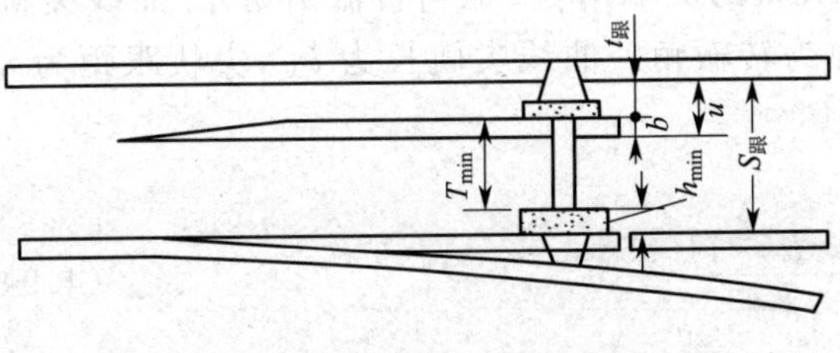

图 4.37　直线尖轨跟端槽宽

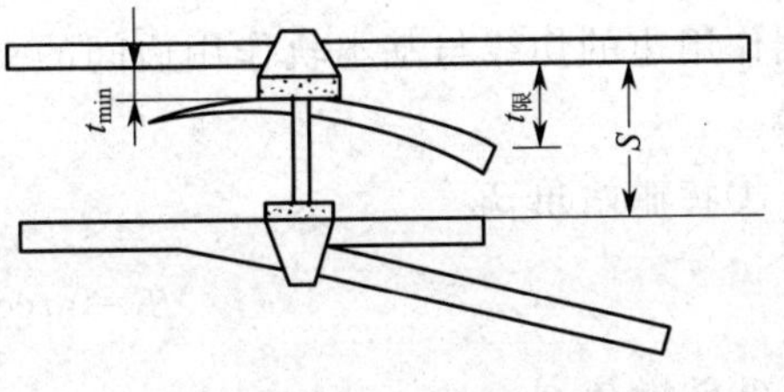

图 4.38　曲线尖轨槽宽

此时，曲线尖轨在其最突出的轮缘槽，比其他任何一点的轮缘槽为小，称曲线尖轨的最小轮缘槽 t_{min}，它是控制曲线尖轨长度的因素之一，不宜定的过宽。为了不过分增加曲线尖轨的长度，实际采用 $t_{min} \geqslant 68$ mm。如有必要进一步缩短曲线尖轨的长度时，根据实践经验，可将 t_{min} 减小至 65 mm。

2)尖轨动程

尖轨动程是指在第一连接杆(拉杆)处，尖轨与基本轨间的摆动宽度。确定尖轨动程的尺寸原则是：使具有最小内侧距和最薄轮缘厚度的轮对，在尖轨尖端处轨距最大时，能自由通过而不推挤尖轨，如图 4.39 所示。

(1)直线尖轨尖端的开口宽度 $W_{开}$

由图 4.39 可以看出

$$W_{开} \geqslant u + (S_{尖} - S_{跟}) \qquad (4.6)$$

(2)直线尖轨动程 $D_{拉}$

由于动程是在拉杆处量取，拉杆至尖轨尖端的距离一般定为 380 mm，因此拉杆处的实际动程应按下式计算：

$$D_{拉} = W_{开}(l_{尖} - d)/l_{尖} \qquad (4.7)$$

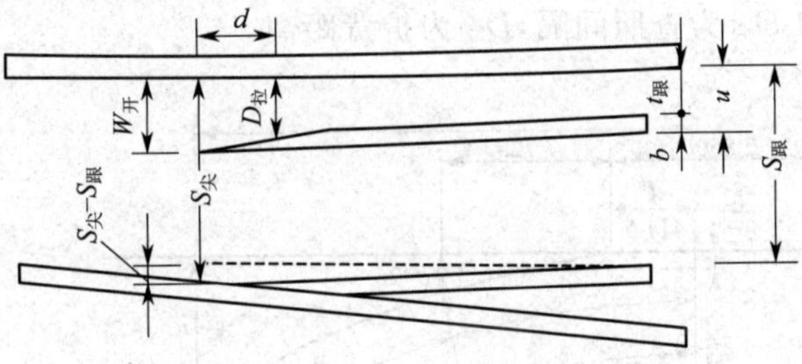

图 4.39　尖轨动程

式中　$D_{拉}$——拉杆处的动程；

$l_{尖}$——尖轨长度；

d——拉杆中心至尖轨尖端的距离，$d=380$ mm。

尖轨在第一拉杆中心处的设计动程：直尖轨为 142 mm，曲尖轨为 152 mm；AT 型弹性可弯尖轨 12 号普通道岔为 160 mm 或 180 mm，12 号提速道岔为 160 mm；18 号道岔允许速度大于 160 km/h 时为 160 mm，允许速度不大于 160 km/h 时为 160 mm 或 180 mm(具体按标准图或设计图规定办理)；其他型号道岔按标准图或设计图办理。

3)尖轨转辙角与尖轨长度

(1)直线尖轨转辙角及尖轨长度

在直线尖轨转辙器中，转辙角是指尖轨工作边与基本轨工作边的夹角 β，如图 4.40 所示。当尖轨长度 $l_{尖}$ 及尖轨跟距 u 为已知时，则转辙角 β 为

$$\sin\beta = u/l_{尖}, \beta = \arcsin u/l_{尖} \qquad (4.8)$$

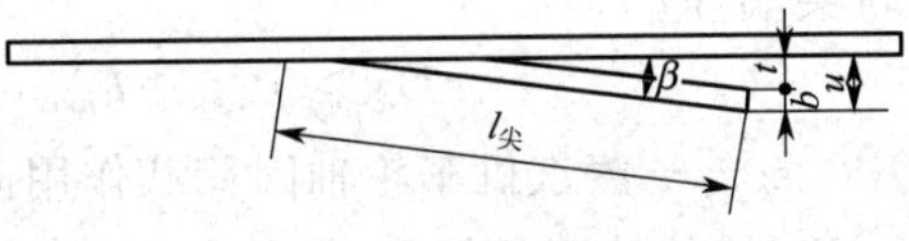

图 4.40　直线尖轨转辙角

(2)曲线尖轨转辙角与尖轨长度及跟距

如图 4.41 所示，曲线尖轨的半径一般与导曲线外轨半径 $R_{外}$ 相等。首先，在尖轨顶宽 b'(一般为 20～40mm)处开始与基本轨相切，尖轨实际尖端至导曲线实际起点的距离为 c，尖轨

实际尖端至导曲线理论起点 d',用式 4.9 求曲线尖轨的尖端角 β_0(也叫转辙始角)。曲线尖轨跟端作用边的切线与基本轨作用边间的夹角 β 称为转辙角。曲线尖轨长为 $l_尖$,尖轨跟距为 u (y_0)。

①转辙始角 β_0

$$\beta_0=\arccos\frac{R_外-b'-11.95}{R_外} \tag{4.9}$$

②转辙角 β

$$\beta=\beta_0+\varphi \tag{4.10}$$

$$\varphi=\frac{180(l_尖-c)}{\pi\cdot R_外} \tag{4.11}$$

③曲线尖轨长 $l_尖$

$$l_尖=R_外\cdot\sin\beta-d' \tag{4.12}$$

④尖轨跟距 u

$$u=\frac{(d'+l_尖)^2}{2R_外}+11.95 \tag{4.13}$$

4)辙叉查照间隔与护背距离

查照间隔与护背距离是指辙叉与护轨相互间保持着一定距离的两个控制尺寸,图 4.42 中的 $D_心$ 为查照间隔,$D_翼$ 为护背距离。

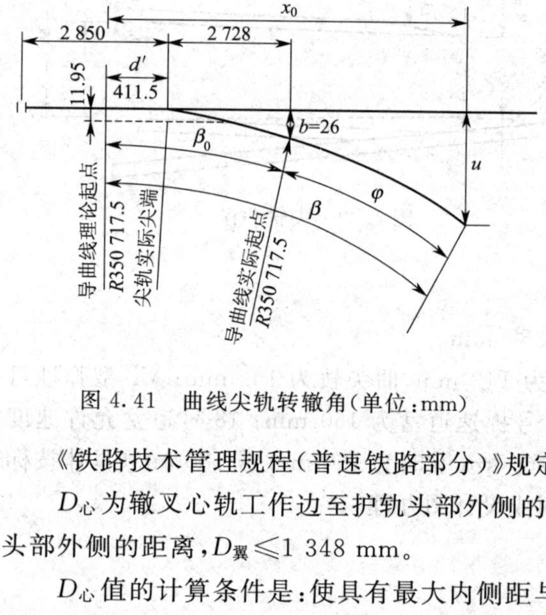

图 4.41　曲线尖轨转辙角(单位:mm)

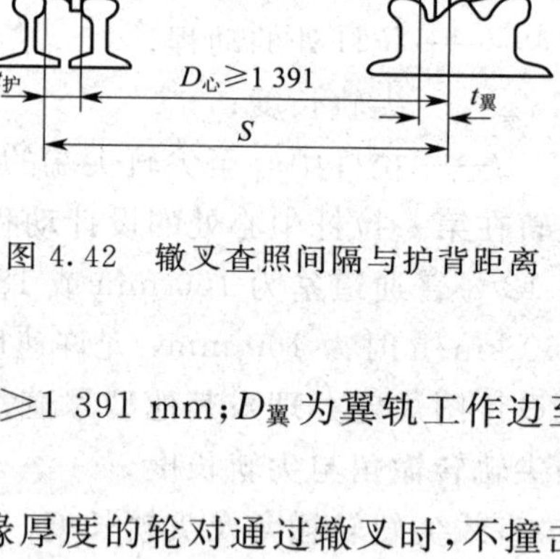

图 4.42　辙叉查照间隔与护背距离

《铁路技术管理规程(普速铁路部分)》规定:

$D_心$ 为辙叉心轨工作边至护轨头部外侧的距离,$D_心\geqslant 1\,391$ mm;$D_翼$ 为翼轨工作边至护轨头部外侧的距离,$D_翼\leqslant 1\,348$ mm。

$D_心$ 值的计算条件是:使具有最大内侧距与最大轮缘厚度的轮对通过辙叉时,不撞击辙叉心轨尖端,即

$$D_心\geqslant T_{\max}+h_{\max}+\varepsilon_2=1\,356+33+2=1\,391\text{ mm} \tag{4.14}$$

式中　ε_2——蒸汽机车轮轴因荷载作用向下弯曲使轮对内侧距扩大的数值,$\varepsilon_2=2$ mm。

$D_翼$ 值的计算条件是:使具有最小侧距的轮推通过辙叉时,不应卡挤翼轨与护轨,即

$$D_翼\leqslant T_{\min}-\varepsilon_1=1\,350-2=1\,348\text{ mm} \tag{4.15}$$

$D_心$ 和 $D_翼$ 是保证机车车辆的轮对在最不利情况下安全通过辙叉的两个重要尺寸,也是铺设和维修道岔必须严格遵守的标准。一方面要使 $D_心\geqslant 1\,391$ mm,但也不可过大,否则会形

成护轨槽宽过小或轨距过大的现象，使得 1 348 值反而超过限度，因此，$D_{心}$值保持在 1 391～1 394 mm，仅运行货运列车（考虑心轨加宽技术）的固定型辙叉道岔的查照间隔最小值由 1 391 mm调整为 1 388 mm；另一方面还要使 $D_{翼} \leqslant 1\ 348$ mm，但也不能过小，否则会出现护轨槽宽过大或轨距过小的情况，使车轮轮缘通过时撞伤辙叉尖的危险，因此，$D_{翼}$值应保持在 1 346～1 348 mm。

$D_{心}$（1 391 mm/1 388 mm）和 $D_{翼}$（1 348 mm）（简称 91/88、48）是既相互矛盾又相互制约共居于同一体中的两个尺寸，必须经常检查并保持规定的数值，对确保行车安全和延长辙叉使用寿命都有重要意义。在检查辙叉中部轨距时，应同时检查 91/88、48。道尺应放在辙叉心轨顶面宽为 30～50 mm 范围内，设计图另有规定的，按设计图要求办理。

5）护轨槽宽 $t_{护}$

护轨槽宽主要是指护轨平直段的槽宽。该槽宽的范围，是由辙叉咽喉至辙叉心轨顶面宽 50 mm 处相对应的一段长度。确定护轨槽宽大小的原则是：在标准轨距条件下，保证 $D_{心}$值不小于 1 391 mm，防止车轮撞伤辙叉心轨尖端。根据图 4.42，其计算条件为

$$t_{护} \leqslant S - D_{心} - 2 = 1\ 435 - 1\ 391 - 2 = 42\ \text{mm} \tag{4.16}$$

式中 $t_{护}$——护轨平直段的槽宽；

2——护轨头部侧面预留的容许磨耗值。

《普速铁路线路修理规则》规定：护轨平直部分轮缘槽标准宽度为 42 mm，侧向轨距加宽时，侧向轮缘槽宽度等量加宽，容许误差为$^{+3}_{-1}$mm。

6）翼轨槽宽 $t_{翼}$

翼轨槽宽主要是指翼轨中部与心轨平行部分的槽宽，其范围是由辙叉理论尖端至心轨顶宽 50 mm 处的一段对应长度。确定翼轨槽宽的原则是：使具有最小内侧距的轮对正常通过而不挤压翼轨。根据图 4.42 所示，其计算条件为

$$t_{翼} \geqslant D_{心} - D_{翼} \tag{4.17}$$

$t_{翼}$的最小值为

$$t_{翼} \geqslant 1\ 393 - 1\ 348 = 43(\text{mm}) \tag{4.18}$$

$t_{翼}$的安全值为

$$t_{翼} \geqslant 1\ 394 - 1\ 346 = 48(\text{mm}) \tag{4.19}$$

显然，翼轨槽宽不能采用最小值，但过大又会使有害空间变长，加大车轮对辙叉的冲击，故《普速铁路线路修理规则》规定为 46 mm，（采用心轨加宽技术的辙叉应符合设计要求），容许误差为$^{+3}_{-1}$mm。

4.4 过岔速度影响因素分析

4.4.1 学习目标

1. 知识目标

（1）掌握道岔直向过岔速度提高的措施。

（2）掌握道岔侧向过岔速度提高的措施。

2. 能力目标

（1）能对道岔直向过岔速度降低的原因进行分析。

（2）能对道岔侧向过岔速度降低的原因进行分析。

4.4.2　相关学习内容

提高行车速度是提高铁路运输能力的主要措施之一。道岔的过岔速度又是控制行车速度的重要因素之一,分析过岔速度的目的是为了提高列车通过道岔的速度。道岔的过岔速度有侧向过岔速度和直向过岔速度之分。

1. 直向过岔速度

1)影响直向过岔速度的因素

(1)转辙部分的几何不平顺

①直尖轨的尖轨尖端与尖轨跟端的轨距有加宽,且向前递减距离较短,机车车辆通过时,因车轮的滚动半径不同,车轮的升降和蛇行运动,增大了车体的左右摇摆。

②尖轨顶面 20～50 mm 一段,是机车车辆轮对往返于尖轨与基本轨的过渡段,尖轨与基本轨的轨顶高差造成冲击,形成动能损失。

③用普通钢轨制造的尖轨,在顶宽 50 mm 以后部分一般高于基本轨 6 mm,与对侧股基本轨不等高,机车车辆通过时,增大了车体的振动和摇晃。

(2)辙叉部分的几何不平顺

①护轨冲击角不平顺,护轨轮缘槽宽度较窄,而护轨两端开口又较宽,其间自然形成过渡缓冲段。当车轮驶入缓冲段时,必然冲击护轨,如图 4.43(a)所示。当行车速度较高时,冲击力就愈大,列车摆动也愈剧烈。

②翼轨冲击角不平顺。无论车体顺向或逆向经过辙叉时,若轮对一侧车轮的轮缘贴靠主轨运行时,则另一侧车轮的轮缘背面必然冲击翼轨,如图 4.43(b)所示,由于这种冲击角的存在,行车速度过高时,必然引起车体的摆动。

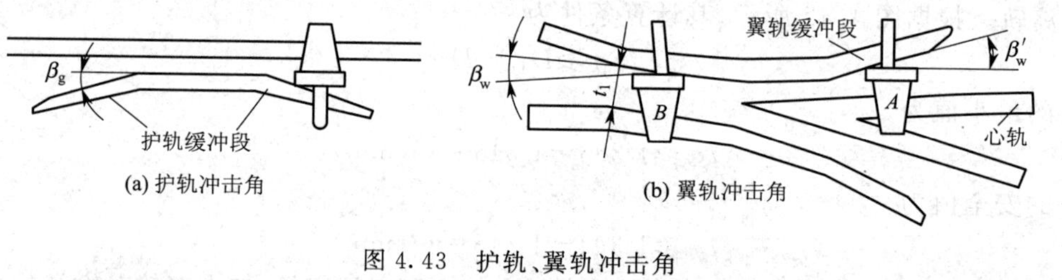

(a) 护轨冲击角　　(b) 翼轨冲击角

图 4.43　护轨、翼轨冲击角

③辙叉部分的垂直不平顺。车轮踏面为锥体,在辙叉翼与辙叉心之间往返滚动过渡时,车轮由正常的高度突然下降又恢复正常高度,这种垂直不平顺增大车体的振动和摇晃,在辙叉心垂直磨耗较大时其影响更大。

综上所述,这些不平顺在普通尖轨和固定式辙叉上是不可避免的,所以必须对道岔的直向过岔速度予以适当的规定。我国《普速铁路线路修理规则》规定的道岔直向过岔最高速度见表 4.7。

表 4.7　直向允许通过速度(km/h)

钢轨	尖轨类型	辙叉类型	道岔号数				
			9	12	18	30	38
43 kg/m	普通钢轨尖轨	固定型	85	95			
50 kg/m	普通钢轨尖轨	固定型	90	110	120		
50 kg/m	AT 弹性可弯尖轨	固定型		120			

续上表

钢轨	尖轨类型	辙叉类型	道岔号数				
			9	12	18	30	38
50 kg/m	AT 弹性可弯尖轨	可动心轨		160			
60 kg/m	普通钢轨尖轨	固定型	100	110			
60 kg/m	AT 弹性可弯尖轨	固定型		120			
60 kg/m	AT 弹性可弯尖轨	固定型(提速道岔)	140	160			
60 kg/m	AT 弹性可弯尖轨	可动心轨		160/200	160/200	160/200	200

注:具体根据道岔标准图或设施图规定。

2)提高直向过岔速度的措施

(1)采用特种断面尖轨,消灭尖轨与基本轨顶面有高差的缺点,采用弹性可弯式跟端结构,提高尖轨与曲导轨的连接强度。

(2)减少尖轨尖端处的轨距加宽值。

(3)限制转辙器及辙叉构件的容许磨耗值。

(4)适当加长护轨及翼轨的缓冲段长度,以相应减小冲击角。

(5)保持翼轨有合理的焊补堆高,减小列车通过辙叉时的垂直不平顺性。

(6)采用可动心轨式辙叉,消除列车通过辙叉时的有害空间。

2. 侧向过岔速度

1)影响侧向过岔速度的因素

对一组单开道岔来说,侧向过岔速度受转辙器、导曲线、辙叉和护轨以及道岔后连接线路四个部分的通过速度制约,其每一部分的允许通过速度都影响整个道岔的通过速度。其中,辙叉部分按目前的结构形式、强度条件和平面设计来看,其侧向过岔的允许速度常可高于转辙器和导曲线的允许速度,道岔后的连接线路按规定其允许通过速度可高于道岔导曲线的允许通过速度。因此,侧向通过速度主要由转撤器和导曲线这两个部位允许的通过速度来决定。也就是说道岔的过岔速度主要取决于未被平衡的离心加速度 a、未被平衡的离心加速度增量 φ 和撞击时的动能损失 ω 三个基本参数。

(1)未被平衡的离心加速度 a

列车进入侧向运动时产生的离心加速度,使车内乘客受到离心力的作用。当离心力过大会使人体感到不适,人在车厢里行走困难,甚至物品移动倾倒,因此,应对这种加速度值加以限制。

道岔的导曲线一般采用圆曲线,且道岔导曲线部分一般不设超高。因此,当列车在导曲线运行时,产生的离心加速度为

$$a=\frac{v^2}{R}$$

式中 v——行车速度(m/s);

R——导曲线半径(m)

为保证列车平稳通过道岔,并满足旅客舒适度的要求,a 必须小于容许值 a_0。在我国铁路上 a_0 为 0.5~0.65 m/s^2,取 $a_0 \leqslant 0.65\text{m/s}^2$,$v$(km/h)/3.6 取代 v(m/s),则有

$$a=\frac{v^2}{3.6^2R}\leqslant 0.65\text{m/s}^2$$

由此可得,在导曲线半径确定时,允许的侧向过岔速度为

$$v \leqslant 2.9\sqrt{R} \quad (\mathrm{km/h}) \tag{4.20}$$

(2)未被平衡的离心加速度的增量 φ

车辆从直线进入圆曲线时，未被平衡的离心加速度逐渐由零变化到 a，其单位时间的增量等于 $\varphi=\frac{\mathrm{d}a}{\mathrm{d}t}$，按照旅客舒适度的要求，$\varphi$ 必须限值在一个容许值之内。我国铁路规定，$\varphi_0=0.5\mathrm{m/s^3}$。当速度以 km/h 计算时，有

$$\varphi=\frac{v^3}{3.6^3RL}$$

取 $\varphi_0=0.5\mathrm{m/s^3}$，则相应的允许侧向过岔速度为

$$v \leqslant 7.483\sqrt[3]{R} \quad (\mathrm{km/h}) \tag{4.21}$$

(3)动能损失 ω

机车车辆由直线进入道岔侧线时，在开始迫使其改变运行方向的瞬间，将发生车轮与钢轨的撞击。这时，车辆运行的一部分动能，将转变为对钢轨的挤压和机车车辆走行部分横向弹性变形的位能，这就形成动能损失，速度降低。为防止列车侧向过岔时，轮轨撞击的动能损失过大，保证旅客必要的舒适度以及道岔结构的稳定，并延长其使用寿命，必须限制在一个容许值 ω_0 之内。我国铁路规定 $\omega_0=0.65\ \mathrm{km^2/h^2}$，轮缘与钢轨之间的游间 $\delta_{\max}=0.045\ \mathrm{m}(45\ \mathrm{mm})$，代入动能损失计算公式 $\omega=\frac{2\delta}{R}v^2$ 可得道岔速度限值

$$v=2.7\sqrt{R} \quad (\mathrm{km/h}) \tag{4.22}$$

在综合考虑上述三个主要参数的基础上，结合现有各类道岔的结构情况，我国《普速铁路线路修理规则》规定，道岔侧向过岔的最高速度见表 4.8。

表 4.8 侧向允许通过速度(km/h)

尖轨类型	道岔号数									
	8	9	10	11	12	18	30	38	42	62
普通钢轨尖轨	25	30	35	40	45	80				
AT 弹性可弯尖轨						80	140	140	160	220

注：具体根据道岔标准图或设计图规定。

2)提高侧向过岔速度的措施

(1)采用大号码道岔，以增大导曲线半径，这是提高侧向速度的有效措施。

(2)采用对称(双开)道岔。当道岔号数相同时，对称道岔导曲线半径较原单开道岔半径可增大一倍左右，可提高速度约 30%～40%。

(3)在不改变道岔号数条件下，改进平面设计，以达到增大导曲线半径的目的。

①将直线尖轨改为曲线尖轨，可适当增大导曲线半径；

②采用曲线尖轨和曲线辙叉，可较显著地增大导曲线半径。

(4)结合铺设混凝土岔枕，在道岔范围内设置轨底坡，并在导曲线上股设置适量超高值，既可以改善轮轨的接触条件减轻磨耗，又能提高列车通过侧向的平稳性和旅客舒适度。

(5)在无缝线路上，铺设无缝道岔，以减少列车对道岔的冲击和速度损失。

(6)减少翼轨和护轨缓冲段的冲击角，使其尽量与尖轨冲击角相等或接近，并注意与导曲线容许通过速度相配合。

总之，提高过岔速度可以从改善道岔几何形状、改善道岔结构及材质，以及采用大号码道岔等几个主要方面着手，从国内外的实践经验可以看出，采用可动心轨辙叉，对提高直向过岔速度有显著的效果，也是高速铁路发展的方向。

4.5 提速道岔与高速道岔

4.5.1 学习目标

1. 知识目标

(1)掌握提速道岔的构造特点和主要技术标准。

(2)掌握高速道岔的构造特点和主要技术标准。

2. 能力目标

(1)能区分普速道岔和提速道岔的不同点。

(2)能区分普速道岔和高速道岔的不同点。

4.5.2 相关学习内容

1. 提速道岔

为了提高铁路的运输能力、增强运输市场的竞争实力，1994 年铁道部修订公布了《铁路主要技术政策》，对我国铁路行车速度提出了不同的目标值。为落实这些目标，根据 1995 年 6 月 28 日铁道部部长办公会议精神，为使我国铁路三大干线通过列车速度达到 160 km/h 提出了提速道岔的概念。为此，铁道部组成提速道岔联合设计组，集中我国铁路道岔的设计、科研、制造单位的优势力量，互相协作、攻关研制。1995 年 12 月由铁道部工务局、电务局和建设司联合召开"60 kg/m 钢轨提速道岔审查会"规定了提速道岔的技术标准。1996 年在铁道部的统一部署下，研制成功了 60 kg/m 钢轨 12 号提速道岔，同年 12 月 60AT-12 号提速道岔通过部级成果鉴定。上述提速道岔经过两年多时间的研制成功后，迅速大量上道铺设，为我国主干线提速拉开了序幕。仅在 1997 年 4 月 1 日和 1998 年 10 月 1 日两次运行图提速前，共上道提速道岔 5 300 多组，主要为铁联线(051)60AT-9 号(混凝土枕)固定型、铁联线(001)60AT-12 号木枕可动心道岔、铁联线(002)60AT-12 号混凝土可动心道岔、铁联线(003)60AT-12 号木枕固定型道岔、铁联线(004)60AT-12 号混凝土固定型道岔及各型提速交叉渡线道岔。这些提速道岔基本适应了时速 160 km/h 以下线路的需要，但是在使用过程中发现了大量问题，因此从 1999 年开始，铁道部对提速道岔再一次进行了优化，采用了一些新工艺，并且把用量大的 12 号提速道岔分为三大类：Ⅰ型为分动外锁闭型，正线道岔采用可动心轨辙叉，轨底坡为 1∶40，适应时速 160～200 km 线路或货物轴重 25 t 的区段要求。Ⅱ型和Ⅲ型在结构和平面布置是相同的。Ⅱ型采用分动外锁闭，正线道岔采用固定型辙叉，轨底坡 1∶40，用于时速120～160 km的区段；Ⅲ型采用内锁闭方式，适用于时速 120 km 以下区段。

1)提速道岔主要技术标准

(1)导曲线线形

道岔导曲线线形由方案比选确定，无特殊需要时宜采用圆曲线线形。导曲线与直股轨线的连接线形由方案比选确定。

(2)轨距

道岔各部轨距均为 1 435 mm。尖轨局部范围对应的侧股允许有构造加宽。

(3)钢轨坡

道岔各钢轨件的车轮滚动轨面均设 1∶40 轨顶坡或轨底坡。

(4)轨下基础

①加大轨枕断面,减少岔枕铺设根数(由 1 840 根/km 降至 1 666 根)。岔枕间距均匀一致,全部为 600 mm。

②岔枕均按垂直于道岔直股钢轨布置。

③木岔枕断面为 260 mm×160 mm,转辙器部位的木岔枕最短长度为 2.7 m。

④混凝土岔枕的承载能力应大于Ⅲ型混凝土轨枕,可动心轨辙叉与固定型辙叉两种道岔的混凝土岔枕共用率不得低于 60%。

⑤道岔前后过渡段的设置按表 4.9 执行。

表 4.9　过渡段设置

道岔类型	过渡段轨枕类型	过渡段长度
木岔枕道岔	2.7 m 岔枕	前后各 50 根
混凝土岔枕道岔	Ⅲ型混凝土轨枕	前后各 50 根

(5)钢轨接头

①道岔直股钢轨全部采用焊接接头,高锰钢辙叉趾、跟端采用冻结接头。

②对于混凝土岔枕道岔,道岔侧股钢轨接头原则上应采用焊接,以延长岔枕使用寿命。

③道岔绝缘接头设于侧股钢轨,优先使用胶结绝缘结构。

(6)转辙器

尖轨用 60AT 轨制造,跟端为弹性可弯式,尖端按藏尖设计,根部设限位器,取消辙跟间隔铁。

(7)可动心轨辙叉(图 4.44)

①心轨采用 60AT 轨拼装制造,长心轨跟端为弹性可弯式,短心轨跟端为滑动端。

②采用 60 kg/m 钢轨制造的长翼轨。

③长翼轨尾部与长心轨跟部为间隔铁式连接。

④直股不设护轨,侧股设防磨护轨。

(8)固定型辙叉(图 4.45)

①采用高锰钢整铸辙叉,趾跟端为全夹板连接,翼轨缓冲段冲击角减小为 34′。

②护轨用 50 kg/m 钢轨制造,采用分开式结构(H 形)、护轨顶面高出基本轨 12 mm,直向护轨缓冲段冲击角减小为 30′。

图 4.44　可动心轨辙叉

图 4.45　固定型辙叉

(9)轨头顶面淬火

道岔各钢轨件轨头顶面均进行全长淬火,尖轨、心轨淬火起点为轨头宽 5 mm 处。

(10)扣件

①采用Ⅱ型弹条分开式扣件。

②滑床板、护轨垫板的基本轨内侧采用弹片扣压,扣压力应与Ⅱ型弹条匹配。

(11)道岔转换系统

①尖轨采用分动转换方式,两尖轨之间不设连接杆。

②尖轨、心轨转换采用 S700K 型电动转辙机和 ZY7 型电液转辙机相配套二点牵引外锁闭装置。

③尖轨、心轨转换阻力不得大于 6 kN。

④各类转换杆件全部隐蔽设置于钢岔枕内。

(12)垫板

①截面标准(指钢轨中轴线处最小厚度):用于木岔枕时 190 mm×25 m,用于混凝土岔枕时 170 mm×20 mm。

②垫板与岔枕的连接:木岔枕时,采用螺纹道钉,混凝土岔枕时,采用预埋塑料套管及螺栓,不采用硫磺锚固。

(13)弹性垫层

道岔各部钢轨下(除尖轨、心轨外)及垫板下均应设弹性缓冲垫层,垫层静刚度值应能使道岔与区间线路弹性保持连续。

2)提速道岔的特征及优点

(1)尖轨采用长度为 13.88 m 的 60AT 弹性可弯尖轨,尖轨尖端为藏尖式。

(2)尖轨、辙叉的连接由普通活动连接改成了非活动连接,减小了对车轮的冲击振动。

(3)尖轨上设两处牵引点。心轨处设两处引点,增强了刨切部分的密贴。

(4)尖轨采用分动外锁闭装置,由外锁闭装置保证列车的过岔安全,减少了转换力和密贴力,消灭了危险空间,可大大提高转辙机的寿命及可靠性。

(5)采用三相交流大功率转辙机、减少了电缆投资及转辙机引起的故障。

(6)固定辙叉采用高锰钢整铸式,辙叉下设置垫板。

(7)为便于捣固,转换装置杆件安装在特制的钢岔枕内。

(8)道岔设置 1∶40 的轨底坡,尖轨设置 1∶40 的轨顶坡。

(9)护轨为分开式,采用 P50 钢轨制造,护轨轨顶高出基本轨顶面 12 mm,护轨垫板采用弹片扣压基本轨。

(10)扣件采用Ⅱ型弹条分开式可调扣件,轨距块设计安装号数,钢轨工作边一侧,安装 13 号轨距块;钢轨非工作边一侧,安装 11 号轨距块。

(11)钢轨轨底下设置 5 mm 厚橡胶垫板。混凝土岔枕道岔各垫板下均设置 10 mm 厚橡胶垫板,高锰钢辙叉垫板在 10 mm 厚橡胶垫板下再增设 6 mm 厚塑料垫片。合理调整不同部位轨下和板下胶垫刚度,使其在整个道岔范围内弹性趋于一致。

2. 高速铁路道岔

高速铁路道岔在功能和结构上与常速铁路道岔相比,虽然没有原则上的区别,但他们的安全性和舒适性要求更高。近年来各国铁路根据高速运行时机车和车辆与道岔相互作用的特点，对高速道岔的平纵断面、结构、制造工艺、道岔范围内的轨下基础及养护维修均进行了大量的研究，设计和制造出一系列适用于不同运行条件的高速道岔。

1)高速铁路道岔的特点

目前国内主要有三个系列的高速铁路道岔，分别为德国技术、法国技术和国内自主研发的高速铁路道岔。高速铁路道岔由于列车高速运行的特点，其使用条件与普通道岔相比，有较大的不同。

(1)高速铁路道岔使用要求

①较高的容许通过速度

道岔是制约列车运行速度的因素之一，对于高速铁路铁路，列车的运行速度一般大于等于250 km/h，道岔的直向通过速度应与区间相同，不能限速。同时由于列车运行速度较高，在个别岔位，对道岔侧向的通过速度也较高，需要采用大号码道岔。

②较高的旅客乘坐舒适度

列车在高速运行条件下，旅客对乘坐舒适度比较敏感。因此高速铁路的舒适度要求要比普通铁路要高得多。对于道岔区，列车通过时只能有轻微的感觉、甚至没有感觉，平稳性、舒适性要达到较高的水平。

③高安全性

对于高速运行的列车，安全性至关重要。保证列车通过时的安全性是道岔上道使用的前提。

④高可靠性

高可靠性是列车高速运行的保证。

⑤较长的使用寿命与较少的维护工作量

高速铁路由于行车速度高、密度大，只能在天窗点进行维护，因此要求道岔必须有较长的使用寿命，同时尽量减少养护维修工作量。

⑥道岔的轨下基础与区间相匹配

目前的高速铁路分为有砟轨道和无砟轨道两种，道岔区的道床类型应与区间相匹配，避免频繁的设置过渡段。

(2)高速铁路道岔特点

根据以上使用要求，高速铁路道岔具有以下特点：

①道岔种类较为单一，以单开道岔为主。

②道岔号码较大，一般不小于18号，最大可达65号。

③道岔要具有高平顺性、高稳定性，保证列车平稳、舒适运行。

④辙叉普遍采用可动心轨辙叉。

⑤道岔适用于跨区间无缝线路。

⑥电务转换采用外锁闭装置。

⑦轨下基础采用混凝土长岔枕，并与道床相匹配。

⑧道岔要具有监测系统，用于严寒地区的道岔要装有融雪装置。

⑨道岔要具有较高的制造、组装、铺设精度。

⑩道岔的铺设需要专用设备。

2)高速铁路道岔主要特征

我国自主研发、德国技术和法国技术三种类型道岔特征见表4.10。

表 4.10　各种高速铁路道岔主要特征

序号	自主研发	德国技术	法国技术
1	尖轨采用 60D40 钢轨制造	尖轨采用 Zul-60 钢轨制造	尖轨采用 60D40 钢轨制造
2	尖轨跟端采用间隔铁、限位器或无传力结构	尖轨跟端采用限位器结构	尖轨跟端不设传力结构
3	翼轨采用轧制的特种断面翼轨	翼轨采用普通钢轨制造	翼轨采用高锰钢铸造与 A74 钢轨焊接的方式
4	翼轨与长心轨或岔跟尖轨胶接	心轨前端采用整体锻制	心轨采用 60D40 钢轨拼接
5	岔跟尖轨用 60 kg/m 钢轨制造	岔跟尖轨用厚腰钢轨制造	岔跟尖轨用 60D40 钢轨制造
6	所有铁垫板采用硫化处理	铁垫板采用硫化处理(大号码道岔可动心轨辙叉部分不采用硫化处理)	铁垫板不采用硫化处理
7	部分滑床板间隔设置施维格辊轮，辊轮高度可方便的进行调整	转辙器部分间隔设置滚轮滑床板，滚轮设在滑床板中间	转辙器部分间隔设置滚轮滑床板
8	扣件为弹条Ⅱ型扣件	扣件为窄形弹条，滑床板部分用两根分体弹条扣压	扣件为窄形弹条，滑床板部分用弹性夹扣压
9	混凝土岔枕采用长岔枕，垂直于道岔直股布置	混凝土长岔枕采用铰接，按扇形布置	混凝土岔枕采用长岔枕
10	牵引点设两岔枕之间，尖轨采用多机多点、分动转换	尖轨采用多机多点、分动转换，有砟道岔牵引点设钢岔枕	牵引点设置在混凝土岔枕上；尖轨采用一机多点、联动转换
11		基本轨设有轨距加宽	

3)高速铁路道岔构造

(1)转辙器部分(图 4.46)

图 4.46　转辙器部分

①尖轨跟端的传力结构

高速铁路道岔按跨区间无缝线路设计，尖轨跟端传力结构设有两种结构形式：采用限位器和间隔铁固定。设限位器传力较为明确，基本轨所受的附加力较小，但尖轨的位移较大。且多个限位器也很难同时受力。设间隔铁是尖轨的固定比较牢固，尖轨的位移较小，也有利于保持尖轨的线形。基本轨承受的附加力较大，间隔铁本身的受力也较大。中铁山桥集团有限公司试制试铺限位器结构形式，如图 4.47 所示。

②尖轨防跳

密贴尖轨与基本轨轨头下颚配合防跳；在轨头切削断面以后采用防跳顶铁，非贴合状态设置适合于辊轮滑床垫板的防跳限位装置，如图 4.48 所示。

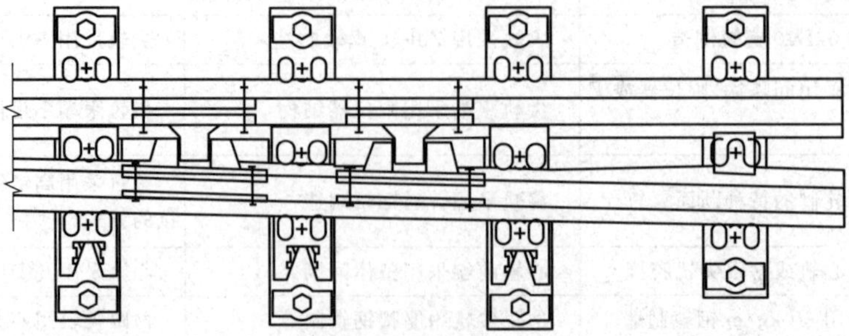

图 4.47　转辙器跟端双限位器结构

③滑床板的弹性扣压

由于高速铁路道岔采用 60D40 钢轨，使基本轨轨底与 AT 轨轨底的高差达 36 mm，采用施维格公司的弹性扣压技术，便于与滚轮的配合。施维格道岔滑床板和扣压系统，采用弹性夹扣压基本轨，安装、拆卸均较为方便，使用效果也较好，如图 4.49 所示。

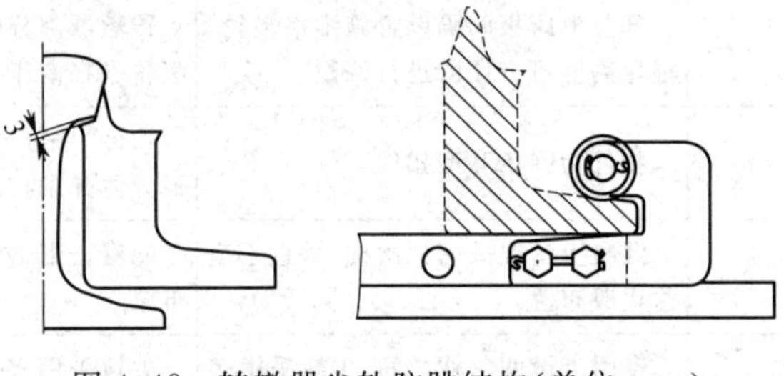

图 4.48　转辙器尖轨防跳结构(单位:mm)

④滑床台减摩

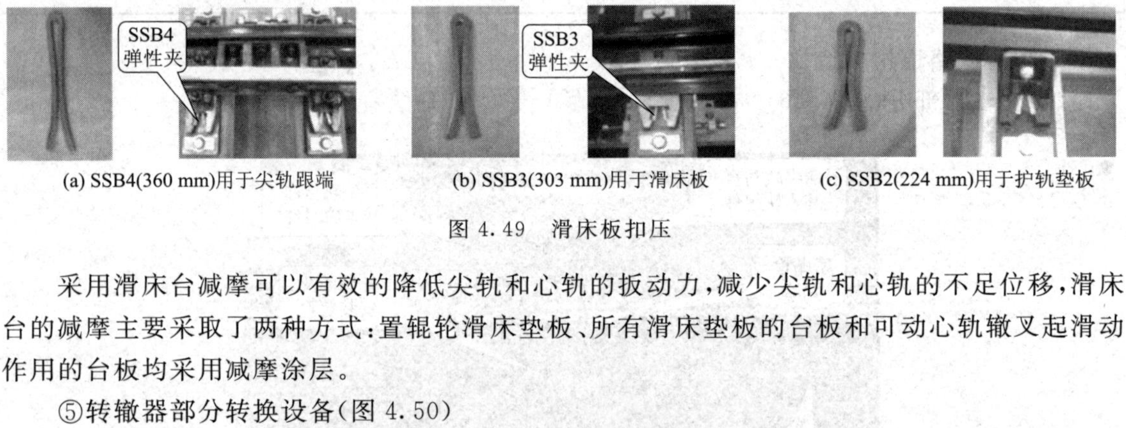

(a) SSB4(360 mm)用于尖轨跟端　(b) SSB3(303 mm)用于滑床板　(c) SSB2(224 mm)用于护轨垫板

图 4.49　滑床板扣压

采用滑床台减摩可以有效的降低尖轨和心轨的扳动力，减少尖轨和心轨的不足位移，滑床台的减摩主要采取了两种方式：置辊轮滑床垫板、所有滑床垫板的台板和可动心轨辙叉起滑动作用的台板均采用减摩涂层。

⑤转辙器部分转换设备(图 4.50)

图 4.50　转辙器部分转换设备

(2)可动心轨辙叉

主体结构采用长翼轨、钢轨拼装式可动心轨辙叉结构，如图 4.51 所示。采用长翼轨使心轨与翼轨成为整体，便于温度力的传递，心轨受到的温度力通过跟端固定装置传至翼轨，使心轨的伸缩得到有效控制。

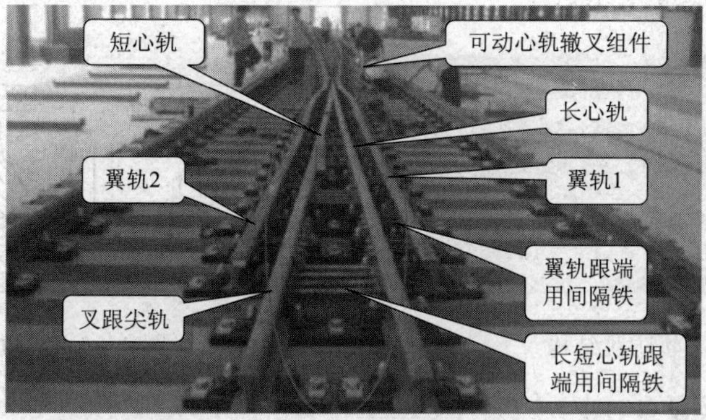

图 4.51　可动心轨辙叉

①翼轨形式

翼轨采用目前的特种断面翼轨，进行机加工，如图 4.52 所示。

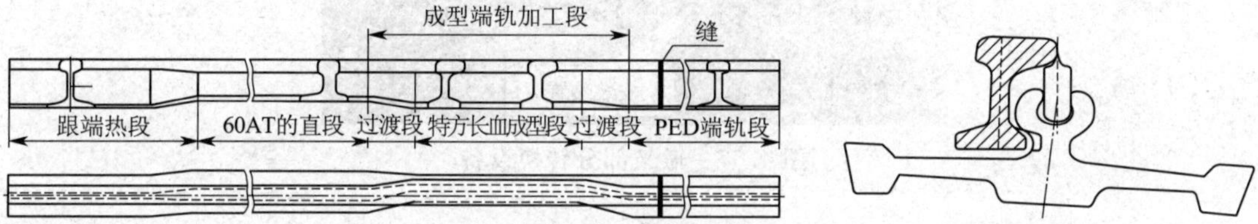

图 4.52　翼轨结构

②心轨

心轨采用 60D40 AT 钢轨组合的结构，短心轨后端仍为斜接头，具有制造简单、实现容易的特点，如图 4.53 所示。

③跟端结构

翼轨跟端设两块间隔铁，间隔铁采用全断面接触加长型间隔铁，并采用胶接形式，如图 4.54 所示，其优点是结构简单，技术较为成熟，使用效果也较好。

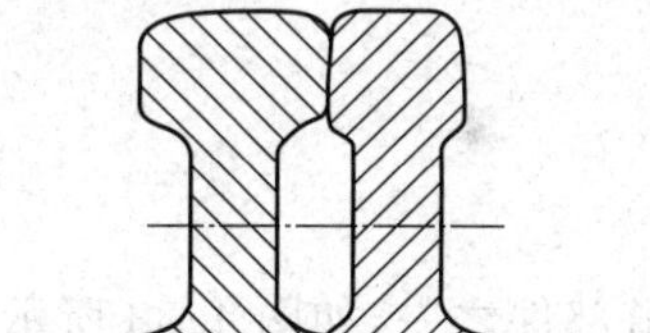

图 4.53　长短心轨贴合形式轨底直切式结构

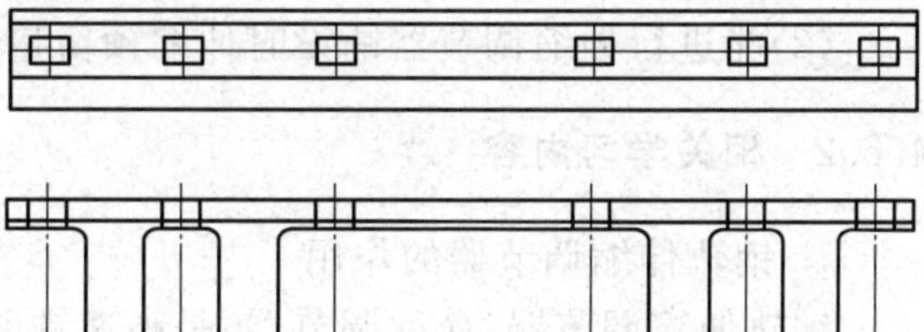

图 4.54　翼轨跟端加长型胶接间隔铁

④心轨防跳

利用模锻特种断面翼轨的特点，在长心轨前端加工出台阶，与相对的翼轨下颚也相应增加配合台面；在心轨与翼轨密贴段增设了防跳卡铁，顶铁全部采用了防跳顶铁，如图 4.55 所示。

⑤护轨及护轨垫板

道岔直股不设护轨，侧股设防磨护轨，护轨采用 UIC33 槽形护轨结构，为减少冲击加长护轨缓冲段长度，如图 4.56 所示。

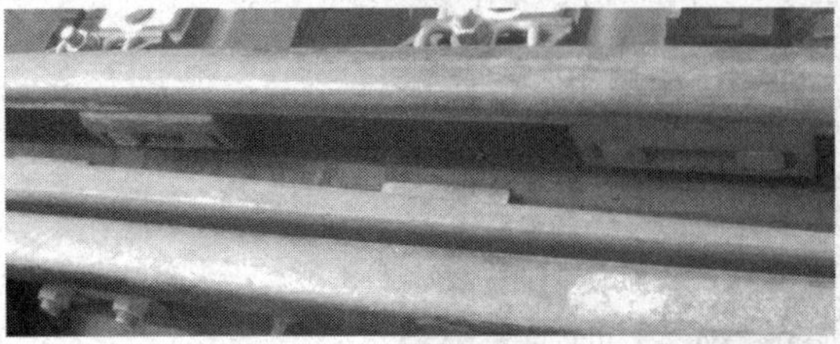

图 4.55 心轨防跳结构

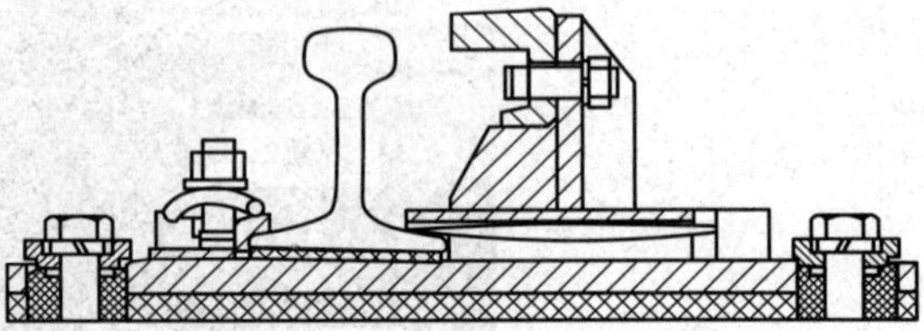

图 4.56 护轨垫板结构

(3)辙叉部分转换设备(图 4.57)

图 4.57 辙叉部分转换设备

4.6 钢轨伸缩调节器

4.6.1 学习目标

1. 知识目标

(1)掌握钢轨伸缩调节器的作用与类型。

(2)掌握钢轨伸缩调节器的技术要求。

2. 能力目标

(1)能识别各种类型的伸缩调节器。

(2)能进行伸缩调节器铺设时伸缩预留量计算。

4.6.2 相关学习内容

1. 钢轨伸缩调节器的作用

钢轨伸缩调节器(简称调节器)是高速铁路重要的轨道部件之一，如图 4.58 所示。高速铁路长大连续梁上铺设无缝线路，通常需要设置调节器。调节器的功能是协调桥梁结构上线路与桥梁之间由于温度变化、加速与刹车以及混凝土收缩徐变引起的伸缩差，使桥上长钢轨自动调整温度力，从而减小轨道及桥梁所承受的荷载。

轨道设计中不宜采用钢轨伸缩调节器。当在温度跨度大于 100 m 的钢梁上或在温度跨度大于 120 m 的混凝土梁上铺设无缝线路时，必须设置调节器。

2. 钢轨伸缩调节器的类型

(1)按运行速度分为时速 250 km 高速铁路有砟轨道(兼顾货运)钢轨伸缩调节器(图

4.59)和时速 350 km 高速铁路无砟轨道钢轨伸缩调节器(图 4.60)两种型号。

图 4.58　钢轨伸缩调节器

图 4.59　有砟轨道钢轨伸缩调节器

图 4.60　无砟轨道钢轨伸缩调节器

(2)按伸缩方向分为单向调节器(图 4.61)和双向调节器(图 4.62)两种类型。

图 4.61　单向调节器

图 4.62　双向调节器

(3)按轨下基础类型可分为无砟轨道用和有砟轨道用两种类型。

3. 钢轨伸缩调节器的组成

高速铁路钢轨伸缩调节器左右股对称，单向调节器由基本轨、尖轨、铁垫板总成、轨枕或轨道板组成(图 4.63 所示)；双向调节器由基本轨、双向尖轨、铁垫板总成、轨枕或轨道板组成，长度约是同类型单向调节器长度的 2 倍。调节器尖轨工作边提供轨距线，其基本轨伸缩、尖轨锁定。基本轨伸缩量为±400 mm。

图 4.63　单向调节器组成

铁垫板总成零部件包括基本轨和尖轨轨撑、轨撑螺栓、轨距调整片、铁垫板、弹性垫板及调高垫板、垫板螺栓(图 4.64)。

4. 钢轨伸缩调节器的技术条件

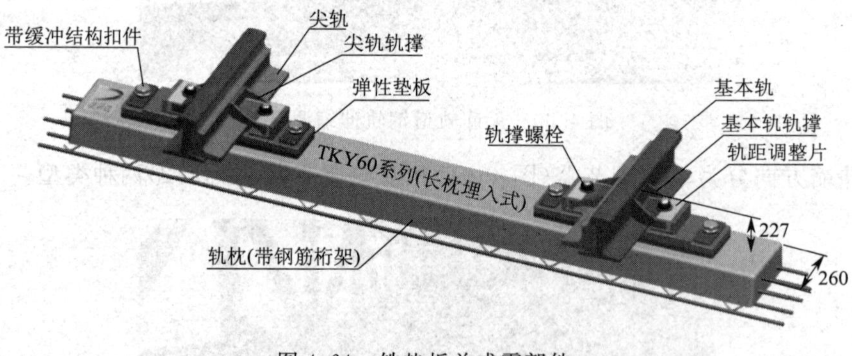

图 4.64　铁垫板总成零部件

(1)调节器应采用曲线形，根据轨道结构条件可选用 600 mm 或 1 000 mm 伸缩量的单向或双向调节器。

(2)调节器基本轨伸缩过程中应与尖轨保持密贴，尖轨与基本轨平面连接，应满足列车运行条件下对线路平顺的要求。

(3)调节器范围内轨道几何尺寸允许偏差应符合正线轨道铺设标准的规定，见表 4.11。

表4.11 调节器轨道静态几何不平顺容许偏差管理值(mm)

项目	160 km/h<v_{max}正线			120 km/h<v_{max}≤160 km/h正线			80 km/h<v_{max}≤120 km/h正线			v_{max}≤80 km/h正线		
	作业验收	计划维修	临时补修	作业验收	计划维修	临时补修	作业验收	计划维修	临时补修	作业验收	计划维修	临时补修
轨距	+2 −2	+4 −2	+5 −2	+3 −2	+4 −2	+6 −2	+3 −2	+5 −3	+6 −3	+3 −2	+5 −3	+6 −3
水平	3	5	7	4	5	8	4	6	8	4	6	9
高低	3	5	7	4	5	8	4	6	8	4	6	9
轨向	3	4	6	4	5	8	4	6	8	4	6	9
三角坑	3	4	6	4	6	8	4	6	8	4	6	9

注:(1)轨距偏差不含构造轨距加宽值;

(2)检查三角坑时基长,采用轨道检查仪时为3 m,采用轨距尺时按规定位置检查,但在延长18 m的距离内无超过表列的三角坑。

(4)调节器设有护轨时,护轨类型宜与相邻轨道护轨相同。

(5)曲线形调节器的布置应符合下列规定:

①单向调节器的尖轨宜顺列车运行方向布置。

②调节器不应设置在半径小于1 500 m的曲线上,也不宜设置在竖曲线上。

③当调节器布置在梁端时,尖轨不可跨越梁端;当每跨或每联的两端都设置调节器时,不得将尖轨同时设在两端梁内。

④混凝土桥梁上铺设无缝线路,根据设计可在桥梁中部设置双向调节器。调节器基本轨接头以外的线路宜采用小阻力扣件,其铺设长度应按计算确定。

⑤调节器基本轨、尖轨接头距桥梁横梁、桥台胸墙或支座的距离不应小于2 m。

(6)调节器用钢轨应选用在线热处理对称及非对称断面钢轨,并应满足以下技术要求:

①平面曲线和竖曲线地段不应设置调节器。

②调节器应采用基本轨伸缩、尖轨锁定的结构。

③基本轨始端、尖轨尖端至最近梁缝边的距离均不应小于2 m。

④护轨伸缩接头的最大伸缩量应与调节器设计伸缩量一致。

⑤接续线钻孔位置应避开基本轨伸缩范围。

⑥调节器及其前后线路扣件类型和螺栓扭矩应符合设计要求。

⑦基本轨应按设计设置伸缩零点。

(7)伸缩预留量的设计应满足下列要求:

①伸缩预留量应考虑温度变化产生的钢轨伸缩量、列车活载作用于梁而引起的钢轨纵向位移、轨道可能产生的爬行量等。

②在无缝线路设计锁定轨温范围内铺设调节器时,其伸缩预留量应按设计伸缩量1/2计。

③在无缝线路设计锁定轨温范围之外铺设调节器时,其伸缩预留量可按式(4.23)计算。

$$\Delta l = a/2 + \alpha l(T - T_S) \tag{4.23}$$

式中 Δl——铺设调节器时,基本轨伸缩预留量(mm);

a——调节器设计预留量,为600 mm或1 000 mm;

α——钢轨钢线膨胀系数,为11.8×10^{-6}/℃;

l——无缝线路伸缩区长度,近似取150 m;当梁轨之间不产生相对位移时,l为梁的温度跨度；

T——铺设调节器时的轨温(℃)；

T_S——无缝线路实际锁定轨温或设计锁定轨温(℃)。

④有缝线路轨道铺设调节器时，其伸缩预留量可按下式计算：

$$\Delta l = a/2 + \alpha l(T - T_0) \tag{4.24}$$

式中 l——梁的温度跨度；

T_0——当地中间轨温，$T_0=(T_{max}+T_{min})/2$。

在 $T_0 \pm 5$ ℃范围内，Δl 按设计伸缩量的 1/2 计。

复习思考题

1. 铁路道岔的基本类型有哪些？
2. 简述单开道岔的组成及各部分的功用。
3. 单开道岔的尖轨有几种类型？
4. 简述道岔号码的表示方法，并说明道岔号码与辙叉角之间的关系。
5. 道岔的护轨有何作用？
6. 什么是有害空间？有害空间有何影响？如何消除？
7. 画出单开道岔图，并标出各部分的几何尺寸。
8. 什么是查照间隔与护背距离？
9. 道岔各部分轨距检查有何目的？检查的位置及轨距容许误差有何要求？
10. 影响过岔速度的因素有哪些？
11. 提高侧向过岔速度的措施有哪些？
12. 高速铁路道岔有何特点？
13. 简述钢轨伸缩调节器的作用。
14. 简述钢轨伸缩调节器的组成及类型。

项目2　轨道检测

项目描述

新建铁路线路经验收合格投入运营后，在列车荷载和外界各种因素的作用下，组成轨道的各种设备及几何形位会发生变化。为保持轨道状态良好，保证列车能以规定的速度安全平稳和不间断地运行，必须经常对线路进行检测。检测的内容包括钢轨、轨枕、联结零件、道床、道岔等轨道设备状态以及它们组成在一起的轨道几何形位，掌握其变化发生及发展的规律，为线路维修养护提供科学的依据。线路检查应坚持“动、静态检查相结合，结构检查与几何尺寸检查并重”的原则。动态检查应以轨道检查车、综合检测列车和探伤车检测结果为主要依据，巡检设备、车载式线路检查仪作为动态检查的辅助手段。发现问题时，应结合现场静态复核，全面分析原因并及时处理。应积极采用先进的线路检查设备，提高线路检查质量，加强线路设备状态分析，指导线路维修作业。应运用现代检测监测技术，加强线路设备检测，运用大数据分析，科学指导修理。

教学目标

1. 知识目标

(1)掌握动、静态检查的特点及区别。

(2)掌握静态检查的内容、标准及流程。

(3)掌握不同类型、不同轨道结构的轨道检查作业要求。

(4)掌握动态检查在设备管理和维护中的作用。

2. 能力目标

(1)会使用常用的检测工器具。

(2)会对不同类型、不同轨道结构的轨道检查作业。

(3)能利用动态检测结果查找分析病害。

3. 素质目标

(1)培养精益求精、追求卓越的工匠精神。

(2)养成严谨细致、踏实肯干的工作作风。

(3)有高度的工作责任心，良好的职业意识和职业习惯。

任务5　线路静态检测

线路静态检测指轨道在没有列车荷载作用时，用人工或轻型测量小车对线路进行的检查。线路静态检查的内容主要包括轨道设备状态和几何形位的检查，包括轨距、水平、前后、高低、方向、轨底坡、空吊板、钢轨接头、防爬设备、联结零件、轨枕及道口设备等检查。无轮载作用时，人工或轻型测量小车测得的不平顺通常称为静态不平顺。静态不平顺不能如实反映暗坑、空吊板、刚度不均匀等形成的不平顺，只能部分反映路基道床不均匀残余变形积累形成的不平顺。静态不平顺只是行车条件下完整的轨道不平顺在无列车轮载时，部分的、不确定的表象。

5.1 静态检测概述

5.1.1 学习目标

1. 知识目标

(1)准确说出线路设备检测方式和线路静态检查主要内容。

(2)掌握线路设备静态检查的要求。

2. 能力目标

(1)能正确区分静态检测和动态检测。

(2)能正确区分不同线路设备周期性检查内容及周期。

5.1.2 相关学习内容

1. 线路检测的意义

铁路线路设备是铁路运输业的基础设备。它常年裸露在大自然中,经受着风雨冻融和列车荷载的作用,轨道几何尺寸不断变化,路基及道床不断产生变形,钢轨、联结零件及轨枕不断磨损,因而使线路设备技术状态不断地发生变化,这就要求工务部门应按设备的变化规律及时执行各项检测制度。因此,线路检测对铁路运输业的发展起着关键的作用。

2. 线路设备的检测方式

(1)静态检查

线路静态检查是指在无列车动荷载的情况下对线路进行的检查。目前采用的主要手段有两种,一种是用轨距尺、支距尺等传统量具进行的检查,另一种是用轨道检查仪进行的检查。

工务段段长、副段长、指导主任、检测监控车间主任、线路车间主任和线路工长应定期检测线路、道岔和其他线路设备,并重点检测薄弱处所。

线路静态检查的内容主要包括轨距、水平、前后高低、方向、空吊板、钢轨接头、防爬设备、联结零件、轨枕及道口设备、线路标志标识等检查。线路静态检查是各工区、车间对线路进行检查的主要方式之一。

(2)动态检查

线路动态检测是在列车车轮荷载作用下通过添乘仪、车载式线路检查仪、轨道检查车等设备对线路进行的检测。线路动态检查是提速和高速铁路线路的主要检测方式,也是我国线路检测技术发展的主要方向。

3. 线路检测对养护维修工作的指导作用

安全生产是铁路运输永恒的主题,其关键就是确保设备、行车和人身安全。铁路线路设备是铁路运输业的基础设备,线路维修养护贯彻“修理标准与线路等级匹配,投入、产出经济合理”的理念,经常保持线路设备完整和质量均衡,保证列车能以规定速度安全、平稳和不间断地运行,并尽量延长设备的使用寿命是铁路工务部门的职责。因此,合理养护线路、确保线路质量是保证工务部门安全生产的前提,也是保证铁路运输安全的基础,对企业经济效益的增长、人民生命财产的保障和国民生产总值的提高都有很重要的意义。而线路的检测决定着线路的设备技术状态的变化规律及程度,所以线路检测技术水平直接决定着线路的养护和维修工作的进行。没有线路检测就不能确保线路质量状态,也就没有铁路运输的安全生产。

4. 线路设备静态检查的要求

检查工区应有计划地对线路车间管辖线路设备进行月度周期性检查和重点病害的调查、复核，线路工区参加月度周期性检查。轨道几何尺寸以仪器检查为主，人工主要进行轨道结构检查。应积极采用先进的线路检查设备，提高线路检查质量，加强线路设备状态分析，指导线路维修作业。

线路设备周期性检查内容及周期：

(1)正线线路检查。

轨道检查车每月检查的正线：无砟轨道、混凝土枕线路轨道结构及几何状态每季检查不少于 1 次(轨道结构未检查的月份，当月设备巡检不少于 1 次)；轨道检查车未检查的月份，线路轨道结构及几何状态当月检查不少于 1 次。木枕线路轨道结构及几何状态每月检查不少于 1 次，轨道结构薄弱地段、重点地段应增加检查次数。

轨道检查车每季检查的正线：线路轨道结构及几何状态每月检查不少于 1 次。

(2)正线道岔、调节器检查。

正线混凝土枕道岔、混凝土枕或明桥面调节器轨道结构及几何状态每月检查不少于 1 次，正线木枕道岔、有砟木枕调节器轨道结构及几何状态每月检查不少于 2 次。

(3)站线线路和道岔检查。

一般每 6 个月不少于 1 次，其中到发线、客车径路道岔检查比照正线道岔检查周期，具体由中国国家铁路集团有限公司规定。

(4)曲线正矢检查。

正线、到发线、客车径路曲线及岔后连接曲线正矢检查每季不少于 1 次，其他线路曲线正矢检查每 6 个月不少于 1 次。

(5)无缝线路位移观测。

每 6 个月不少于 1 次，原则上春、秋季各 1 次，进行影响无缝线路稳定的作业后，应及时进行观测。

(6)对严重线路病害地段和薄弱处所，应加强检查。

5.1.3　静态检查常用工器具

1. 常用工具

铁路线路常用检查工器具有铁路道尺、支距尺、钢尺、塞尺、高强度平直尺、轨缝尺、钢轨磨耗测量仪、钢轨廓形测量仪、弦线等见表 5.1。

表 5.1　轨道检查常用工器具

序号	名称	作用	实物图片
1	铁路道尺	测量轨道的轨距、水平、查照间隔及护背距离等	
2	支距尺	测量道岔导曲线的支距等	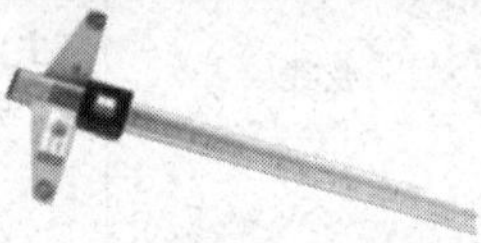

续上表

序号	名称	作用	实物图片
3	铁路方尺	测量轨枕是否方正、两钢轨接头直角错差、道岔尖轨爬行等	
4	钢卷尺	测量钢轨、辙叉、尖轨、护轨长度等	
5	1 m平直尺	主要测量钢轨硬弯、钢轨接头轨面或内侧错牙等	
6	30 cm直钢尺	测量道岔、道口各个轮缘槽宽度及一些零配件的长度等	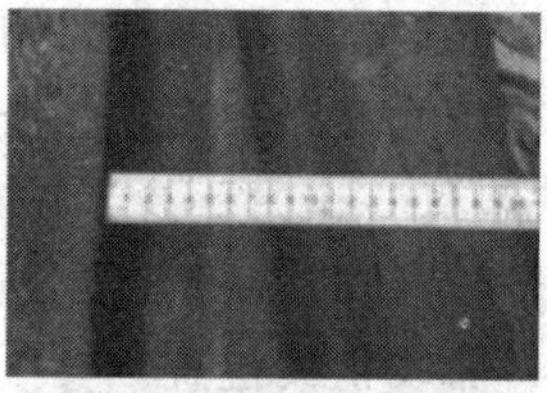
7	辙叉磨耗测量仪	主要用于测量辙叉心轨与翼轨磨耗	
8	游标式钢轨磨耗测量仪	主要测量钢轨磨耗，分P50/P60两种规格	
9	轨缝尺	主要用来测量接头轨缝等(检查位置为钢轨接头外侧非工作边)	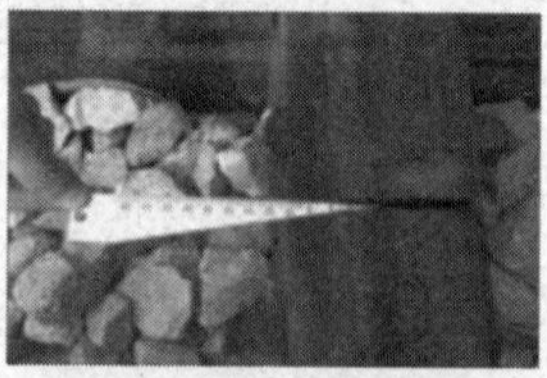
10	弦线	主要用于检查线路高低、方向以及曲线正矢等，与30 cm钢直尺配合使用	

续上表

序号	名称	作用	实物图片
11	红外线轨温计	用来测量钢轨温度	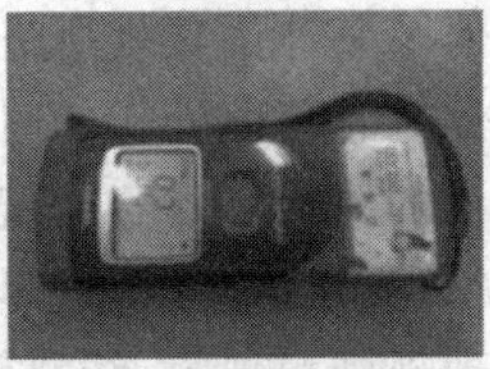

2. 计量器具检定要求

(1)线路静态检查主要计量器具应按《铁路工务计量器具运用管理办法》有关规定进行管理。

(2)中国国家铁路集团有限公司应分级建立计量标准，并对计量器具进行检定或校准。

(3)用于线路检测的计量器具投入使用前必须按规定进行首次检定，合格后方可投入使用，使用中应按计量检定规程规定的周期进行后续检定。

(4)工务段应配置相应设备、人员，制定管理制度等，取得相应计量检定或校准资质，对段管计量器具按计量检定规程进行检定或校准。

(5)对 GPS 定位仪、全站仪、水准仪等中国国家铁路集团有限公司无法建立计量标准的量具，应送有相应资质的技术机构进行检定或校准。

5.2　直线轨道检测

5.2.1　学习目标

1. 知识目标

(1)能准确说出直线轨道静态检查方法、检查程序及要求。

(2)能准确说出直线轨道静态检测记录填写要求。

(3)能准确说出直线轨道静态检测记录超限处所勾划标准及勾划要求。

(4)能准确说出常用轨道检查仪的使用方法。

2. 能力目标

(1)会用传统工具进行直线轨道静态检测。

(2)会用轨道检查仪进行直线轨道静态检测。

(3)会按不同线路等级对直线轨道检查数据超限处所按不同超限等级进行正确勾划。

5.2.2　相关学习内容

1. 直线轨道静态检测项目

直线轨道静态检测项目主要有轨距、水平(含线路扭曲或三角坑)、轨向、高低、轨底坡以及轨道设备伤损情况的检查。

2. 检测标准

轨道因列车荷载的反复作用而产生变形，其正常状态依赖于计划维修、临时补修等维修手段来维护。

计划维修是指根据线路及其各部件的变化规律，依据维修周期、结合设备状态评价，以大型养路机械为主要作业手段，全面调整和改善轨道空间线形线位，消除轨道结构病害，恢复道床弹性，更换失效轨枕和联结零件，调整轨道几何尺寸，消除钢轨轨头病害，达到钢轨目标廓形以及其他各结构部件的修理等为主要内容的单项或多项修理，以恢复线路完好技术状态。

临时补修是指以小型养路机械为主要作业手段，及时对几何不平顺超过临时补修容许偏差管理值及其他不良处所进行的临时性整修，以保证行车安全和平稳。做到消灭超过临时补修容许偏差管理值处所的时间不过夜。

轨道的几何尺寸容许偏差的管理值是按行车速度、线路类别和维修作业类别来确定的。

根据《普速铁路线路修理规则》(以下简称《修规》，均指 2019 年 4 月 1 日实行的《普速铁路线路修理规则》)规定，线路轨道静态几何不平顺容许偏差管理值见表 5.2 和表 5.3。

表 5.2　线路轨道静态几何不平顺容许偏差管理值(混凝土枕线路，mm)

项目		160 km/h＜v_{max} 正线				120 km/h＜v_{max}≤160 km/h 正线				80 km/h＜v_{max}≤120 km/h 正线				v_{max}≤80 km/h 正线及到发线				其他站线			
		作业验收	计划维修	临时补修	限速(160 km/h)	作业验收	计划维修	临时补修	限速(120 km/h)	作业验收	计划维修	临时补修	限速(80 km/h)	作业验收	计划维修	临时补修	限速(450 km/h)	作业验收	计划维修	临时补修	封锁
轨距		+2 −2	+4 −3	+6 −4	+8 −6	+4 −2	+6 −4	+8 −6	+14 −7	+6 −2	+7 −4	+14 −7	+16 −8	+6 −2	+7 −4	+16 −8	+19 −9	+6 −2	+9 −4	+19 −9	+21 −10
水平		3	5	8	10	4	6	10	14	4	6	14	17	4	6	17	20	5	8	20	22
高低		3	5	8	11	4	6	11	15	4	6	15	19	4	6	19	22	5	8	22	24
轨向(直线)		3	4	7	9	4	6	9	12	4	6	12	15	4	6	15	18	5	8	18	20
三角坑	缓和曲线	3	4	5	6	4	5	6	7	4	5	7	8	4	6	8	9	5	7	9	10
	直线和圆曲线	3	4	6	8	4	6	8	11	4	6	11	13	4	6	13	15	5	8	15	16

注：(1)轨距偏差不含曲线上按规定设置的轨距加宽值，但最大轨距(含加宽值和偏差)不得超过 1 456 mm；

(2)轨向偏差和高低偏差为 10 m 弦测量的最大矢度值；

(3)三角坑偏差不含曲线超高顺坡造成的扭曲量；检查三角坑时基长，采用轨道检查仪时为3 m，采用轨距尺时为 6.25 m，但在延长 18 m 的距离内无超过表列的三角坑；

(4)段管线、岔线按其他站线办理。

表 5.3　线路轨道静态几何不平顺容许偏差管理值(木枕线路，mm)

项目		120 km/h＜v_{max}≤160 km/h 正线			80 km/h＜v_{max}≤120 km/h 正线			v_{max}≤80 km/h 正线及到发线			其他站线		
		作业验收	计划维修	临时补修	作业验收	计划维修	临时补修	作业验收	计划维修	临时补修	作业验收	计划维修	临时补修
轨距		+4 −2	+6 −4	+8 −4	+6 −2	+7 −4	+8 −4	+6 −2	+8 −4	+9 −4	+6 −2	+9 −4	+10 −4
水平		4	6	8	4	6	9	4	6	10	5	8	11
高低		4	6	8	4	6	9	4	6	10	5	8	11
轨向(直线)		4	6	8	4	6	9	4	6	10	5	8	11
三角坑	缓和曲线	4	5	6	4	5	6	4	6	7	5	7	8
	直线和圆曲线	4	6	8	4	6	8	4	6	9	5	8	10

注：(1)轨距偏差不含曲线上按规定设置的轨距加宽值，但最大轨距(含加宽值和偏差)不得超过 1 456 mm；

(2)轨向偏差和高低偏差为 10 m 弦测量的最大矢度值；

(3)三角坑偏差不含曲线超高顺坡造成的扭曲量；检查三角坑时基长，采用轨道检查仪应为 3 m，采用轨距尺时为 6.25 m，但在延长 18 m 的距离内无超过表列的三角坑；

(4)段管线、岔线按其他站线办理。

3. 线路静态检查的传统方法

按检查要求和程序对直线轨道进行静态检查，并将检查结果填写在表 5.4 相应栏目内。

表 5.4　线路检查记录簿

正线：____km 至____km　站线：____股道　曲线半径：____m　超高：____mm　顺坡率：____%

<table>
<tr><td rowspan="3">检查日期</td><td rowspan="3">检查项目</td><td colspan="16">钢轨编号</td></tr>
<tr><td colspan="4"></td><td colspan="4"></td><td colspan="4"></td><td colspan="4"></td></tr>
<tr><td>接头</td><td></td><td>中间</td><td></td><td>接头</td><td></td><td>中间</td><td></td><td>接头</td><td></td><td>中间</td><td></td><td>接头</td><td></td><td>中间</td><td></td></tr>
<tr><td></td><td>轨距</td><td></td><td></td><td></td><td></td><td></td><td></td><td></td><td></td><td></td><td></td><td></td><td></td><td></td><td></td><td></td><td></td></tr>
<tr><td></td><td>水平、三角坑</td><td></td><td></td><td></td><td></td><td></td><td></td><td></td><td></td><td></td><td></td><td></td><td></td><td></td><td></td><td></td><td></td></tr>
<tr><td></td><td>轨向、高低及其他</td><td colspan="16"></td></tr>
<tr><td></td><td>临时补修日期及内容</td><td colspan="16"></td></tr>
<tr><td rowspan="3"></td><td rowspan="3">检查项目</td><td colspan="16">钢轨编号</td></tr>
<tr><td colspan="4"></td><td colspan="4"></td><td colspan="4"></td><td colspan="4"></td></tr>
<tr><td>接头</td><td></td><td>中间</td><td></td><td>接头</td><td></td><td>中间</td><td></td><td>接头</td><td></td><td>中间</td><td></td><td>接头</td><td></td><td>中间</td><td></td></tr>
<tr><td></td><td>轨距</td><td></td><td></td><td></td><td></td><td></td><td></td><td></td><td></td><td></td><td></td><td></td><td></td><td></td><td></td><td></td><td></td></tr>
<tr><td></td><td>水平、三角坑</td><td></td><td></td><td></td><td></td><td></td><td></td><td></td><td></td><td></td><td></td><td></td><td></td><td></td><td></td><td></td><td></td></tr>
<tr><td></td><td>轨向、高低及其他</td><td colspan="16"></td></tr>
<tr><td></td><td>临时补修日期及内容</td><td colspan="16"></td></tr>
</table>

1)检查轨道几何尺寸

(1)检查要求

①检查轨距、水平时，一般每 6.25 m 检查一处，要全面检查、全面记录；对轨向、高低及设备其他状态，应全面检查、重点记录，对伤损钢轨、夹板和焊缝应同时检查。

②轨距、水平测量数值准确，误差不大于 1 mm，超限勾划准确，符号符合规定，无漏勾错划。

③检查轨向、高低位置准确，测量方法正确。

④记录正确、清楚、完整。

⑤超限统计符合规定。

(2)检查程序和方法

①校定检查工具

道尺、钢轨磨耗测量仪、钢轨廓形测量仪应经鉴定合格，并有鉴定合格标记，道尺绝缘良好，水平误差不得大于 1 mm。弦线要结实，不能打结使用。

②轨距、水平检查

一般以每 6.25 m 检查一处。12.5 m 钢轨的接头及中间各检查一处，每节钢轨检查两处；25 m 钢轨的接头，长度的$\frac{1}{4}$、$\frac{1}{2}$、$\frac{3}{4}$各检查一处，每节钢轨检查四处。非标准长度的钢轨可比照办理。无缝线路每千米检查 160 处(也按每 6.25 m 检查一处)。

检查轨距时，道尺必须与线路中线垂直，现场操作时道尺垂直于任一股钢轨均可。测量时，不论钢轨头部有无肥边和磨耗，也不论轨顶有无坡度，均以标准轨距尺测得的数据为准。

水平检查时，水平差的符号，在直线地段，以顺计算里程方向，以左股钢轨为基本股，对面股低于基本股时的水平差符号为"＋"号，反之为"－"号。

水平检查与轨距检查同步进行，在钢轨长度的同一处所，按先轨距后水平的顺序检查，口述与标准尺寸的偏差，如＋3、－5，即轨距与标准值偏差为＋3 mm，水平与标准值偏差为－5 mm，记录在线路检查记录簿上，按线路里程(股道)、轨号、检查部位，记录轨距、水平的偏差值。

(3)三角坑检查

线路三角坑是指检查 18 m 范围内的轨道水平扭曲情况，即水平偏差变化量。在检查时，按前后水平的相对差来掌握线路的扭曲状况，对三角坑不再另行检查。发现 18 m 范围内有超限的三角坑时，应查出超限的起终点，并注明超限值，划好撬，将超限值填记在三角坑栏内。对轨检车动态检查时发现的三角坑超限处所，在进行线路整修之前，应进行复检。复检时的三角坑基长应按轨检车检测的基长 2.4 m 量取。

(4)轨向、高低检查

目测线路轨向和高低。在检查轨距、水平的同时，每隔 30～50 m 目测前后轨向和高低，全面查看、重点检查。对超限的轨距和高低记录在"紧急工作量及其他"栏中。

轨向检查时，目测找出两股钢轨的轨向不良处，用石笔作出标记。将 10 m 弦绳两端贴靠在钢轨内侧踏面下 16 mm 处，测量弦绳至轨向不良处钢轨作用边的最大矢度值。若轨向是向轨道内侧凹入的，则应在 10 m 弦绳的两端垫以同样高度的垫块，使弦绳两端垫离轨头内侧，量取弦绳至轨向不良处钢轨作用边的最小矢度值。用垫块高度减量取的最小矢度的差，即为该处轨向的最大凹矢度值。

高低检查时，先俯身目测下颚圆弧的延长线，从纵向上找出线路高低不良的位置，用石笔做出标记。在钢轨顶面垫以同样高度的垫墩，将 10 m 弦绳拉紧后两端紧贴垫墩上表面，量取弦绳至轨顶面的矢度。用垫墩高度减量取的矢度之差，即为该处线路的高低偏差值。偏差值大于零，符号为"＋"，线路向上凸起；偏差值小于零，符号为"－"，线路向下凹陷。

(5)勾划超限及完善记录

①超限处所的勾划，必须严格按照《修规》的规定标准进行。轨距、水平超限处所勾划：超计划维修的用红色的"～"勾划在超限数字的下方，超临时补修的用红色的"√"勾划在超限数字的下方，超限速标准的用红色的"×"勾划在超限数字的下方，三角坑用红色的"△"标在两数字间下方。轨向、高低不良处所，伤损钢轨，夹板和焊缝的伤损情况也需记录在"紧急工作量及其他"栏中。

②记录每页要填写里程(股道)、轨号及检查日期等项目。

③站线应在每股道的每页上方标明站线类别。

2)检查线路爬行

(1)检查要求

对普通线路爬行情况,每季至少应检查一次,爬行量大于20 mm时,应安排整正。对无缝线路长轨条位移情况,每月观测一次,并填写记录。发现观测桩处累计位移量大于10 mm时(不含长轨条两端观测桩)应及时上报工务段查明原因,采取相应的措施。检查线路爬行位置正确,测量数值准确。记录正确、完整。数值的正负号和观测桩编号无误。

(2)检查程序和方法

确定观测桩标记及两钢轨外侧轨底位移标记。在两观测桩标记间拉紧弦绳,弦绳处于两钢轨底面下,并向上贴靠轨底。分别测量两钢轨外侧轨底位移标记至弦绳与外侧轨底边缘交点的距离,所得长度即为线路的爬行量。爬行量符号,顺爬行观测桩编号方向爬行为"+",反之为"−"(即钢轨位移标记符号在弦绳靠顺公里方向侧为"+",反之为"−")。

3)钢轨伤损检查

(1)钢轨伤损标准

伤损钢轨按其伤损程度,分为轻伤、重伤和折断三类。钢轨轻伤、重伤标准见表1.4～表1.6,探伤人员、线路(检查)工长认为钢轨有伤损时,也可判为轻伤或重伤。

(2)检查钢轨方法简介

检查钢轨必须按规定周期进行,包括对接头夹板和辙叉进行检查。

①手工检查钢轨

手工检查钢轨是较为落后的方法。当前,在探伤仪缺少的情况下,对次要站专线和轻型杂轨地段,仍然辅之以手工检查。但是,手工检查不能代替探伤仪对正线的检查。

②超声波钢轨探伤仪检查钢轨

利用超声波钢轨探伤仪检查钢轨,是依据超声波在介质中的传播特性,以超声脉冲反射法和超声脉冲穿透法,对钢轨进行非破坏性的无损探伤。它能探测各种钢轨的核伤、螺孔裂纹、轨腰的水平或纵向裂纹,以及焊缝裂纹等各种伤损。在探测过程中遇伤损缺陷时,仪器能迅速地由示波管荧光屏显示出伤损脉冲波形,同时发出伤损报警信号,且能用数字显示伤损位置。

(3)伤损钢轨的监视和处理

线路上的伤损钢轨,由检查人员在轨腰上做如表5.5所示的标记。

表5.5　钢轨伤损标记

伤损种类	伤损范围及标记		说　明
	连续伤损	一点伤损	
轻伤	|←△→|	↑△	用白铅油作标记
轻伤有发展	|←△△→|	↑△△	用白铅油作标记
重伤	|←△△△→|	↑△△△	用白铅油作标记

4)轨枕检查

(1)轨枕失效标准

①混凝土枕(含混凝土宽枕、混凝土岔枕及短轨枕)

a. 明显折断。

b. 纵向通裂。

Ⅰ. 挡肩顶角处缝宽大于1.5 mm。

Ⅱ. 纵向水平裂缝基本贯通(缝宽大于 0.5 mm)。

c. 横裂(或斜裂)接近环状裂纹(残余裂缝宽度大于 0.5 mm 或长度超过 2/3 枕高)。

d. 挡肩破损,接近失去支承能力(破损长度超过挡肩长度的 1/2)。

e. 严重掉块,影响钢轨或扣件正常安装及使用,或影响轨枕其他正常使用功能。

②木枕(含木岔枕)

a. 腐朽失去承压能力,钉孔腐朽无处改孔,不能持钉。

b. 折断或拼接的接合部分离,不能保持轨距。

c. 机械磨损,经削平或除去腐朽木质后,允许速度大于 120 km/h 线路,其厚度不足 140 mm,其他线路不足 100 mm。

d. 劈裂或其他伤损,不能承压、持钉。

(2)混凝土枕严重伤损标准

①横裂裂缝长度为枕高的 1/2～2/3。

②纵裂。

a. 两螺栓孔间纵裂(挡肩顶角处缝宽不大于 1.5 mm)。

b. 纵向水平裂缝基本贯通(缝宽不大于 0.5 mm)。

③挡肩破损长度为挡肩长度的 1/3～1/2。

④严重网状龟裂和掉块。

⑤承轨槽压溃,深度超过 2 mm。

⑥钢筋(或钢丝)外露(钢筋未锈蚀,长度超过 100 mm)。

⑦斜裂长度为枕高的 1/2～2/3。

5)联结零件检查

(1)扣件应保持齐全,位置正确,按标准要求进行铺设和养护维修,确保作用良好。Ⅰ型、Ⅱ型弹条中部前端下颚与轨距挡板离缝作业后不应大于 1 mm、日常保持不宜大于 2 mm。Ⅲ型弹条小圆弧内侧与预埋铁座端部相距 8～10 mm。小阻力扣件弹条中部前端下颚与钢轨离缝作业后不应大于 1 mm、日常保持不宜大于 2 mm。分开式弹性扣件与木枕联结应紧密,当钢轨受车轮横向力作用时不得产生相对位移和扭转离缝。扣板、轨距挡板应靠贴轨底边。扣板(弹片)扣件扭矩应保持 80～140 N · m。

(2)混凝土扣件伤损达到以下标准,应有计划地修理或更换:

①螺旋道钉折断、浮起,螺帽或螺杆丝扣损坏,严重锈蚀。

②垫圈损坏或作用不良。

③弹条、扣板(弹片)损坏或不能保持应有的扣压力。

④扣板、轨距挡板严重磨损、锈蚀,扣板、轨距挡板前后离缝超过 2 mm。

⑤挡板座、铁座损坏或作用不良。

⑥预埋套管损坏。

(3)钢轨接头两端各两根轨枕应铺设高弹性橡胶垫板。橡胶垫板压溃或变形(两侧压宽合计:厚度为 7 mm 的橡胶垫板超过 15 mm,厚度为 10 mm 的橡胶垫板超过 20 mm)丧失作用,橡胶垫片损坏时,应进行更换。小阻力扣件使用的复合垫板,橡胶与不锈钢片分离时应及时更换。

(4)钉道钉的规定:

①有铁垫板时,直线及半径 800 m 以上的曲线地段,每根木枕上每股钢轨内外侧各钉 1 个

道钉;半径 800 m 及以下的曲线(含缓和曲线)地段,内侧加钉 1 个道钉。铁垫板与木枕联结道钉,必须钉齐(冻害地段、明桥面除外)。

② 无铁垫板时,每根木枕上每股钢轨内外侧各钉 1 个道钉,4 个道钉位置成八字形,道钉中心至木枕边缘的距离应大于 50 mm,钢轨内外侧道钉应错开 80 mm 以上。

(5)铁垫板和道钉应齐全,作用良好,缺少时应及时补充,道钉浮起或松动时应及时整治。伤损达到下列标准,应有计划地更换:

①铁垫板折断、变形、严重磨损、严重锈蚀或丧失固定立柱螺栓功能。

②道钉钉头脱落、严重锈蚀或下颚磨耗达 3 mm 及以上。

③接头螺栓应齐全,作用良好,缺损时应及时补充和更换。普通线路接头螺栓扭矩应达到表 5.6 的规定值,并应保持均匀。扭矩不足时,不得低于规定值 100 N·m 以上。接头防松紧固件的扭矩标准可参照表 5.7。

表 5.6　普通线路接头螺栓扭矩标准

项　目	单位	25 m 钢轨						12.5 m 钢轨	
		最高、最低轨温差＞85 ℃			最高、最低轨温差≤85 ℃				
钢轨	kg/m	60 及以上	50	43	60 及以上	50	43	50	43
螺栓等级	—	10.9	10.9	8.8	10.9	8.8	8.8	8.8	8.8
扭矩	N·m	700	600	600	500	400	400	400	400
C 值	mm	6			4			2	

注:(1)C 值为接头阻力及道床阻力限制钢轨自由伸缩的数值;

(2)小于 43 kg/m 钢轨比照 43 kg/m 钢轨办理;

(3)高强度绝缘接头螺栓扭矩不小于 700 N·m。

表 5.7　接头防松紧固件扭矩标准

防松螺母类型	8 级	10 级	12 级
扭矩(N·m)	400～600	600～1000	900～1100

(6)接头夹板伤损达到下列标准时应及时更换。

①折断。

②中间两螺栓孔范围内裂纹:正线、到发线有裂纹;其他站线平直及异形夹板超过 5 mm,双头及接头夹板超过 15 mm。

③其他部位裂纹发展到螺栓孔。

④胶接绝缘夹板性能不良。

(7)接头螺栓及垫圈伤损达到下列标准,应及时更换:

①螺栓折断、变形,严重锈蚀、丝扣损坏或杆径磨耗超过 3 mm 不能保持规定的扭矩。

②垫圈折断或失去弹性。

6)现场划撬规定

各铁路局集团有限公司各有规定,如下方法可作为参考。

①高低、水平划撬:"＞＜"。

②改道划撬:"⊢↑↓⊣"。

③接头错牙划撬:"—",水平方向划在接头夹板上部。

④拨道划撬:"→",顺轨枕纵向划。

⑤失效轨枕标记:“|”,划在轨枕的中部。

⑥方正轨枕标记:“↑”或“↓”,划在要方正轨枕的一端。

⑦检查出的轨距、水平数值记录:如 2－0、3＋4。

⑧其他现场划撬符号可由工区自行设定。

4. 轨道检查仪检查线路

《修规》要求,应积极采用轨道检查仪检查线路,提高线路静态检查质量,加强线路设备状态分析,指导线路养修工作。

1)轨道检查仪检查线路的优点

轨道检查仪是测量轨道几何尺寸且轨道参数随着仪器在线路上推行而实时显示并记录在内存中的手推车式静态检查仪器。操作人员在检查时可通过显示屏幕看见轨距、超高度及实际里程测量数值。在发现轨道缺陷后,可以实时在大号触摸键盘上输入资料,如断裂焊口或断轨、需更换轨枕、缺少螺丝等等的位置。与用轨距尺检查几何尺寸相比较,轨道检查仪具有速度快、易于统计查询等优点。

2)轨道检查仪基本构造、特点、原理、使用条件及主要技术参数

目前,线路上使用的轨道检查仪类型较多,现以 GJY-T-EBJ-2 型铁路轨道检查仪为例介绍其基本的使用方法(图 5.1)。

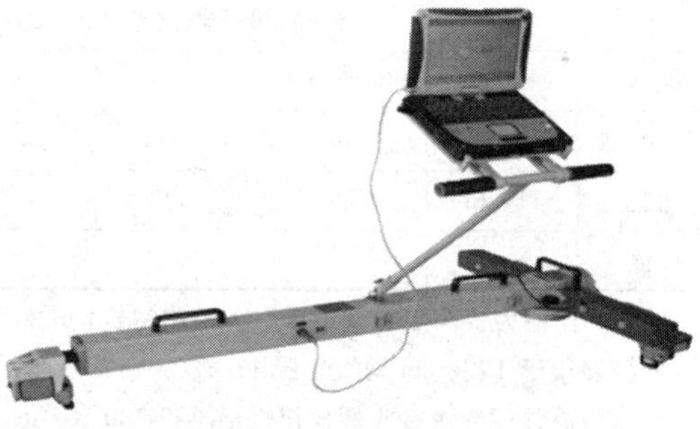

图 5.1　GJY-T-EBJ-2 型轨道检查仪

(1)产品概述

GJY-T-EBJ-2 型轨道检查仪是一种基于光纤陀螺精密测角轨迹测量原理的轨道几何状态检查仪器,采用适应野外作业的笔记本电脑为整个系统的数据处理中心,实现在线数据及波形显示,并可进行全项目的在线超限报警(图 5.2)。

图 5.2　GJY-T-EBJ-2 型轨道检查仪现场使用安装

(2)使用条件

GJY-T-EBJ-2 型轨道检查仪在下列环境条件下能可靠工作。

①环境温度:－20～＋50 ℃。

②相对湿度:≤90%RH。

③海拔:≤2 500 m。

④行进速度:匀速≤8 km/h(建议 8 km/h)。

⑤电源电压：(4.4±1.5)V。

(3)主要性能参数

①轮距长：0.75 m。

②检测标准轨距：1 435 mm。

③采样间距：0.125 m(每米采样 8 个点)。

④外形尺寸(长×宽×高)：1 600 mm×1 350 mm×235 mm。

⑤锂电池：额定电压为 14.4 V，额定容量为 8 AH。

⑥重量：约 40 kg。

(4)主要技术参数(表 5.8)

表 5.8　GJY-T-EBJ-2 型轨道检查仪主要参数

序号	项目		测量范围	示值误差	备注
1	高低		±50 mm	±1.0 mm	10 m 弦
2	轨向		±100 mm	±1.0 mm	10 m 弦
3	正矢		±400 mm	±1.0 mm	20 m 弦(对应曲线 450<R≤800)
4	轨距	零位正确性	1 410～1 470 mm	±0.15 mm	应对使用环境温度的影响时进行自动修正
		示值误差		±0.50 mm	
		测量重复性		0.20 mm	5 次测量结果的极差
5	水平(超高)	零位正确性	±200 mm	±0.15 mm	
		示值误差		±0.50 mm	
		掉头误差		0.30 mm	
		测量重复性		0.20 mm	5 次测量结果的极差
6	扭曲		±30 mm	±1.0 mm	6.25 m 基长
7	里程		0～9 999 km	±2‰	

(5)系统组成(图 5.3)

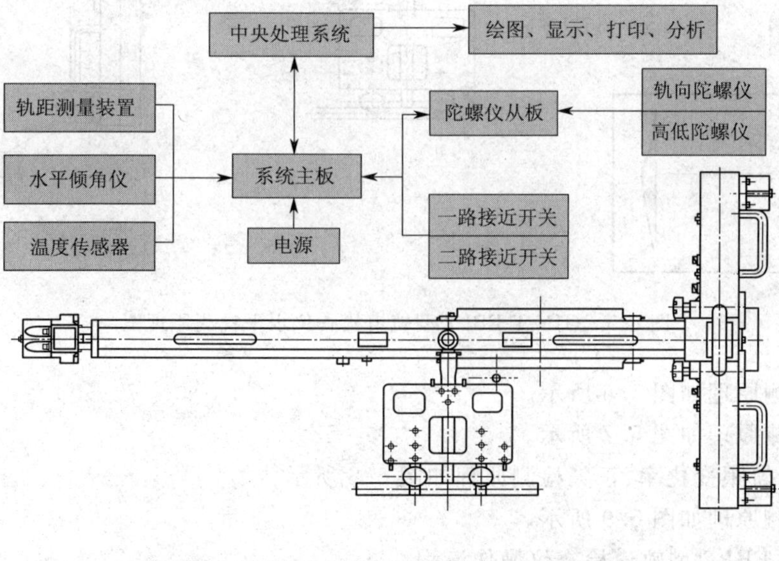

图 5.3　GJY-T-EBJ-2 型轨道检查仪系统组成图

(6)检测原理

①轨距检测原理如图 5.4 所示。

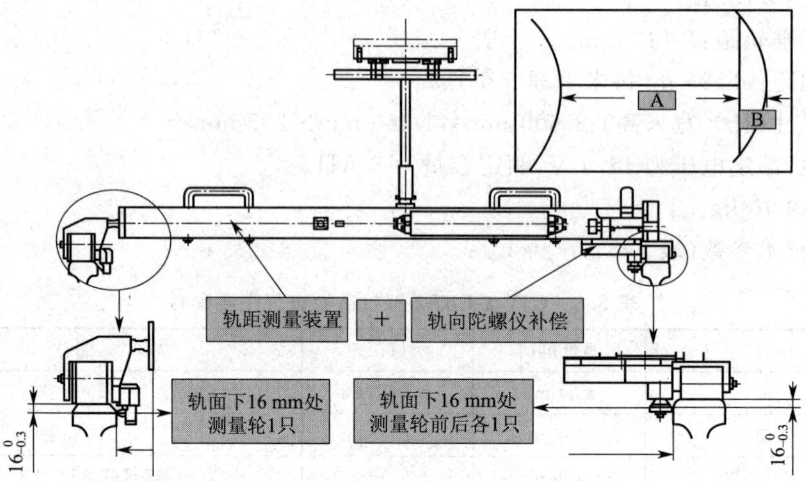

图 5.4　GJY-T-EBJ-2 型轨道检查仪轨距检测原理图

②水平检测原理如图 5.5 所示。

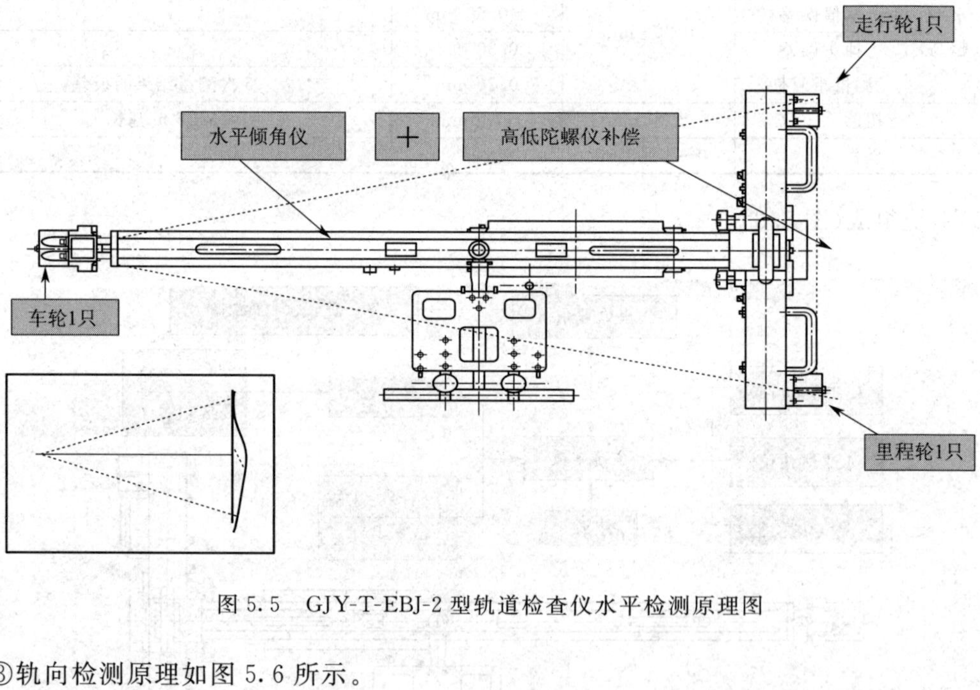

图 5.5　GJY-T-EBJ-2 型轨道检查仪水平检测原理图

③轨向检测原理如图 5.6 所示。

④高低检测原理如图 5.7 所示。

⑤三角坑、轨距变化率、正矢检测原理如图 5.8 所示。

⑥里程检测原理如图 5.9 所示。

5. GJY-T-EBJ-2 型轨道检查仪操作流程

上线操作流程如图 5.10 所示。

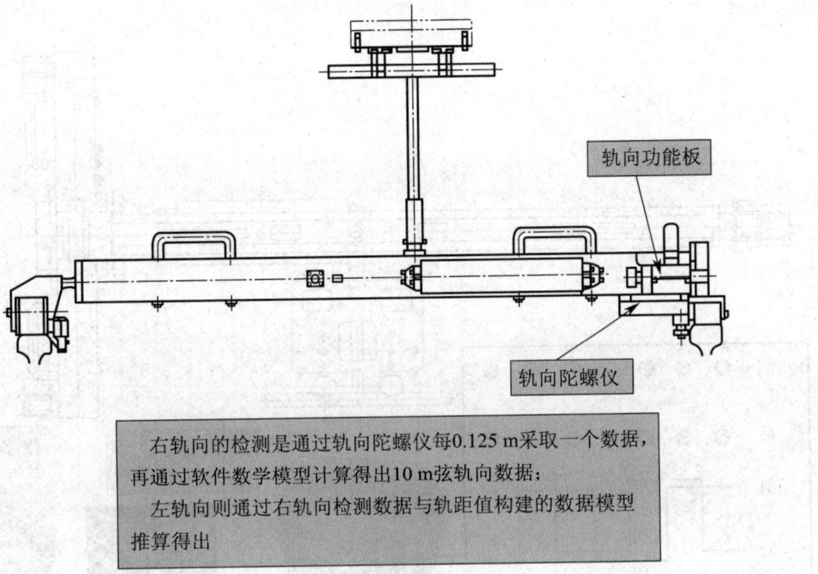

图5.6　GJY-T-EBJ-2型轨道检查仪轨向检测原理图

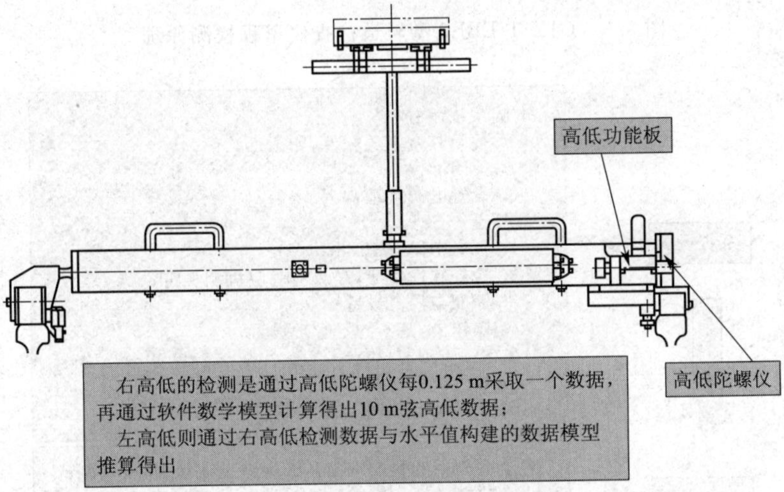

图5.7　GJY-T-EBJ-2型轨道检查仪高低检测原理图

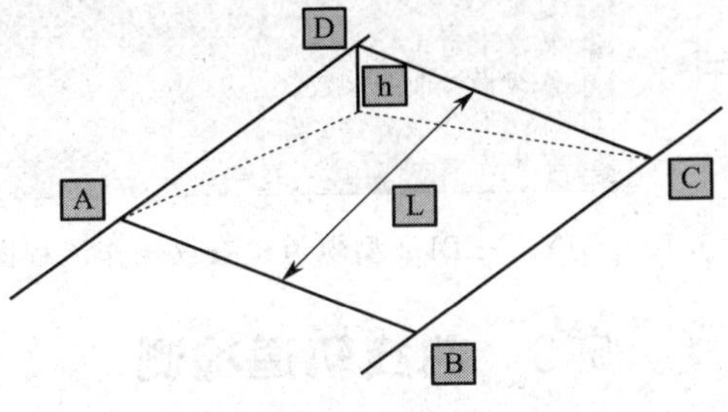

图5.8　GJY-T-EBJ-2型轨道检查仪三角坑、轨距变化率、正矢检测原理

注：①扭曲(三角坑)，由水平测量数据计算得出；如图所示，基长 L 的三角坑 $h=AB$ 水平值$-CD$ 水平值；

②轨距变化率，由轨距测量数据计算得出；与三角坑原理相同基长 L 的轨距变化率$=AB$ 轨距值$-CD$ 轨距值；

③左右正矢，由左右轨向测量数据计算得出20 m弦正矢值。

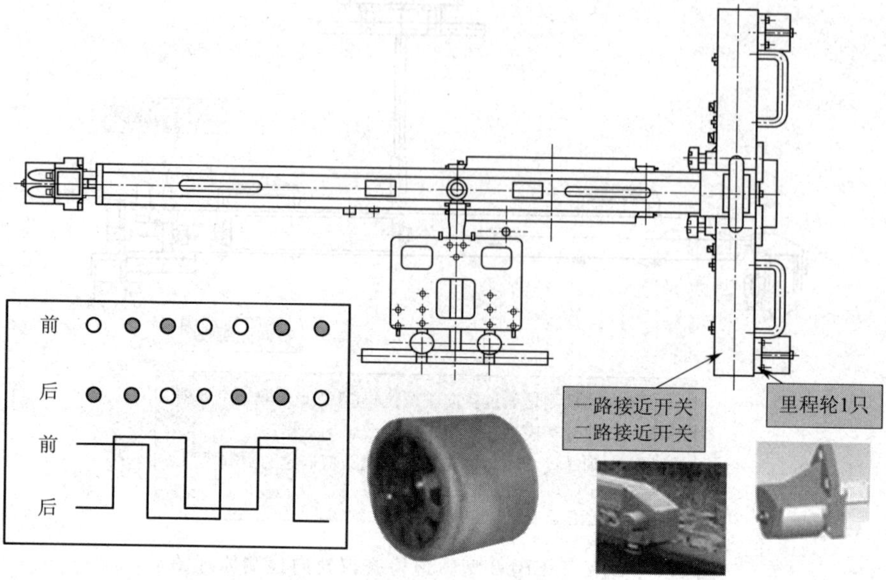

图 5.9　GJY-T-EBJ-2 型轨道检查仪里程检测原理

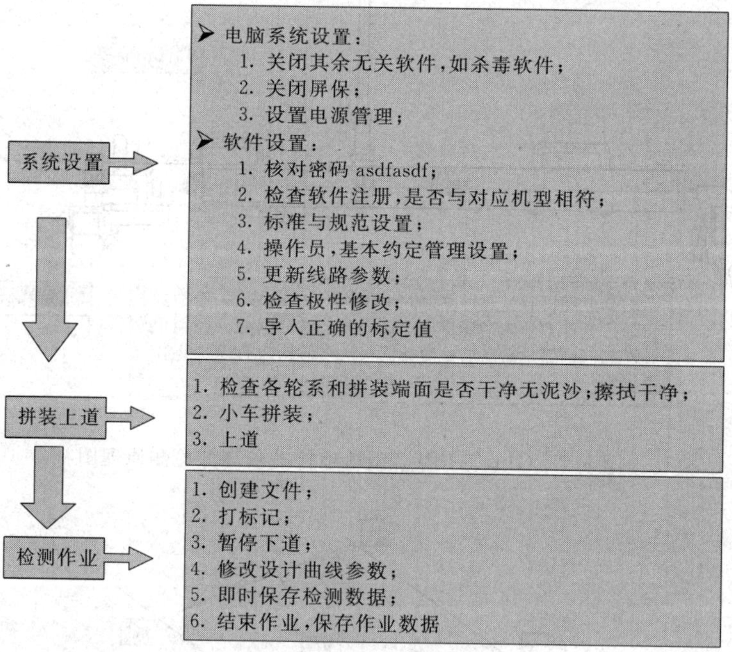

图 5.10　GJY-T-EBJ-2 型轨道检查仪操作流程图

5.3　曲线轨道检测

5.3.1　学习目标

1. 知识目标

(1)能准确说出曲线轨道静态检测项目、检测标准及检查方法。

(2)能准确说出曲线轨道静态检测记录填写要求。

(3)能准确说出曲线轨道静态检测记录超限处所勾划标准及勾划要求。

2. 能力目标

(1)能用检测工具进行曲线轨道静态检测。

(2)能用轨道检查仪进行曲线轨道静态检测。

(3)能按不同线路等级对曲线轨道静态检查数据超限处所按不同超限等级进行正确勾划。

5.3.2 相关学习内容

由于曲线是线路的薄弱环节,产生病害较多,是线路质量优劣的主要控制因素,所以,对其进行周期性的检查是掌握线路技术状态的重要手段。通过检查,按线路设备各种变化的不同程度安排临时补修和计划维修工作。正线在正常条件下,轨道几何尺寸每半个月左右进行一次检查,不待误差量发展变化过大就及时地进行临时补修,以控制轨道几何尺寸状态。此外对线路病害严重的地段,除按每月两次的检查外还应适当增加检查次数,以使设备技术状态处于有效监控之下。曲线养护的重点是围绕曲线轨道何尺寸不超限曲线轨道设备处于正常有效使用状态来进行作业,目前对曲线轨道维修质量的监控主要是通过动静态检查手段来实现的。

1. 曲线轨道静态检测项目

曲线静态检测利用检测工具沿线路逐点进行,检测项目主要有轨距(含曲线轨距加宽)、水平(含曲线外轨超高、线路扭曲或三角坑)、轨向(曲线圆顺程度)、高低及轨底坡。

2. 曲线轨道静态检测标准

曲线轨道静态检测标准同表2.8～表2.11。

3. 曲线轨道静态检测方法

1)标准股确定

曲线以上股(曲线外轨)为标准股,曲线上股(曲线外轨)水平比曲线超高值高时记录为“+”,反之记录为“-”。

2)曲线正矢检查

(1)检查标准

曲线应保持要素准确及圆顺,用20 m弦测量,曲线正矢作业验收容许偏差管理值见表2.8的规定,曲线正矢计划维修容许偏差管理值见表2.9～表2.11的规定。

(2)检查方法

曲线方向以20 m弦检查中央点正矢值,除缓和曲线应定点检查外,圆曲线部分可定点或不定点检查。曲线检查时要注意观看是否存在接头支嘴、反弯或鹅头(反弯是指曲线头或曲线尾部的直线线路存在与曲线方向相反的弯曲,鹅头是指曲线头或尾偏离应有的平面位置,向曲线外侧凸出,越出直线方向,状似鹅头),并设法量出反弯或鹅头的数值,在曲线头或尾部的轨底上注明。检测正矢应选择晴天或无风的天气,弦线与测尺均应放在钢轨顶面下16 mm处,读数时,测尺、弦线、视线应互相垂直。检查数据按要求填入表5.9相应栏目内。

表 5.9　曲线正矢检查记录簿

曲线位置:k ____ ＋____～k ____ ＋____　曲线半径:____m　直缓点位置:____号测点＋____m;

缓和曲线长:____m　曲线全长:____m　缓直点位置:____号测点＋____m

测点号	计算正矢	年　月　日			年　月　日			年　月　日			测点号	计算正矢	年　月　日			年　月　日			记事
		现场正矢	拨道量	拨后正矢	现场正矢	拨道量	拨后正矢	现场正矢	拨道量	拨后正矢			现场正矢	拨道量	拨后正矢	现场正矢	拨道量	拨后正矢	
1											22								
3											23								
3											24								
4											25								
5											26								
6											27								
7											28								
8											29								
9											30								
10											31								
11											32								
12											33								
13											34								
14											35								
15											36								
16											37								
17											38								
18											39								
19											40								
20											41								
21											42								

5.4　无缝线路检测

5.4.1　学习目标

1. 知识目标

(1)能准确说出无缝线路检测意义。

(2)能准确说出无缝线路检测方法和检测原理。

(3)能准确说出位移观测桩法检测无缝线路锁定轨温步骤。

2. 能力目标

(1)能利用工具进行无缝线路检测。

(2)会利用位移观测桩法检测无缝线路实际锁定轨温。

5.4.2　相关学习内容

1. 无缝线路检测的意义

无缝线路作为铁路轨道一项重要改革和技术创新,其明显的经济效益得到全社会以至全世界的认可,世界上许多国家竞相采用。无缝线路设计时,温度力分布理论上是均匀的直线。但实际上由于施工方法、线路阻力分布、运营期间车辆制动等都会造成长钢轨局部产生不均匀位移,导致局部温度力分布不均。

无缝线路的设计锁定轨温是指钢轨无温度应力状态下的轨温。但实践证明,无缝线路的实际锁定轨温常常低于设计锁定轨温。铁路工务部门曾经在既有铁路进行实测分析,发现经过一段运营时间的线路锁定轨温均降低。造成无缝线路实际锁定轨温低于设计锁定轨温的原因主要有以下几方面。首先是铺设,钢轨在装卸及运输过程中、拨入线路与合拢时,都可能产生初始温度压力,导致实际锁定轨温降低;其次是养护维修,一般认为在低温条件下养护因钢轨内略微存在一些拉力比较安全。但是低温条件下养护,整段长钢轨收缩,锁定后长钢轨没有完全回到初始长度,造成锁定轨温降低;再次运营期间列车不断在钢轨上行驶碾压,使钢轨产生塑性伸长,在原零应力轨温时仍存在压力,使实际锁定轨温降低。也有其他原因使锁定轨温降低,但也有一些因素会导致锁定轨温升高,比如插入短轨、车站前后频繁制动造成长钢轨局部拉力增加等。

不论无缝线路锁定轨温升高或降低,工务部门都需要得到准确的实际锁定轨温值,方便掌握实际锁定轨温变化幅度,防止无缝线路胀轨跑道、断轨、爬行等危及行车安全的事故发生,同时克服养护维修的难题。在锁定轨温不明、不准、不均匀的情况下,可用应力放散的方法恢复原锁定轨温,并重新设定锁定轨温。但应力放散工作量大,需占用区间,不适于高速、高密度的铁路运输需求。需要一种既精确可靠,又便于对锁定轨温进行经常性检测的手段和方法,国内外一直进行研究和探索。

2. 无缝线路检测方法

目前无缝线路检测方法主要分为两大类:应变法和应力法。

(1)应变法

应变法是根据钢轨温度和应变来推算无缝线路锁定轨温和变化规律。其基本原理是

$$\Delta L = aL\ (T_1 - T) \tag{5.1}$$

式中　L——钢轨长度;

a——钢轨的线膨胀系数。

式(5.1)可变换为

$$T_1 = T + \Delta L / aL \tag{5.2}$$

此即为应变法测钢轨实际锁定轨温的理论公式。应变法测锁定轨温主要包括形变仪法、测标法、位移观测桩法。

形变仪法是通过首先在轨腰上粘贴两块标距 210 mm 的支架,然后用曲小钢尺加千分表组成的形变仪卡在两支架间进行测距,将测得的数据进行理论计算得出实际锁定轨温的方法。由于形变仪和测点的接触无法固定,且户外测量有灰尘影响,再加上两次测量的间隔时间很长,形变仪法测实际锁定轨温的最好精度只能达到 4 ℃。目前,现场较少使用该法,不过,有些科研部门正设法研制更为精确的形变仪。

测标法是用普通钢卷尺测得初设标距的变化，进而获取实际锁定轨温的方法。该方法要点是首先在焊轨厂的配轨车间设标。所谓设标是在标准长度钢轨（如 25 m 钢轨）的非工作边做两个标记，标记间距离称为标距，标记可以采用直径不大于 0.5 mm 的冲眼或其他形式。将设了标记的钢轨按一定要求焊入长钢轨中，并每隔一定距离设标一组。现场铺设后，可用检定的钢尺定期测量标点距离，则可利用标距和尺长的差，结合沿线多组标记测量值推算实际锁定轨温和变化规律。考虑测量过程中的各种系统误差及偶然误差，测标法实际测定精度在 3 ℃左右。但测标法需要有严格的工艺流程和管理制度，对操作人员的技能熟练度和责任心有很强的要求，需要有专门的技术人员主持负责。该法仍处于研究试用阶段。

位移观测桩法是在无缝线路长轨条铺设锁定之前，在线路两侧同样里程处按照一定的原则布设观测点，称为位移观测桩。当长钢轨锁定时立即在钢轨与位移观测桩对应位置设标记。位移观测桩理论上不发生静态位移，长钢轨可能由于各种原因发生纵向位移，因此，可利用位移观测桩对长钢轨位移量进行测量，利用沿线长钢轨位移量掌握温度力分布、实际锁定轨温及其变化规律。位移观测桩法是当前我国规范所规定必须采用的检测无缝线路温度力分布和锁定轨温变化的重要手段。钢轨位移观测记录簿如表 5.10 所示。

表 5.10　无缝线路长钢轨位移观测记录簿

线____行 k____+____～k____+____　锁定轨温：____℃

检查日期	检查时间	气温(℃)	轨温(℃)	左股(mm)											右股(mm)											原因分析
				始端轨缝	各观测点位移量									终端轨缝	始端轨缝	各观测点位移量									终端轨缝	
					1	2	3	4	5	6	7					1	2	3	4	5	6	7				

注：(1)在单线上各测点顺计算里程方向编号，在双线上各测点顺列车运行方向编号；

(2)顺编号方向位移为“+”号，逆编号方向位移为“−”号；

(3)顺编号方向分左右股。

(2)应力法

应力法的基本原理是采用各种物理办法，试验并标定某种物理量（应变除外）与应力之间的关系，然后通过测量该物理量的变化，来间接测取钢轨的温度应力。应力法包括 X 射线法、超声波法、磁弹性法等。从原理上讲，应力法可以测出无缝线路锁定轨温变化，但由于钢轨微观结构、残余应力和表层特性等原因，实际应用很难达到理想效果，现场检测很少采用。

3. 位移观测桩法在无缝线路检测中的应用

假设，某长钢轨相邻两位移观测桩间钢轨在一段时间发生 −6 mm 的位移量，两位移

观测桩桩间距 500 m,长钢轨原锁定轨温为 23 ℃,则由式(5.2)计算该长钢轨实际锁定轨温为

$$T_1 = 23 + (-6) \times 10^{-3} / (11.8 \times 10^{-6} \times 500) = 21.98(℃)$$

利用位移观测桩法测得的位移量,根据位移量与轨温的变化关系,可为养护维修及巡道作业提供提示。对应不同的位移观测桩桩间距,若位移量超过一定值,如桩间距 500 m 的跨区间无缝线路,若位移量 5.9 mm 即代表实际锁定轨温变化 1 ℃,若位移量为 29 mm,则实际锁定轨温已变化 5 ℃需要引起重视。此外,要对比分析本次测量与上次测量的位移量差,对于位移量差别较大的应重点分析原因,查看是否养护维修作业不当或扣件扣压力不足等,并应加强巡视。

根据测得的实际锁定轨温,可以制订有效的养护维修计划,并预防胀轨跑道或是由温度力变化引起的断轨。位移观测桩法可以测得一定距离范围内因钢轨的伸缩位移引起的锁定轨温平均变化。

目前尚无一种无缝线路实际锁定轨温检测方法能在原锁定轨温不明、不准的情况下测得准确的实际锁定轨温。排除原锁定轨温不明、不准的影响,设计规范规定的位移观测桩法有其应用优势:原理简单、施工操作便捷、观测容易且便于对观测结果进行分析,非常适合施工单位和工务部门使用。但是,由于位移观测桩法是假定观测桩没有位移的在桥梁上尤其是钢桥上,观测桩是随着桥梁一起移动的,因此为避免位移观测桩移动,桥梁地段位移观测桩应尽量设置在桥梁固定支座处。

5.5 道岔检测

5.5.1 学习目标

1. 知识目标

(1)能准确说出单开道岔检查程序及要求。

(2)能准确说出几种常用道岔静态检测标准及要求。

(3)能准确说出道岔静态检测记录超限处所勾划标准及勾划要求。

2. 能力目标

(1)能用道岔检测工具进行道岔静态检测。

(2)能按不同线路等级对道岔静态检查数据超限处所按不同超限等级进行正确勾划。

5.5.2 相关学习内容

1. 道岔检测概述

道岔是铁路轨道的一个薄弱环节,并且往往是影响行车安全和限制行车速度的一个主要原因,因此道岔是铁路工务人员养护维修工作的重点,加强道岔检测对保持道岔几何形位处于良好状态具有重要意义。

2. 道岔静态检测标准

道岔轨道静态几何不平顺容许偏差管理值见表 4.6。

3. 道岔检查方法

道岔检查按程序和内容进行,检查结果依道岔的种类和型号填入表格 5.11～表 5.13 中。

表 5.11　道岔检查记录簿

站名：________　　　　道岔编号：________　　　　型号：________

检查日期	检查项目	转辙部分					导曲线部分						辙叉部分										支距	记事
		前顺坡终点	尖轨尖端处	尖轨中	尖轨跟端		直线			导曲线			叉心前		叉心中		叉心后		查照间隔		护背距离			
					直	曲	前	中	后	前	中	后	直	曲	直	曲	直	曲	直	曲	直	曲		
	轨　距																							
	水　平			×											×	×			×	×	×	×		
	轨向、高低及其他																							
	临时补修日期及内容																							
	轨　距																							
	水　平			×											×	×			×	×	×	×		
	轨向、高低及其他																							
	临时补修日期及内容																							

表 5.12　交分道岔检查记录簿

站名：________　　　　道岔编号：________　　　　型号：________

检查日期	检查项目		前锐角辙叉				前双转辙器					钝角辙叉							后双转辙器					后锐角辙叉			
			叉后端	叉心中	查照间隔	护背距离	顺坡终点	尖轨尖	尖轨中	尖轨跟		可动心		短中轴	导曲线中	曲中外矢	可动心		尖轨跟		尖轨中	尖轨尖	顺坡终点	查照间隔	护背距离	叉心中	叉后端
										直股	曲股	跟端	中间				由间	跟端	直股	曲股							
	甲股	轨距																									
		水平		×	×	×			×				×				×				×			×	×	×	
	乙股	轨距												×													
		水平		×	×	×			×				×	×			×				×			×	×	×	
	其他及临时补修日期																										
	甲股	轨距																									
		水平		×	×	×			×				×				×				×			×	×	×	
	乙股	轨距												×													
		水平		×	×	×			×				×	×			×				×			×	×	×	
	其他及临时补修日期																										

表 5.13　可动心轨单开道岔检查记录簿(18 号及以上)

站名：________　　　　道岔编号：________　　　　道岔类型：________

检查日期	检查项目		转辙部分								导曲线部分					辙叉部分							支距	记事
			尖轨前顺坡终点	尖轨尖端处	尖轨中前部	尖轨中前部*	尖轨中部	尖轨中后部	尖轨中后部*	尖轨跟端	前部	中前部	中部	中后部	后部	辙叉前部	辙叉中部	查照间隔	辙叉中后部	辙叉中后部*	弹性可弯中心后部	辙叉后部		
	轨距	直																×						
		曲	×	×																				
	水平	直																×						
		曲	×	×														×						
	轨向高低及其他																							
	临时补修日期及内容																							
	轨距	直																×						
		曲	×	×																				
	水平	直																×						
		曲	×	×														×						
	轨向高低及其他																							
	临时补修日期及内容																							

注：(1) * 指该项在道岔号数为 30 号及以上时应查；

(2)18 号及以上号码的可动心轨道岔在尖轨中部与尖轨尖端、尖轨跟端之间增加了对尖轨中前部、尖轨中后部的检查，具体位置应根据道岔类型均匀布置；

(3)18 号及以上号码的可动心轨道岔在导曲线部分增加了对导曲线部分中前部、中后部的检查，具体位置应根据道岔类型均匀布置；

(4)辙叉中部指可动心轨辙叉长心轨轨顶宽 20 mm 左右处；

(5)弹性可弯中心后部指在长心轨弹性可弯中心后第一间隔铁处及侧股对应位置；

(6)18 号及以上号码的可动心轨道岔在辙叉中部与弹性可弯中心后部之间增加了对辙叉中后部的检查，具体位置应在辙叉中部与弹性可弯中心后部之间根据道岔类型均匀布置。

1)道岔几何形位检查

(1)在距道岔约 30～50 m 处左右，站立目视道岔直外股的轨向；卧式目视其高低。如发现轨向或高低不良时，可记录在"轨向、高低及其他栏内"。

(2)目视完轨向高低后，回到检查的第一处(尖轨前顺坡终点，即道岔前接头处，正反道尺校正其水平是否误差大于±1 mm，误差大于±1 mm 时，作校正)。

(3)检查步骤：按照先轨距、后水平的顺序逐处检查、记录。检查轨距时，大于 1 435 mm 为"＋"，小于 1 435 mm 时为"－"(无轨距加宽)；检查水平时，直股：以外股为标准股，曲股：以外股(上股)为标准股，标准股高时为"＋"，反之为"－"号。

(4)检查完轨距水平后，检查道岔方正情况和尖轨是否相错。检查前端方正时，如有相错，直基本轨向岔前相错时记为"＋"号，反之为"－"号，如相错大于 20 mm，应记录在轨向高低及其他或记事栏内。尖轨相错大于 10 mm 时，也应记录在上述栏内。

(5)检查完道岔方正情况和尖轨相错之后，检查导曲线支距，其检查记录方式为：实量支距大于计算支距时，记为“＋”反之为“－”(如在 201 点检查为 204 时，则应记为 201，＋3 mm；281 点实际量得支距为 280 时，则记为 281，－1 mm)，支距检查记录在“支距”栏内。

(6)检查完支距后，检查直、曲股轮缘槽，尖趾距离，尖轨动程尺寸，如有超过容许偏差的，记录在轨向高低及其他或“记事”栏内。

2)道岔零配件检查

(1)钢轨

①尖轨、辙叉，钢轨是否有伤损。

②尖轨尖端与基本轨是否密贴。

③钢轨接头错牙(顶面或内侧面)是否大于 1 mm。

④轨缝是否有瞎缝或大于 18 mm 的大轨缝，普通绝缘接头轨缝是否小于 6 mm；轨端是否有大于 2 mm 的肥边。

(2)岔枕

①位置或间距偏差是否大于 40 mm。

②岔枕在接头处是否有失效，在其他处是否有连续失效。

③岔枕该削平的是否已削平或该修理的是否已修理。

④岔枕是否有空吊板。

(3)联结零件

①接头、连杆、顶铁、间隔铁、轨撑及护轨螺栓是否缺少、松动，顶铁离缝是否大于 2 mm。

②尖轨与滑床板是否存在大于 2 mm 的缝隙。

③ 道钉、铁垫板是否缺少，道钉浮起浮离多少个。

④ 轨距杆及其他螺栓是否缺少和松动。

(4)防爬设备

①防爬器是否缺少、损坏和松动，防爬支撑是否缺损、失效。

②道岔前端相错和道岔两尖轨相错是否大于 20 mm。

(5)道床

断面是否符合标准，是否均匀整齐无杂草，道床是否存在翻浆冒泥。

(6)路基

路肩是否平整，有无反坡，路肩上是否有杂草，排水是否畅通。

(7)标志标记

①钢轨上各种标记是否齐全正确，位置是否正确，字迹是否清晰，有无错误。

②警冲标位置是否正确，是否损坏或油刷不清晰。

3)几种道岔的静态检查

(1)普通 9 号(含 AT9 号)、12 号道岔的检查

①轨距检查位置及标准见表 5.14。

②水平的检查：

a. 普通道岔尖轨按标准高出基本轨 6 mm，所有叉心翼轨都有堆高，尖轨中和叉心中两处不检查水平(检查时有构造水平和构造三角坑要分析)。

b. 普通道岔尖轨跟端高出基本轨 6 mm，有的混凝土岔枕普通道岔导曲线上股有 6 mm

表 5.14 普通 9 号(含 AT9 号)、12 号道岔轨距检查位置及标准

顺号	检查部位	轨距标准(mm)		说明
		9 号道岔	12 号道岔	
1	前顺坡终点	1 435	1 435	检查位置:基本轨接头
2	尖轨尖端	1 450	1 445	
3	尖轨中	1 444	1 442	
4	尖轨跟端(直)	1 439	1 439	
5	尖轨跟端(曲)	1 439	1 439	
6	导曲线部分前(直)	1 435	1 435	检查位置:距离尖轨跟端 1.5 m 处
7	导曲线部分前(曲)	1 450	1 445	检查位置:距离尖轨跟端 3 m 处
8	导曲线部分中(直)	1 435	1 435	检查位置:曲股接头处
9	导曲线部分中(曲)	1 450	1 445	检查位置:曲股接头处
10	导曲线部分后(直)	1 435	1 435	检查位置:从最后一个支距点向前量 4 m 处
11	导曲线部分后(曲)	1 450	1 445	检查位置:从最后一个支距点向前量 4 m 处
12	叉心前(直)	1 435	1 435	
13	叉心前(曲)	1 435	1 435	
14	叉心中(直)	1 435	1 435	检查位置:叉心宽 10～40 mm 处,同时检查查照间隔、护背距离
15	叉心中(曲)	1 435	1 435	检查位置:叉心宽 10～40 mm 处,同时检查查照间隔、护背距离
16	叉心后(直)	1 435	1 435	
17	叉心后(曲)	1 435	1 435	

的超高,检查时要以此为标准。

c. 尖轨尖端及以前以直股基本轨为基准股,尖轨跟端及以后以内两股和叉心为基准股,基准股高为正,反之为负。

③方向的检查:

直股外股道岔全长和直股内股辙叉趾端至尖轨后 1.5 m 以及道岔前后各 50 m 范围均应检查。

④高低的检查:

与方向检查范围相同,只是普通道岔内直股距尖轨跟端 2 m 范围不得放弦。

(2)AT12 号道岔的检查

①轨距检查位置及标准见表 5.15。

表 5.15 AT12 号道岔轨距检查位置及标准

顺号	检查位置	标准(mm)	说明
1	基本轨接头	1 435	
2	尖轨尖端	1 437	
3	尖轨中部	1 435	检查位置:距尖轨尖端 6 011 mm 处
4	尖轨跟端曲股	1 435	
5	尖轨跟端直股		
6	连接部分前(直)	1 435	检查位置:直基本轨接头

续上表

顺号	检查位置	标准(mm)	说明
7	连接部分前(曲)	1 435	检查位置:曲基本轨接头
8	连接部分中(直)	1 435	检查位置:连接部分中间接头处,直、曲股均无接头时,内轨中间处
9	连接部分中(曲)		
10	连接部分后(直)	1 435	检查位置:内股配轨(与叉心连接)中间处
11	连接部分后(曲)		
12	叉心前(曲)	1 435	检查位置:叉心前接头处
13	叉心中(曲)	1 435	检查位置:心轨宽 10～30 mm 处,同时检查查照间隔、护背距离
14	叉心后(曲)	1 435	检查位置:岔心后接头处
15	叉心后(直)		
16	叉心中(直)	1 435	检查位置:心轨宽 10～30 mm 处,同时检查查照间隔、护背距离
17	叉心前(直)	1 435	检查位置:岔心前接头处

②水平的检查:

a. 导曲线起点处没有构造误差,辙叉翼轨有堆高,所以导曲线起点处和岔心后直、曲股 3 处检查水平。

b. 尖轨尖端至尖轨中部范围检查水平,尖轨中部点及以后检查水平。

c. 基本轨接头至尖轨中部以直股基本轨为基准股,以后以内两股和辙叉心为基准股,基准股高为正,反之为负。

③方向的检查:

可在外直股全长范围以及内直股尖轨跟部至辙叉趾端范围内检查,当开通直股时,可延伸至尖轨中部放弦检查内直股方向。一般主查外直股、兼查内直股并延伸至道岔前后各 50 m 范围。

④高低的检查:

与检查方向的范围相同。

(3)12 号固定型提速道岔的检查

①轨距检查位置及标准见表 5.16。

表 5.16　12 号固定型提速道岔轨距检查位置及标准

顺号	检查部位	标准轨距(mm)	检查位置	说明
1	尖轨前顺坡终点	1 435	1 号岔枕	基本轨接头处
2	尖轨尖端	1 435	8 号岔枕	
3	尖轨中部(直)	1 435	18 号岔枕后边	曲尖轨轨头刨切起点,距离尖端 6 171 mm
4	尖轨中部(曲)	1 435	16 号岔枕上	尖轨开通曲股时丈量或量取尖轨与基本轨间隔应大于 65 mm
5	尖轨跟端(直)	1 435	28～29 号岔枕间	
6	尖轨跟端(直)	1 435		
7	连接部分前(直)	1 435	35 号岔枕上	
8	连接部分前(曲)	1435		
9	连接部分中(直)	1 435	41～42 号岔枕间	曲股接头处
10	连接部分中(曲)	1 435		

续上表

顺号	检查部位	标准轨距(mm)	检查位置	说明
11	连接部分后部(直)	1 435	47～48 号岔枕间	
12	连接部分后部(曲)	1 435		
13	辙叉前(直)	1 435	54 号岔枕	辙叉前接头
14	辙叉中(直)	1 435	57～58 号岔枕间	在心轨宽 20～30 mm 处量取查照间隔和护背距离
15	辙叉后(直)	1 435	63 号岔枕	辙叉后接头
16	辙叉后(曲)	1 435		
17	辙叉中(曲)	1 435	57～58 号岔枕间	在心轨宽 20～30 mm 处量取查照间隔和护背距离
18	辙叉前(直)	1 435	54 号岔枕上	辙叉前接头

②水平、方向、高低的检查：

除尖轨全长都可以检查水平外，其余的与 AT12 号道岔相同。

(4)可动心轨提速道岔的检查(12 号)

①轨距检查位置及标准见表 5.17。

表 5.17　可动心轨提速道岔轨距检查位置及标准(12 号)

顺号	检查部位	轨距标准(mm)	检查位置	说明
1	尖轨前顺坡终点	1 435	1 号岔枕前	基本轨接头处
2	尖轨尖端处	1 435	5 号岔枕前边	
3	尖轨中部(直)	1 435	17 号岔枕上	
4	尖轨中部(曲)	1 435		
5	尖轨跟端(直)	1 435	28～29 号岔枕间	
6	尖轨跟端(曲)	1 435		
7	导曲线部分前部(直)	1 435	34 号岔枕上	尖轨跟与中间接头之间，距前后接头均为 3.29 m
8	导曲线部分前部(曲)	1 435		
9	导曲线部分中部(直)	1 435	39～40 号岔枕间	中间接头处
10	导曲线部分中部(曲)	1435		
11	导曲线部分后部(直)	1 435	45 号岔枕上	中间接头与辙叉接头之间，距前后接头均为 3.26 m
12	导曲线部分后部(曲)	1 435		
13	辙叉前部(直)	1 435	50～51 号岔枕间	辙叉前接头
14	辙叉前部(曲)	1 435		
15	辙叉中部(直)	1 435	55 号岔枕上	心轨顶面宽 20 mm 左右处
16	辙叉中部(曲)	1 435		
17	查照间隔(曲)	1 391		
18	弹性可弯中心后部(直)	1 435	67～68 号岔枕间	长心轨弹性可弯中心后第一间隔铁处及侧股对应位置
19	弹性可弯中心后部(曲)	1 435		
20	辙叉后部(直)	1 435	72～73 号岔枕间	辙叉后接头处
21	辙叉后部(曲)	1 435		

②水平的检查：

可动心轨提速道岔的尖轨和心轨采用 AT 轨制造，除尖轨和心轨顶面刨切部分外，不存在构造水平，因此，水平的检查位置与轨距的检查位置相同。基准股的确定与 AT12 号道岔相同。

③高低、方向的检查：

与 AT12 号道岔相同。

(5)可动心轨提速道岔的检查(18 号)

①轨距检查位置及标准见表 5.18。

表 5.18　可动心轨提速道岔轨距检查位置及标准(18 号)

顺号	检查部位	轨距标准(mm)	检查位置	说明
1	尖轨前顺坡终点	1 435	1 号岔枕前	基本轨接头
2	尖轨尖端处	1 435	6 号岔枕后	
3	尖轨中前部(直)	1 435	13 号岔上	
4	尖轨中前部(曲)	1 435		
5	尖轨中部(直)	1 435	19～20 号岔枕间	钢枕后边
6	尖轨中部(曲)	1 435		
7	尖轨中后部(直)	1 435	26 号岔枕上级	
8	尖轨中后部(曲)	1 435		
9	尖轨跟部(直)	1 435	32～33 号岔枕间	4 股接头处
10	尖轨跟部(曲)	1 435		
11	导曲线部分前部(直)	1 435	39 号岔枕前边	39 号前、51 号后、39～45 号、45～51 号间均间隔 3.745m
12	导曲线部分前部(曲)	1 435		
13	导曲线部分中前部(直)	1 435	45 号岔枕上	
14	导曲线部分中前部(曲)	1 435		
15	导曲线部分中部(直)	1 435	51 号岔枕后边	
16	导曲线部分中部(曲)	1 435		
17	导曲线部分中后部(直)	1 435	57～58 号岔枕间	直股(或曲股)接头处
18	导曲线部分中后部(曲)	1 435		
19	导曲线部分后部(直)	1 435	64～65 号岔枕间	本点距前后接头均为 4.205 m
20	导曲线部分后部(曲)	1 435		
21	辙叉前部(直)	1 435	71～72 号岔枕间	辙叉前接头处
22	辙叉前部(曲)	1 435		
23	辙叉中部(直)	1 435	辙叉长心轨顶面宽 20 mm 左右处	
24	辙叉中部(曲)	1 435		
25	查照间隔(曲)	1 435		
26	辙叉中后部(直)	1 435	86～87 号岔枕间	
27	辙叉中后部(曲)	1 435		
28	弹性可弯中心后部(直)	1 435	94～95 号岔枕间	弹性可弯中心后第一间隔铁处及侧股对应位置
29	弹性可弯中心后部(曲)	1 435		

续上表

顺号	检查部位	轨距标准(mm)	检查位置	说明
30	辙叉后部(直)	1 435	100～101 号岔枕间	辙叉后接头处
31	辙叉后部(曲)	1 435		

注:长心轨实际尖端至翼轨趾端的距离(简称尖趾距离)为 4 189 mm,长心轨理论尖端至翼轨趾端的距离为 4 146 mm+理论尖端至实际尖端的距离。

②水平的检查:

可动心轨提速道岔的尖轨和心轨采用 AT 轨制造,除尖轨和心轨顶面刨切部分外,不存在构造水平,因此,水平的检查位置与轨距的检查位置相同。基准股的确定与 AT12 号道岔相同。

③高低、方向的检查:

与 AT12 号道岔相同。

(6)6 号对称道岔的检查

①轨距检查位置及标准见表 5.19。

表 5.19　6 号对称道岔轨距检查位置及标准

顺号	检查位置	轨距标准(mm)	检查位置	说明
1	前顺坡终点	1 435	距基本轨接头 2 m 处	
2	基本轨接头	1 445		
3	尖轨尖端	1 450		
4	尖轨中	1 450		
5	尖轨跟端(左)	1 450		
6	尖轨跟端(右)	1 450		
7	连接部分前(左)	1 450	基本轨接头处	
8	连接部分前(右)	1 450		
9	连接部分中(左)	1 450	基本轨接头—轨距顺坡起点中间处	对应支距 452 mm
10	连接部分中(右)	1 450		
11	连接部分后(左)	1 450	叉心前 3 m 处	轨距顺坡起点
12	连接部分后(右)	1 450		
13	叉心前(左)	1 435	辙叉前接头	
14	叉心前(右)	1 435		
15	叉心中(左)	1 435	叉心顶面宽 10～40 mm 处	此处检查查照间隔、护背距离
16	叉心中(右)	1 435		
17	叉心后(左)	1435	辙叉后接头	
18	叉心后(右)	1435		

②左、右股的区分:

站在岔头,面向岔尾分左、右。

③水平的检查:

a. 150 kg/m 钢轨 6 号道岔导曲线有 6 mm 的超高。

b. 尖轨中和叉心中不检查水平。

c. 尖轨尖端及以前以左股基本轨为基准股,尖轨跟端及以后以内两股和叉心为基准股,基准股高为正，反之为负。

④方向、高低的检查：

检查道岔方向只能检查导曲线支距，不检查高低。

(7)交分道岔的检查

①轨距检查位置及标准见表 5.20、表 5.21。

表 5.20　复式交分道岔轨距检查位置及标准

顺号	检查部位		9 号道岔		12 号道岔	
			轨距标准(mm)	检查位置及说明	轨距标准(mm)	检查位置及说明
1	前锐角辙叉	叉心后	1 435	辙叉后接头	1 435	与 9 号相同
2	前锐角辙叉	叉心中	1 435	心轨顶面宽 20～40 mm 处	1 435	与 9 号相同
3	前锐角辙叉	查照间隔	1 391	心轨顶面宽 20～40 mm 处	1 391	与 9 号相同
4	前锐角辙叉	护背距离	1 348		1 348	
5	前双转辙器	前顺坡终点	1 435	距尖轨尖端 2 670 mm	1 435	距尖轨尖端 1 800 mm
6	前双转辙器	尖轨尖	1 449		1 445	
7	前双转辙器	尖轨中	直 1 435 曲 1 450	距尖轨尖 2 418 mm 处直、曲哪股开通量哪股	直 1435 曲 1445	距尖轨尖 3 777 mm 处直、曲哪股开通量哪股
8	前双转辙器	尖轨跟(直)	1 437	开通时量跟端，未开通量跟端后轨头	1435	与 9 号相同
9	前双转辙器	尖轨跟(曲)	1 450	开通时量跟端，未开通量跟端后轨头	1445	与 9 号相同
10	钝角辙叉	可动心轨跟端	1 437	甲乙股都量，开通时量跟端，未开通量跟端后轨头	1 435	与 9 号相同
11	钝角辙叉	可动心轨中间	1 437	开通时量取	1 435	与 9 号相同
12	钝角辙叉	短中轴	1 445	理论为 1 437	1 436	
13	钝角辙叉	导曲线中	1 450	中轴处	1 445	与 9 号相同
14	钝角辙叉	曲中外矢	338	导曲线作用边至辙叉中轴作用边之间的距离，甲股量左侧，乙股量右侧	329	与 9 号相同
15	钝角辙叉	可动心轨中间	1 437	开通时量取	1 435	与 9 号相同
16	钝角辙叉	可动心轨跟端	1 437	甲乙股都量，开通时量跟端，未开通量跟端后轨头	1 435	与 9 号相同
17	后双转辙器	尖轨跟(直)	1 437	开通时量跟端，未开通量跟端后轨头	1435	与 9 号相同
18	后双转辙器	尖轨跟(曲)	1 450	开通时量跟端，未开通量跟端后轨头	1445	与 9 号相同
19	后双转辙器	尖轨中	直 1 435 曲 1 450	距尖轨尖 2 418 mm 处直、曲哪股开通量哪股	1435 1445	与 9 号相同
20	后双转辙器	尖轨尖	1 449		1445	
21	后双转辙器	前顺坡终点	1435	距尖轨尖端 2 670 mm(图号 450)，2 425 mm(图号 888)	1435	距尖轨尖端 1 800 mm(图号 524)

续上表

顺号	检查部位		9号道岔		12号道岔	
			轨距标准(mm)	检查位置及说明	轨距标准(mm)	检查位置及说明
22	后锐角辙叉	查照间隔	1 348	心轨顶面宽 20～40 mm 处	1 348	与9号相同
23		护背距离	1 391		1 391	
24		叉心中	1 435	心轨顶面宽 20～40 mm 处	1 435	与9号相同
25		叉心后	1 435	辙叉后接头	1 435	与9号相同

表 5.21　前双转辙器处轨距加宽前、后递减距离

图号	道岔号数	前顺坡终点(mm)	尖轨中距尖端距离(mm)	
			直股尖轨	曲股尖轨
524	12	1 800	3 777	3 083
450	9	2 670	2 464	2 386
888	9	2 670	2 462	2 572
6063	9	2 425	2 418	2 572
2524	9	2670	2357	2 677
2594	9	直 2 670、曲 2 657	2 562	2 572
230	9	2 425	2 418	2 572
869	9	2 425	2 418	2 572

②甲乙股的区分：

面对里程计算方向分左右，前锐角辙叉的左侧为甲股，右侧为乙股，甲乙股均直向检查至后锐角辙叉，在后锐角辙叉处，右侧为甲股左侧为乙股。

③水平的检查：

基准股的确定：两锐角辙叉处，以辙叉为基准股，两双转辙器和钝角辙叉处，哪股靠道岔里侧，哪股为基准股，基准股高为正，反之为负。

(8)菱形道岔的检查

①轨距检查位置及标准见表 5.22。

②甲、乙股的区分：

面向里程计算方向分左右，前锐角辙叉的左侧为甲股，右侧为乙股，甲乙股均直向检查至后锐角辙叉，在后锐角辙叉处，右侧为甲股左侧为乙股。

表 5.22　菱形道岔轨距检查位置及标准

顺号	检查部位		9号道岔		12号道岔	
			轨距标准(mm)	检查位置	轨距标准(mm)	检查位置
1	前锐角辙叉	叉心后	1 435	辙叉后接头	1 435	与9号相同
2		叉心中	1 435	心轨顶宽 20～400 mm 处	1 435	与9号相同
3		叉心前	1 435	辙叉前接头	1 435	
4		查照间隔	1 391	心轨顶宽 20～400 mm 处	1 391	与9号相同
5		护背距离	1 348		1 348	

续上表

顺号	检查部位		9号道岔		12号道岔	
			轨距标准(mm)	检查位置	轨距标准(mm)	检查位置
6	钝角辙叉前半部	叉心前	1 440	辙叉前接头	1 440	与9号相同
7		叉心中	1 440	心轨顶宽 20～400 mm 处	1 440	与9号相同
8		查照间隔	1 391	心轨顶宽 20～400 mm 处	1 391	与9号相同
9		护背距离	1 348		1 348	
10	钝角辙叉后半部	查照间隔	1 391	心轨顶宽 20～400 mm 处	1 391	与9号相同
11		护背距离	1 348		1 348	
12		叉心中	1 440	心轨顶宽 20～400 mm 处	1 440	与9号相同
13		叉心后	1 440	辙叉后接头	1 440	
14	后锐角辙叉	查照间隔	1 391	心轨顶宽 20～400 mm 处	1 391	与9号相同
15		护背距离	1 348		1 348	
16		叉心前	1 435	辙叉前接头	1 435	与9号相同
17		叉心中	1 435	心轨顶宽 20～400 mm 处	1 435	与9号相同
18		叉心后	1 435	辙叉后接头	1 435	与9号相同

注：9号菱形道岔菱心处为 1 449 mm(图号 391—580)；12号菱形道岔菱心处为 1 445 mm(图号 524)。

③水平的检查

基准股的确定：两锐角辙叉处，以辙叉为基准股，两钝角辙叉处，以甲股检查方向的左侧辙叉为基准股，水平基准股高为正，反之为负。

复习思考题

1. 静态检查和动态检测的主要区别是什么？
2. 静态检查项目主要有哪些？
3. 简述直线轨道的轨向、高低检查方法。
4. 简述 GJY-T-EBJ-2 型铁路轨道检查仪操作流程。
5. 直线轨道和曲线轨道及道岔轨道几何形位检查标准股如何确定？
6. 简述钢轨伤损标记方法。
7. 简述轨枕失效标准。
8. 简述曲线正矢计划维修容许偏差管理值标准。
9. 无缝线路检测方法有哪些？
10. 假设，某长钢轨相邻两位移观测桩间钢轨在一段时间发生＋7 mm 的位移量，两位移观测桩桩间距 500 m，长钢轨原锁定轨温为 25 ℃，试计算该长钢轨实际锁定轨温？
11. 简述普通 9 号(含 AT9 号)、12 号道岔轨距检查位置及标准。

任务 6　线路动态检测

铁路线路设备是铁路运输业的基础性设备。它常年裸露在大自然中，经受着雨雪风霜和列车荷载的反复作用，轨道几何尺寸不断变化，路基及道床不断产生变形，钢轨、联结零件及轨枕不断磨损，因而使得线路设备技术状态不断地发生变化。为了及时掌握铁路线路设备状态及其变化规律，要求铁路工务部门应及时执行各项检测制度。

伴随铁路高速重载运输的不断发展，世界各国不仅重视高技术、高科技产品在铁路方面的应用，更加高度重视成熟先进的管理技术与管理方法的应用和借鉴。在铁路硬件设施趋于完善的情况下，相应配套的铁路基础设施软件将是实现铁路安全运输的重要保障。其软件部分包括轨道管理体制，轨道养修模式和养修手段，轨道状态检测手段，轨道状态管理、评价标准，安全标准的确立，以及其他管理技术的补充与完善等。

动态检测是检查轨道病害、指导线路养护维修、保障行车安全的主要检测手段。线路动态检测主要采用轨检车、动检车，此外还有添乘仪、车载式线路检查仪等。动态检测为主，静态检查为辅，动态检测是我国线路检测技术发展的主要方向。

6.1　动态检测概述

6.1.1　学习目标

1. 知识目标

(1)掌握动态检测的主要设备类型。

(2)掌握轨检车的主要作用。

2. 能力目标

(1)能识别各种类型的轨检车。

(2)能说出国内外轨检车的主要技术。

6.1.2　相关学习内容

1. 轨检车与轨检技术的发展

1)国内轨检车的发展

我国轨检技术的发展经过多年的努力，各方面都取得了很大的发展。

(1)GJ-1 型轨检车

我国铁路工务部门从 20 世纪 50 年代开始就采用 GJ-1 型轨检车，每季度检查正线线路 1 次，该型轨检车的特点是采用弦测法，机械传动，能将轨距、水平、扭曲(三角坑)、摇晃等项目等幅值绘制在图纸上，人工判别超限并计算扣分，确定线路的状态。

(2)GJ-2 型轨检车

20 世纪 60 年代后期研制的 GJ-2 型轨检车仍采用弦测法，但改为了电传动，检测项目较 GJ-1 型轨检车增加了长波高低和短波高低，超限判断和扣分计算与 GJ-1 型相同。

(3)GJ-3 型轨检车

20 世纪 80 年代初期研制成功的 GJ-3 型轨检车(图 6.1)是我国轨检车技术的一次重大飞跃，它可以检测高低、水平、三角坑、车体垂直和水平振动加速度，但轨距、轨向则无法检测。其特点是将先进的传感技术、计算机技术和惯性基准原理应用在轨检车上。传感器信号经过相关处理、直接以电压大小作为不平顺超限判断依据，经计算采集后，计算超限等级和数值，并计算扣分，以扣分的多少来衡量线路质量的好坏，通过笔式绘图仪记录不平顺波形。

(4)GJ-4 型轨检车

1985 年我国引进国外技术后，成功研制了 GJ-4 型车(图 6.2)。这标志着我国轨检技术和轨检车的又一次飞跃，使我国线路检测和轨检车跨入世界先进技术的行列。这种轨道检查车检测项目齐全，包括轨距、轨向、高低、水平、曲率、三角坑等轨道几何不平顺和车体水平、垂直振动加速度以及道岔、道口和桥梁等地面具有显著特征的标志物，方便查找病害。GJ-4 型轨检车的最高检测速度可达到 160 km/h。

图 6.1　GJ-3 轨检车

图 6.2　GJ-4 轨检车

(5)GJ-5 型轨检车

随着线路质量要求进一步提高，为满足铁路大面积提速的需要，而原有轨检车的精度达不到相应要求。同时 GJ-4 型车(包括 GJ-3 型轨检车)复杂的机械系统在恶劣的使用环境下容易出现故障，2003 年我国在引进国外激光摄像式检测技术的基础上，成功研制了 GJ-5 型轨检车(图 6.3)，采用激光摄像技术和惯性测量技术，检测项目齐。主要传感器安装在检测梁上，使用计算机浏览和输出轨道几何波形，最高检测速度可达到 200 km/h(图 6.4)。

图 6.3　GJ-5 轨检车(160 km/h)

图 6.4　GJ-5 轨检车(200 km/h)

(6)GJ-4G 型轨检车

GJ-4G 型轨检车即 GJ-4 改进型轨检车。随着铁路列车速度的不断提高，国产 GJ-4 型轨检车的轨距、轨向系统在轨距测量处 16 mm 激光点跟踪上难以适应。我国工程技术人员在消化 GJ-5 型轨检车技术的基础上，将 GJ-4 型轨检车的轨距、轨向系统升级为国产激光摄像轨距轨向系统，从而生产出了 GJ-4G 型轨检车。

(7)GJ-6 型轨检车

随着我国高速铁路建设的大力发展，我国自主研发了新一代 GJ-6 型轨道检测系动。该系统采用捷联式结构和 GJ-5 型系统的激光摄像检测技术等优点。克服了易受阳光干扰的缺点，优化了轨检梁的设计，提高了悬挂系统的安全性，取得了多项技术突破。GJ-6 型系动检测能力满足 400 km/h 工务轨道检测的需要，但受轨检车车体运行速度的限制，目前轨检车的最高检测速度仍为 200 km/h。该型系统可以安装在动检车上，在高速铁路上实现等速检测。

(8)综合检测列车

伴随着我国高速铁路的发展，中国铁道科学研究院集团有限公司(简称“铁科院”)与相关企业合作，成功研制了集工务、电务、接触网及轮轨作用力检测融为一体的高速综合检测列CRH2-010A(图 6.5)、CRH2-061C、CRH2-068C、CRH2-150C、CRH380A-001、CHR380B-002(图 6.6)。随后中国铁道科学研究院集团有限公司成功完成了国家 863 计划重点项目“最高试验时速 400 km 高速综合检测列车”并投入使用。当前，高速铁路的检测任务及高速铁路新线开通的联调联试工作中主要依靠高速综合检测列车来完成。它为高速铁路运营安全评估和指导各铁路局集团有限公司基础设施的养护维修工作提供了技术上的支撑。

图 6.5 CRH2-010A 综合检测列车

图 6.6 CRH380B-002 综合检测列车

2)国外轨检技术状况

从运输高速、安全角度出发，日本、意大利、法国、德国等国家分别研制适用于高速线路的综合安全检测车。检测从过去的单一项目检测发展为多用途、多项目、多任务，对轨道基础设施状态检测、控制、维护打下基础，为轨道高速、安全运输提供保障。

Easti(图 6.7)是日本完全利用其国内的技术开发的综合检测列车，由 7 辆车组成，可以检测轨道几何参数、接触网、通信信号、轮轨作用力、环境噪声等内容，最高检测速度可达 275 km/h，各检测系统各自独立完成检测工作，整个检测列车在速度、时间和里程位置上保持同步；意大利“阿基米德号”高速检测列车检测速度达到 220 km/h，已具备在任何时候以 220 km/h 运行速度，检测 119 个不同参数的能力，能检测轨道几何参数、钢轨断面、钢轨波浪磨耗、接触网及受流状态、通信和信号、车体和轴箱加速度、轮轨作用力等；TGV 是专为法国高速铁路研制的综合检测列车，检测速度设计为 320 km/h，检测线路的总长为 2×1 800 km，检测周期预计为两周一次，设计目标是在列车正常运行条件下采集各基础设施参数；德国 DB 的路网公司研发了低速轨检车 OMW 和高速轨检车 OMWW(图 6.8)、RAILAB，检测速度可达到 300 km/h。伴随线路检测技术的发展，轨道状态检测手段由以往单纯的手工静态检查，发展成当今依靠激光、陀螺、摄像、电子、计算机网络等技术产品实现的轨道动态检测，真实再现轮轨作用下的轨道实际状态，在配备齐全的铁路轨道机械化设备情况下，实现轨道状态养修分开、管修分开、天窗修、状态修、针对性维修变成现实。

总之，国外轨道检测系统的共同点为广泛采用激光图像处理技术；非接触测量，传感器的安装无移动部件；使用惯性基准测量，截止波长可选，且长波不平顺波可检测到 120 m 或更长；多数系统可选择增加舒适度测量、钢轨波磨测量等更多的检测项目。

图 6.7　East i 综合检测列车

图 6.8　德国高速轨道检查车-OMWE

2. 轨检车作用

轨检车是线路检查的主要设备，其主要作用如下：

(1)检查轨道病害，指导轨道维修，保障行车安全，提高铁道运输经济效益。

通过轨检车检测及时监测线路设备变化，及时安排精测精调等维修养护作业，确保铁路的安全运营。轨检车在既有正常运营检测、全路的六次大提速和新线开通，特别是在高速铁路的开通方面发挥了"排头兵"的作用，为我国铁路事业的发展作出了重要贡献。

(2)进行轨道动力学试验和轮轨相互作用的研究，改进轨道部件设计，探索轨道整体特性、确保轨道合理结构，改善轨道及机车车辆相互作用和影响，延长轨道部件和机车车辆使用寿命。

在重大脱轨试验及动力学试验中，轨检车通常作为重要的检测设备，铁科院在东郊环形线的试验中利用轨检车采集了大量的检测数据，通过对这些检测数据的分析和研究，使得"轨道不平顺研究""轮轨关系作用研究"等科研项目得了顺利完成，这些科研成果对改进轨道部件设计、探索轨道整体特性、确定轨道合理结构、改善轨道及机车车辆相互作用和影响，以及延长轨道部件和机车车辆使用寿命等方面具用重要的指导作用。

(3)用轨检车取得的大量数据，建立轨道状态数据库，掌握轨道变化规律，编制轨道状态图，制订轨道维修计划，也可为完善轨道养护维修标准提供科学依据。

(4)通过不断的积累，推动我国轨检技术的发展，提高轨检水平，促进我国轨检车改进，加速轨检队伍的成长。轨检车的成功运用，不仅改变了工务检测的模式，同时促进了工务管理养修体制的变革。

3. 动态检测的要求

1)应采用轨道检查车、综合检测列车、巡检设备、车载式线路检查仪等移动装备进行定期检查，了解和掌握线路的动态质量，指导线路养护维修工作。

2)轨道检查车运用规定。

(1)检测周期

检测周期根据运量和线路状态确定。

①中国国家铁路集团有限公司(简称"国铁集团")轨道检查车，对允许速度大于 120 km/h 线路及其他主要繁忙干线进行定期检查。

②铁路局集团有限公司轨道检查车，对允许速度大于 120 km/h 线路每月检查不少于 2 遍(含国铁集团轨道检查车检查)，对年通过总质量不小于 80 Mt 的正线 15～30 d 检查 1 遍，对年通过总质量为 25～80 Mt 以内的正线每月检查 1 遍，对年通过总质量小于 25 Mt 的正线每季检查 1 遍，对状态较差的线路可适当增加检查遍数。

(2)检测报告

①国铁集团轨道检查车检查发现的Ⅲ级及以上偏差，应及时通知铁路局集团有限公司工务部，其中Ⅳ级偏差和重复Ⅲ级偏差应及时上报国铁集团，工务部应在 24 h 内将复核结果和处理情况上传铁路基础设施检测中心。铁路基础设施检测中心应于每月 10 日前向国铁集团提交上月国铁集团轨道检查车检查分析报告。

②铁路局集团有限公司轨道检查车检查中发现的Ⅲ级及以上偏差，应及时通知工务段并上报铁路局集团有限公司工务部，工务段应及时将复核结果和处理情况上报铁路局集团有限公司工务部。铁路局集团有限公司每月上旬(或年初)向国铁集团提报上月(或上年度)轨道检查车检测结果。

③轨道检查车运用单位应在每年 1 月将上一年度轨道检查车线路检查情况、轨道检查车运用状况以书面报告形式报铁路基础设施检测中心，铁路基础设施检测中心汇总后上报中国铁路总公司。

3)车载式线路检查仪对年通过总质量不小于 25 Mt 或允许速度不小于 120 km/h 线路每天检查不少于 1 遍。

4)对轨道检查车查出的Ⅲ级偏差处所应及时处理，对查出的Ⅳ级偏差处所，或Ⅲ级偏差且车辆动力学指标超限处所立即限制行车速度并处理。

6.2　轨检车的检测原理及检测项目分析

6.2.1　学习目标

1. 知识目标

(1)掌握轨检车轨距、水平、轨向、高低、三角坑等检测项目的检测原理。

(2)掌握轨检车的检测项目及检测范围。

(3)了解当前轨检车的新的检测项目。

2. 能力目标

能识别各检测项目精度的影响因素。

6.2.2　相关学习内容

1. 轨检车各项目的检测原理概述

1)轨检车基本检测项目包括轨距、轨向 (左右)、高低 (左右)、水平、三角坑(扭曲)、超高、垂向加速度、横向加速度、轨距变化率、里程、地面标志等，此外还有钢轨断面检测、钢轨波浪磨耗检测、环境监视等拓展检测项目，检测原理如图 6.9 所示。

(1) 高低(左右轨)：惯性基准原理；

(2)轨向(左右轨)：惯性基准原理；

(3)轨距：摄影测量原理、光电伺服跟踪原理；

(4)水平：加速度自动补偿(CAS)原理；

(5)曲率：摇头速率陀螺自动补偿(CAS)原理；

(6)垂加及水加：振动加速度测量原理；

(7)地面标志：电涡流传感器的测量原理；

(8)速度、里程：光电编码器、GPS 技术，以及射频标签技术。

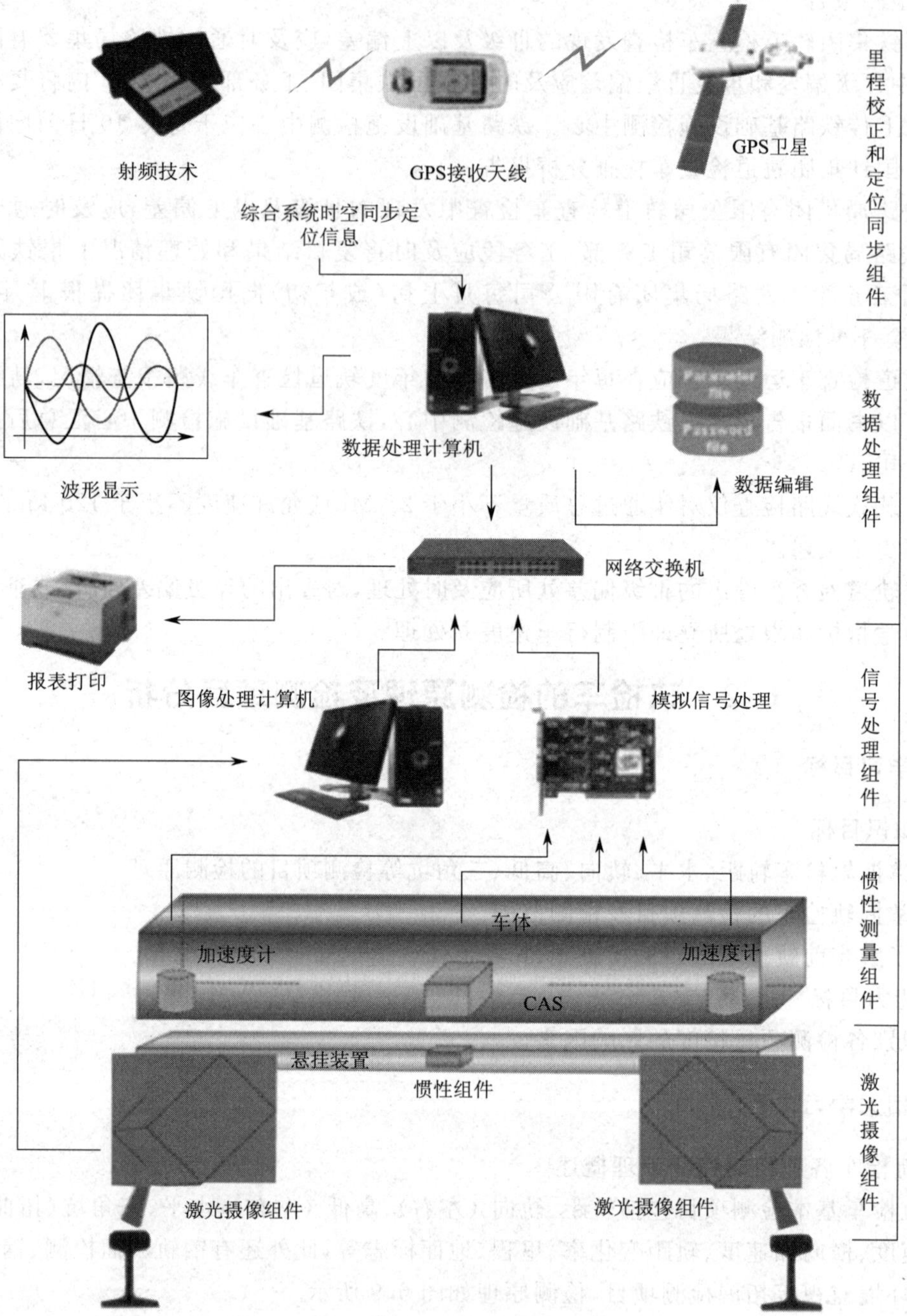

图 6.9　轨检车检测原理总图

2)检测范围及精度见表 6.1。

表 6.1　轨检车检测项目及检测范围

检测项目	测量范围	分辨率	准确度
轨距	1 420～1 485 mm	0.2 mm	±0.8 mm
轨向	A1:±50 mm A2:±100 mm	0.2 mm	A1:±1.5 mm A2:±4 mm

续上表

检测项目	测量范围	分辨率	准确度
高低	A1：±50 mm A2：±100 mm	0.2 mm	A1：±1 mm A2：±3 mm
水平(超高)	±225 mm	0.5 mm	±1.5 mm
三角坑(扭曲)	±100 mm		
里程	0～9 999 km		±2‰
速度	0～250 km		±1‰
线路标志	检测线路上包括道口、道岔、桥梁、曲线拉杆等标志		
曲线半径	小于 10 000 m		±2‰
车体振动加速度	±1 g		≤±0.01 g

2. GJ-4 型轨检车的检测原理

GJ-4 型轨检车检测系统采用了先进的模拟——数字混合处理系统，为捷联式系统结构，检测不受列车运行速度和方向的影响，精度较高；由于采用数字滤波、计算机运算合成方式得到轨道不平顺数据，通过修改计算机软件就可以很容易地改变系统可测波长等检测参数，系统灵活性较大；该系统以数字信号处理为基本处理方式，可靠性高，与以模拟处理方式为主的轨检系统相比维修量少。

GJ-4 型轨检车的检测系统主要由模拟信号处理系统和数字信号处理系统两部分组成，模拟信号处理系统由各路传感器、信号转接及监视装置、信号处理装置、功率放大装置、调制/解调装置和电源等五个单元构成；数字信号处理系统由主微机、编辑微机、热敏记录仪、行式打印机、条形显示屏等组成。

轨检车检测系统的基本工作原理为各种传感器将需要检测的位移、速度、加速度等物理量转换为相应的模拟信号，通过信号转接及监视装置输入到信号处理装置。信号处理装置将信号放大和模拟滤波处理后再经信号转接装置输入到主微机。主微机对输入的模拟信号进行 A/D 模数转换、数字滤波、修正以及补偿处理，然后经过综合运算，得到所需轨道几何参数的数字结果，经 D/A 数模转换后得到被测轨道几何参数的模拟输出信号，再经过信号转接及监视装置，最后输出到绘图仪，绘图仪将所需轨道几何状态参数的波形记录下来。另外，轨道几何状态参数信号通过主微机的 RS232 接口传输给编辑微机，由编辑微机对数据进行编辑、显示超限数据，并可输出到行式打印机，打印出轨道几何参数的超限数据报表。

(1)轨距

如图 6.10 所示，轨距测量装置由原理和结构完全对称的左右两个子装置组成，它们各自测量左轨及右轨的轨距变化分量。两个轨距分量之和就是轨距值。左右轨距测量子装置均包括五个部分：光电传感器、调制解调器、信号处理器、功放、伺服机械。光电传感器和伺服机械安装在车体下面的测量梁上。调制解调器、信号处理器及功放安装在车内。光电传感器位于轨顶面斜上方，与钢轨内侧面轨距点之水平距离为 D_{gsL}(D_{gsR})，与测量梁上伺服马达水平距离为 D_{sbL}(D_{sbR})。左右马达间距为 D。光电传感器发出的光束以 α 角投射到左(右)轨面下 16 mm 处，漫反射光被光电接收器接收。

当钢轨位移、轨距变化时，光电传感器感应其变化并输出相关电信号，经调制解调器处理后，成为与轨距变化成线性比例的电压信号，再经信号处理器、功放，驱动马达，使光电传感器在伺服机械的推动下，跟踪钢轨位移。轨距计算按如下公式：

$$S=D_{gsL}+D_{sbL}+D+D_{sbR}+D_{gsR} \tag{6.1}$$

$$S=S_L+D+S_R(S_L\text{为左轨距分量},S_R\text{为右轨距分量}) \tag{6.2}$$

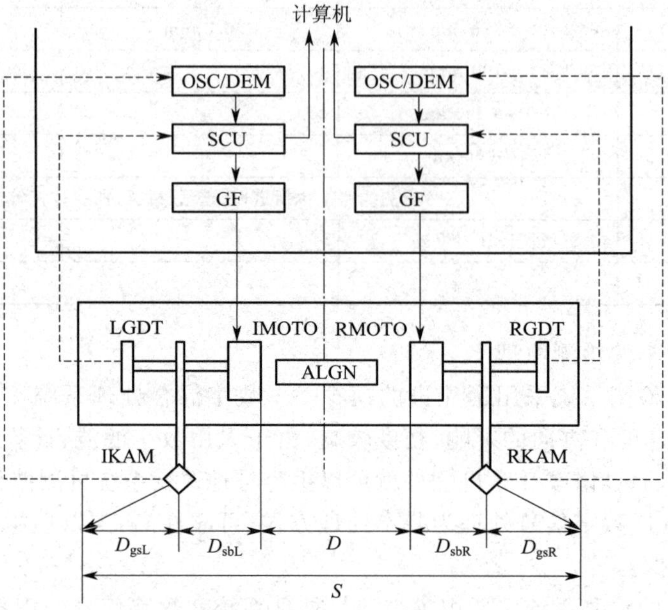

图 6.10　轨距测量装置

(2)曲率

曲率定义为一定弦长的曲线轨道(如 30 m)对应之圆心角 θ(°/30 m)。度数大，曲率大，半径小。反之，度数小、曲率小、半径大。轨检车通过曲线时(直线相同)，测量车辆每通过 30 m 后车体方向角的变化值，同时测量车体相对两转向架中心连线转角的变化值，即可计算出轨检车通过 30 m 曲线后的相应圆心角 θ 的变化值。

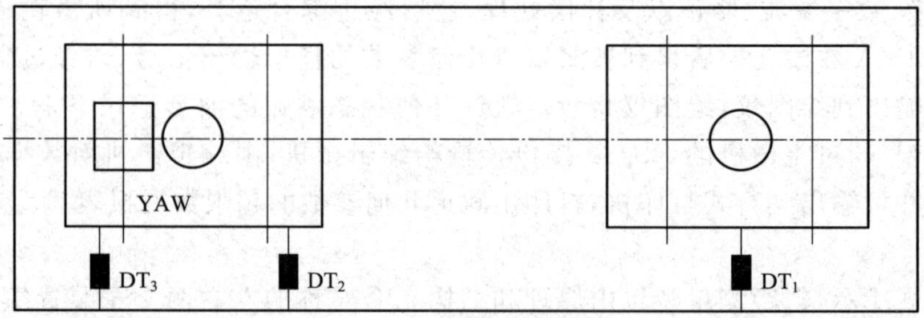

图 6.11　测量曲率的传感器分布

曲率测量的传感器分布如图 6.11 所示。摇头速率陀螺 YAW，测量车体摇头角速率；位移计 DT_1 测量车体一位端的心盘处与一位转向加间的相对位移；位移计 DT_2、DT_3 测量车体二位端心盘前后两侧与二位转向架构架之间的相对位移；光电编码器 TACH 提供速度距离信息由于一阶模拟滤波器在处理模拟时间域信号时，其频率特性是固定不变的，但在处理 YAW 所表示的空间域频率信号时，其频率特性就是变化的了。因此，一阶模拟滤波器输出信号经采样，进入计算机还需进行数字滤波处理。数字滤波的作用，是对一阶模拟滤波器引起的频率特性变化进行校正，使得模拟滤波和数字滤波混合处理后，在设计的通带范围内，空间域幅值特性不受列车运行速度的影响。

(3)水平(超高)

测量水平的传感器分布如图 6.12 所示。图中倾角计 INCL 和滚动陀螺 ROLL 用于测量车体的倾角 θ_t,ROLL 测量 θ_c 中的高频成分 θ_{cH}。INCL 测量 θ_c 中的低频成分(包括车体静止时的倾角)θ_{cL}($\theta_{cL}=\theta_c-\theta_{cH}$)。$\theta_{cH}$ 与 θ_{cL} 之和为 θ_c。由于车体摇头会对 INCL 输出产生附加影响,YAW 为 INCL 提供补偿信号。

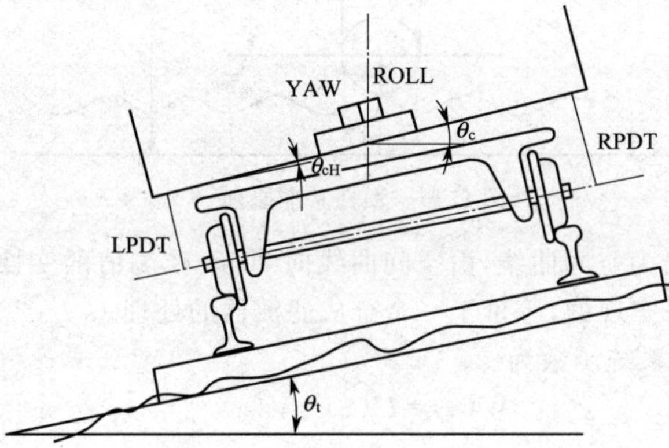

图 6.12　测量水平的传感器分布

(4)高低

高低采用惯性基准原理测量,得到高低变化的空间曲线,同时可换算成弦测值。测量高低用的传感器分布如图 6.13 所示。除了曲率和水平测量用到的传感器外,又增加了两个安装于车体底板上的垂直伺服加速度计 LACC 和 RACC。LACC 和 RACC 分别安装于位移计 LPDT和 RPDT顶部的车体底板上。LACC 和 RACC 用于测量安装位的车体惯性位移。LPDT和RPDT分别检测 LACC 和 RACC 安装位车体与左右轴箱的相对位移。根据它们的测值进行必要处理,得到高低。

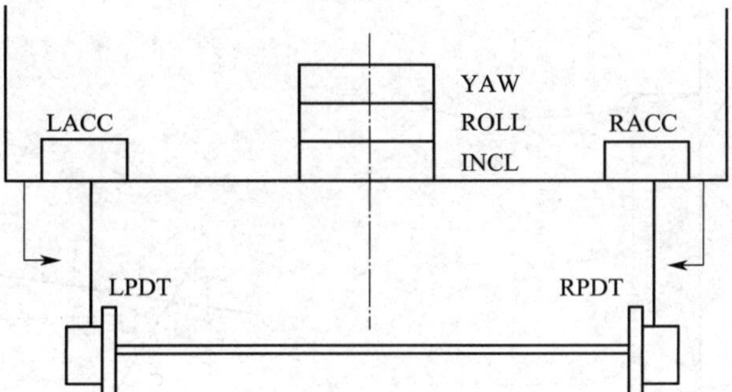

图 6.13　测量高低的传感器分布

惯性基准原理如图 6.14 所示。M 为车体质量,K、C 分别表示其弹簧和阻尼。位移计 LPDT(RPDT)测量车体与轮轴的相对位移 W,加速度计 A 输出值 a 的二次积分为车体相对惯性基准的位移 Z。图中加速度计 A 即为前述 LACC(RACC)。轨道高低不平顺值 Y 的计算式为

$$Y=Z-W-R \tag{6.3}$$

因轮子半径 R 为常量,改上式可为

$$Y = Z - W = \iint a\mathrm{d}t\mathrm{d}t - W \tag{6.4}$$

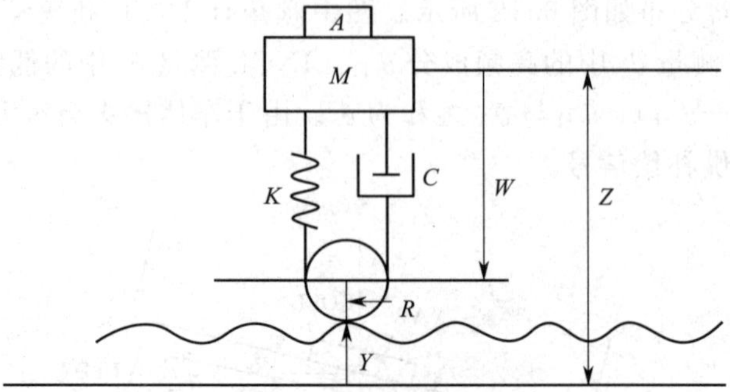

图 6.14　惯性基准原理

高低的测量结果输出为空间曲线,由空间曲线向 20 m 弦测值的变换,是通过两个低通滤波器 $U(z)$ 与 $V(z)$ 相减来实现的,等价于一个合成滤波器的处理。

合成滤波器 $W(z)$ 的系统函数为

$$W(z) = U(z) - V(z) \tag{6.5}$$

(5)方向(轨向)

方向的测量,采用惯性基准方法。方向测量包括两个部分,一部分是安装于轨距测量梁中央位置的伺服加速度计(ALGN),用于测量轨距测量梁中央位置的横向惯性位移。另一部分是左右轨距测量装置所测得的左右轨距分量 S_L 和 S_R。由惯性位移和左右轨距分量计算得到左右轨的轨向。方向测量传感器安装与原理如图 6.14 和图 6.15 所示。方向测量的算式如下。

左方向:
$$Y_{LX} = Y_{(X)} + \frac{D}{2} + S_L \tag{6.6}$$

右方向:
$$Y_{RX} = Y_{(X)} - \frac{D}{2} - S_R \tag{6.7}$$

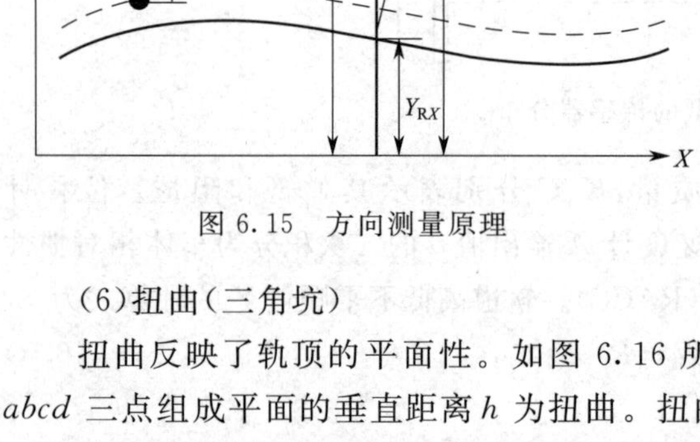

图 6.15　方向测量原理

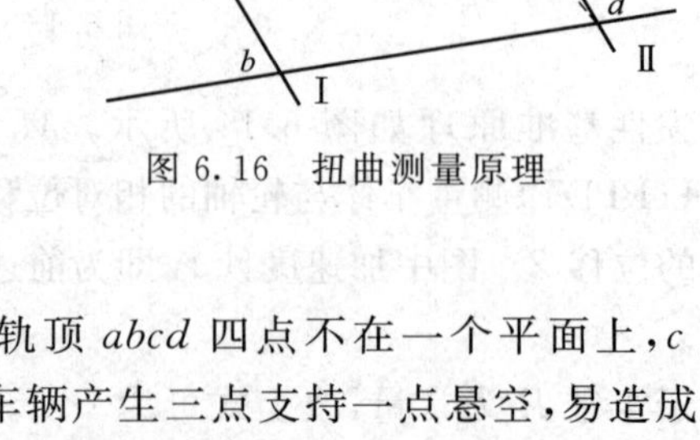

图 6.16　扭曲测量原理

(6)扭曲(三角坑)

扭曲反映了轨顶的平面性。如图 6.16 所示,若轨顶 $abcd$ 四点不在一个平面上,c 点到 $abcd$ 三点组成平面的垂直距离 h 为扭曲。扭曲会使车辆产生三点支持一点悬空,易造成脱轨

掉道，特别是当列车从圆曲线向缓和曲线运行时。扭曲 h 计算为

$$h=(a-b)-(c-d)=\Delta h_1-\Delta h_2 \tag{6.8}$$

Δh_1 为轨道断面Ⅰ-Ⅰ的水平值，Δh_2 为轨道断面Ⅱ-Ⅱ的水平值。h 即为基长 L（断面Ⅰ-Ⅰ与断面Ⅱ-Ⅱ之间距）时两轨道断面的水平差。由前述知，水平已由水平测量系统测出，所以只要按规定基长取两断面的水平差即可得扭曲值。GJ-4 轨检系统基长可变，目前设定为 2.4 m。

(7)车体振动加速度和轴箱振动加速度

车体振动加速度测量用石英挠性加速度计，轴箱振动加速度测量采用变电容式加速度计。

(8)地面标志自动测量 ALD

轨道上的道口、道岔、桥梁、轨距拉杆等会含有金属部件，所以可用安装于轨距吊梁中部的电涡流传感器来检测，把它标志在自动里程图上，可以方便准确地找出病害的位置。

(9)速度及里程

轨检车轮对的转动驱动光电编码器同步转动。光电编码器每转一周 A 相及 B 相分别输出 1 000 个脉冲，A 相输出与 B 相输出相位差 90°。根据轮周和每周 1 000 个脉冲可计算出脉冲间距 $l=\dfrac{\pi D}{n}$，通过计算机对 l 进行计算可得距离，通过 l 和时间计算可得速度。

3. 轨检车其他检测技术

(1) GPS 里程自动修正系统简介

国铁集团检测中心开发的 GPS 里程自动修正和铁路地理信息系统（图 6.17），将 GPS 的全球定位功能和铁路运行车辆对位置的精确定位的需要相结合。特别是铁路上应用的特种车辆包括轨道检查车、钢轨探伤车、试验车等，需要实时获取车辆相对于公里牌的具体位置。该项目是利用 GPS 的定位功能，克服了目前 GPS 接收机无法实时输出位置信息的缺点，建立 GPS 延迟和匹配算法，满足了特种车辆在里程精度和输出频率上较高的要求；同时还利用 GPS 测量出的方向角，解决了在单线时自动判断车辆运行的方向、在复线时自动判断车辆所在上下行包括第三线，使得操作更为方便简单。同时结合铁路电子地图，建立动态铁路地理信息系统，在车辆运行过程中实时显示车辆的运行轨迹、所经过的铁路局集团有限公司、线路、车站、工务段的信息，使用户了解线路的情况。

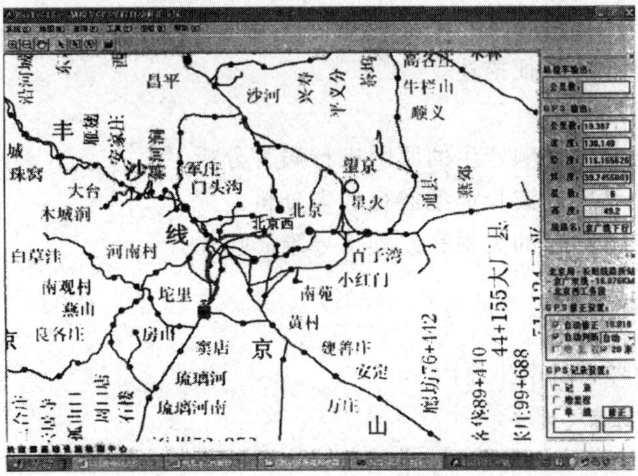

图 6.17　GPS 里程自动修正和铁路地理信息系统

该系统的里程修正精度在 5 m 内(不受环境影响,相对于打点位置),适合速度在 0～200 km/h,该系统可以根据用户需求增加差分 GPS,使里程修正精度进一步提高。并且针对车辆的不同需求和特性,可以用户定制,以满足用户的多种要求。

(2)铁道线路环境监视系统

铁道线路环境监视系统主要应用于国产化的 GJ-4 型轨检车和新型进口的 GJ-5 型轨检车;系统包括下列应用程序:

①mSpeed 实时接收里程和速度信息应用程序;

②DispInfo 实时叠加信息应用程序;

③CreateMiles 创建里程视频文件应用程序;

④VideoSearch 工务设备影像查询事后处理应用程序。

(3)钢轨波磨检测系统

钢轨波浪磨耗是钢轨顶面沿纵向有规律的凹凸不平,波长从 0.1～3 m 不等,钢轨波浪磨耗是产生噪声和引起轮轨相互作用力变化的主要原因之一。随着高速、重载的发展,钢轨波浪磨耗日益严重,不仅加剧了轨道结构部件的伤损和轨道几何尺寸的超限,而且影响了钢轨的使用寿命,甚至危及行车安全,对波磨进行检测也是非常重要的。目前对于钢轨波浪磨耗的检测主要有两种方法,一种是惯性法,即轴箱加速度二次积分的办法;另一种是短弦弦测法,即利用激光位移传感器测量检测纵梁与钢轨之间在三个测点的距离,将钢轨上两测点的连线作为测量弦,中间测点到该弦的正矢作为钢轨波浪磨耗的测量值。在我国的检测车上安装的钢轨波浪磨耗检测装置中,采用惯性法原理的占了较大部分。除此,还有基于弦测法的钢轨波浪磨耗检测装置。

6.3 轨道不平顺的原因及分析

6.3.1 学习目标

1. 知识目标

(1)掌握轨道不平顺的种类。

(2)能说出轨道各种不平顺产生的原因。

(3)掌握轨道不平顺的波长类型。

(4)掌握动静态不平顺的关系和差异。

(5)了解轨道不平顺的特征描述。

2. 能力目标

(1)能根据轨道各种不平顺产生的原因进行病害分析。

(2)能根据轨道不平顺的波长类型进行病害分析。

(3)能利用动静态不平顺的关系和差异指导维修作业。

6.3.2 相关学习内容

1. 轨道不平顺的种类及产生原因

1)轨道不平顺的含义

轨道不平顺是指轨道几何形状、尺寸和空间位置的偏差(绝对偏差和相对偏差);直线轨道不平、不直,对中心线位置和轨道高度、宽度正确尺寸的偏离;曲线轨道不圆顺,偏离曲线中心线位置,偏离曲率、超高、轨距的正确数值,偏离顺坡变化尺寸等轨道几何偏差,道岔部分的偏差有与直线及曲线相似之处，兼有直线和曲线的特点，还有其本身的特征。

高平顺性线路的要求：高平顺性线路的高低、轨向、水平、扭曲和轨距偏差等局部孤立存在的不平顺幅值小；连续成段大量存在的各种不平顺幅值的标准差很小；敏感波长和周期性不平顺的幅值小，具有谐振波形特征的不平顺幅值更小；焊缝不平顺、新轨的平直性偏差极小；轨道不平顺各波长成分的功率谱密度值都很小。

2)轨道不平顺的种类

轨道不平顺具有种类、性质多样性的特点，分类方法不尽相同。按照轨道不平顺波长可分为短波、中波、长波不平顺；按照轨道不平顺项目分为轨道几何不平顺、钢轨表面不平顺、钢轨断面不平顺；按照轨道不平顺发生的先后分为轨道初始不平顺、轨道运用不平顺。

以下介绍按不平顺对机车车辆的激扰方向分类(图 6.18)。

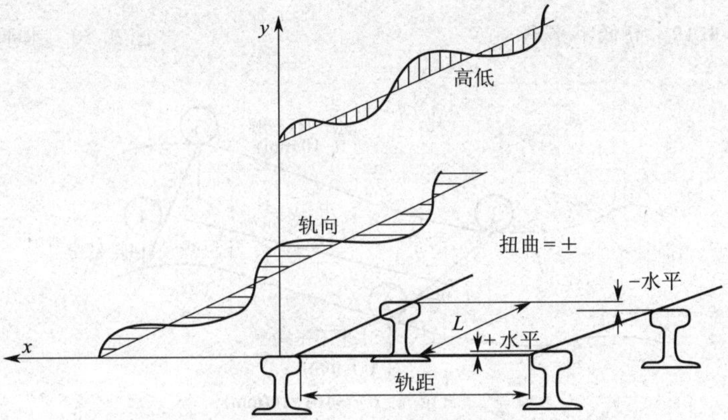

图 6.18　轨道不平顺类型示意图

(1)垂向轨道不平顺

包括高低、水平、扭曲、轨面等短波不平顺及钢轨轧制校直过程中形成的垂向周期性不平顺。

(2)横向轨道不平顺

包括轨向、轨距及钢轨轧制校直过程中形成的横向周期性不平顺。

(3)复合不平顺

包括轨向水平逆向复合和曲线头尾的几何偏差。

3)轨道不平顺的产生原因

(1)垂向轨道不平顺

①高低不平顺(图 6.19)

高低不平顺是指钢轨顶面或线路中心线竖向(与轨道平面垂直的方向)的凹凸不平，它主要是由线路施工和大修作业的高程偏差、桥梁挠曲变形、轨道垂向刚度不一致、道床和路基的不均匀残余变形或沉降不均匀、轨道各部件间的间隔不相等、存在暗坑吊板等造成的。

② 水平不平顺(图 6.20)

水平不平顺是指轨道同一横截面上左右两轨顶面的相对高差。它是由于左右轨道两侧强度的不一致或受力不均匀而造成的。

③平面扭曲不平顺(一般称三角坑，见图 6.21)

三角坑是指左右两轨顶面相对于轨道平面的扭曲，用相隔一定距离的两个横截面水平幅值的代数差度量，大小是由水平不平顺值计算而得。

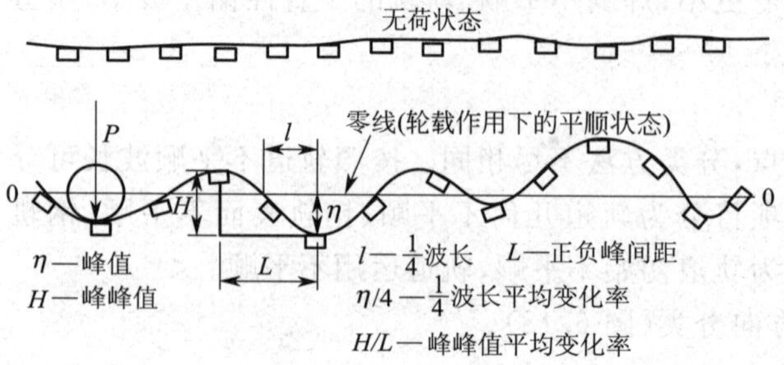

图 6.19　高低不平顺

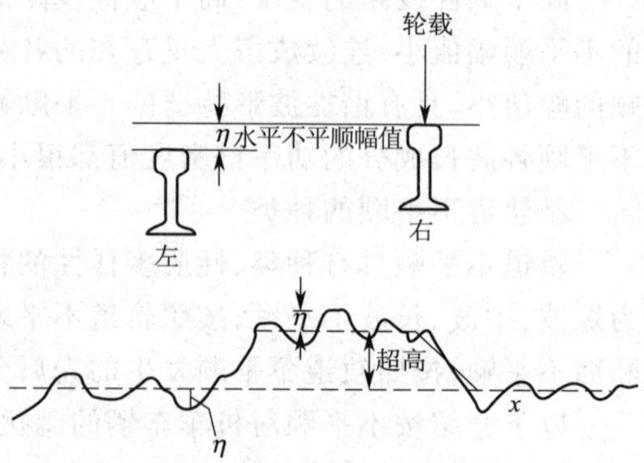

图 6.20　水平不平顺

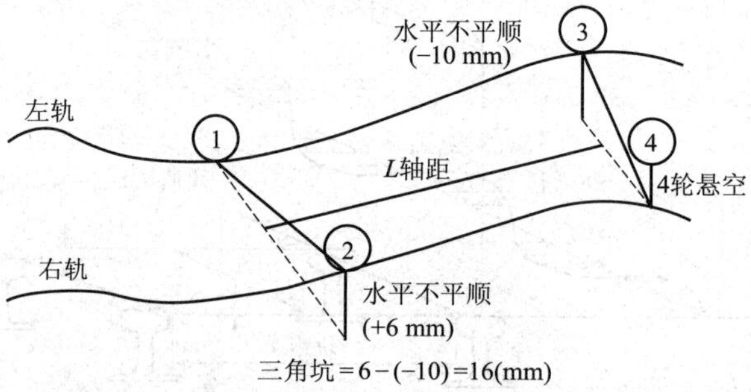

图 6.21　平面扭曲不平顺

④轨面短波不平顺(图 6.22)

轨面短波不平顺是指钢轨顶面小范围内的不平顺，它是由焊缝不平、轨面不均匀磨耗、擦伤、接头错牙等形成。其形式分为周期性和非周期性不平顺两种，其中周期性不平顺主要由波纹磨耗和波浪磨耗产生，钢轨在轧制过程中也能形成轨身垂向的周期性不平顺(图 6.23)，非周期性不平顺由焊缝不平、接头错牙、轨面擦伤、剥离掉块等产生。

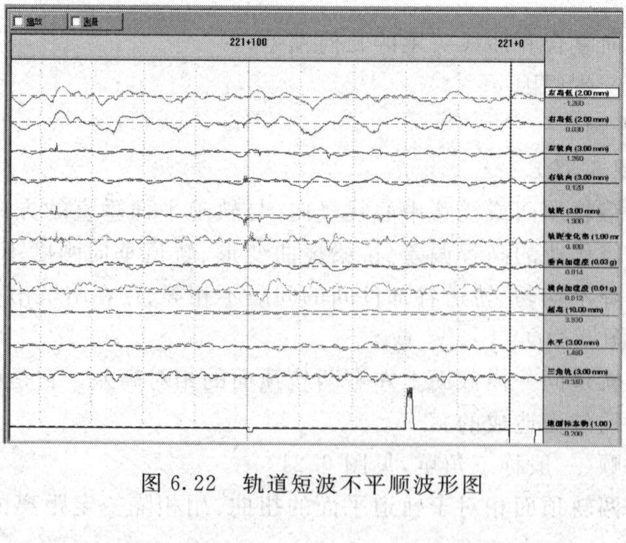

图 6.22　轨道短波不平顺波形图

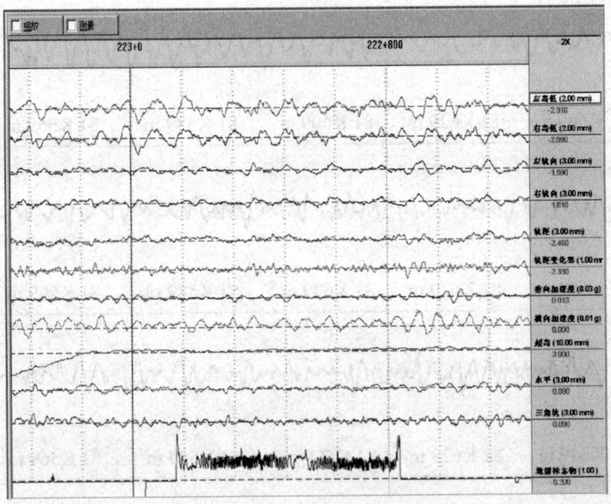

图 6.23　钢轨垂向周期性短波不平顺波形图

(2) 横向轨道不平顺

①轨向不平顺(图 6.24)

铺轨施工和大修作业的轨道中心线定位偏差、轨排横向残余变形积累和轨头侧面磨耗不均匀、扣件失效、轨道横向弹性不一致等原因造成轨向不平顺。

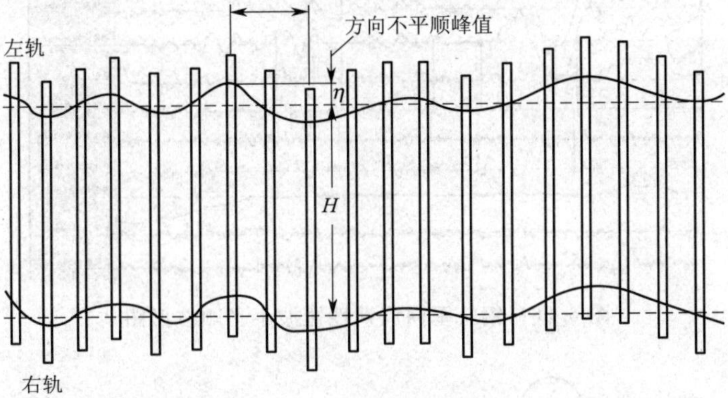

图 6.24　轨向不平顺

②轨距偏差

通常扣件不良、轨枕挡肩失效、轨头侧面磨耗等会造成轨距偏差。

③周期性不平顺(图 6.25、图 6.26)

钢轨轧制过程中的变形会形成横向周期性不平顺。

(3) 复合不平顺(图 6.27)

在轨道一定范围内,垂向和横向不平顺共存称为轨道复合不平顺。曲线头尾的几何偏差,曲线圆缓点附近、缓直点附近,超高、正矢、轨距顺坡起点、终点不一致或不匹配形成的几何偏差,曲线圆缓点、缓直点的几何偏差造成了复合不平顺。

4)轨道不平顺的波长类型

轨道不平顺的波长及特征见表 6.2。

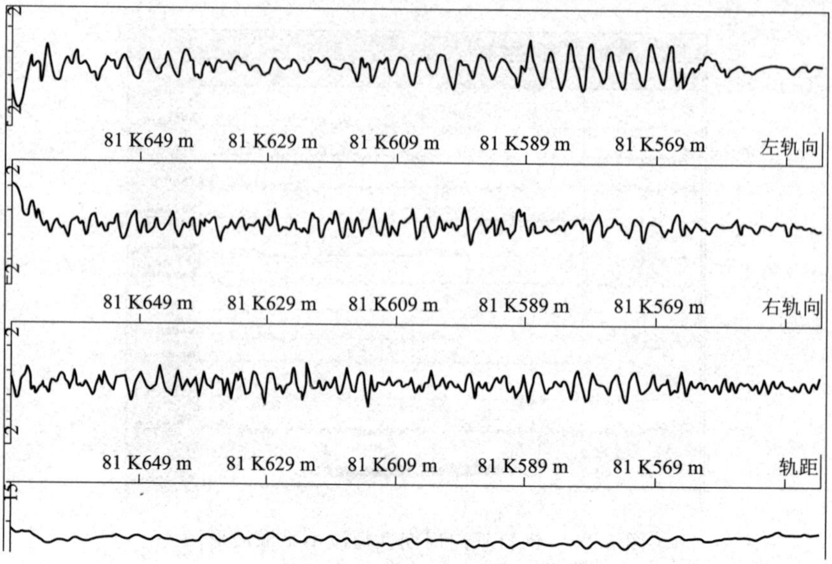

图 6.25　钢轨横向不平顺波形

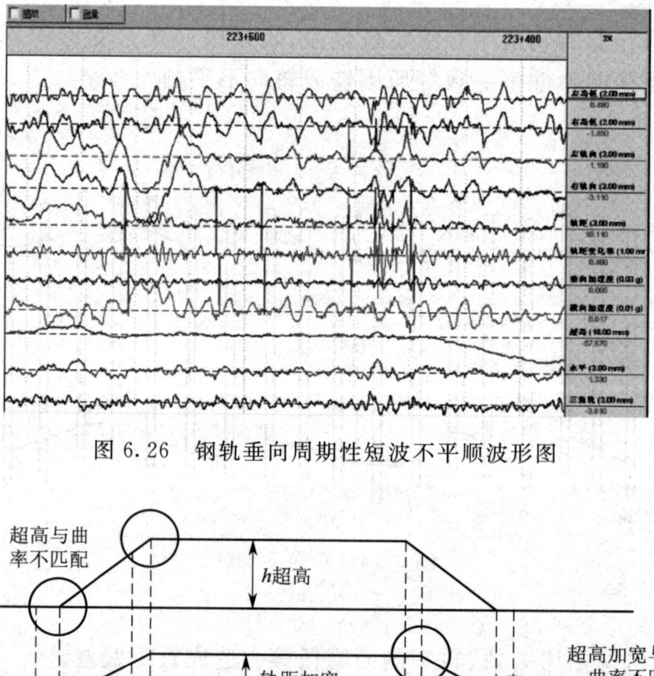

图 6.26　钢轨垂向周期性短波不平顺波形图

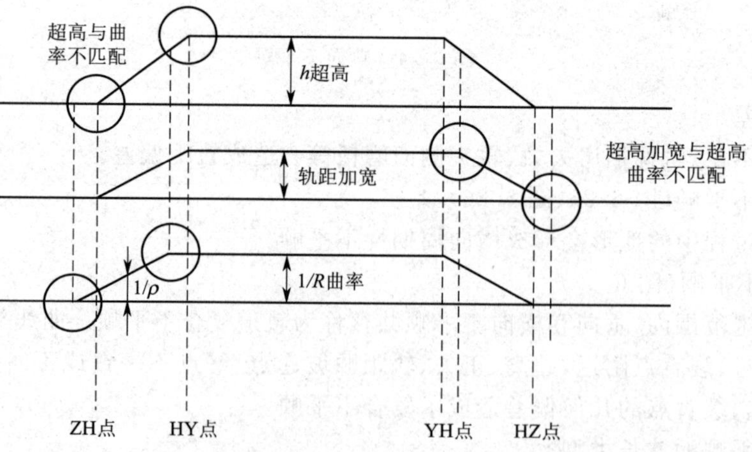

图 6.27　复合不平顺

表 6.2 轨道不平顺波长及特征

种类	范围	特征
短波	数毫米至数十毫米	轨面擦伤、剥离掉块、波纹磨耗、焊缝
	数百毫米	波浪形磨耗
中波	2～3.5 m 周期性	钢轨生产过程中形成的周期性不平顺
	12.5 m 和 25 m 周期性	钢轨接头、焊缝处道床沉降
	3～30 m 非周期性	高低、轨向、扭曲、水平、轨距不平顺
长波	30 m 以上非周期性	路基、道床不均匀沉降，桥、涵端头刚度差异，单跨、多跨不等距桥梁挠曲变形
	30 m 以上周期性	多跨、等距桥梁的挠曲变形，路基因素形成的长波不平顺，桥梁挠度形成的周期性不平顺

2. 静态和动态轨道不平顺

1)静态轨道不平顺

无轮载作用时，人工或轻型测量小车测得的不平顺通常称为静态不平顺。静态不平顺不能如实反映暗坑、空吊板、刚度不均匀等形成的不平顺，只能部分反映路基道床不均匀残余变形积累形成的不平顺。静态不平顺只是行车条件下完整的轨道不平顺在无列车轮载时，部分的、不确定的表象。

2)动态轨道不平顺

用轨检车测得的在列车车轮荷载作用下才完全显现出的轨道不平顺称为动态不平顺。真正对行车安全、轮轨作用力、车辆振动产生实际影响的轨道不平顺是动态不平顺。因此，各国轨道不平顺的各种监控管理标准，尤其是安全管理标准，大多是依据动态不平顺值来制定。

3)动、静态不平顺的差异

(1)通常情况下，同一地段动态不平顺与静态不平顺的波形有较大差异。暗坑、吊板越多，不良扣件越多，道床密实度越不均匀，差异就越大。

(2)动态不平顺的幅值越大，动、静态之间的差异越大。

(3)新线铺轨建成后，既有铁路大修、维修作业完工时，动、静态不平顺的差异较小，起道捣固、拨道作业的质量越好越均匀，两者差异越小。

(4)具有高平顺性的高速铁路，动、静态值差异较一般轨道小。

(5)无砟轨道动、静态之间的差异较小。

4)动、静态不平顺幅值间的关系

(1)动、静态不平顺的幅值一般不存在一一对应的函数关系。

(2)通过大量数据统计分析，可得出一个静态值可能对应一组动态值的结论。同样，一个动态值也可能对应一组静态值。但在一定置信度(通常 95%)的条件下，可以找到相互间对应的最大可能值，能够绘出动、静态不平顺的统计关系曲线。

(3)相同轨道结构、不同种类的轨道不平顺，动、静态幅值之间的差异和相互关系各不相同。

3. 轨道不平顺的特征描述

1)轨道不平顺的随机性

实际存在的轨道不平顺都是经常变化且不规则的，不同位置轨道不平顺的幅值和波长都各不相同。轨道不平顺波形大多不是单一规则的简谐波、三角波或抛物线形波，而是由许多无法预知的不同幅值、不同波长、不同相位的简谐波迭加而成的杂乱无章随机波(图 6.28)。

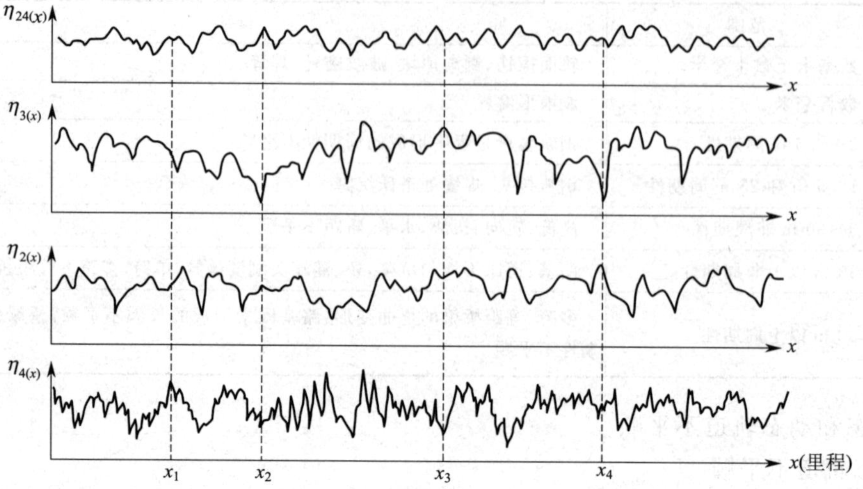

图 6.28　随机性轨道不平顺波形

2)局部轨道不平顺的特征描述

(1)对随机性局部轨道不平顺不规则波形特征的描述不像对规则的正、余弦波那样简单，只用一个幅值 η、波长 λ 等参数，就能将不规则波形的特征确切地描述清楚。

通常情况下，对于不规则的轨道不平顺局部波形特征可用幅值 η、半波长 L、1/4 波长、平均变化率、波数和谐振波形等描述。

(2)局部轨道不平顺的波形特征(图 6.29)。

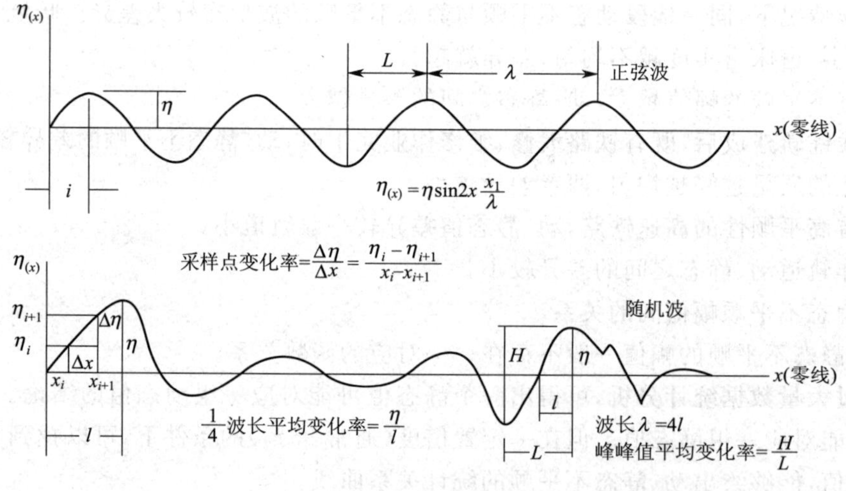

图 6.29　局部轨道不平顺波形特征

(3)具有谐振波形特征的不平顺。

谐振波长范围内的三波以上周期性不平顺如图 6.30 所示。

3)连续轨道不平顺的幅值统计特征

个别地点的局部波形特征不能代表一段轨道的总体状态，区段轨道的平顺状态应根据标准差、均方差等统计特征进行描述。以里程位置 x 为横坐标的某段轨道不平顺 $\eta(x)$ 的公式如下。

均方值公式：
$$\psi_\eta^2 = \frac{1}{x}\int_0^x \eta^2(x)\mathrm{d}x \tag{6.9}$$

标准差公式：
$$\sigma_\eta = \sqrt{\frac{1}{n}\sum_{i=1}^{n}(\eta_i - \mu_\eta)^2} \tag{6.10}$$

轨道不平顺的标准差能确切地表示各段轨道不平顺在幅值方面的的严重程度。轨道不平顺的均方值与激扰能量相关。轨道不平顺的功率谱图如图 6.31 所示，在实际工作中常用“功率谱图”来表示功率谱密度 $G\eta(f)$ 对于频率 f 的关系。

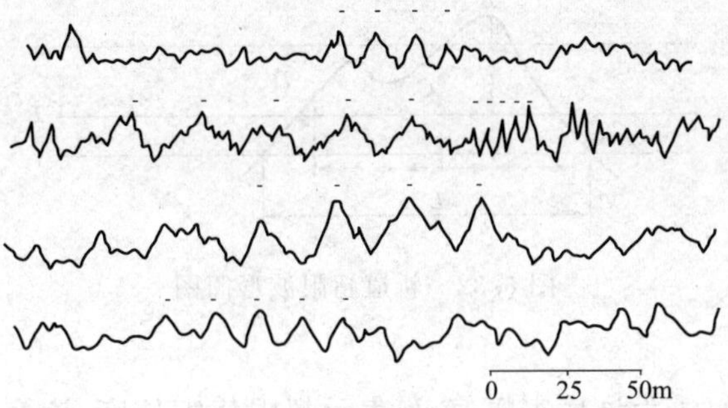

图 6.30　具有谐振波形特征的不平顺

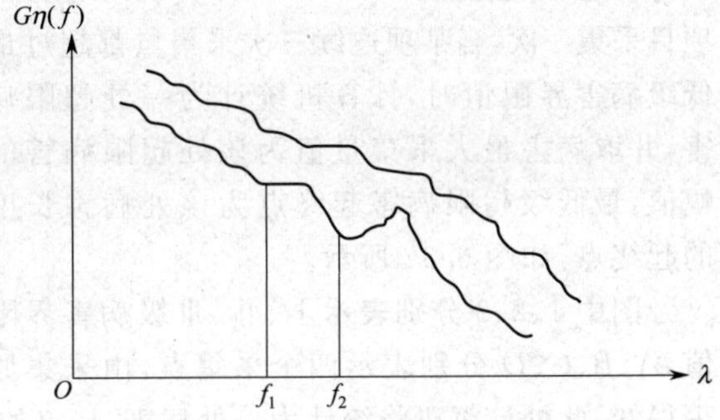

图 6.31　轨道不平顺功率谱函数图

轨道不平顺的功率谱图是以频率或波长为横坐标，谱密度值为纵坐标的坐标平面内的连续曲线，反映轨道不平顺的功率谱密度在频率或波长轴上的分布情况，功率谱图可清楚地揭示组成轨道不平顺随机波形的各波长成分。

图 6.31 中，功率谱密度函数曲线下 f_1 和 f_2 间的面积等于在 f_1 和 f_2 频带（或波长）范围内各波长成分的均方值。谱线下的面积越小，说明不平顺的均方值越小，平顺状态越好，简而言之，谱线位置越靠近横坐标，轨道的平顺性越好。

6.4　轨道动态质量评价与管理

6.4.1　学习目标

1. 知识目标

(1)能说出轨道动态质量的评价方法。

(2)能说出轨道局部不平顺和整体不平顺的管理方法。

(3)能说出轨道偏差等级及扣分标准以及线路优良标准。

(4)能说出轨道质量指数及意义。

(5)能说出 T 值的概念及作用。

(6)熟悉普速铁路和高速铁路动态检测的常见项目及标准。

2. 能力目标

(1) 能识别峰值管理偏差的大小、长度及位置。

(2) 能根据 TQI 值的大小判断线路整体不平顺。

(3) 能对照动态检查标准判断各级偏差等级。

6.4.2　相关学习内容

1. 轨道动态质量评价方法

我国轨道动态质量的评价方法分为线路局部不平顺(即峰值管理)和线路区段整体不平顺(即均值管理)两种评价方法。

1)线路局部不平顺

我国《修规》中局部轨道不平顺管理方法是以单项不平顺幅值的扣分,用以测量轨道局部不平顺的方法。目前我国轨检车普遍采用峰值管理法(即峰值扣分法)。它的数据采集原理是:车辆每行进一英尺(约 254 mm),计算机对各检测项目采集一次,当某项连续三次采集量都超过最低级病害界限值时,计算机统计为一处超限病害,并取病害最大采集量值为该处超限病害的幅值,最低级超限病害起终点为该处病害长度的起终点,如图 6.32 所示。

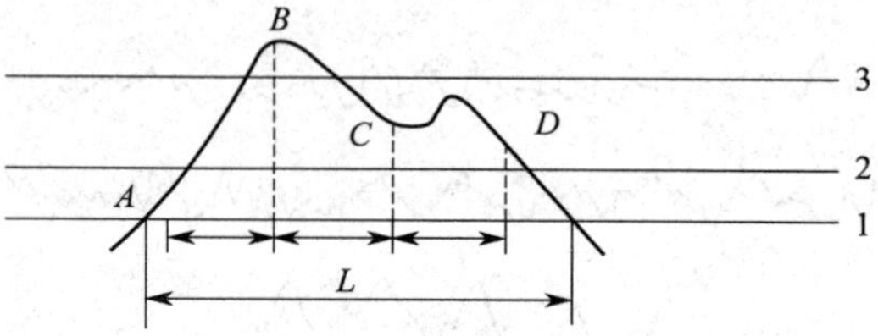

图 6.32　轨道超限波形简图

图中 1、2、3 分别表示Ⅰ、Ⅱ、Ⅲ级病害界限值,A、B、C、D 分别表示四个采集点,由采集原理得知,此处计算机将统计为一处病害:B 点的幅值为该病害幅值,L 表示超限病害长度,该病害为Ⅲ级超限。

峰值扣分法是从轨道的几何尺寸指标、动力学指标的角度,以 1 km 为单位计算总扣分的方式来评定轨道的质量。以公里为单元区段,按照每公里各单项不平顺超限的扣分总和计算。局部不平顺幅值按照四级管理标准对应的超限扣分评定。

(1)各项偏差等级和扣分标准

Ⅰ级为日常保持标准,Ⅱ级为计划维修标准,Ⅲ级为临时补修标准,Ⅳ级为限速标准,各级扣分数如下:

①Ⅰ级每处扣 1 分;

②Ⅱ级每处扣 5 分;

③Ⅲ级每处扣 100 分;

④Ⅳ级每处扣 301 分。

(2)线路动态评定标准

局部峰值评价采用扣分法。局部峰值评价以整公里为单位,每公里扣分总数为各级、各项偏差扣分总和,计算公式如下:

$$s=\sum_{i=1}^{4}\sum_{j=1}^{7}K_iT_jC_{ij} \tag{6.11}$$

式中　S——每千米扣分总数(各级、各项偏差扣分的总和);

K_i——各级偏差的扣分数;

T_j——各项的加权系数,T_1-T_7 均为 1;

C_{ij}——各检查项目各级偏差的个数;

i——为Ⅰ、Ⅱ、Ⅲ、Ⅳ四级超限;

j——为高低、轨向、轨距、水平、三角坑、垂直加速度、水平加速度七项指标。

每公里线路局部峰值动态评定标准:

①优良——总扣分在 50 分及以内；

②合格——总扣分在 51～300 分；

③失格——总扣分在 300 分以上。

2)线路整体不平顺

(1)轨道质量指数(TQI)

轨道不平顺质量指数(以下简称为 TQI)，是衡量轨道区段整体不平顺(均值管理)动态质量的综合指标。运用 TQI 评价和管理轨道状态，是对单一幅值扣分评判的轨道质量方法的补充，可提高轨道检测数据综合应用水平，为科学制定线路维修计划，确保轨道状态的均衡发展提高科学依据。

TQI 从统计学(离散性)、物理学(轨道质量均衡性)的角度反映轨道状态的恶化程度。该值的大小与轨道状态平顺性密切相关，表明 200 m 区段轨道状态离散的程度，即数值越大，表明轨道的平顺程度越差，波动性也越大。各单项轨道不平顺的统计值，同样也反映出该项轨道状态的不平顺程度。

TQI 是 200 m 区段内高低(左、右)、轨向(左、右)、轨距、水平、三角坑(扭曲)七项几何参数标准差的和，其计算公式为

$$\mathrm{TQI} = \sum_{i=1}^{7} \sigma_i \tag{6.12}$$

$$\sigma_i = \sqrt{\frac{\sum_{j=1}^{n} (x_{ij}^2 - \bar{x}_{ij}^2)}{n}} \tag{6.13}$$

式中　σ——各项几何偏差的标准差；

x_{ij}——各项几何偏差在单元区段中连续采样点的幅值；

$\bar{x}_{ij}$——算术平均值；

n——采样点的个数(200 m 单元区段中 $n=800$，每米采集 4 个数)。

区段均值评价指标为轨道质量指数(TQI)，轨道质量指数管理值见表 6.3。

表 6.3　轨道质量指数管理值

速度等级	左高低 mm	右高低 mm	左轨向 mm	右轨向 mm	轨距 mm	水平 mm	三角坑 mm	TQI 值
$v \leqslant 80$ km/h	2.2～2.5	2.2～2.5	1.8～2.2	1.8～2.2	1.4～1.6	1.7～1.9	1.9～2.1	13～15
80 km/h$<v_{\max}\leqslant$120 km/h	1.8～2.2	1.8～2.2	1.4～1.9	1.4～1.9	1.3～1.4	1.6～1.7	1.7～1.9	11～13
120 km/h$<v_{\max}\leqslant$160 km/h	1.5～1.8	1.5～1.8	1.1～1.4	1.1～1.4	1.1～1.3	1.3～1.6	1.4～1.7	9～11
160 km/h$<v_{\max}$	1.1～1.5	1.1～1.5	0.9～1.1	0.9～1.1	0.9～1.1	1.1～1.3	1～1.4	7～9

区段均值评价采用扣分法。单个 TQI 计算单元的扣分标准可由铁路局集团有限公司规定。

(2)T 值管理

①T 值的概念

为了便于对区段 TQI 管理标准的推广与应用，依据《修规》对轨道不平顺幅值和扣分管理办法，确定 TQI 的管理办法以公里为管理和维修养护单位，对 TQI 的评价引入“T 值”的概念。

将 200 m 区段 TQI 超过管理值的大小作为扣分 T_{200} 值。每公里 5 个单元区段的扣分数 T_{200} 值之和，简称为“T 值”。T 值是根据单元区段内 TQI 值超过对应管理值的程度来确定

的，用于 T_{200} 值计算的 200 m 区段 TQI 管理值标准见表 6.4。

表 6.4　用于 T_{200} 值计算的 200 m 区段 TQI 管理值标准

速度等级(km/h)	$120<v_{max}\leqslant160$	$160<v_{max}<200$	$200\leqslant v_{max}\leqslant250$	$250<v_{max}\leqslant350$
TQI 管理值	11	9	8	5
超过 10%	12.1	9.9	8.8	5.5
超过 20%	13.2	10.8	9.6	6

②200 m 单元区段 T_{200} 值和公里 T 值的物理含义

为了有效发挥区段 TQI 指导线路养护维修和制定维修计划的作用，对于 T_{200} 值，定义为该值小于等于该速度等级的管理值，则该 200 m 区段扣分 T_{200} 值为 0；该值大于管理值但小于等于“超过 10%”管理值，则该 200 m 区段扣分 T_{200} 为 40 分，该值大于“超过 10%”管理值但小于等于“超过 20%”管理值，则该 200 m 区段扣分 T_{200} 为 50 分；该值大于“超过 20%”管理值，则该 200m 区段扣分 T_{200} 为 61 分，具体见表 6.5。

表 6.5　超过管理值不同等级对应的 T_{200} 值

TQI 值	未超过管理值	超过管理值	超过管理值 10%	超过管理值 20%
T_{200} 值	0	40	50	61

按照每公里作为管理长度，则每公里所包含的 5 个 200 m 单元区段的 TQI 扣分值之和为 T 值，T 值的计算公式为

$$T=\sum_{1}^{5}T_{200} \tag{6.14}$$

式中　T——每公里扣分总数；

T_{200}——单个 TQI 计算单元的扣分数。

通过计算实现以公里为管理长度的轨道状态质量的综合评价，某公里的 T 值越大，说明该公里超过 TQI 管理值的段数和超限程度也越大，应优先安排维修。根据 T 值的大小评价每公里轨道状态质量，以均衡、计划和优先三种方式制定大型养路机械维修或轨道综合维修计划，其含义见表 6.6。

表 6.6　不同 T 值对应的含义

评价意义	均衡	计划	优先
每公里 T 值	$T=0$	$0<T\leqslant100$	$T>100$

每公里线路区段均值评定标准划分为：均衡——代表线路质量均衡，不需要维修；计划——代表应列入维修计划，适时进行修理；优先——代表应优先列入维修计划，尽快安排修理。

对于 $T>100$ 的线路，设备管理单位应优先列入维修计划，尽快安排成段维修；对于 $0<T\leqslant100$ 线路，设备管理单位应统筹兼顾，根据 T_{200} 值的大小，合理安排维修和保养，适时对线路进行整修，对于 $T=0$ 的线路，设备管理单位应避免成段扰动道床，只对超限峰值处所进行修整。

2. 轨道动态质量管理

轨道良好的几何尺寸是保证列车安全运行的基本条件，但是在机车车辆的作用下和其他因素的影响下，轨道几何尺寸经常会发生变化，因此必须规定轨道几何尺寸的容许偏差。如前所述，轨道几何尺寸容许偏差分为四级，Ⅰ级为日常保持标准，Ⅱ级为计划维修标准，Ⅲ级为临时补修

标准，Ⅳ级为限速标准。保养标准是指在机车车辆的作用下，个别点的几何尺寸发生了偏差，对列车运行有一定的影响，但是不影响行车的安全，如果在某一区段轨道实际状态达到保养标准的较多，应安排进行线路保养。轨道几何尺寸超过保养标准仍未及时进行保养，则几何尺寸偏差会进一步加大，从而达到舒适度标准甚至临时补修标准，一旦达到临时补修标准应及时安排进行临时补修。值得强调的是如果轨道几何尺寸进一步恶化或者某些特殊原因导致线路动态质量突变而达到限速标准，这时可能危及行车安全，必须立即办理限速并及时上道整理，除此之外，新线竣工时的标准为验收标准，这是一个较保养标准更高的标准，只在竣工验收时使用。

轨道容许几何尺寸偏差管理值的确定是根据轮轨作用相互关系，经过理论研究，大量测试，现场实际状态的统计分析而确定的，它既反映了设备状态、养护水平，又是符合实际的经济指标。

轨道不平顺直接关系到列车运行的平稳与安全，而且列车运行速度又与不平顺幅值有着密切关系。

1)普速铁路轨道动态质量容许偏差管理值

普速铁路轨道动态质量容许偏差管理值见表 6.7。

表 6.7　普速铁路轨道动态几何不平顺容许偏差管理值

项目		160 km/h＜v_{max}正线				120 km/h＜v_{max}≤160 km/h 正线				80 km/h＜v_{max}≤120 km/h 正线				v_{max}≤80 km/h 正线			
		Ⅰ级	Ⅱ级	Ⅲ级	Ⅳ级(限速160 km/h)	Ⅰ级	Ⅱ级	Ⅲ级	Ⅳ级(限速120 km/h)	Ⅰ级	Ⅱ级	Ⅲ级	Ⅳ级(限速80 km/h)	Ⅰ级	Ⅱ级	Ⅲ级	Ⅳ级(限速45 km/h)
高低(mm)	1.5～42 m	5	8	12	15	6	10	15	20	8	12	20	24	12	16	24	26
	1.5～70 m	6	10	15	—	—	—	—	—	—	—	—	—	—	—	—	—
转向(mm)	1.5～42 m	5	7	10	12	5	8	12	16	8	10	16	20	10	14	20	23
	1.5～70 m	6	8	12	—	—	—	—	—	—	—	—	—	—	—	—	—
轨距(mm)		+4 −3	+8 −4	+12 −6	+15 −8	+6 −4	+10 −7	+15 −8	+20 −10	+8 −6	+12 −8	+20 −10	+23 −11	+12 −6	+16 −8	+23 −11	+25 −12
轨距变化率(基长 3 m)(‰)		1.2	1.5	—	—	1.5	2.0	—	—	2.0	2.5	—	—	2.0	2.5	—	—
水平(mm)		5	8	12	14	6	10	14	18	8	12	18	22	12	16	22	25
三角坑(基长 3 m)(mm)		4	6	9	12	5	8	12	14	8	10	14	16	10	12	16	18
复合不平顺(mm)		7	9	—	—	8	10	—	—	—	—	—	—	—	—	—	—
车体垂向振动加速度(m/s^2)		1.0	1.5	2.0	2.5	1.0	1.5	2.0	2.5	1.0	1.5	2.0	2.5	1.0	1.5	2.0	2.5
车体横向振动加速度(m/s^2)		0.6	0.9	1.5	2.0	0.6	0.9	1.5	2.0	0.6	0.9	1.5	2.0	0.6	0.9	1.5	2.0

注：(1)表中各种偏差限值为实际幅值的半峰值；

(2)水平限值不包含曲线按规定设置的超高值及超高顺坡量；

(3)高低和轨向采用对应波长的空间曲线；

(4)复合不平顺特指轨向和水平逆向复合不平顺；

(5)三角坑限值包含缓和曲线超高顺坡造成的扭曲量；

(6)固定型辙叉的有害空间部分不检查轨距、轨向，其他检查项目及检查标准与线路相同；

(7)车体垂向振动加速度采用 20 Hz 低通滤波，车体横向振动加速度采用 0.5～10 Hz 带通滤波和 10 Hz 低通滤波。

2)200～250 km/h 铁路轨道动态质量容许偏差管理值

200～250 km/h 铁路轨道动态质量容许偏差管理值见表 6.8。

表 6.8　200～250 km/h 线路轨道动态质量容许偏差管理值

项目		经常保养	舒适度	临时补修	限速(160 km/h)
偏差等级		Ⅰ级	Ⅱ级	Ⅲ级	Ⅳ级
轨距(mm)		+4 −3	+6 −4	+8 −6	+12 −8
水平(mm)		5	8	10	13
扭曲(基长 3 m)(mm)		4	6	8	10
高低(mm)	波长 1.5～42 m	5	8	11	14
轨向(mm)		5	7	8	10
高低(mm)	波长 1.5～70 m	6	10	15	/
轨向(mm)		6	8	12	/
车体垂向加速度(m/s^2)		1.0	1.5	2.0	2.5
车体横向加速度(m/s^2)		0.6	0.9	1.5	2.0
轨距变化率(基长 3 m)(‰)		1.0	1.2	/	/

注:(1)表中管理值为轨道不平顺实际幅值的半峰值;
(2)水平限值不包含曲线按规定设置的超高值及超高顺坡量;
(3)扭曲限值包含缓和曲线超高顺坡造成的扭曲量;
(4)车体垂向加速度采用 20 Hz 低通滤波,车体横向加速度Ⅰ、Ⅱ级标准采用 0.5～10 Hz 带通滤波处理的值进行评判,Ⅲ、Ⅳ级标准采用 10 Hz 低通滤波处理的值进行评判;
(5)避免出现连续多波不平顺和轨向、水平逆向复合不平顺。

3)250(不含)～350 km/h 铁路轨道动态质量容许偏差管理值

250(不含)～350 km/h 铁路轨道动态质量容许偏差管理值见表 6.9。

表 6.9　250(不含)～350 km/h 线路轨道动态质量容许偏差管理值

项目		经常保养	舒适度	临时补修	限速(200km/h)
偏差等级		Ⅰ级	Ⅱ级	Ⅲ级	Ⅳ级
轨距(mm)		+4 −3	+6 −4	+7 −5	+8 −6
水平(mm)		5	6	7	8
扭曲(基长 3 m)(mm)		4	6	7	8
高低(mm)	波长 1.5～42 m	4	6	8	10
轨向(mm)		4	5	6	7
高低(mm)	波长 1.5～120 m	7	9	12	15
轨向(mm)		6	8	10	12
复合不平顺(mm)		6	8	/	/
车体垂向加速度(m/s^2)		1.0	1.5	2.0	2.5
车体横向加速度(m/s^2)		0.6	0.9	1.5	2.0
轨距变化率(基长 3 m)(‰)		1.0	1.2	/	/

注:(1)表中管理值为轨道不平顺实际幅值的半峰值;
(2)水平限值不包含曲线按规定设置的超高值及超高顺坡量;
(3)扭曲限值包含缓和曲线超高顺坡造成的扭曲量;
(4)车体垂向加速度采用 20 Hz 低通滤波,车体横向加速度Ⅰ、Ⅱ级标准采用 0.5～10 Hz 带通滤波处理的值进行评判,Ⅲ、Ⅳ级标准采用 10 Hz 低通滤波处理的值进行评判;
(5)复合不平顺指水平和轨向逆向复合不平顺,按水平和 1.5～42 m 轨向代数差计算。避免出现连续多波不平顺。

6.5 线路动态检测报表及波形图的应用

6.5.1 学习目标

1. 知识目标

(1)掌握轨检车报表的种类和作用。

(2)掌握轨检车波形图识读的方法和要求。

(3)掌握各种超限处所的相互关系。

2. 能力目标

(1)能识读轨检车的各种报表。

(2)能进行各项目波形图超限识读。

(3)能利用检测资料准确查找超限处所。

6.5.2 相关学习内容

1. 轨检车报表的识读

轨检车计算机记录的病害结果与绘制的波形图的病害峰值一一对应,且完全一致。根据轨检车提供的检查记录表和波形图,就可以查找到轨道病害的地点和病害类型。

不同车型轨检车的检测报表格式基本一致,轨检车提供的记录报告主要有:"轨道超限报告表""曲线摘要报告表""区段总结报告表""轨道质量指数报告表"等四种主要检查报告表。

(1)轨道超限报告表

超限报告评定的项目:轨距、水平、高低、方向、三角坑、车体垂直振动加速度和横向振动加速度7项。按照偏差等级分为Ⅰ、Ⅱ、Ⅲ、Ⅳ级。Ⅰ级为保养标准,扣1分,Ⅱ级为舒适度标准,扣5分,Ⅲ级为紧急补修标准,扣100分,Ⅳ级为限速标准,扣300分。按照国铁集团重新修订的动态管理(峰值管理)检查评定标准,另外增加了"三率"(轨距变化率、曲率变化率和横加变化率)和70 m长波不平顺等舒适度指标,但无Ⅲ、Ⅳ级扣分。

偏差评定的各种限值为实际幅值的半峰值,高低、轨向不平顺按实际值评定,水平限值不含曲线上按规定设置的超高值及超高顺坡量,三角坑超限包含缓和曲线超高顺坡造成的扭曲量;固定型辙叉的有害空间部分不检查轨距、轨向。记录表中,"+"号在高低中为"高",在水平中为"左高","-"反之。三角坑检测基长为2.4 m(或2.5 m)。超限位置km+m为超限具体里程,超限长度为超限所在波段延长。

超限报告为工务工程技术人员和现场作业人员提供了线路Ⅰ、Ⅱ、Ⅲ、Ⅳ级超限的类型、峰值和分布情况,同时将超限的数值、长度也清楚地列出,为现场养修作业提供了工作量,对线路养修有很强的指导作用。图6.33为某铁路线超限报告表。

(2)曲线摘要报告表

曲线是线路的薄弱环节之一,曲线摘要报告评价轨道结构中曲线地段的整体状态。报告中所列出的检测数据的里程、长度等数据均为轨检车实际检测得到的数据。报告中首先给出了该条曲线中影响列车通行速度的控制点(即曲线中状态最差的一点),这给曲线养修指出了方向;同时报告中的主要参数(如平均半径、超高)与设备图表理论值对比也能对整个曲线技术状态进行评价,从而确定整治曲线的方法,如图6.34所示。

超限数据 | 曲线数据 | TQI数据 | 公里总结 | 区段总结 |

超限等级 3

km	m	长度	超限类型	超限等级	峰值	速度	检测标准	分数	线形
383	344	2	三角坑	3	-10.11	112	200	100	直
415	312	22	水平加速度	3	0.161	177	200	100	缓
419	658	2	三角坑	3	-9.06	170	200	100	直
435	756	3	右高低	3	12.35	174	200	100	直
442	422	17	水平加速度	3	-0.154	175	200	100	曲
456	35.5	33	水平加速度	3	-0.177	175	200	100	缓
463	40.3	9	左高低	3	12.71	111	200	100	直
503	773	45	水平加速度	3	-0.167	173	200	100	缓
524	467	2	三角坑	3	10.05	174	200	100	直
540	420	43	水平加速度	3	-0.151	173	200	100	缓
613	270	19	水平加速度	3	0.157	173	200	100	曲
618	787	25	水平加速度	3	-0.159	171	200	100	缓
673	845	32	水平加速度	3	-0.159	173	200	100	缓
681	638	26	水平加速度	3	0.152	174	200	100	曲
727	104	2	三角坑	3	10	177	200	100	直
729	149	12	水平加速度	3	-0.156	178	200	100	曲
736	114	8	右高低	3	13.49	174	200	100	直
756	105	2	三角坑	3	9.28	164	200	100	直
756	103	2	三角坑	3	-10.25	163	200	100	直
767	320	2	三角坑	3	12.29	139	160	100	直
783	818	18	水平加速度	3	-0.163	138	160	100	缓
784	143	28	水平加速度	3	-0.156	139	160	100	缓
787	133	37	水平加速度	3	0.16	141	160	100	缓
787	700	19	水平加速度	3	0.156	139	160	100	缓
792	112	10	水平加速度	3	-0.155	140	160	100	曲
799	204	13	水平加速度	3	0.153	139	160	100	曲
807	456	18	水平加速度	3	0.176	136	160	100	曲
809	273	21	水平加速度	3	-0.155	137	160	100	曲
812	792	31	水平加速度	3	-0.173	137	160	100	缓
841	545	17	水平加速度	3	0.177	119	120	100	缓
841	516	55	水平加速度	3	0.175	119	120	100	缓
841	299	14	水平加速度	3	0.171	118	120	100	缓
841	956	86	水平加速度	3	0.152	116	120	100	缓

图 6.33　某铁路线路超限报告表

曲线起点		曲线终点		曲线长度(m)	平均				最高允许速度(km/h)	限速(75mm欠超高计算)			
										极限点			
km	m	km	m		半径(m)	超高(mm)	加宽(mm)	速度(km/h)		km	m	半径(m)	超高(mm)
502	55	500	610	1 445	2 703	97.2	51	198	213	501	473	3 030	101.3
504	882	502	431	2 451	2 632	-118.7	51	200	215	504	768	2 857	-116.2
507	301	505	845	1 447	2 632	115.9	51	201	223	507	187	3 030	118.4
509	91	507	924	1 166	2 778	113.4	51	201	227	508	974	3 125	120.5
511	778	509	456	2 822	2 632	-119.5	51	201	222	509	977	2 941	-122.4
514	880	512	732	2 148	2 632	116.7	51	201	220	514	108	2 941	119
516	327	515	879	448	2 778	-91.9	51	201	246	516	182	3 846	-111.6
521	893	519	878	2 015	2 000	-119.8	51	181	203	521	694	2 881	-129.3
524	903	524	259	644	2 632	-109.4	51	191	231	524	779	3 226	-121.3
530	811	530	178	633	2 632	-82	51	201	212	530	720	3 226	-90.4
534	253	532	408	1 845	2 632	91.3	51	199	208	532	932	3 030	94.2
535	497	534	963	534	2 222	87.9	51	181	220	535	299	3 030	113.9
537	554	536	168	1 382	2 564	-88.1	51	169	208	537	253	3 030	-94.9
540	478	538	328	2 150	2 222	-121.5	51	180	192	540	375	2 326	-113.7
541	913	541	46	866	2 703	91.7	51	184	219	541	400	3 226	100.1
543	88	542	476	612	2 778	95.7	51	201	225	542	994	3 333	104.9
544	596	543	982	614	2 632	-108.2	51	201	236	544	416	3 333	-123.6
547	634	547	205	429	3 226	-59.2	51	186	219	547	438	4 000	-66.4
550	262	547	981	2 269	2 128	106.5	51	181	193	549	595	2 381	110.1
551	661	550	969	693	3 333	57.6	51	186	210	551	595	3 846	60.3
558	293	557	929	379	3 226	-61.2	51	200	232	558	211	4 348	-71.1
561	231	559	790	1 440	2 632	-115.9	51	201	218	561	103	2 941	-116.3
564	688	563	11	1 676	2 632	116.7	51	202	220	564	608	2 941	119.7
566	19	565	4	1 014	2 632	-113.9	51	203	221	565	919	3 030	-117
567	909	566	507	1 379	2 703	113.7	51	214	222	566	886	3 030	117.2
570	287	569	741	546	2 703	82.9	51	201	222	570	196	3 448	94.6
572	437	570	953	1 483	2 632	-90.7	51	202	203	572	315	2 941	-90.6
574	15	573	308	706	3 226	-79	51	202	236	573	735	4 000	-89.6
575	206	574	482	708	3 333	76.6	51	203	237	576	111	4 167	84.7

图 6.34　某铁路曲线摘要报告表

(3)区段(公里)总结报告表

每公里总结报告:详细列出了各公里几何尺寸各项目扣分情况,如 K692、K693、K694 公里,可以明显看出导致主要扣分项目,说明这 3 km 轨面综合状态较差,需要安排计划维修,作业重点要解决高低、水平、三角坑问题(图 6.35)。

超限数据 | 曲线数据 | TQI数据 | 公里总结 | 区段总结

km	公里扣分	高低				轨向				轨距				水平				三角坑				水加				垂加				通过速度
		4	3	2	1	4	3	2	1	4	3	2	1	4	3	2	1	4	3	2	1	4	3	2	1	4	3	2	1	
645	42	0	0	0	3	0	0	0	2	0	0	0	0	0	0	0	0	0	0	0	0	0	0	3	22	0	0	0	0	175
652	2	0	0	0	1	0	0	0	0	0	0	0	0	0	0	0	0	0	0	0	0	0	0	0	1	0	0	0	0	99
654	37	0	0	0	2	0	0	0	0	0	0	0	2	0	0	0	0	0	0	0	0	0	0	0	33	0	0	0	0	96
659	41	0	0	2	16	0	0	0	0	0	0	0	3	0	0	0	2	0	0	2	0	0	0	0	0	0	0	0	0	169
664	0	0	0	0	0	0	0	0	0	0	0	0	0	0	0	0	0	0	0	0	0	0	0	0	0	0	0	0	0	175
665	0	0	0	0	0	0	0	0	0	0	0	0	0	0	0	0	0	0	0	0	0	0	0	0	0	0	0	0	0	174
666	0	0	0	0	0	0	0	0	0	0	0	0	0	0	0	0	0	0	0	0	0	0	0	0	0	0	0	0	0	174
674	29	0	0	0	6	0	0	0	1	0	0	0	1	0	0	0	1	0	0	2	1	0	0	1	4	0	0	0	0	175
675	16	0	0	0	11	0	0	0	2	0	0	0	1	0	0	0	0	0	0	0	2	0	0	0	0	0	0	0	0	173
676	19	0	0	0	10	0	0	0	0	0	0	0	2	0	0	0	0	0	0	0	2	0	0	0	5	0	0	0	0	179
678	7	0	0	0	2	0	0	0	0	0	0	0	0	0	0	0	0	0	0	0	0	0	0	1	0	0	0	0	0	177
679	19	[illegible]	[illegible]	[illegible]	[illegible]	[illegible]	[illegible]	[illegible]	0	0	0	0	0	0	0	0	0	0	0	0	1	0	0	0	14	0	0	0	0	177
680	10	[illegible]	[illegible]	[illegible]	[illegible]	[illegible]	[illegible]	[illegible]	0	0	0	0	0	0	0	0	0	0	0	0	1	0	0	1	4	0	0	0	0	176
683	2	[illegible]	[illegible]	[illegible]	[illegible]	[illegible]	[illegible]	[illegible]	0	0	0	0	0	0	0	0	0	0	0	0	0	0	0	0	0	0	0	0	0	176
684	33	[illegible]	[illegible]	[illegible]	[illegible]	[illegible]	[illegible]	[illegible]	0	0	0	1	1	0	0	0	1	0	0	0	4	0	0	0	14	0	0	0	0	176
685	7	[illegible]	[illegible]	[illegible]	[illegible]	[illegible]	[illegible]	[illegible]	0	0	0	0	1	0	0	0	0	0	0	0	2	0	0	0	2	0	0	0	0	175
689	14	[illegible]	[illegible]	[illegible]	[illegible]	[illegible]	[illegible]	[illegible]	0	0	0	0	0	0	0	0	0	0	0	0	1	0	0	0	2	0	0	0	0	175
691	35	[illegible]	[illegible]	[illegible]	[illegible]	[illegible]	[illegible]	[illegible]	0	0	0	0	1	0	0	[illegible]	[illegible]	0	0	[illegible]	[illegible]	[illegible]	0	0	2	0	0	0	0	175
692	150	0	0	2	29	0	0	0	2	0	0	1	5	0	0	1	11	0	0	[illegible]	[illegible]	[illegible]	0	0	3	0	0	0	0	175
693	134	0	0	1	27	0	[illegible]	0	0	0	0	1	4	0	0	1	15	0	0	0	73	0	0	0	0	0	0	0	0	175
694	143	0	0	2	35	0	[illegible]	0	0	0	0	0	12	0	0	1	11	0	0	1	65	0	0	0	0	0	0	0	0	175
697	55	0	0	0	10	0	0	0	2	0	0	0	0	0	0	0	4	0	0	3	24	0	0	0	0	0	0	0	0	175
698	64	0	0	0	16	0	0	0	1	0	0	0	1	0	0	0	5	0	0	0	30	0	0	1	6	0	0	0	0	175
699	102	0	0	0	15	0	0	0	0	0	0	0	4	0	0	0	1	0	0	10	32	0	0	0	0	0	0	0	0	172
706	24	0	0	0	13	0	0	0	1	0	0	0	0	0	0	0	0	0	0	0	1	0	0	1	4	0	0	0	0	172
707	28	0	0	1	13	0	0	0	0	0	0	0	0	0	0	0	0	0	0	0	2	0	0	0	7	0	0	0	1	178
713	2	0	0	0	2	0	0	0	0	0	0	0	0	0	0	0	0	0	0	0	0	0	0	0	0	0	0	0	0	178
715	0	0	0	0	0	0	0	0	0	0	0	0	0	0	0	0	0	0	0	0	0	0	0	0	0	0	0	0	0	177
723	4	0	0	0	4	0	0	0	0	0	0	0	0	0	0	0	0	0	0	0	0	0	0	0	0	0	0	0	0	178
724	28	0	0	0	12	0	0	1	3	0	0	0	3	0	0	0	0	0	0	0	4	0	0	0	1	0	0	0	0	178
725	12	0	0	0	2	0	0	0	1	0	0	0	1	0	0	0	0	0	0	0	0	0	0	0	8	0	0	0	0	178
727	122	0	0	0	10	0	0	0	1	0	0	0	3	0	0	0	1	0	1	1	2	0	0	0	0	0	0	0	0	179
729	142	0	0	0	10	0	0	0	6	0	0	0	0	0	0	0	0	0	0	0	0	0	1	3	10	0	0	0	1	179

如692、693、694三公里扣分较高,达到100多分,主要扣分项目为高低、水平、三角坑

高低

水平

三角坑

图 6.35 某铁路线路公里总结报告表

区段总结报告:可以从报告中很方便地掌握受检区段线路总体质量和主要病害类型,从而确定开展针对性地养修作业(图 6.36)。

超限数据 | 曲线数据 | TQI数据 | 公里总结 | 区段总结

超限类型	个数		
	3级	2级	1级
高低	3	98	3490
轨向		35	464
轨距		13	742
水平		6	206
三角坑	7	63	1138
车体垂加		1	33
车体水加	31	414	3809

平均扣分:35.50分

检测里程:525 km

优良:450 km 85.71 %

合格:70 km 13.33 %

失格:5 km 0.95 %

超限类型	个数			扣分		
	总和	处/公里	百分比(%)	总和	分/公里	百分比(%)
高低	3591	6.84	34.01	4280	8.15	22.97
轨向	500	0.95	4.74	940	1.79	5.04
轨距	755	1.44	7.15	807	1.54	4.33
水平	212	0.40	2.01	236	0.45	1.27
三角坑	1209	2.30	11.45	2454	4.67	13.17
车体垂加	34	0.06	0.32	38	0.07	0.20
车体水加	4257	8.11	40.32	9882	18.82	53.02

高低扣分较多,轨面较差

线路三角坑大量存在,说明线路不稳定,空吊暗坑多

水加大量出现,占总扣分地一半以上,说明曲线状态差,对曲线要重点整治

图 6.36 某铁路线路区段总结报告表

(4)轨道质量指数报告表

轨道质量指数报告反映了某一区段线路质量的均衡程度,通常为 200 m 计算评价一次,

是该段 200 m 线路的轨道质量综合反映，代表这一区段轨道的整体质量。可以为维修工及线路工区等作业提供指导。如先安排对轨道质量指数高的地段计划维修，并可找到每公里当中薄弱地段，根据养修能力合理安排(图 6.37)。

区段开始里程	超限	高低		轨向		轨距	水平	三角坑	TQI	速度(km/h)
		左	右	左	右					
502		0.79	0.81	0.00	0.00	0.00	1.02	1.15	3.77	195
502.2		0.75	0.80	0.00	0.00	0.00	0.81	0.81	3.16	197
502.4		0.91	0.81	0.00	0.00	0.00	0.90	0.93	3.55	199
502.6		0.65	0.74	0.00	0.00	0.00	0.71	0.81	2.91	200
502.8		0.56	0.92	0.00	0.00	0.00	1.05	0.99	3.53	200
503		0.53	0.68	0.00	0.00	0.00	0.81	0.99	3.01	200
503.2		0.55	0.71	0.00	0.00	0.00	0.84	1.05	3.15	200
503.4		0.50	0.62	0.00	0.00	0.00	0.71	0.87	2.70	200
503.6		0.60	0.74	0.00	0.00	0.00	0.81	0.99	3.14	200
503.8		0.73	0.78	0.00	0.00	0.00	0.96	1.09	3.55	200
504		0.66	0.77	0.00	0.00	0.00	0.78	0.93	3.13	200
504.2		0.67	0.74	0.00	0.00	0.00	0.74	0.90	3.05	200
504.4		0.69	0.66	0.00	0.00	0.00	0.81	0.96	3.12	200
504.6		0.67	0.74	0.00	0.00	0.00	0.81	0.87	3.09	200
504.8		0.69	0.79	0.00	0.00	0.00	0.74	0.87	3.09	201
505		0.86	0.84	0.00	0.00	0.00	1.15	0.96	3.81	201
505.2		0.74	0.82	0.00	0.00	0.00	0.68	0.84	3.09	201
505.4		0.97	0.79	0.00	0.00	0.00	0.87	0.87	3.50	201
505.6		1.01	1.14	0.00	0.00	0.00	1.21	1.24	4.60	201
505.8		1.05	1.15	0.00	0.00	0.00	1.05	1.18	4.44	201
506		1.09	1.04	0.00	0.00	0.00	1.12	1.09	4.33	201
506.2		0.73	0.80	0.00	0.00	0.00	1.18	1.12	3.82	201
506.4		0.66	0.67	0.00	0.00	0.00	0.74	0.96	3.03	201
506.6		0.73	0.66	0.00	0.00	0.00	0.81	0.96	3.15	201
506.8		0.67	0.80	0.00	0.00	0.00	0.81	0.90	3.18	200
507		0.62	0.70	0.00	0.00	0.00	0.74	0.90	2.96	201
507.2		0.86	0.92	0.00	0.00	0.00	1.02	0.96	3.77	200
507.4		0.64	0.75	0.00	0.00	0.00	1.12	0.99	3.50	200
507.6		0.67	0.68	0.00	0.00	0.00	1.02	1.09	3.47	200
507.8		0.73	0.56	0.00	0.00	0.00	0.78	0.81	2.87	201
508		0.71	0.81	0.00	0.00	0.00	0.87	1.02	3.42	201

图 6.37 某铁路线路轨道质量报告表

2. 动态检测波形图识图

1)轨检车地面标志图

(1)根据成图机理，轨检车地面标志图分为两类。轨检车计算机逻辑计算推导出的标志，主要包括公里标、半公里标、百米标，如图 6.38 所示；轨检车 ALD 装置感应地面金属材料打出的识别标志，主要包括道岔标志、道口标志、桥梁护轨梭头、电容等标志，如图 6.39 所示。

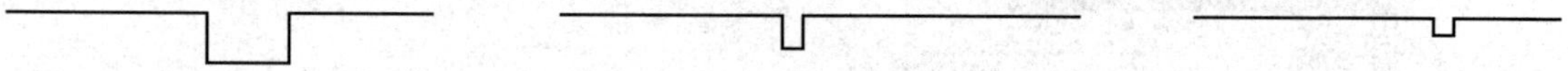

(a) 公里标 (b) 半公里标 (c) 百米标

图 6.38 GJ-4 型轨道检查车的公里标、半公里标、百米标标志图

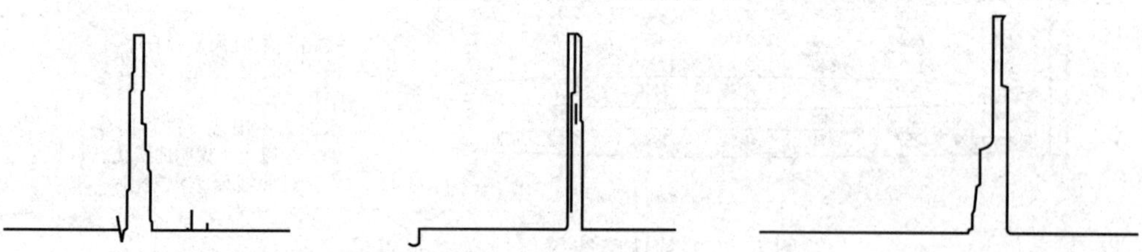

(a) 道岔标志 (b) 道口标志 (c) 桥梁护轨梭头标志

图 6.39 GJ-4 型轨道检查车道岔标志、道口标志、桥梁护轨梭头图

(2)GJ-4 型轨道检查车Ⅰ级、Ⅱ级、Ⅲ级超限病害高低波形示意图，如图 6.40 所示。

图 6.40　GJ-4 型轨道检查车超限波形示意图

注：图中①②④⑤为Ⅰ级、⑥为Ⅱ级、③为Ⅲ级超限病害。

2)轨检车振幅图识读

(1)首先确定每条曲线反映的项目。不同的轨检车排列顺序和项目不尽相同，轨检车波形图自上而下共 12 个波形通道，分别为左高低、左轨向、右高低、右轨向、水平(超高)、曲率、轨距、三角坑、垂加、水加、速度、地面标志。有时可以进行顺序调整，如图 6.41 所示。

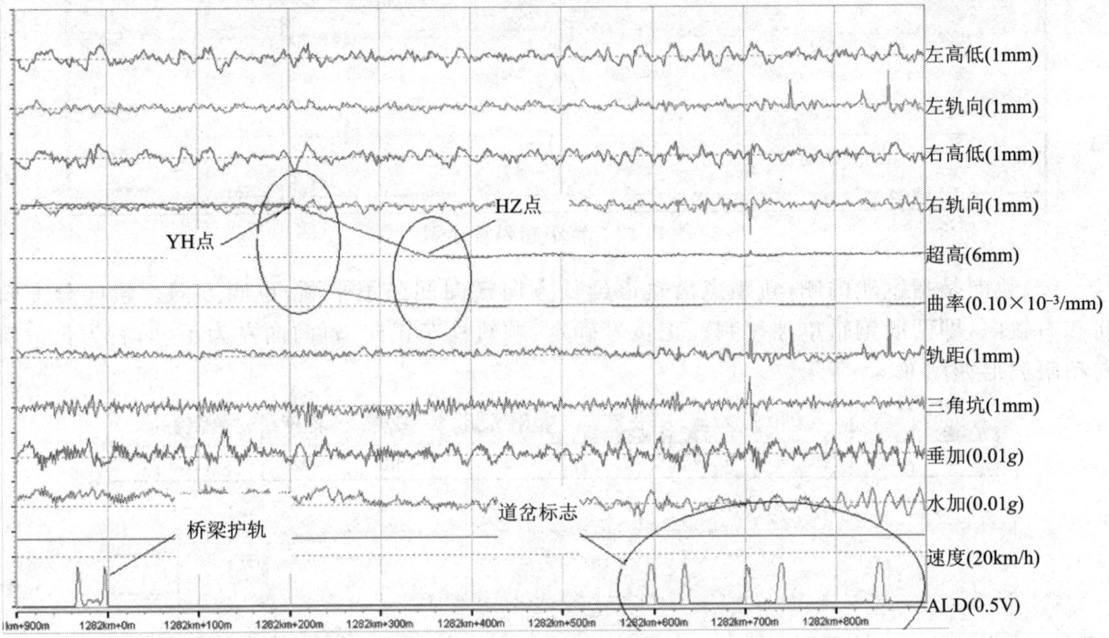

图 6.41　轨检车波形图

(2)其次了解振幅比例及走纸长度。振幅为 1∶1，即图上 1 mm，表示线路病害也是1 mm。走纸长度(即 1 km 线路在图中为多少毫米)各车情况也不一样，波形比例尺：高低、轨向、轨距、三角坑为 1 mm，水平(超高)为 6 mm，垂加、水加为 0.01 g；高低、轨向、水平、三角坑、轨距的中线即为 0 mm。可由图中打的公里标记(或)数出。

(3)了解病害和扣分标准等。轨检车通过后，除提供各千米线路病害扣分情况外，还提供线路质量综合指数(每 200 m 为一个单位)。评分小于 10 分为线路状态良好，若大于 10 分，尽管没有出Ⅲ级分，也应重点保养。

(4)确定病害地点。从振幅图中数出距千米标记的格数再定。

实际病害距离＝1 000/走纸长度(400)×图中的格数

3)各检测项目主要波形图识读

(1)轨距是指钢轨头部踏面下 16 mm 范围内两股钢轨工作边之间的最小距离。正负定义:实际轨距大于标准轨距时轨距偏差为正,反之为负。轨距超限波形如图 6.42 所示。

km	m	类型	峰值	长度	超限等级	线形	速度	检测标准
49	900	大轨距	14.05	132	2	圆	86	(0,120]

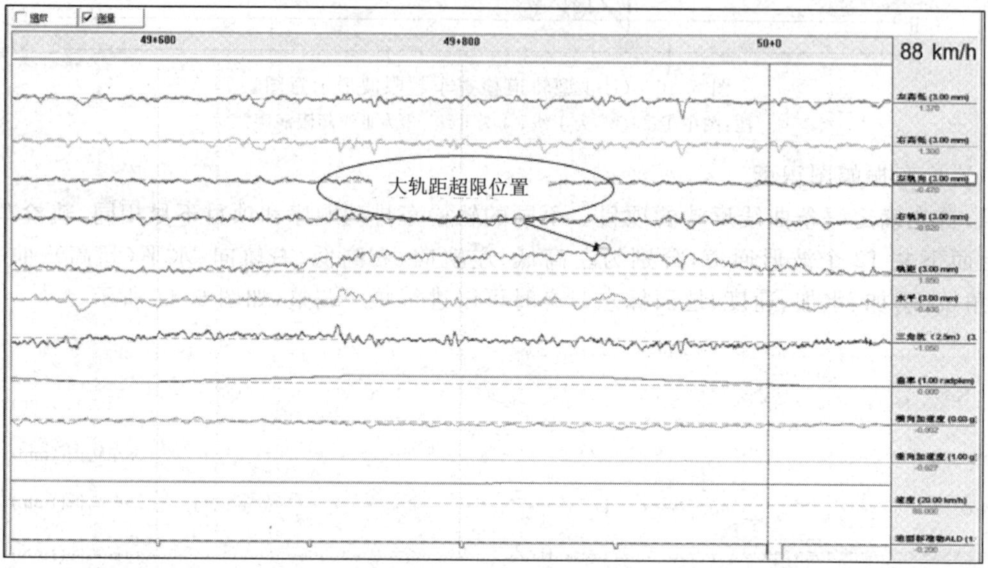

图 6.42　轨距超限波形图

(2)轨向是指钢轨内侧,轨距点沿轨道延长方向横向凹凸不平顺,也叫方向。轨向分左轨向和右轨向,即两股钢轨单独评判。正负号确定:顺轨检车正向,轨向向左为正,向右为负。轨向超限波形如图 6.43 所示。

km	m	类型	峰值	长度	超限等级	线形	速度	检测标准
10	259	左轨向	16.77	8	3	缓	46	(0,120]

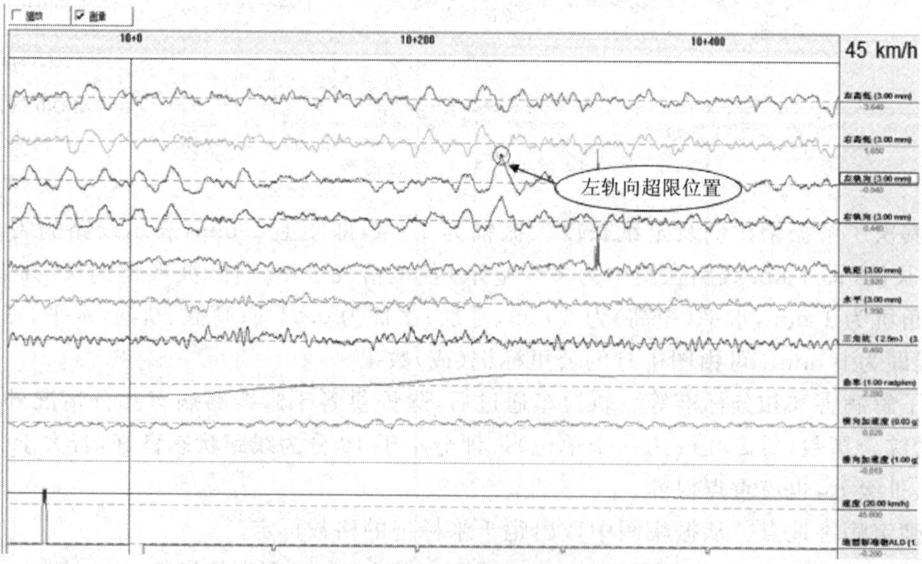

图 6.43　轨向超限波形图

(3)高低是指钢轨顶面沿延长方向垂向凹凸不平顺。高低分为左高低和右高低,即两股钢轨单独评判。正负号确定:高低向上为正,向下为负。高低超限波形如图 6.44 所示。

km	m	类型	峰值	长度	超限等级	线形	速度	检测标准
42	975	左高低	-20.5	5	3	圆	41	(0,120]
42	979	右高低	-23.4	6	3	圆	41	(0,120]

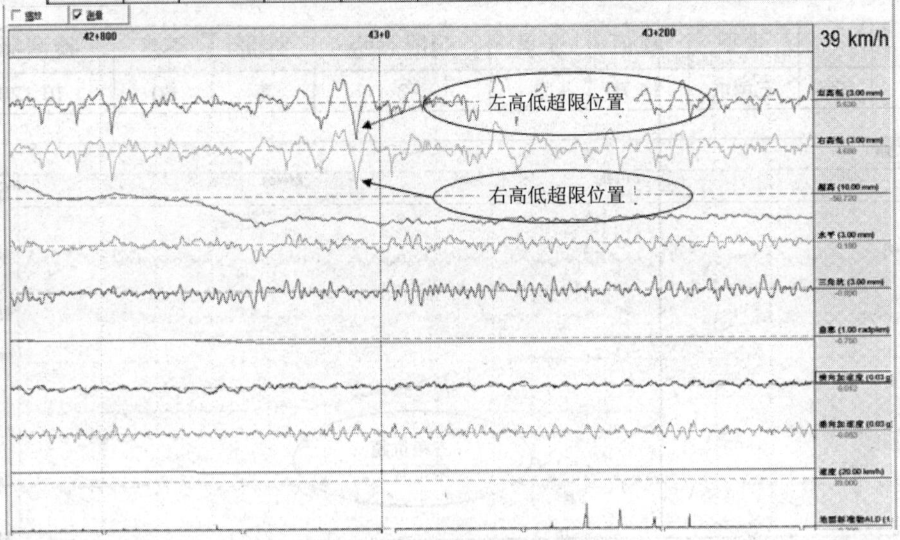

图 6.44　高低超限波形图

(4)水平是指同一轨道截面上左右轨顶面相对于水平面的高度差,但不含曲线上按照规定设置的超高值及超高顺坡量。正负号确定:顺轨检车正向,左轨高为正,反之为负。水平超限波形如图 6.45 所示。

km	m	类型	峰值	长度	超限等级	线形	速度	检测标准
18	86	水平	15.55	4	2	直	30	(0,120]

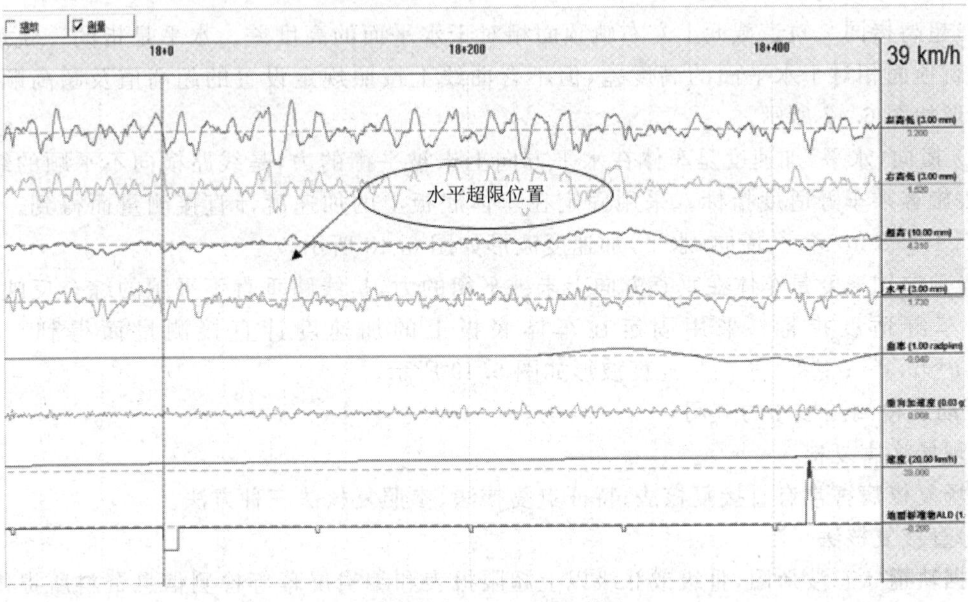

图 6.45　水平超限波形图

(5)三角坑(扭曲)是指左右两股钢轨顶面相对于轨道平面的扭曲,用相距一定基长水平的代数差表示。轨检车采用的三角坑基长是 2.5 m,主要考虑的是转向架的轴距,现规定采用 3 m。在静态几何尺寸容许偏差管理值中规定,三角坑偏差不含曲线超高顺坡造成的扭曲量,检查三角坑时基长,采用轨道检查仪时为 3 m,采用轨距尺时为 6.25 m,但延长 18 m 的距离内无超限的三角坑。三角坑超限波形如图 6.46 所示。

km	m	类型	峰值	长度	超限等级	线形	速度	检测标准
24	576	三角坑	-14.70	3	3	直	60	(0,120]

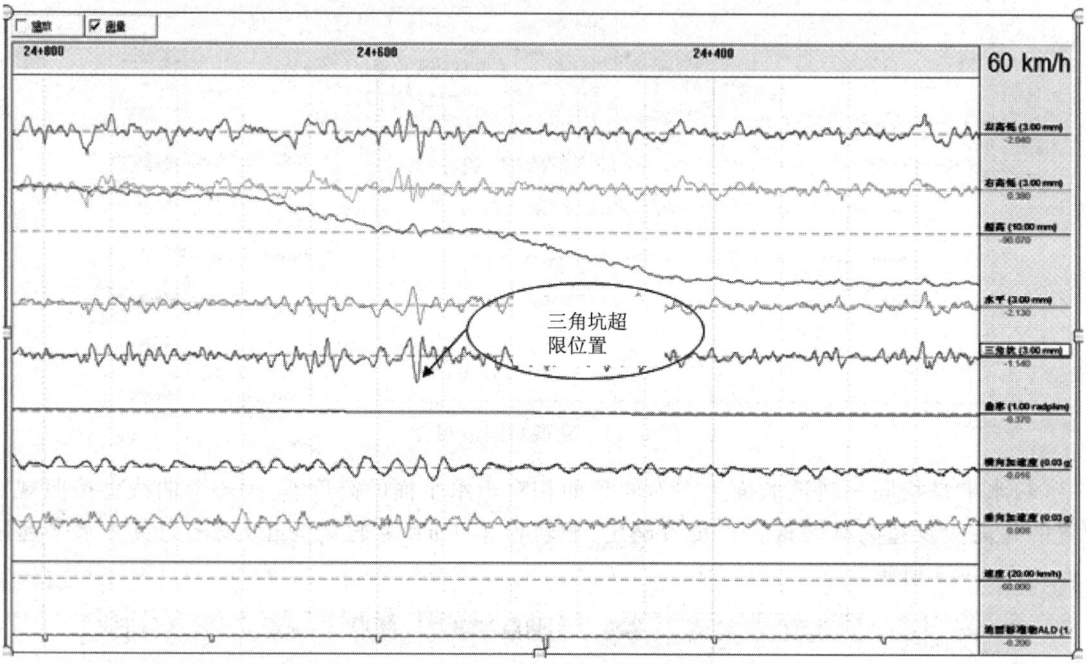

图 6.46　三角坑超限波形图

(6)超高指同一轨道截面上左右轨顶面相对于水平面的高度差。水平是指同一轨道截面上左右轨顶面相对于水平面的高度差,但不含曲线上按照规定设置的超高值及超高顺坡量。超高波形如图 6.47 所示。

(7) 横向(水平)加速度是车体在水平方向上未被平衡的力,是线路横向不平顺的综合反映,代表旅客乘车舒适度指标。采用固定在车体底板上的加速度计直接测量而得到。单位:m/s^2($1g \approx 9.8\ m/s^2$)。横向(水平)加速度波形如图 6.48 所示。

(8)垂向加速度是车体在垂直方向上未被平衡的力,是线路垂直不平顺的综合反映,代表旅客乘车舒适度指标。采用固定在车体底板上的加速度计直接测量而得到。单位:m/s^2($1g \approx 9.8\ m/s^2$)。垂向加速度波形如图 6.49 所示。

3. 动态检测波形图的应用

1)现场病害复核

现场复核病害常有直接复核法、特征点复核法、参照复核法三种方法。

(1)直接复核法

根据轨道状态波形图,Ⅲ级或Ⅱ级以上超限报表和编辑屏幕等检测信息资料所提供的超限病害位置,或添乘仪等其他检测信息提供的线路病害位置,按照里程信息查找病害。该种方法最为常用，适用于现场病害明显，超限项目单一的偏差，工区可直接按照里程消灭病害（特别注意动检车、轨检车偏差里程是有误差的，具体误差需根据波形图反算才能准确定位）。

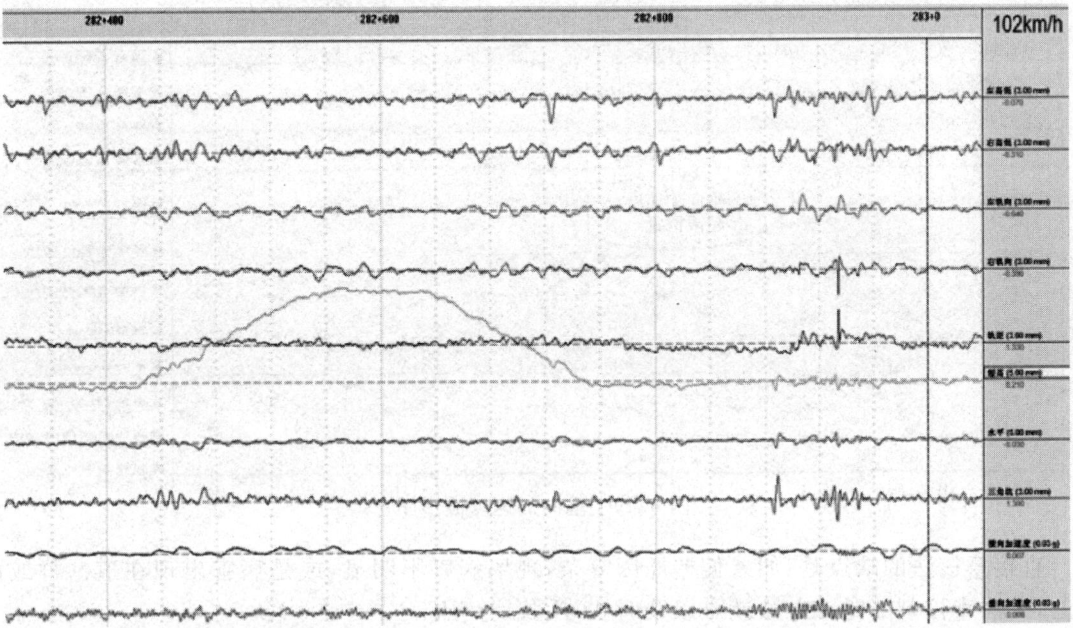

图 6.47　超高波形图

km	m	类型	峰值	长度	超限等级	线形	速度	检测标准
346	782	横向加速度	-0.1	6	2	直	101	(0,120]
346	791	横向加速度	0.12	6	2	直	101	(0,120]
346	802	横向加速度	0.02	4	2	直	101	(0,120]

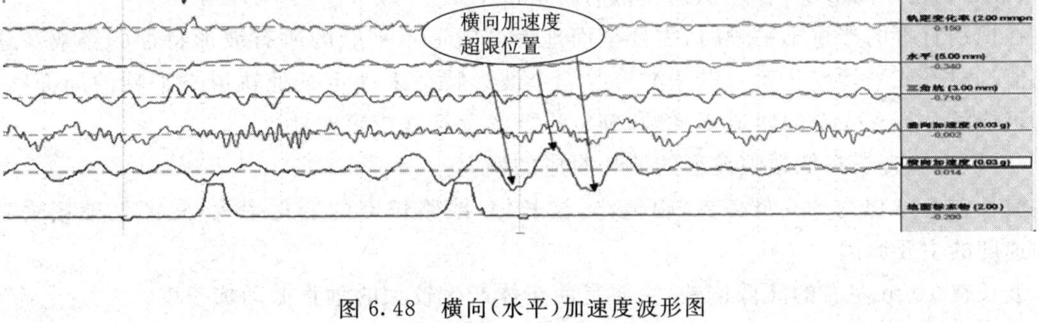

图 6.48　横向（水平）加速度波形图

km	m	类型	峰值	长度	超限等级	线形	速度	检测标准
1	405	垂向加速度	0.21	9	3	直	88	(0,120]

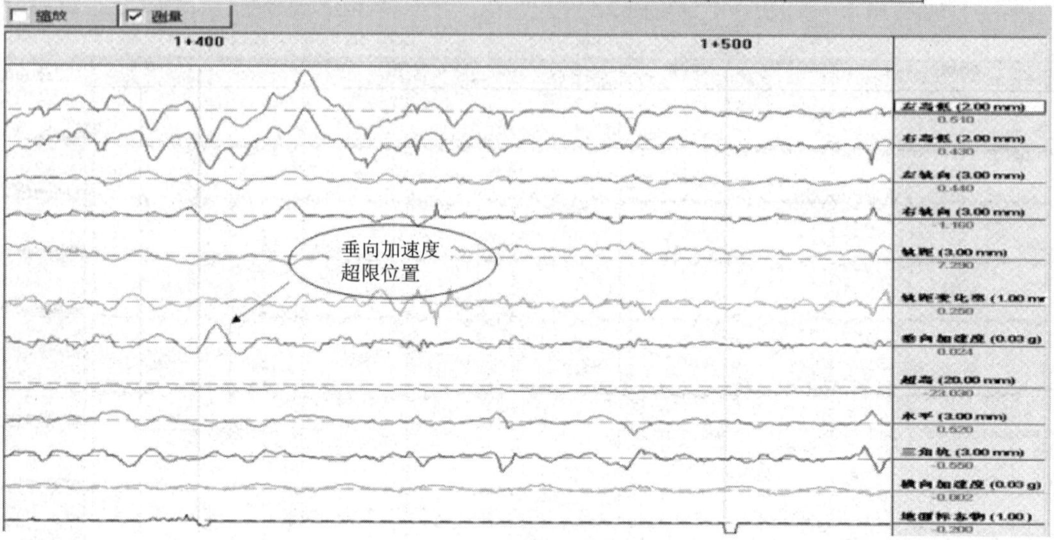

图 6.49　垂向加速度波形图

直接复核法的缺点是:如果偏差原因复杂,现场病害不明显,或是病害出现在道岔群或曲线上,无法直接判断时该方法就难以及时找准、找对病因。

(2)特征点复核法

根据轨检车、动检车在检测中扫描到的特征点位置,如道岔标志、道口标志、桥梁护轨梭头、电容等标志、曲线(ZH、HY、YH、HZ 点)等,如前述图 6.38、图 6.39 所示,就可以准确找出病害并消除。需要注意的是道岔、道口、桥梁以及曲线标是现场实际位置,而公里标、百米标是打印的标志,不一定准确。

(3)参照复核法

在现场复核病害时,先找到病害明显的、较大的、比较容易确定的病害点,在波形图上根据病害点之间的相对位置,在线路上查找其他病害。

这种方法应用的前提是现场至少有 1 处及以上的明显病害可以很容易找到,才能据此处病害推算出其他病害的准确里程。如果现场没有明显的病害则该法就难以奏效,所以此种方法常用于区间无特征点的线路上。

2)波形图的分析及应用

(1)在轨检车图形中,合理识别严重的轨道不平顺

在识别有害的严重不平顺时,需要全面地考虑轨道不平顺的所有波形特征的影响。建议用幅值、波长(或平均变化率)、谐振波形等三个波形特征来评定某处轨道不平顺的局部状态,识别可能危及行车安全的轨道不平顺,确定需要紧急补修或限速地点。

(2)轨道检查车高低超限波形的波长对应的病害

波长在 2 m 以内的高低偏差,幅值小,波长短,线路长度的变化率大,是产生轴箱垂直振动加速度的主要原因。

波长在 10 m 左右的高低偏差,主要是使车体产生较大的垂直振动加速度。

波长在 20 m 左右的高低偏差,其幅值大,波长长,主要是使车体产生点头振动。当车体

振幅和高低偏差幅值方向相同时，会使车体产生较大的振动加速度。

(3)利用轨检车检测高低超限的数据现场复核整修的方法

人工检测高低是采用10 m弦进行测量的，而惯性基准轨道不平顺检测装置采用惯性基准法来测量轨道高低偏差时，检测出来的高低偏差波长是不定的。因此要求在现场检查时，一定要充分利用轨检车资料，特别是要仔细分析波形图中该病害的波形，认真调查该地段是否有暗坑、空吊板，对各种情况进行综合研究，才能准确地在现场测量出病害的实际超限峰值。

路基沉陷、道床捣固不良、扣件不紧、木枕腐朽、钢轨磨耗，加之存在暗坑、吊板等原因，也会产生不均匀下沉，而造成轨面高低不平顺。

在道口、道岔、桥头、桥尾经常会出现下沉或严重空吊等情况，它是轨道高低出现大病害的主要处所，这些地段要求工务段在养护维修工作中要给予高度重视。

软硬不匀的地段，是高低偏差容易出现的处所。如桥梁、涵渠的两端，路堤、路堑接合处，成段更换钢轨后钢轨接头部位等。

道床脏污、排水不良，在雨季翻浆冒泥，也是造成轨面高低不良的原因，可以根据道床脏污情况安排清筛。

高接头与低接头是造成轨道短波高低的主要原因，它们会增加机车车辆对轨道的冲击力，对线路的破坏性很大。

(4)轨道检查车轨向波型与现场病害的对应关系分析

①方向不良大多数是由于钢轨存在硬弯、碎弯造成的。

②轨距连续扩大或缩小，顺坡率大于2‰，接头支嘴等病害都会造成轨向不良。

③对于小半径曲线及导曲线，由于弯度大，木枕道钉固定不住，出现接头支嘴，也是方向不良的一个原因。

④长期使用简易拨道法拨道，只将正矢误差均开，容易造成曲线半径变化，形成方向不良。

⑤要根据列车速度的变化，及时进行测速，通过计算正确设置超高。超高不合适不仅造成晃车，由于侧压力增大，也容易造成曲线变形，加速钢轨磨耗，从而产生方向不良。

方向连续误差，必然强制车轮产生蛇形运动，使车体左右摇晃，造成车体倾斜。一侧的车轮荷载加大，另一侧车轮荷载减轻有脱轨的危险，对行车非常不利。轨向不良是造成车体振动加速度(晃车)的主要原因，也是阻碍高速行车的主要病害。轨向不良，也可能造成轨距和水平不良。因此，必须及时整治轨向不良地段，保证列车高速、平稳和安全地运行。

(5)曲线侧磨严重地段，现场轨距良好但轨检车检测变化较大的原因分析

曲线外股钢轨侧磨严重，在现场通过改道作业使轨道轨头以下16 mm处的轨距值等于1 435 mm。但由轨检车检测原理可知，光电头所发射出的激光光点落在轨距检测点上的投影的直径有时可达到4～5 mm，甚至更大，因此光点会落在轨头以下16 mm处以下的地方，而这里轨距较标准轨距要小很多(视钢轨侧磨情况而定)。另外，在侧磨较大的曲线地段，曲线下股一般都存在不同程度的钢轨肥边和波磨或高低不良等病害。上述病害在列车以较高速度通过曲线时，会引起列车转向架的振动，而安装轨距检测设备的轨检梁是刚性固定在转向架上的，因此必定会带动光头上下一起振动，使光电头所发射出的光点偏离轨头以下16 mm的位置，极大地影响到轨距测量光电头所测出的轨距数值。

(6)轨检车轨距和轨向波形图的相关性

①如果轨道方向不良，但偏差波形相似，一般该处轨距不一定会有很大的变化，应根据波形图进行现场复核，优先安排进行拨道作业。如果不良地段位于曲线上，应检查曲线的正矢

值，结合整个曲线的情况进行拨道，综合整治病害。

②如果轨距不良，可能会有一股钢轨的方向不顺直，应先安排改道工作整治该段线路的轨距，使轨距值及其递减率满足要求后再安排整正线路方向。

(7)固定型道岔轨检车检测时轨向轨距突然增大的原因分析

在进行道岔区的轨距、轨向波形图判读时，如果道岔结构为带有有害空间的固定型道岔，应注意会伴有轨距、轨向数值突然增加的情况，其原因是轨距检测装置将有害空间轨距线中断部位，误认为轨距、轨向扩大。这种情况轨检车操作人员会将其删除，不参与轨道超限评分。可以结合地面标志图判断。

(8)初始轨道不平顺对列车运行平稳有的影响及整治

当列车速度为 130 km/h 时，线路出现大量垂直加速度超限，添乘快速机车和轨检车可以感觉到明显的垂直振动，而普通列车振动不明显。这种影响虽然还未直接威胁运输安全，但它不仅影响乘客的舒适，还对线路及机车车辆产生较大的周期性的作用力，将会加速轨道和机车车辆的伤损，减少轮轨系统的使用寿命。

(9)轨道不平顺的波数对行车平稳性的影响

轨道不平顺的波数也有明显的影响。一般而言，当幅值和波长一定时，连续的多波不平顺比单波的影响大，三波的影响大于双波，双波大于单波。但三波以上的多波不平顺与三波不平顺相比，未发现其影响有显著差异。

(10)三角坑病害的危害及检测基长

三角坑是引起轮轨作用力变化，影响行车平稳性的主要原因。三角坑的高点会使车辆出现侧滚，产生垂直振动加速度；三角坑的低点会使车轮减载，当车轮减载量与荷载量之比大于 0.8 时，还有脱轨的危险。轨道检查车采用的三角坑基长为 3m，该值接近客车转向架的轮对轴距。

(11)轨距、轨向检测波形图中存在许多“毛刺”的原因

轨距、轨向检测波形图中存在许多“毛刺”，其原因主要是由于钢轨波浪磨耗引起列车剧烈上下抖动，造成轨检车光电头所发射出的光点在侧磨钢轨的轨距角上下剧烈小幅抖动，造成检测出许多频率很小的偏差，在波形图上表现为许许多多极其细小的“毛刺”。

(12)轨道检查车轨距波形轨距扩大现场病害的主要原因分析

①轨枕连续失效。

②枕木切压后，没有及时削平和调整轨底坡，行车时钢轨外倾，在曲线上钢轨小反。

③道钉磨耗、浮起、离缝，混凝土枕扣件松动失效，扣板爬上轨底失去固定轨距的作用。另外，用错轨距挡板等人为因素也会造成轨距扩大。

④钢轨硬弯，接头错口或焊接钢轨时轨头位置没有对正，严重时一端轨距过大，一端轨距过小。

⑤线路一侧有暗坑，没有及时整治，列车长期通过时加大钢轨横向压力，造成轨距扩大。

⑥曲线半径小，轨道加强设备不足，特别在超高设置不当、正矢不良受列车车轮冲击横向压力时，轨距就容易扩大。

⑦在铺设木枕的小半径曲线上，轨距也容易扩大。

⑧由于钢轨型号的不同引起的变化。

3) 应重视以下轨道不平顺判别，并及时处理

(1)连续三波及多波的轨道不平顺中，幅值为 10 mm 的轨向不平顺、12 mm 的水平不平顺、14 mm 的高低不平顺。

(2)50 m 范围内有 3 处大于以下幅值的轨道不平顺：12 mm 的轨向不平顺、12 mm 的水

平不平顺、16 mm 的高低不平顺。

(3)轨向、水平逆向复合不平顺。

(4)允许速度大于 160 km/h 区段，高低、轨向的波长在 30 m 以上的长波不平顺，当轨道检查车检查其高低幅值达到 11 mm 或轨向幅值达到 8 mm 时。

复习思考题

1. 轨检车检测的作用有哪些？

2. 轨道动态质量评定的标准是什么？

3. 如何理解 TQI 和 T 值的概念？

4. 已知允许速度为 80 km/h$<v_{max}\leqslant$120 km/h 区段，GJ-4 型轨道检查车图纸的高低波形图比例为1∶1，+9 mm 为半峰值图幅，超限波形波峰在+Ⅰ限界线上的投影长度为 2 mm，走纸比例为 400 mm/km，计算实际超限峰值和超限长度并确定超限等级。

5. 轨检车检测中实测某曲线极限点半径为 1 786 m，该点实设超高为 61.4 mm，最大允许欠超高为 75 mm，试求该曲线的最高允许速度是多少？

6. 轨道检查图纸上采集某曲线测点的曲率为 0.46×10^{-3}/m，则该点的曲线正矢为多少？

7. 提速区段，列车最高运行速度为 160 km/h，车体横向自振频率为 1.2 Hz，求线路横向不平顺敏感波长。

8. 允许速度为 80 km/h$<v_{max}\leqslant$120 km/h 区段，GJ-4 型轨道检查车图纸的轨向波形图比例为 1∶1，−13 mm 为半峰值图幅，超过−Ⅱ限界，随后波谷又落回−Ⅰ限界内。超限波形波峰在Ⅰ级限界线上的投影长度为 3 mm，走纸比例为 400 mm/km，计算实际超限峰值和超限长度。

9. 允许速度为 80 km/h$<v_{max}\leqslant$120 km/h 区段，GJ-4 型轨道检查车图纸的水平波形图比例为 1∶6，+2 mm 为半峰值图幅，2 mm 为超限波形波峰在+Ⅰ限界线上的投影长度，走纸比例为 400 mm/km，计算病害实际超限峰值和超限长度。

10. 允许速度为 80 km/h$<v_{max}\leqslant$120 km/h 区段，GJ-4 型轨道检查车图纸的曲线超高检测波形图，由超高波形图可知，该曲线为一反曲线。A、B、C、D 四个点分别为曲线的直缓、缓圆、圆缓、缓直点。超高比例为 1∶6，图中 h=10 mm，该曲线缓和曲线长为 AB、CD 波形区段在直线地段水平基准线上的投影 AE 和 FD 的长度分别为 23 mm、24 mm，走纸比例为 400 mm/km，BC 波形区段在直线地段水平基准线上的投影 EF 的长度 69 mm，求该曲线的总长度和曲线实际超高。

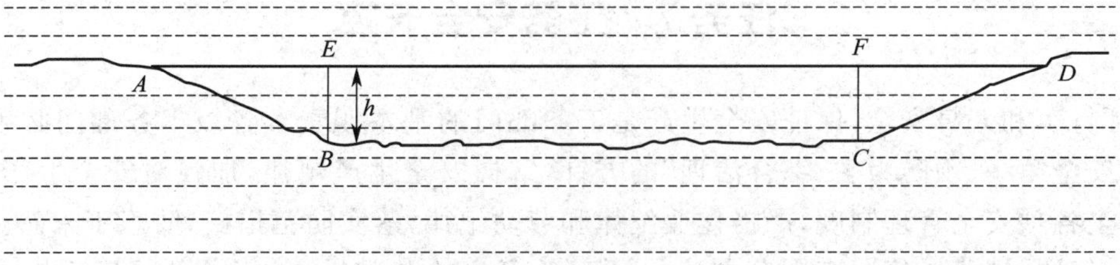

项目 3 轨道维护

项目描述

为了确保列车能以规定的最高速度，安全、平稳和不间断地运行，就必须对轨道在运营过程中出现的各种轨道病害和几何变形采取相应的修理措施，包括对轨道的计划性修理和状态性修理，借以保持和提高线路设备的质量，使轨道经常处于良好的工作状态，符合规定的技术标准，并最大限度地延长各设备的使用寿命。由此可见，科学合理的线路维护工作，不仅是安全运输的必要保障，同时可节省大量的运营投入。为此，应当合理地划分与组织维护工作，规定各类工作的性质、内容、标准、要求。本项目主要包括安全防护的设置、铁路线路单项作业、曲线维护、道岔维护、无缝线路维护、无砟轨道维护及线路维修质量验收与评定。

教学目标

1. 知识目标

(1)掌握工务防护基本知识。

(2)掌握轨道维修养护的程序要领及要求。

(3)掌握轨道常见病害预防和整治方法。

(4)掌握线路设备状态进行评定的方法。

2. 能力目标

(1)具备工务作业安全防护设置的能力。

(2)具备轨道维修养护的基本作业能力。

(3)具备轨道常见病害预防和整治能力。

(4)具备对线路设备状态进行评定的能力。

3. 素质目标

(1)推行“7S”管理，实行标准化修理作业。

(2)牢固树立“安全第一”的思想，养成良好的安全和质量意识。

(3)培育劳动精神、劳模精神和工匠精神。

任务 7 工务安全卡控

保证行车和人身安全，保证安全生产是工务部门的基本职责。各级工务部门必须认真贯彻执行“安全第一、预防为主、综合治理”的方针，掌握安全生产规律，加强对安全生产的领导，建立、健全各项安全管理制度，严格作业纪律和劳动纪律，落实防范措施，防患于未然。

国铁集团、铁路局集团有限公司应保证工务安全的及时投入，工务部门应积极采用新技术、新设备、新材料、新工艺，以满足运输安全的需要。发生与工务有关的事故，工务部门应缜密调查、科学分析、找出原因，吸取教训并采取有效措施，防止同类事故的再次发生。

7.1 工务安全概述

7.1.1 学习目标

1. 知识目标

(1)掌握营业线施工等级划分。

(2)了解Ⅰ、Ⅱ级维修项目包含内容。

(3)掌握施工天窗、维修天窗的时间划分。

(4)了解施工作业放行列车条件。

2. 能力目标

(1)能对施工作业进行施工等级划分。

(2)能判断不同维修项目是否应纳入维修天窗。

(3)能判断纳入维修天窗的维修项目的等级。

(4)能判断施工作业放行列车时的速度等级。

7.1.2 相关学习内容

1. 行车安全措施

普速铁路工务作业包括铁路营业线和邻近营业线施工作业和维修作业，邻近营业线作业纳入营业线作业管理范畴。

(1)施工作业

施工作业系指影响设备稳定、使用和行车安全或需改变列车运行条件的作业。施工必须纳入月度施工计划，并在车站(调度所)办理封锁或慢行手续。施工项目主要包括：

①线路及站场设备技术改造，增建双线、新线引入、电气化改造等施工。

②跨越或穿越线路、站场的桥梁、涵洞、地下工程、管道、渡槽和电力线路、通信线路、油气管线以及铺设道口、平过道等设备设施的施工。

③在规定的安全区域内进行影响建筑限界、路基和桥隧涵稳定的各种施工及爆破作业。

④设置在线路上的安全检测、监控设备的新建、技术改造、大中修施工。

⑤线路大中修，路基、桥隧涵大修及大型养路机械施工。

⑥成段破底清筛、更换钢轨或轨枕，成组更换道岔(含钢轨伸缩调节器)，更换轨枕板施工。

⑦无缝线路应力放散。

⑧使用冻害垫板一次总厚度超过 40 mm 的施工。

⑨其他影响营业线设备稳定、使用和行车安全的施工。

营业线按施工等级可分为以下三级。

Ⅰ级施工：

①繁忙干线封锁 5 h 及以上、干线封锁 6 h 及以上或繁忙干线和干线影响信联闭 8 h 及以上的大型站场改造、新线引入施工。

②繁忙干线和干线大型换梁施工。

③繁忙干线和干线封锁 2 h 及以上的大型上跨铁路结构物施工。

Ⅱ级施工：

①繁忙干线封锁正线 3 h 及以上或影响全站(全场)信联闭 4 h 及以上的施工。

②干线封锁正线 4 h 及以上或影响全站(全场)信联闭 6 h 及以上的施工。

③繁忙干线和干线其他换梁施工。

④繁忙干线和干线封锁 2 h 以内的大型上跨铁路结构物施工。

大型养路机械维修、清筛,人工处理路基基床,成段更换钢轨和轨枕以及不影响相邻正线行车的更换道岔施工除外。

Ⅲ级施工:除Ⅰ级、Ⅱ级施工以外的各类施工。

(2)维修作业

维修作业是指作业开始前不需限速,结束后须达到正常放行列车条件的作业。根据作业是否需要天窗,维修项目分为应纳入天窗的维修项目和可不纳入天窗的维修项目。

①纳入天窗的维修项目。

纳入天窗的维修等级分为两级。按照作业复杂程度和设备影响范围,维修项目分为Ⅰ级维修和Ⅱ级维修。

Ⅰ级维修项目:

a. 更换道岔尖轨、辙叉、基本轨;更换道岔扳道器下长岔枕、可动心轨道岔钢枕及两侧相邻岔枕或辙叉短心轨转向轴处轨枕。

b. 开行路用列车运送作业人员、装卸机具、材料等。

c. 利用小型爆破开挖侧沟或基坑(限于不影响路基稳定的)。

d. 更换和整正桥梁梁缝挡砟板。

Ⅱ级维修项目:

a. 利用小型养路机械整治线路病害,更换或修理轨道(道岔)伤损零部件。

b. 胶结、焊接钢轨。

c. 一次起道量、拨道量不超过 40 mm 的起道、拨道。

d. 螺栓扣件涂油。

e. 桥梁施工进行试顶需要起动梁身并回落原位。拨正支座,支座垫砂浆厚度在 50 mm 及以下时。

f. 更换桥梁护轨,钢梁明桥面单根抽换桥枕、更换护木。

g. 隧道拱顶漏水整治、衬砌裂损加固。

h. 整修道口铺面。

i. 不破底处理道床翻浆冒泥,清筛道床。破底清筛道床以及更换、方正轨枕连续不超过 2 根。

j. 可能影响行车安全的清理危石、砍伐危树及隧道内除冰作业。

k. 更换桥梁挡砟块、作业通道步行板。

l. 箱梁支座脱空、翻浆整治。

m. 在天窗内可以完成的其他作业项目。

②普速“铁路维修作业”应探索一体化作业组织,实施维修作业集中化、专业化,综合利用天窗。下列工务维修作业可在天窗点外进行,但严禁利用速度 160 km/h 及以上的列车与前一趟列车之间的间隔时间作业。其他维修项目必须纳入天窗,严禁利用列车间隔时间作业。

a. 使用轨道检查仪、钢轨探伤仪(双轨探伤仪除外)等随时能撤出线路的便携设备进行上线检查、检测作业;预卸路料的加固;标志涂刷;整理道床;栏杆油漆;不移动桥枕进行钢梁上盖板涂装;不影响行车安全的隧道除冰;清理垃圾或弃物。其他在道床坡脚以外不影响线桥设备正常使用的作业。

b. 本线施工限速小于等于 60 km/h 的地段或除正线外允许速度小于等于60 km/h的站内线路,允许使用单人能随时撤出线路的轻便小型机具进行螺栓涂油、捣固、改道、补充或紧固轨道联结零件、垫入或撤出垫板作业,但严禁利用旅客列车与前一趟列车之间的间隔时间作业。

"天窗"是指列车运行图中不铺划列车运行线或调整、抽减列车运行线,为营业线施工、维修作业预留的时间,按用途分为施工天窗和维修天窗。施工天窗:线桥大中修及大型机械作业不应少于 180 min。维修天窗:双线应不少于 120 min,单线宜不少于 120 min。维修天窗应根据维修作业需要合理安排。维修天窗原则上应安排在昼间,并满足作业轨温条件。维修天窗在时间安排上应与施工天窗重叠套用,原则上每月每区间不应少于 20 次(双线为单方向)。

营业线施工作业(特别规定的慢行施工除外)和应纳入天窗的维修作业应在天窗内进行。施工作业应由施工单位编制施工组织方案,并经相关设备管理单位会签。施工计划应按规定程序进行审批。维修作业应由设备管理单位编制维修作业计划,并按规定履行相应的审批程序。需临时安排的施工作业和维修作业,由设备管理单位申请,按规定履行相应的审批程序,具体办法由铁路局集团有限公司规定。施工作业和维修作业必须在计划审批后方可实施。

作业现场为两个及以上单位综合利用天窗在同一区间作业时,由运输部门指定作业主体单位,明确主体作业负责人。主体作业负责人负责协调各单位作业,各单位作业负责人必须服从主体单位作业负责人指挥,按时完成作业任务,确保达到规定的列车放行条件。两个及以上单位作业车综合利用天窗进入同一个区间移动作业时,由主体单位作业负责人统一划分各单位作业车作业范围及分界点,作业单位必须按规定分别进行防护。

施工方案审核通过后,施工单位应与相关设备管理单位和行车组织单位按施工项目分别签订施工安全协议。施工单位在提报施工计划申请时,必须同时提报施工安全协议。未签订施工安全协议的施工计划申请,铁路局集团有限公司主管业务处室不予审核。设备管理单位在自管范围内进行的作业,不需签订施工安全协议,涉及到非自管设备时应与相关单位签订施工安全协议。

影响道岔或信号使用以及在道岔转辙、可动心辙叉部位进行的作业,必须提前与电务部门联系,填写工电配合通知书。影响超偏载检测装置、通信、客(货)车运行安全监测设备和接触网等设备正常使用的作业,必须与相关设备管理单位联系,填写配合通知书,由其配合人员负责拆除和恢复相关设备。影响站台、雨棚、天桥建筑限界的作业时,必须与相关设备管理单位联系,填写配合通知书。

影响工务设备安全的外单位作业,设备管理单位应派安全监督检查人员进行全过程监督,发现安全隐患时应责令施工单位立即改正,填发"施工安全整改通知书";发现危及行车安全时,必须果断采取限速或封锁线路措施,责令其停工,填发"营业线施工停工通知书",由施工单位组织整改并制定有针对性措施,报铁路局集团有限公司工务处批准后方可复工。

施工负责人确定:

施工负责人由施工单位按照施工等级安排相应人员担当。施工负责人不得临时更换,遇特殊情况必须更换时,须安排同级别及以上且掌握该施工方案的专业人员担任,具体更换时机由铁路局集团公司规定。

a. 建设项目、工程单位承担的技术改造项目:Ⅰ级施工由标段项目负责人担当,Ⅱ级施工由标段副职担当,Ⅲ级施工由项目分部负责人(副)担当。

b. 技术改造项目(工程单位承担的除外)、大中修项目:Ⅰ级施工由施工单位负责人担当,Ⅱ级施工由施工单位分管副职担当,Ⅲ级施工由施工单位段领导或车间主任(副主任)担当。

c. 配合人员资格由铁路局集团公司规定。

维修的组织领导工作由设备管理单位负责。Ⅰ级维修负责人由车间主任(副)担当(Ⅰ级维修较多时,车间主任可委托车间干部担当),Ⅱ级维修负责人由工(班)长担当。

作业负责人的主要职责:

a. 负责施工(维修)现场的组织指挥工作。检查施工(维修)和开通前的各项准备工作,指挥现场施工(维修),安排施工(维修)防护,确认放行列车条件等(表 7.1)。

b. 负责协调解决施工(维修)中发生的问题,协调各单位施工(维修)作业,掌握施工(维修)进度,反馈现场信息,施工负责人还应及时向施工协调小组汇报施工情况。

c. 负责总结分析施工(维修)组织、进度和安全等情况,对施工(维修)现场的安全负责。

限速地段是否设置专人巡查应在施工组织方案中明确,特殊情况由作业负责人根据实际情况决定。凡未办理验交的线路、桥隧等设备,由施工单位负责巡查养护。

表 7.1 普速铁路各项施工作业放行列车条件

项目		施工条件	作业方式	放行列车条件
一、影响道床路基稳定的施工作业	(1)成段(连续 3 根及以上轨枕)破底清筛 (2)成段(连续 3 根及以上轨枕)更换道床 (3)成段(连续 3 根及以上)更换轨枕(板) (4)成组更换道岔 (5)基床换填 (6)一次起道量或拨道量大于等于 40 mm 的成段起道或拨道 (7)利用小型爆破开挖侧沟或基坑(限于影响路基稳定范围)	封锁施工	大型养路机械捣固、稳定车作业	(1)两捣一稳作业时,开通后限速 60 km/h 至第二次捣固开通时止(其中第一列限速 35 km/h,第二列限速 45 km/h),第二次捣固开通后限速 80 km/h 至第三次捣固开通时止(其中第一列限速 60 km/h),第三次捣固开通后限速 120 km/h至第四次捣固开通时止(其中第一列限速 80 km/h),第四次捣固开通后恢复常速。 (2)三捣两稳作业时,开通后限速 80 km/h 至第二次捣固开通时止(其中第一列限速 45 km/h,第二列限速 60 km/h),第二次捣固开通后限速 120 km/h 至第三次捣固开通时止(其中第一列限速 80 km/h),第三次捣固开通后恢复常速。 道岔施工后直向、侧向按此标准分别阶梯提速。 未达到上述捣固、稳定遍数的,应相应降低列车放行速度。
			小型养路机械捣固	开通后限速 45 km/h 不少于 4 小时(其中第一列限速 35 km/h),后限速 60 km/h 至第二次捣固开通时止,第二次捣固开通后限速 80 km/h 至第三次捣固开通时止(其中第一列限速 60 km/h),第三次捣固开通后限速 120 km/h 至第四次捣固开通时止(其中第一列限速 80 km/h),第四次捣固开通后恢复常速。
			人工捣固	(1)施工期间,当日开通后限速 45 km/h 不少于 4 小时(其中第一列限速 15 km/h,第二列限速 25 km/h),后限速 60 km/h 至下次天窗结束; (2)施工结束,开通后限速 45 km/h 不少于 4 小时(其中第一列 15 km/h,第二列 25 km/h),以后按 60 km/h、80 km/h、120 km/h 各不少于24 小时捣固后阶梯提速,其后正常。

续上表

项目		施工条件	放行列车条件
二、不影响道床稳定的施工作业	(1)成段(连续100 m以上)更换钢轨 (2)无缝线路应力放散 (3)成段(连续100 m以上)调整轨缝,拆开接头并插入短轨头 (4)成段(连续100 m以上)修整轨底坡	封锁施工	开通后第一列45 km/h,第二列60 km/h,第三列120 km/h,其后恢复常速。
	(1)使用冻害垫板一次总厚度超过40 mm (2)长大隧道宽轨枕垫砟 (3)道口大修(若影响道床稳定,比照第一大项办理)	封锁施工	开通后第一列35 km/h,第二列45 km/h,第三列60 km/h,其后恢复常速。
三、桥隧涵施工作业	(1)更换或拨正钢梁、混凝土梁 (2)抬高或降低桥梁 (3)拨正、更换T梁支座或翻修支撑垫石、砂浆厚度超过50 mm (4)整孔更换明桥面桥枕 (5)明桥面移动桥枕 (6)翻修、加深隧道内中心或横向排水沟	封锁施工	施工作业期间,当日开通后限速45 km/h至下次天窗结束;施工作业结束后,开通后限速60 km/h不少于24小时(其中第一列限速45 km/h),再限速80 km/h、120 km/h各一列后恢复常速。
	(1)明桥面移动桥枕后,上盖板喷砂除锈涂装 (2)架空施工中,安装、拆除纵横梁体系的横梁,安装D型便梁的横梁 (3)修补或重新施作有砟轨道桥面、桥台顶面防水层	慢行施工	施工作业期间限速45 km/h。
	线路架空或加固后桥涵顶进	慢行施工	施工作业期间限速45 km/h;施工结束后限速45 km/h不少于12小时,后限速60 km/h、80 km/h各不少于24小时、后120 km/h一列后恢复常速。
	新建明、棚洞的基础施工	慢行施工	施工作业期间,本线限速45 km/h,邻线列车限速160 km/h;基础施工结束后恢复常速。
	(1)在线路上安装或拆除轨束梁、工字钢纵梁、D型便梁的纵梁、纵横梁体系的纵梁,拆除D型便梁的横梁 (2)喷锚、套衬、钢拱架、防护网加固隧道衬砌 (3)模筑混凝土整治隧道拱顶空洞、防水板切割二次衬砌、施工冷缝 (4)隧道整体道床翻修、注胶抬升 (5)影响行车安全的其他复杂桥隧施工	封锁施工	按经审查批准的施工作业设计文件所确定的列车放行条件。
	拨正、更换、调高箱梁支座	封锁施工	施工作业期间,当日开通后限速60 km/h至下次天窗结束;施工作业结束后,开通后限速60 km/h不少于24小时,再限速80 km/h、120 km/h各一列后恢复常速。
	(1)路基注浆,挖孔桩、旋喷桩施工,路基降水 (2)隧道内增设密井暗管施工 (3)翻修、加深隧道内侧向排水沟	按经审查批准的施工设计文件所确定的施工条件和列车放行条件。	

注:表内未列出的其他施工作业项目,可由铁路局集团公司比照本表类似施工作业确定施工条件和放行列车条件。

2. 放行列车条件

施工地段放行列车时，轨道静态几何尺寸偏差不得超过计划维修容许偏差管理值。列车速度 $v_{max}>45$ km/h 时，工务设备状态符合铁路线路、桥隧修理有关规定。列车限速 $v_{max}\leqslant 45$ km/h时，线路状态应符合下列要求：

(1)轨枕盒内及轨枕头部道砟不少于 1/3。

(2)枕底道砟串实。

(3)轨枕每隔 6 根可空 1 根。

(4)道钉或扣件。

①钢轨接头两根轨枕和桥枕上道钉、扣件齐全、有效。

②半径小于或等于 800 m 曲线地段，混凝土轨枕可每隔 1 根拧紧 3 根，木枕可每隔 1 根钉紧 6 根。

③半径大于 800 m 曲线及直线地段，混凝土轨枕可每隔 2 根拧紧 1 根，木枕可每隔 1 根钉紧 1 根。

(5)接头螺栓：每个接头至少拧紧 4 个(每端 2 个)。

(6)钩螺栓：每隔 3 根桥枕拧紧 1 根。

(7)起道(含垫砟)顺坡率不小于 200 倍。

(8)冻害垫板平台两端的顺坡率不小于 200 倍。

施工作业过程中，设备管理单位应对封锁前准备、施工中控制、线路开通和逐步提速等关键环节进行监控。线路开通、速度变更执行施工单位和设备管理单位共同检查签认制度。施工作业地段线路开通后，列车限速应按速度阶梯逐步提高。

在进行钢梁修理或上盖板涂装时，可根据施工需要移动桥枕，但移动后，每根桥枕的钩螺栓、道钉或分开式扣件应齐全有效，固定枕木的拉条保证枕木间距不变化；移动后的桥枕中心间距不应超过 550 mm，个别情况也不得超过 600 mm，而接头处桥枕净距不得超过 210 mm。如桥枕状态不良，可根据实际情况，采取必要的加固措施或限速运行。允许速度 100 km/h 以上的区段，桥枕净距大于 210 mm 的钢梁桥客车限速 100 km/h，货车限速 60 km/h。故障处理后的放行列车条件由工务现场负责人决定。

下列作业应办理临时封锁手续，设置停车手信号防护。封锁完毕放行列车或单机时限速与否及限速列车的时间、次数、速度由作业负责人根据具体情况决定：

(1)危及行车安全的突发性灾害的紧急抢修。

(2)钢轨、辙叉或夹板折断后的紧急处理。

(3)线路胀轨的紧急处理。

(4)更换重伤钢轨、辙叉或联结零件。

(5)轨道几何尺寸超过临时补修标准的病害整修。

(6)其他影响行车安全的故障处理。

7.2 安全防护设备

7.2.1 学习目标

1. 知识目标

(1)了解线路车间及班组的防护备品的种类和数量。

(2)掌握各种不同视觉信号标志牌的含义。

2. 能力目标

(1)能认识各种不同视觉信号标志牌。

(2)能掌握各种信号标志牌的正反面设置地点。

7.2.2 相关学习内容

1. 防护信号备品

线(桥)车间、工区和巡道、巡守小组的防护信号备品数量,应按表7.2规定配备。

表7.2 防护信号备品表

名称	单位	单线			双线		
		车间	工区	巡道巡守	车间	工区	巡道巡守
作业标	个		4			6	
停车信号	个		2			4	
减速信号	个		2			4	
减速地点标	个		2			4	
双面信号灯	盏	1	4	1/人	1	6	1/人
喇　叭	个		6	1		6	1
红色信号旗	面	2	6	3	2	9	3
黄色信号旗	面	2	6	1	2	6	1
短路铜线(自动闭塞区间)	条		2	1		4	2
无线电话机	台	2	4	2	2	5	2
有线电话机	台	2	4	2	2	4	2
"T"字减速信号	个		4			4	

注:(1)巡守人员多人值班时,喇叭、信号灯、信号旗应按实际需要相应增加;
(2)施工单位需要的信号用品数量,可根据实际情况规定;
(3)单线有道岔的工区,停车信号应配备3个,并配备双面黄色减速信号2个;
(4)速度大于120 km/h区段的工区配置带"T"字减速信号;
(5)电气化区段工区,配备70 mm^2 回流线,其数量与长度根据需要确定;
(6)无线电话机宜设有列车无线调度电话频点。

2. 信号及标志

信号是指示列车运行及调车作业的命令,有关行车人员必须严格执行。信号显示方式及使用方法,应按《铁路技术管理规程(普速铁路部分)》规定执行。除此以外的信号显示方式,须经国铁集团批准,方可采用。地区性联系用的手信号,由铁路局集团有限公司批准。

铁路信号分为视觉信号和听觉信号。

视觉信号的基本颜色:红色表示停车;黄色表示注意或减低速度;绿色表示按规定速度运行。听觉信号为号角、口笛、响墩发出的音响和机车、自轮运转特种设备的鸣笛声。

视觉信号分为昼间、夜间及昼夜通用信号。在昼间遇降雾、暴风雨雪及其他情况,致使停车信号显示距离不足1 000 m,注意或减速信号显示距离不足400 m,调车信号及调车手信号显示距离不足200 m时,应使用夜间信号。

隧道内只采用夜间或昼夜通用信号。铁路沿线及站内,禁止设置妨碍确认信号的红、黄、绿色的装饰彩布、标语和灯光。在规定的信号显示距离内,不准种植影响信号显示的树木。对影响信号显示的树木,其处理办法,由铁路局集团有限公司规定。

防护中使用的移动信号有:

①停车信号

昼间——表面有反光材料的红色方牌;夜间——柱上红色灯光(图7.1)。

②减速信号、减速防护地段终端信号

Ⅰ. 减速信号:表面有反光材料的黄底黑字圆牌,标明列车限制速度[图7.2(c)]。

Ⅱ. 减速防护地段终端信号:昼间与夜间均为表面有反光材料的绿色圆牌[图7.2(d)]。在单线区段,司机应看线路右侧减速信号牌背面的绿色圆牌。

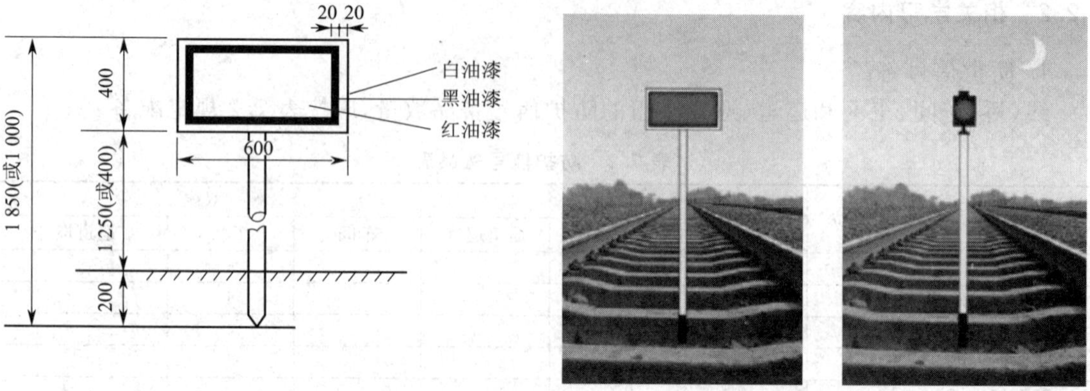

图 7.1　移动停车信号标志图(单位:mm)

Ⅲ. 施工及其限速区段,在减速信号牌外方增设的特殊减速信号牌为表面有反光材料的黄底黑“T”字圆牌(图 7.3)。

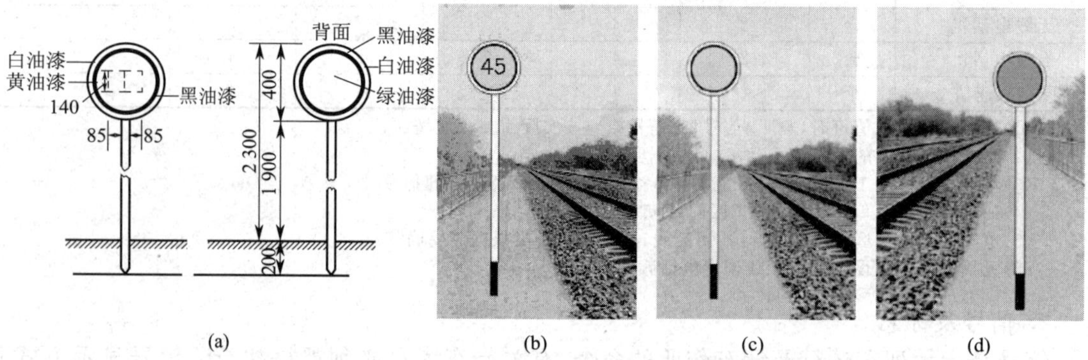

图 7.2　移动减速信号标志图(单位:mm)

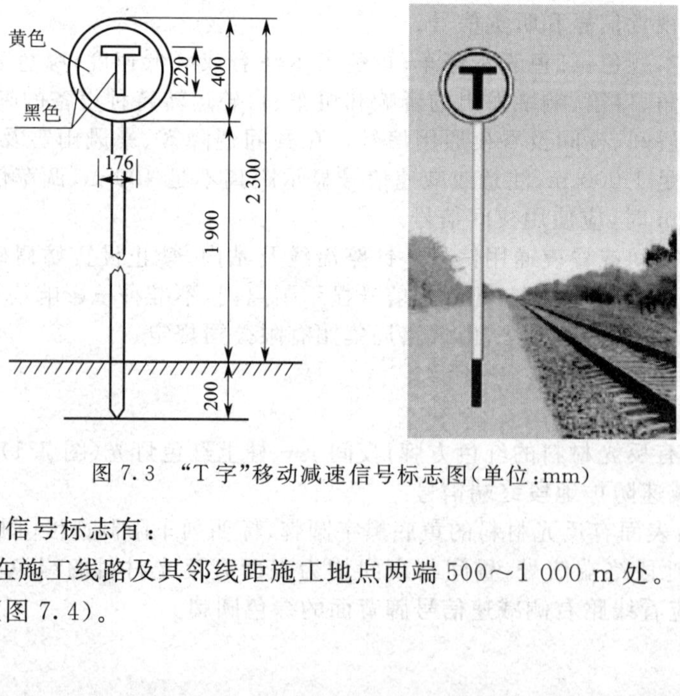

图 7.3　“T 字”移动减速信号标志图(单位:mm)

防护中使用的信号标志有:

①作业标,设在施工线路及其邻线距施工地点两端 500～1 000 m 处。司机见此标志需提高警惕,长声鸣笛(图 7.4)。

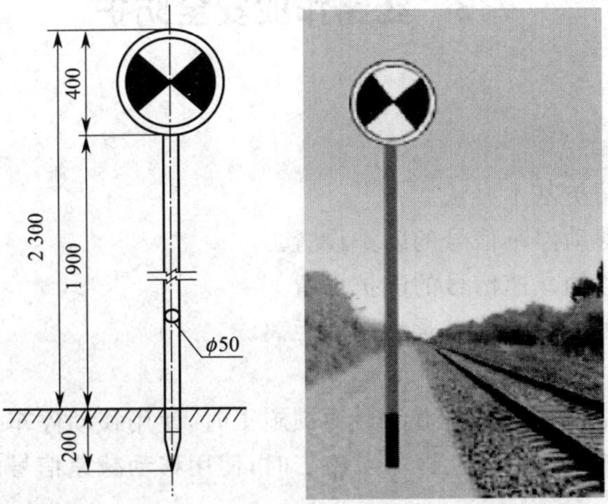

图 7.4　作业标(单位:mm)

②减速地点标,设在需要减速地点的两端各 20 m 处。正面表示列车应按规定限速通过地段的始点,背面表示列车应按规定限速通过地段的终点(图 7.5)。

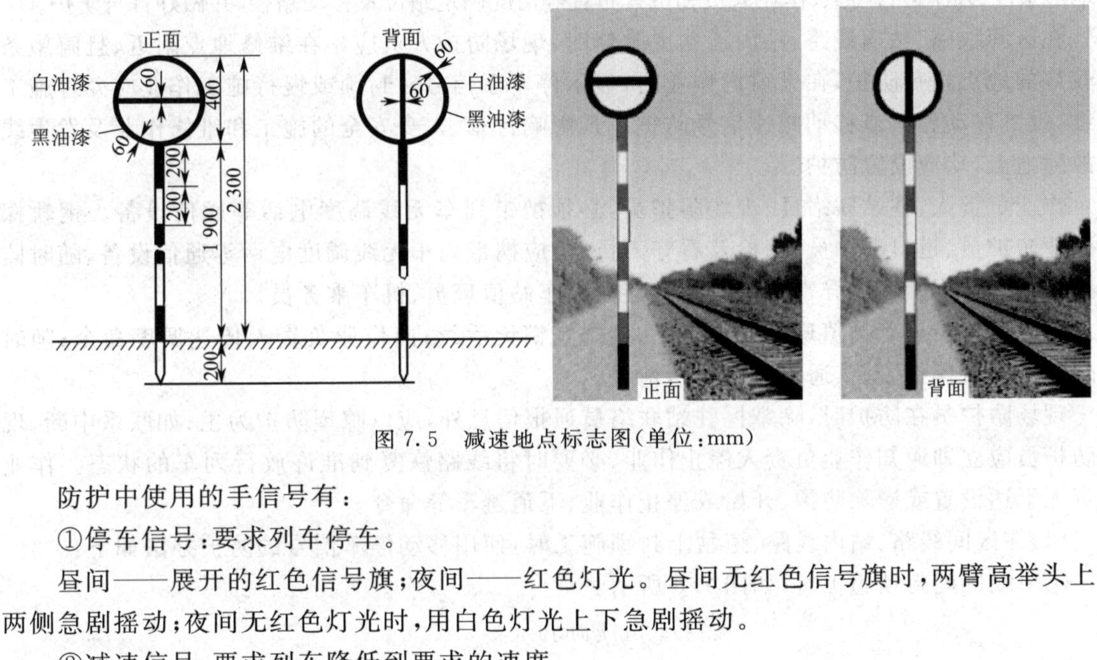

图 7.5　减速地点标志图(单位:mm)

防护中使用的手信号有:

①停车信号:要求列车停车。

昼间——展开的红色信号旗;夜间——红色灯光。昼间无红色信号旗时,两臂高举头上向两侧急剧摇动;夜间无红色灯光时,用白色灯光上下急剧摇动。

②减速信号:要求列车降低到要求的速度。

昼间——展开的黄色信号旗;夜间——黄色灯光。昼间无黄色信号旗时,用绿色信号旗下压数次;夜间无黄色灯光时,用白色或绿色灯光下压数次。

防护中使用的遮断信号有:

①遮断色灯信号机显示一个红色灯光——不准列车越过该信号机;信号灯不显示时,不起信号作用。

②遮断信号机的预告信号机显示一个黄色灯光——表示遮断信号机显示红色灯光;信号灯不显示时,不起信号作用。

7.3 线路作业安全防护

7.3.1 学习目标

1. 知识目标

(1)了解线路施工防护基本办法。

(2)掌握不同地点移动停车信号的防护设置。

(3)掌握不同地点移动减速信号的防护设置。

(4)了解不同速度等级各类列车紧急制动距离。

2. 能力目标

(1)能进行区间线路、站内线路、道岔上封锁施工时,使用移动停车信号的防护设置。

(2)能进行区间线路、站内线路、道岔上施工时,使用移动减速信号的防护设置。

7.3.2 相关学习内容

1. 线路施工防护办法

施工和维修作业须设置驻站联络员、现场防护员,且不得临时调换。现场防护员应根据作业现场地形条件、列车运行特点、作业人员和机具布置等情况确定站位及移动路径,并做好自身防护。

在区间线路、站内线路、站内道岔上维修时,现场防护人员应站在维修地点附近、且瞭望条件较好的地点进行防护,在天窗内作业时,显示停车手信号。封锁或慢行施工作业应办理施工手续,设置移动停车或移动减速信号防护。凡影响行车、人身安全的施工和维修作业及发生线路故障地点,均应设置防护。

作业负责人、驻站联络员、现场防护员,必须携带列车无线调度电话等通信设备。钢轨探伤作业防护员、道口看守员、巡检及看守人员,均应携带列车无线调度电话等通信设备,随时监听列车运行情况。发生异常情况时可直接通报车站值班员、机车乘务员。

驻站联络员与车站值班员办理施工、维修登销记手续;向作业负责人传达调度命令;随时与现场防护员保持联系,通报列车运行情况。

现场防护员在防护时,除掌握驻站联络员通报信息外,应以瞭望防护为主;如联系中断,现场防护员应立即通知作业负责人停止作业,必要时将线路恢复到准许放行列车的状态。作业负责人下达设置或撤除防护、开始或停止作业、下道避车等命令。

(1)在区间线路、站内线路、道岔上封锁施工时,使用移动停车信号的防护办法如下:

①单线区间封锁施工时,如图 7.6 所示。

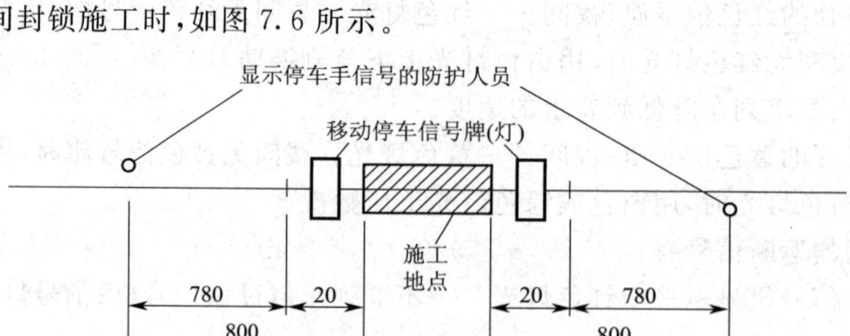

图 7.6 单线区间封锁施工防护图(单位:m)

②双线区间一条线路封锁施工时,如图 7.7 所示。

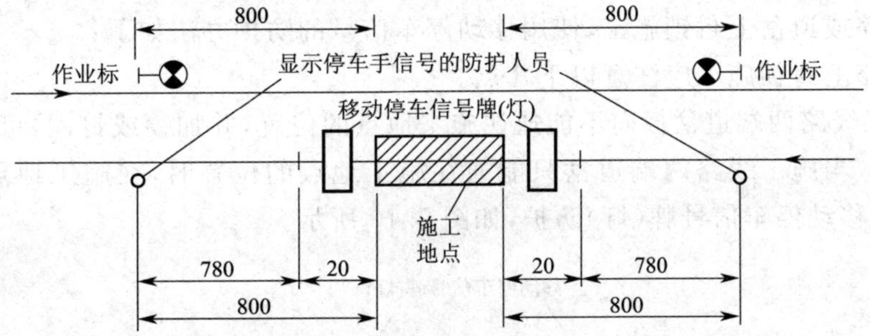

图7.7　双线区间一条线路封锁施工防护图(单位:m)

③双线区间两条线路同时封锁施工时,如图7.8所示。

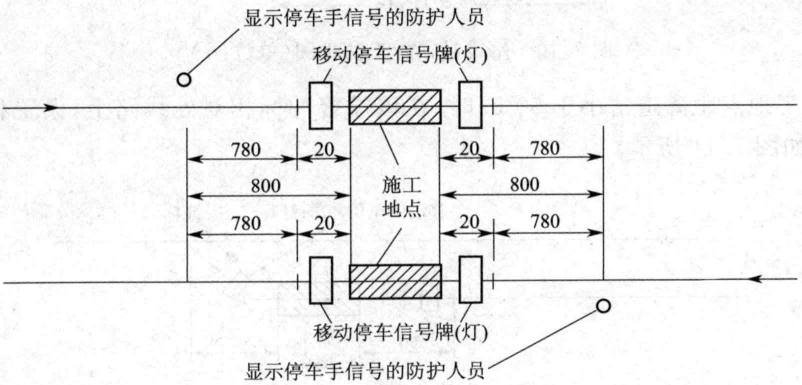

图7.8　双线区间两条线路同时封锁施工防护图(单位:m)

④封锁施工地点在站外,距离进站信号机(反方向进站信号机)少于820 m时,如图7.9所示。

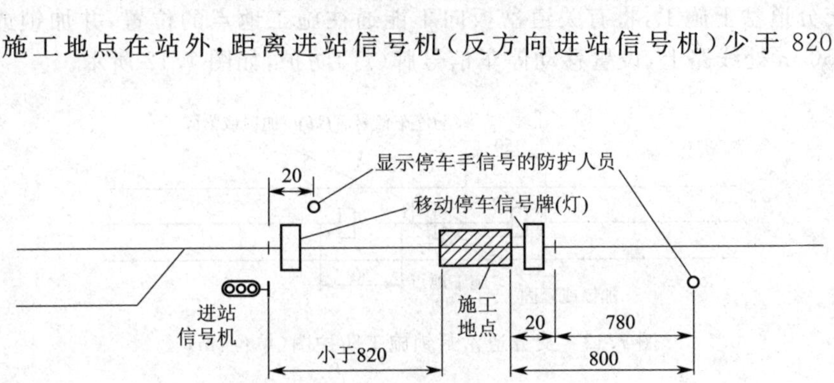

图7.9　站外封锁施工防护图(单位:m)

现场防护人员应站在距施工地点800 m附近,且瞭望条件较好的地点显示停车手信号;施工作业地点在站外,距离进站信号机(反方向进站信号机)小于820 m时,现场防护人员应站在距进站信号机(反方向进站信号机)20 m附近;在尽头线上施工,施工负责人经与车站值班员联系确认尽头一端无列车、轨道车时,则尽头一端可不设防护。施工地点与防护人员间瞭望条件不良又无电话联系时,应增设中间防护人员。

凡用停车信号防护的施工地点,在停车信号撤除后,列车需减低速度通过施工地点时,应按减速信号防护办法防护。

在站内线路或道岔上封锁施工，使用移动停车信号的防护办法如下：

在站内线路上封锁施工应注意以下几点。

Ⅰ. 将施工线路两端道岔扳向不能通往施工地点的位置，并加锁或钉固，可不设置移动停车信号牌（灯）。当施工线路两端道岔只能通往施工地点的位置时，在施工地点两端各 50 m 处线路上，设置移动停车信号牌（灯）防护，如图 7.10 所示。

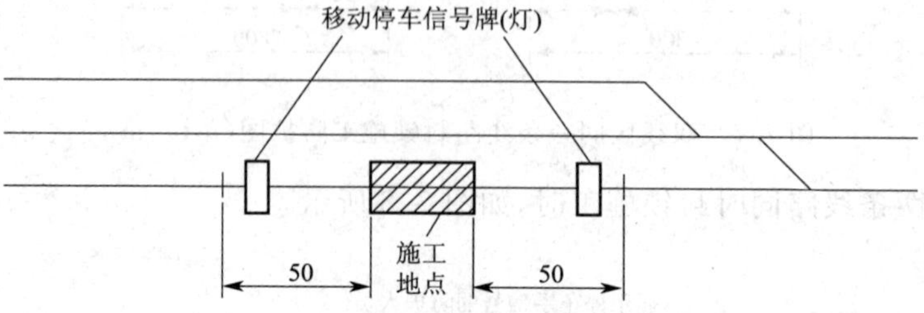

图 7.10　站线封锁施工防护图（单位：m）

Ⅱ. 如施工地点距离道岔小于 50 m 时，在该端警冲标相对处线路上，设置移动停车信号牌（灯）防护，如图 7.11 所示。

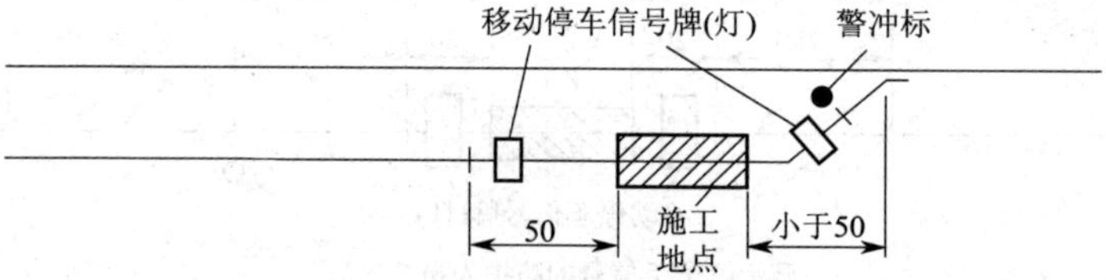

图 7.11　岔后线路封锁施工防护图（单位：m）

Ⅲ. 在交分道岔上施工，将有关道岔扳向不能通往施工地点的位置，并加锁或紧固，在施工地点两端 50 m 处线路上，设置移动停车信号牌（灯）防护，如图 7.12 所示。

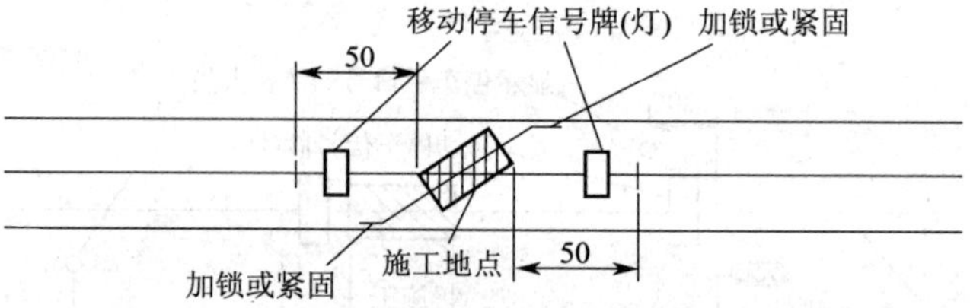

图 7.12　交分道岔封锁施工防护图（单位：m）

(2)在区间线路、站内线路、道岔上施工时，使用移动减速信号的防护办法如下：

在区间线路、站内线路和道岔上施工时，根据线路速度等级，使用移动减速信号防护，移动减速信号牌上应标明列车限制速度。120 km/h＜v_{max}≤200 km/h 的线路，在移动减速信号外方增设带 T 字的特殊移动减速信号。

在区间线路上，根据线路速度等级，使用移动减速信号（标明列车限制速度）防护办法如下：

①单线区间施工，如图 7.13 所示。

图 7.13 中 A 为不同线路速度等级的列车紧急制动距离（下同），见表 7.3。

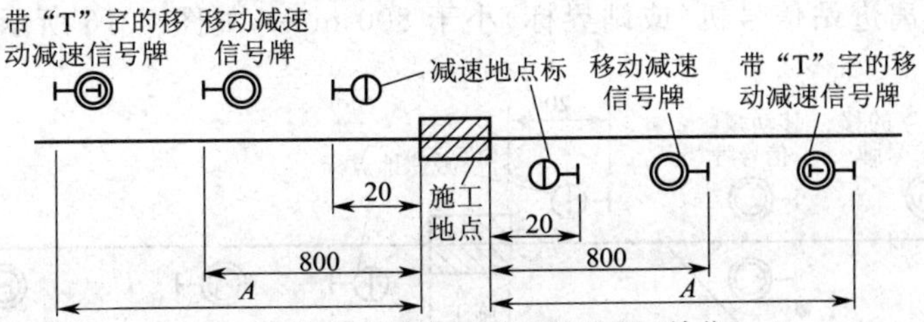

图 7.13　单线区间施工减速防护图(单位:m)

注:允许速度 120 km/h<v<200 km/h 的线路,在移动减速信号牌外方增设带“T”字的移动减速信号牌,以下同。

表 7.3　列车紧急制动距离限值表

列车类型	最高运行速度(km/h)	紧急制动距离限值(m)
旅客列车(动车组列车除外)	120	800
	140	1 100
	160	1 400
特快货物班列	160	1 400
快速货物班列	120	1 100
货物列车(货车轴重<25 t,快速货物班列除外)	90	800
	120	1 400
货物列车(货车轴重≥25 t)	100	1 400

②双线区间在一条线上施工,如图 7.14 所示。

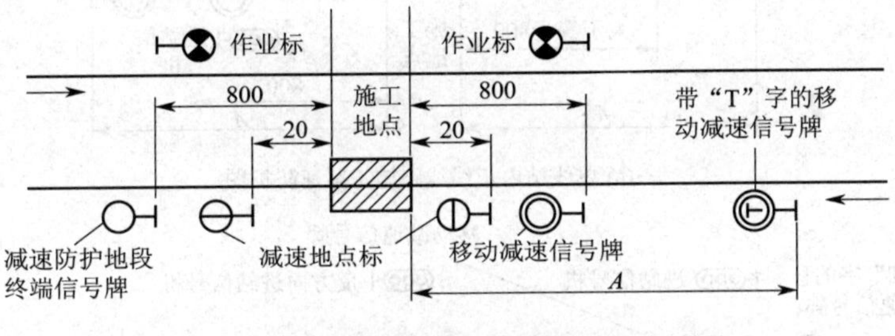

图 7.14　双线区间一条线施工减速防护图(单位:m)

注:限速地段无施工作业不设置作业标。

③双线区间两条线路同时施工,如图 7.15 所示。

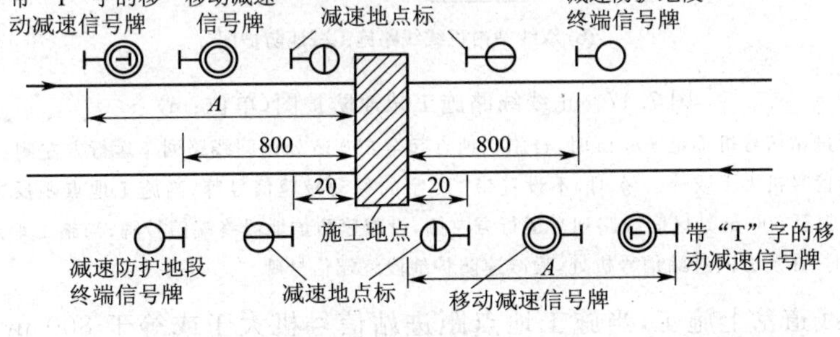

图 7.15　双线区间两条线路同时施工减速防护图(单位:m)

④施工地点距离进站信号机(或站界标)小于 800 m 时,如图 7.16 所示。

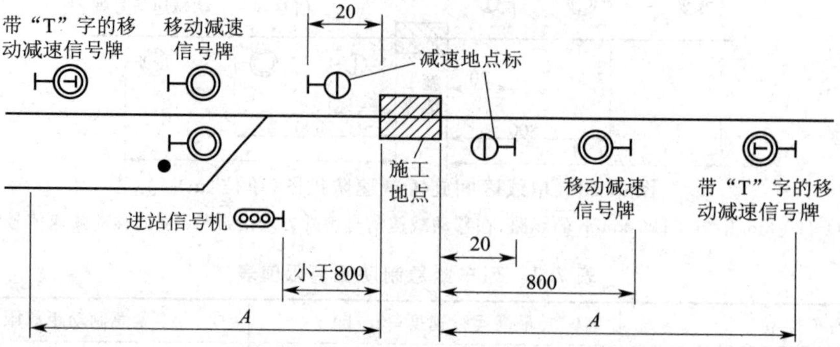

图 7.16　站外施工减速防护图(单位:m)

注:(1)当站内正线警冲标距离施工地点小于 800 m 时,按 800 m 设置移动减速信号牌;

(2)当站内正线警冲标距离施工地点大于或等于 A 时,不设置带"T"字的特殊移动减速信号牌。

在站内线路或道岔上,根据线路速度等级,使用移动减速信号的防护办法如下:

①在站内正线线路上施工,当施工地点距进站信号机大于或等于 800 m 时,单线设立位置,如图 7.17(a)所示;双线设立位置如图 7.17(b)所示。

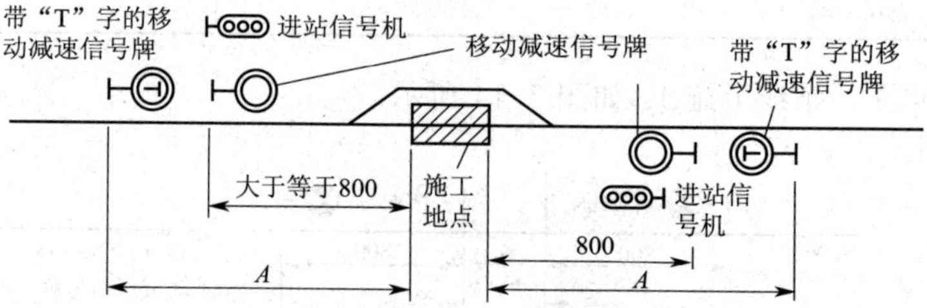

(a) 单线站内正线线路施工减速防护图

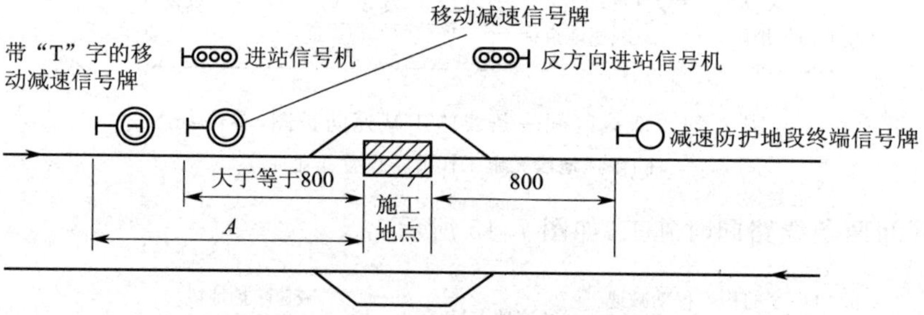

(b) 双线站内正线线路施工减速防护图

图 7.17　正线线路施工减速防护图(单位:m)

注:当施工地点距进站信号机不足 800 m 时,自施工地点起至 800 m 处区间线路列车运行方左侧,设移动减速信号牌防护;当施工地点距进站信号机大于或等于 A 时,不设置带"T"字的移动减速信号牌;当施工地点距反方向进站信号机不足 800 m 时,自施工地点起至 800 m 处区间线路列车运行方左侧,设减速防护地段终端信号牌;当施工地点距反方向进站信号机大于或等于 800 m 时,在反方向进站信号机处,设减速防护地段终端信号牌。

②在站内正线道岔上施工,当施工地点距进站信号机大于或等于 800 m 时,单线设立位置如图 7.18(a)所示;双线设立位置如图 7.18(b)所示。

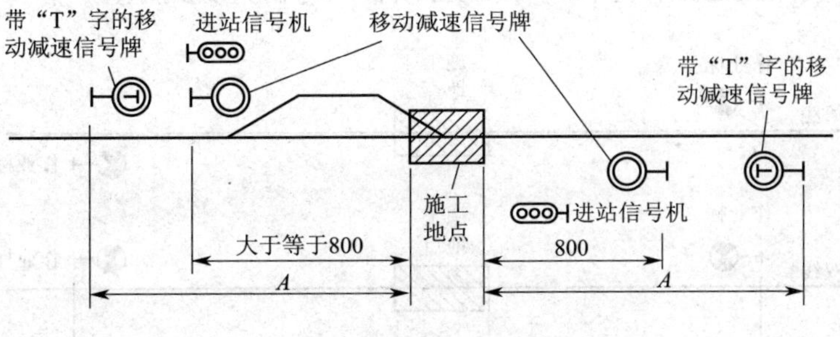

(a) 单线站内正线道岔施工减速防护图

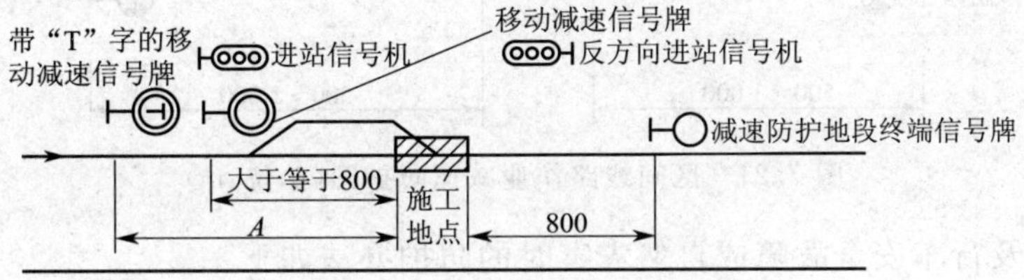

(b) 双线站内正线道岔施工减速防护图

图 7.18 正线道岔施工减速防护图(单位:m)

注:当施工地点距进站信号机不足 800 m 时,自施工地点起至 800 m 处区间线路列车运行方左侧,设移动减速信号牌防护;当施工地点距进站信号机大于或等于 A 时,不设置带“T”字的移动减速信号牌;当施工地点距反方向进站信号机不足 800 m 时,自施工地点起至 800 m 处区间线路列车运行方左侧,设减速防护地段终端信号牌;当施工地点距反方向进站信号机大于或等于 800 m 时,在反方向进站信号机处,设减速防护地段终端信号牌。

③在站线线路上施工,设立位置如图 7.19 所示。

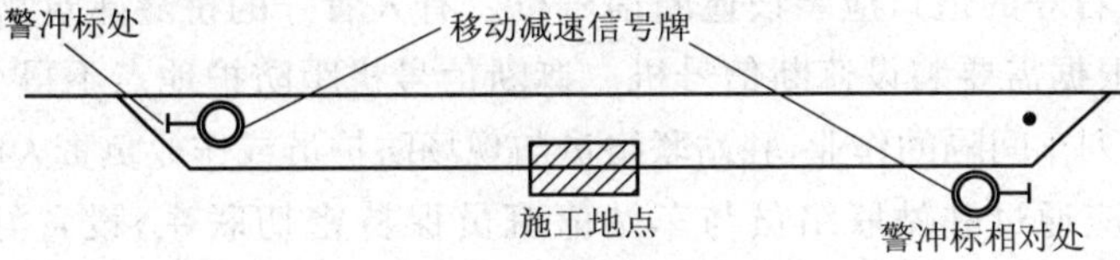

图 7.19 站线线路施工减速防护图(单位:m)

④在站线道岔上施工,该道岔中部线路旁,设置两面黄色的移动减速信号,设立位置如图 7.20 所示。

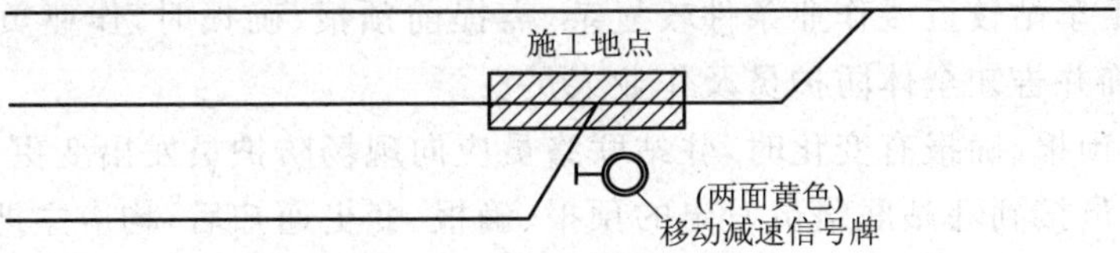

图 7.20 站线道岔施工减速防护图(单位:m)

凡线间距离不足规定时,则应设置矮型(1 m 高)的移动减速信号。在移动减速信号牌上应注明规定的慢行速度。已纳入 LKJ(列车运行监控记录装置)基础数据的长期限制慢行地段不设置减速信号牌。

在区间线路上进行不影响行车安全的作业,不需要以停车信号或移动减速信号防护时,应在作业地段两端 500~1 000 m 处列车运行方向左侧(双线在线路外侧)的路肩上设置作业标,如图 7.21 所示。列车接近该作业标时,司机必须长声鸣笛,注意瞭望。

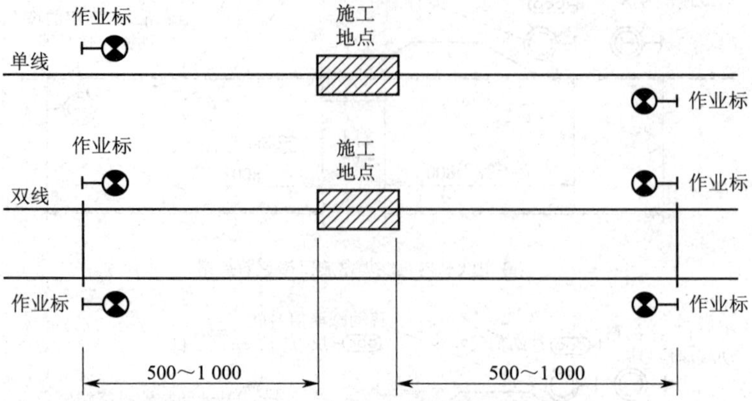

图 7.21　区间线路作业减速防护图(单位:m)

线路发生危及行车安全故障或自然灾害时的防护办法如下:

①应立即使用列车无线调度通信设备通知车站值班员或列车司机紧急停车,同时在故障或自然灾害影响地点设置停车信号。

②当确知一端先来车时,应急速奔向列车,用手信号旗(灯)或徒手显示停车信号。

③如不知来车方向,应在故障或自然灾害影响地点注意倾听和瞭望,发现来车,应急速奔向列车,用手拿信号旗(灯)或徒手显示停车信号。

设有固定信号机时,应先使其显示停车信号。站内线路、道岔发生故障或自然灾害时,应立即通知车站值班员采取措施,防止机车、车辆通往该故障或自然灾害影响地点,同时按规定设置停车信号防护。有人看守的道口应装设遮断信号机。有人看守的桥隧建筑物及可能危及行车安全的坍方落石地点,根据需要装设遮断信号机。遮断信号机距防护地点不得小于 50 m。

区间线路上利用列车间隔的作业,驻站联络员与现场防护员或作业负责人联系程序规定如下:

(1)作业负责人应通过驻站联络员与车站值班员保持密切联系,设置好防护后方可作业。在作业过程中应密切注意来车"预报""确报"等信号。

①预报:车站对作业区间办理闭塞时,驻站联络员应立即向现场防护员发出预报;如系通过列车,则应提前一个车站(即邻站向本站发车时)发出预报。

②确报:车站向作业区间发车时,驻站联络员应立即向现场防护员发出确报。

③作业地点距车站较近或作业条件较复杂,需提前预报、确报时,作业负责人应事先与驻站联络员商定明确并告知全体防护员及作业人员。

④变更通知:预报、确报有变化时,驻站联络员应向现场防护员发出变更通知。

(2)现场防护员接到驻站联络员发出的预报、确报、变更通知后,均应立即通知到作业负责人。同时应加强警戒,注意瞭望,监视来车与作业情况。如设置有中间联络防护员时,应以上述相同方式准确及时地将信息传达给对方。

(3)驻站联络员应加强与车站值班员的联系,双线区段反方向来车时,驻站联络员应及时通知现场防护员转报作业负责人。

线路上作业设置或撤除移动停车信号防护的程序如下:

(1)设置移动停车信号

①驻站联络员抄录并确认作业封锁调度命令,通知作业负责人。

②作业负责人通知现场防护员按规定在作业地点设置移动停车信号。

③按规定设置好移动停车信号后作业负责人发出作业命令。

(2)撤除移动停车信号

①作业负责人检查确认线路已达到放行列车条件(外单位施工的还需设备管理单位监督检查人员共同检查确认)。

②通知现场防护员撤除作业地段的移动停车信号。

③通知车站开通线路。

在通信不畅或瞭望条件不良地段作业时,应增设防护员。

7.4　电气化区段作业安全

7.4.1　学习目标

1. 知识目标

(1)掌握电气化铁路线路进行各项工务作业的基本要求。

(2)掌握非自动闭塞电气化区段更换钢轨的安全防护设置。

(3)掌握自动闭塞电气化区段更换钢轨的安全防护设置。

2. 能力目标

(1)能在非自动闭塞的电气化区段上更换钢轨作业进行安全设置。

(2)能在自动闭塞的电气化区段上同一地点同时更换两股钢轨作业进行安全设置。

(3)能在自动闭塞的电气化区段上更换一股钢轨作业进行安全设置。

7.4.2　相关学习内容

(1)在电气化铁路线路上作业,应遵守下列规定:

① 起道作业:两股钢轨同时起道时,一次作业起道量不得超过 30 mm,且两股钢轨起道量相差不得超过 11 mm;调整曲线超高时,单股起道量不得超过 11 mm。起道量超出上述规定时,应事先通知供电部门调查确认接触网设备调整工作量并配合作业。

② 起道作业时,隧道、下承式桁架桥和拱桥、斜拉桥不得超过建筑限界尺寸线。

③ 拨道作业:线路中心位移一次不得超过 30 mm,一侧拨道量年度累计不得大于 120 mm,并不得侵入建筑限界。拨道量超出上述规定时,应事先通知供电部门调查确认,满足调整要求后配合作业。

④ 作业中应防止工器具及作业项目造成钢轨短路,影响信号正常使用。

⑤ 桥梁上一侧拨道量年累计不得大于 60 mm,且应满足线路中心与桥梁中心的偏差,钢梁不大于 50 mm,圬工梁不大于 70 mm。线路允许速度 120 km/h$<v_{max}\leqslant$200 km/h 时,钢梁、圬工梁不得大于 50 mm。

⑥ 爆破作业有碍接触网及行车安全时,应先停电后作业。

(2)在非自动闭塞的电气化区段上更换钢轨时,应遵守下列规定:

①严禁在同一地点将两股钢轨同时拆下。

②换轨前应在被换钢轨两端轨节间纵向安设一条截面不小于 70 mm^2 的铜导线。导线两端牢固夹持在相邻的轨底上,如图 7.22 所示。该连接线在换轨作业完毕后方可拆除。

(3)在自动闭塞的电气化区段上更换钢轨时,应遵守下列规定:

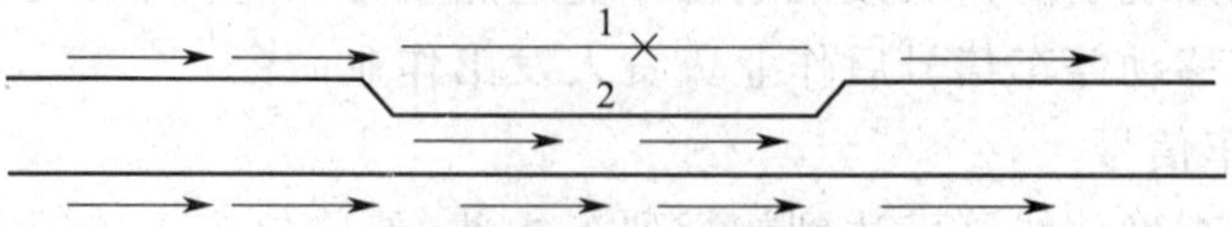

1—被更换的钢轨；2—铜导线

图 7.22　铜导线连接示意图(一)

①在同一地点同时更换两股钢轨时，无论该地段接触网是否停电，换轨前必须在被换钢轨两端的左右轨节间横向各设一条截面不小于 70 mm^2 的铜导线，在被换一股钢轨两端轨节间纵向安装一条截面不小于 70 mm^2 的铜导线。导线两端用夹子牢固夹持在相邻的轨底上，如图 7.23 所示。作业完毕后方准拆除接地线和导线。

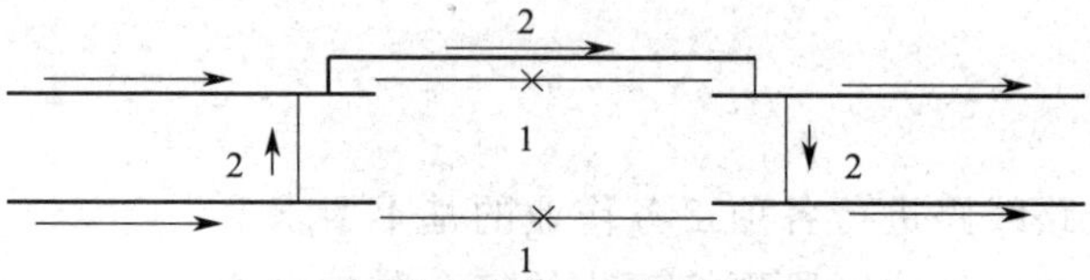

1—被更换的钢轨；2—铜导线

图 7.23　铜导线连接示意图(二)

②更换一股钢轨时，换轨前应在被换钢轨两端的左右轨节间横向各设一条截面不小于 70 mm^2 的铜导线。导线两端用夹子牢固夹持在相邻的轨底上，如图 7.24 所示。

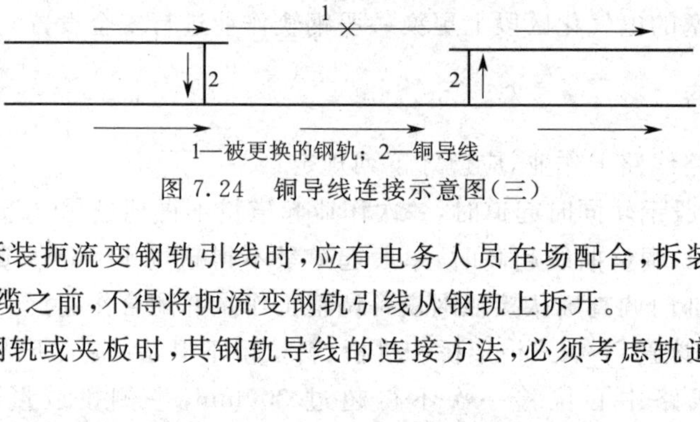

1—被更换的钢轨；2—铜导线

图 7.24　铜导线连接示意图(三)

③更换钢轨需拆装扼流变钢轨引线时，应有电务人员在场配合，拆装作业由电务人员完成；未设置好分路电缆之前，不得将扼流变钢轨引线从钢轨上拆开。

④在站内更换钢轨或夹板时，其钢轨导线的连接方法，必须考虑轨道电路和车站作业的要求。

⑤整组更换道岔作业按①中规定办理。

更换带有吸上线的钢轨，必须先通知供电部门采取安全措施后，方准作业。线路作业必须保持电气化及信号装置的接地线及轨端连接线正常连接，如需临时拆除接触网塔杆接地线与贯通地线时，作业单位应在供电和电务部门配合下，采取相应的安全措施后方准开工；作业完毕后应及时恢复与接触网塔杆接地线、贯通地线可靠连接，经供电、电务测试合格后方准结束作业。垂直天窗，如需临时拆除与贯通地线连接的接地线时，作业单位应在电务部门配合下，采取相应的安全措施后方准开工；作业结束后应及时恢复接地线，并经电务部门测试合格后方准结束作业。V 形天窗，严禁拆除与贯通地线连接的各种接地线。

在电气化区段清除危石，进行爆破作业时，应有供电部门人员配合；有碍接触网及行车安全时，应先停电后作业。

大型养路及施工机械作业，如施工机械不超出机车车辆上部限界，且作业人员及所持机具与接触网带电部分保持 2 m 以上距离时，接触网可不停电。不符合上述条件时，应按照规定办理停电手续并做好安全防护措施后，方可作业。

7.5 劳动作业安全

7.5.1 学习目标

1. 知识目标

(1)掌握线路作业避车要求。

(2)掌握线路作业安全要求。

(3)掌握电气化铁路作业人身安全要求。

2. 能力目标

(1)能在实际作业中进行规范避车。

(2)能在进行线路作业时正确使用作业工具。

(3)能在电气化铁路区段作业时按照规定保证安全。

7.5.2 相关学习内容

劳动作业安全是保证铁路运输及工务生产的基础，应经常对从业人员进行人身安全教育，组织学习安全规章及有关操作技术。从业人员在任职、提职、改职前，必须经过段或段以上单位进行安全技术教育培训，考试合格后，持铁路岗位培训合格证书上岗。防护员(驻站联络员、现场防护员)必须由经培训考试合格的人员担任并持铁路岗位培训合格证书上岗。野外作业遇雷雨时，作业人员应放下手中的金属器具，迅速到安全处所躲避，严禁在大树下、电杆旁和涵洞内躲避。酷暑、严寒季节，应采取措施，防止中暑、溺水、冻伤和煤气中毒。

1. 线路作业避车要求

线路作业和巡检人员，必须熟悉管内的线桥设备情况、列车运行速度、密度和各种信号显示方法，作业和巡检时应注意瞭望，及时下道避车。步行上下工时，区间应在路肩或路旁集中走行；在双线区间，应面迎列车方向走行；通过桥梁、道口或横越线路时，应“手比、眼看、口呼”，做到“一停、二看、三通过”，严禁来车时抢越。必须走道心时，应设置专人防护。进路信号辨认不清时，应及时下道避车。

(1)作业人员下道避车时应遵守以下规定。

①距钢轨头部外侧距离不小于 2 m，设有避车台(洞)的桥梁(隧道)应进入避车台(洞)避车。

②本线来车按下列距离下道完毕：

Ⅰ. $v_{max} \leqslant 60$ km/h 时，不小于 500 m；

Ⅱ. 60 km/h $< v_{max} \leqslant 120$ km/h 时，不小于 800 m；

Ⅲ. 120 km/h $< v_{max} \leqslant 160$ km/h 时，不小于 1 400 m；

Ⅳ. 160 km/h $< v_{max} < 200$ km/h 时，不小于 2 000 m。

(2)邻线(线间距小于 6.5 m)来车下道规定。

①本线不封锁时：

Ⅰ. 邻线速度 $v_{max} \leqslant 60$ km/h 时，本线可不下道；

Ⅱ. 60 km/h $<$ 邻线速度 $v_{max} \leqslant 120$ km/h 时，来车可不下道，但本线必须停止作业；

Ⅲ. 邻线速度 $v_{max} > 120$ km/h 时，下道距离不小于 1 400 m；

Ⅳ. 瞭望条件不良，邻线来车时本线必须下道。

②本线封锁时：

Ⅰ. 邻线速度 v_{max}≤120 km/h 时，本线可不下道；

Ⅱ. 120 km/h<邻线速度 v_{max}≤160 km/h 时，本线可不下道，但本线必须停止作业；

Ⅲ. 邻线速度 v_{max}>160 km/h 时，本线必须下道，距离不小于 2 000 m。

(3)在站内其他线路作业，躲避本线列车时，下道距离不少于 500 m，与本线相邻的正线来车时，按本条第一项和第三项办理，与本线相邻的其他站线来车时可不下道，但必须停止作业。列车进路不明时必须下道避车。速度小于 120 km/h 区段，瞭望条件大于 2 000 m 以上时，钢轨探伤仪、轨道检查仪作业，邻线来车可不下道。人员下道避车时应面向列车认真瞭望，防止列车上的抛落、坠落物或绳索伤人。人员下道避车的同时，必须将作业机具、材料移出线路，并放置、堆码牢固，不得侵入建筑限界；两线间距离小于 6.5 m 不得停留人员和放置机具、材料。

(4)普速铁路和高速铁路并行地段，普速铁路作业、进出防护栅栏门必须严格执行高速铁路登销记制度。普速铁路和高速铁路并行，但未设物理隔离且天窗不同步地段，所有作业必须纳入天窗。普速铁路本线与相邻高速铁路线间距不足 6.5 m 地段，普速铁路作业而相邻高速铁路行车时，相邻高速铁路列车须限速 160 km/h 及以下，相邻高速铁路来车，本线可不下道。作业和避车严禁侵入高速铁路建筑限界。如作业需侵入高速铁路建筑限界，相邻高速铁路也必须同时封锁。普速铁路与高速铁路垂直天窗相同时段，在设好防护、确认高速铁路无路用列车通过时，可以跨越高速铁路进出，但要制定相应的安全措施，具体办法由铁路局集团有限公司规定。

(5)严禁作业人员跳车、钻车、扒车和由车底下、车钩上传递工具材料。休息时不准坐在钢轨、轨枕头及道床边坡上。绕行停留车辆时其距离应不少于 5 m，并注意车辆动态和邻线上开来的列车。

(6)遇有降雾、暴风雨(雪)、扬沙等恶劣天气影响瞭望时，应停止线上作业和上道检查，必须作业时，应采取特殊安全措施，保证来车之前按规定的距离及时下道。

(7)线路 v_{max}>120 km/h 的区段，巡道、巡守人员应在路肩上行走，并注意察看线路状态。

2. 线路作业安全要求

作业前，机具使用人员应对机具进行检查，机具状态不良或安全附件失效的机具严禁上线使用。线路作业必须在符合规定的作业负责人领导下进行。作业负责人应根据人员、作业项目、天气等情况，具体布置安全事项。作业地段不宜过长，并不得指派单人到防护区段以外的线路上作业。

在线路上进行下列作业时应注意：

(1)天窗点外严禁使用齿条式起道机。

(2)多人在一起作业时应统一指挥，相互间应保持一定的安全距离，防止工具碰撞伤人。

(3)分组人工捣固时，前后距离应不小于 3 根轨枕，作业人员前脚不得伸出轨枕边缘。多组捣固机械同时捣固时，前后距离应不小于 3 m，走行应保持同步。

(4)不得使用撬棍翻动钢轨。使用撬棍拨道时，撬棍应插牢，听从指挥，统一行动，严禁骑压或肩扛撬棍拨道。

(5)改道打道钉时严禁锤击钢轨，不准用捣镐打道钉。分组打道钉时，前后距离应不小于 6 根木枕。在无人行道的桥面上作业时，起钢轨外口道钉，应站在道心内侧并使用专用起钉器或弯头撬棍等特制工具。

3. 电气化铁路作业人身安全要求

我国铁路供电系统采用单相工频(50 Hz)交流制;接触网标称电压值为 25 kV;最高工作电压为 27.5 kV,短时(5 min)最高工作电压为 29 kV;最低工作电压为 19 kV。

为了防止触电伤亡事故发生,确保铁路运输安全和广大群众的生命财产安全,严格遵守国家铁路安全法规和电气化铁路安全规定,不得损坏电气化铁路设施,不得自行从接触网上接电,不得在高架公路立交桥以及隧道两端的平台上玩耍、逗留,不得向接触网倒水和乱扔杂物,不得攀登机车车辆顶部或翻越车顶通过线路,不得高举工具通过接触网,不得用竹竿、棍棒、铁线等非绝缘物件穿捅安全栅网。

(1)在电气化区段通过或使用各种车辆、机具设备不得超过机车车辆限界。除牵引供电专业人员按规定作业外,任何人员及所携带的物件、作业工器具等须与牵引供电设备高压带电部分保持 2 m 以上的距离,与回流线、架空地线、保护线保持 1 m 以上距离,距离不足时,牵引供电设备须停电。在电气化区段作业时,长轨列车必须安装屏蔽装置,轨道吊必须安装限位装置。

(2)作业范围与牵引供电设备高压带电部分须保持 2 m 以上的距离,与回流线、架空地线、保护线保持 1 m 以上距离,距离不足时,牵引供电设备须停电。必须按规定办理接触网停电申请手续,得到许可施工命令,具备施工条件,并有接触网工区派人安设临时接地线后方能施工。

(3)在距离接触网带电部分 2～4 m 的建筑物上作业时,接触网可不停电,但必须由接触网工或经专门训练的人员现场监护。

(4)发现牵引供电设备断线及其部件损坏,或发现牵引供电设备上挂有线头、绳索、塑料布或脱落搭接等异物,均不得与之接触,应立即通知附近车站,在牵引供电设备检修人员到达并采取措施以前,任何人员均应距已断线索或异物处所 10 m 以外。

(5)在接触网支柱及接触网带电部分 5 m 范围以内的金属结构均必须接地,在与接触网相连的支柱及金属结构上,若未装设接地线或接地线已损坏时,严禁人员与之接触。

(6)使用发电机、空压机、搅拌机等机电设备时,应有良好的接地装置。在可能带电部位,应有“高压危险”“禁止攀登”的明显标志和防护措施。各种机械与车辆不准用水冲洗;施工用的水管不准跨越接触网,不准用射水方式进行圬工养护。

(7)任何作业均不得影响供电设备的支柱、拉线及基础等设施的稳定。

复习思考题

1. 对线路作业施工领导人的安排有何规定?

2. 线路限制速度放行列车时应具备哪些条件?

3. 在区间线路上施工,使用移动减速信号防护有哪几种情况? 防护办法各有什么要求?

4. 在站内线路上施工或道岔上施工,使用移动减速信号防护有哪几种情况? 防护办法各有什么要求?

5. 在区间线路上施工,使用移动停车信号防护有哪几种情况? 防护办法各有什么要求?

6. 在站内线路上施工或道岔上施工,使用移动停车信号防护有哪几种情况? 防护办法各有什么要求?

任务 8　轨道维修

铁路轨道长期裸露在自然界中，尤其在列车荷载反复作用下，轨道设备和几何形位不断变化。轨道在行车过程中产生的病害，通过检查、计划、作业、验收等环节进行预防和整沿，使线路经常处于良好的状态并最大限度的延长设备的使用寿命。

8.1　轨道维修概述

8.1.1　学习目标

1. 知识目标

(1)了解我国铁路“强基达标、提质增效”的工作主题。

(2)掌握线路设备维修的分类及工作内容。

(3)熟悉线路设备维修的组织机构及工作职责。

(4)了解线路设备维修计划编制的内容。

(5)了解铁路工务信息化发展趋势。

2. 能力目标

能区分计划维修和临时补修的工作内容。

8.1.2　相关学习内容

为贯彻落实“强基达标、提质增效”工作主题，适应普速铁路运营要求，规范线路设备管理，提高线路设备修理和技术管理水平，线路设备修理应采用周期修与状态修相结合。其中线路设备大修以周期修为主，日常维修以状态修为主，同时线路设备修理应贯彻“修理标准与线路等级匹配、投入产出经济合理”理念，实行线路分级管理；通过优化劳动组织，实行检、养、修分开，大力推进检测、修理专业化建设；积极推行工务、电务、供电等专业日常维修一体化管理，促进专业管理和综合管理融合；大力推广“集中修”。积极推行机械化，采用新技术、新设备、新材料、新工艺，改善劳动条件，提高作业效率，保证作业质量。

线路设备修理分为线路设备大修和线路设备维修。

1. 线路设备维修概述

线路设备维修是根据线路设备变化规律，维持列车以规定速度安全和不间断地运行而对线路进行的日常维护和小规模修理。

线路设备维修应坚持“预防为主、防治结合、修养并重、严检慎修”原则，根据线路设备变化规律，合理安排计划维修与临时补修，有效预防和整治线路病害，有计划地补偿线路设备损耗，保持线路设备完整和质量均衡，延长设备使用寿命，以取得较好的技术经济效益。线路设备维修分为计划维修与临时补修。

1)计划维修

计划维修是指根据线路及其各部件的变化规律，依据维修周期、结合设备状态评价，以大型养路机械为主要作业手段，全面调整和改善轨道空间线形线位，消除轨道结构病害，恢复道床弹性，更换失效轨枕和联结零件，调整轨道几何尺寸，消除钢轨轨头病害，达到钢轨目标廓形，以及其他各结构部件的修理等为主要内容的单项或多项修理，以恢复线路完好技术状态。

其工作内容主要包括：

(1)大型养路机械捣固维修：

Ⅰ.对线路、道岔(调节器)平面和纵断面进行测设及优化，通过全面起道、拨道、改道、捣固、稳定，调整几何形位，改善道床弹性。混凝土枕地段，捣固前撤除所有调高垫板。

Ⅱ.调整道岔(调节器)各部尺寸，拨正曲线，调整超高。

Ⅲ.整治道床翻浆冒泥，清筛枕盒和边坡不洁道床，补充道砟，整理道床。

Ⅳ.更换、方正和修理轨枕。

Ⅴ.调整轨缝，整修、更换和补充轨道加强设备，整治爬行，锁定线路、道岔。

Ⅵ.矫直、焊补、打磨钢轨，综合整治接头病害。

Ⅶ.全面整修、更换和补充联结零件并除锈涂油。

Ⅷ.全面整修护轨。

Ⅸ.整平路肩，清理弃土，清除道床杂草和路肩大草。

Ⅹ.整修道口及其排水设备。

Ⅺ.补充、修理并刷新标志、标记，回收旧料。

Ⅻ.其他病害的预防和整治。

(2)钢轨打磨列车打磨：

钢轨(包括道岔和调节器)打磨分为预打磨、预防性打磨和修理性打磨。

预打磨是对铺设上道后新钢轨的打磨，去除脱碳层，消除焊缝不平顺和运输、施工中产生的初始缺陷。

预防性打磨是对钢轨进行的周期性打磨，按目标廓形打磨钢轨，消除已产生的表面裂纹，减缓曲线钢轨侧面磨耗，预防产生波磨、剥离掉块、肥边等病害，延缓滚动接触疲劳裂纹产生和发展。

修理性打磨(或铣磨)是对已产生病害钢轨进行修理，减缓波磨，消除钢轨表面的擦伤、肥边和表面裂纹等病害。

打(铣)磨列车对成段钢轨或整组道岔(调节器)进行修理；小型钢轨打磨机对焊缝、道岔(调节器)打磨列车打磨受限区等进行打磨修理，并做好廓形平顺连接。

(3)扣件维修：

对扣件进行全面检查、整正、紧松补缺、除锈涂油、螺旋道钉改锚等。

(4)有砟轨道精调整理：

根据轨道动、静态几何尺寸检测数据，成段对有砟轨道几何尺寸进行调整。

(5)无砟轨道精调整理：

根据轨道动、静态几何尺寸检测数据，对无砟轨道进行全面、系统地调整，使轨道静态几何状态符合标准要求。

(6)无砟道床维修：

无砟道床维修主要是对无砟道床伤损进行修补和道床结构损坏进行修复。

(7)整治道床翻浆冒泥，均匀道砟，整理道床。

(8)整治绝缘接头病害。

(9)调整轨缝，修理、补充轨道加强设备，锁定线路。

(10)焊补钢轨、高锰钢辙叉，采用小型养路机械打磨钢轨、焊缝、尖轨、辙叉，整治钢轨接头病害。

(11)无缝线路应力放散、调整、锁定。

(12)更换伤损钢轨、道岔(调节器)轨件,钢轨焊复。

(13)曲线上股钢轨侧面润滑及钢轨顶面摩擦控制。

(14)更换、修理轨枕。

(15)成段整修护轨。

(16)修补达到Ⅱ级及以上伤损的无砟道床。

(17)整修防沙设备,整治冻害。

(18)整修道口,清除道床杂草和路肩大草。

(19)补充、修理并刷新标志、标记。

(20)季节性工作及其他工作。

线路设备变化和作业内容与季节特点密切相关。所以还要针对不同地区、季节特点,加强季节性工作。

①春融时期

Ⅰ. 加强线路和山体检查,加固或清除山体危石,及时撤换冻害垫板,以整修轨道几何尺寸为重点,成段整修线路。

Ⅱ. 调整轨缝,按计划进行夹板及螺栓涂油,更换接头及连续失效轨枕,在道床不足地段补充和匀卸道砟,为夏季综合维修作业做好准备。

Ⅲ. 疏通排水设备,排除路基积水,整治路基翻浆冒泥,防止春汛水漫路基。

②炎热季节

注意调整轨道连续瞎缝,加强线路道岔保养整修,全面整理道床。加强轨道框架的整体稳定性,防止胀轨跑道。

③秋季时期

雨季前应做好防洪准备,对防洪工作,应根据历年降雨和洪水规律,由铁路局集团有限公司发布防洪命令,制定防洪预案及早做好一切准备。有关单位,应按时完成防洪工程和预抢工程,准备足够的料具及车辆,组织抢修队伍并进行训练,依靠当地政府建立群众性的防洪组织,加强雨中和雨后检查,严格执行降雨量和洪水位警戒制度,及时掌握线路变化规律及险情,确保行车与人身安全。

④冬前找细作业

Ⅰ. 整正线路方向,全面拨正直线和曲线。

Ⅱ. 整治低接头,消灭三角坑、空吊板,加强钢轨接头和桥头线路捣固,整治线路坑洼。

Ⅲ. 备足过冬材料,如冻害垫板、冻害道钉等。

⑤冬季作业

Ⅰ. 进行冻害垫板作业,除冰雪,保持线路状态良好。

Ⅱ. 检查、更换伤损配件,预防钢轨、夹板和辙叉的折损。

Ⅲ. 为夏季综合维修尽可能多做准备工作,如:木枕削平、调整扣件三不密、路料卸车等。

2)临时补修

临时补修是指以小型养路机械为主要作业手段,对轨道几何不平顺超过临时补修容许偏差管理值及其他不良处所进行的临时性整修,以保证行车安全和平稳,其主要工作内容包括:

(1)整修轨道几何不平顺超过临时补修容许偏差管理值的处所。

(2)更换或处理折断、重伤钢轨及焊缝。

(3)更换达到更换标准的伤损夹板,更换折断的接头螺栓、道岔护轨螺栓、可动心轨凸缘与接头铁联结螺栓、可动心轨咽喉和叉后间隔铁螺栓、长心轨与短心轨联结螺栓、钢枕立柱螺栓等。

(4)处理不良绝缘接头。

(5)调整严重不良轨缝。

(6)更换或整治失效无砟道床。

(7)整修严重不良的道口设备。

(8)处理线路其他故障。

(9)其他需要临时补修的工作。

2. 线路设备维修管理组织

线路设备维修管理组织有工务段、车间和工区三级。线路设备维修实行检养修分开制度。检养修分开的基本原则是实行独立检查以及专业化、机械化集中修理。

工务段下设安全生产调度指挥中心和线路车间、重点维修车间、综合机修车间、探伤车间等。

安全生产调度指挥中心负责指挥和监控全段日常生产，掌握作业和设备安全信息；汇总分析设备检查、监控数据，跟踪设备病害和缺陷的调查、复核及处理情况；掌握全段日作业计划，对日作业计划进行审核、协调和过程监控；跟踪掌握工电自轮运转特种设备、专用车辆运行状态和路料运输情况；指挥、处理突发情况等。

线路车间作为组织维修生产的主体，组织制订车间年、月生产计划，周天窗维修计划以及日作业计划；组织设备检查、维护、验收；定期分析评价设备质量，跟踪考核维修、日常保持状态等。

重点维修车间作为段实施机械化修理和专业修理的主体，负责配合大型养路机械作业、集中修作业，钢轨和道岔焊接等工作。

综合机修车间负责养路机械维修保养，工具制作修理及线路配件修理，轨道车的运行及管理等工作。

探伤车间负责钢轨探伤工作。

工务段的管辖范围为正线线路延展长度不宜超过 1 500 km，特殊情况下由铁路局集团有限公司规定；山区铁路、管辖范围内有编组站或一等及以上车站时，管辖正线长度可适当减少。

线路车间下设检查工区、维修工区和线路工区。

线路工区负责线路巡查、临时补修、应急值守等。

维修工区负责采用小型养路机械进行线路成段和道岔成组维修、配合大型养路机械作业、轨道伤损部件更换、道床翻浆整治、线路和道岔钢轨打磨、道口翻修及季节性重点工作等。

检查工区负责线路的周期性设备静态检查、设备质量分析、作业验收和重点病害的调查、复核等。

线路车间的管辖范围为正线延展长度单线以 60～80 km 为宜，双线以 100～120 km 为宜。支线铁路可只设车间，不设或少设工区。

3. 线路设备维修计划

(1)工务段应根据铁路局集团有限公司线路设备维修工作安排，编制年度分月维修计划(年度计划含各项技术指标)，下达各车间。线路设备状态和线路日常保持状态的主要技术指标如下：

①线路设备状态评定合格率。

②线路日常保持状态评定合格率。

③道岔日常保持状态评定合格率。

④调节器日常保持状态评定合格率。

⑤轨道检查车检测质量合格率。

工务机械段应根据铁路局集团有限公司下达的年度计划，编制年度分月维修计划。

(2)线路车间、重点维修车间应根据工务段下达的年、月维修计划和各项技术指标，编制月、周、日维修计划，其主要内容包括：

①维修主要项目、数量、地点、材料和人工数。

②工作量调查、设备检查、验收的人工数。

③日常巡检的主要内容、材料和人工数。

④临时补修人工数。

⑤天窗计划。

(3)探伤车间应根据有关规定和要求编制月度检查计划，其主要内容包括：

①检查的项目、范围、数量及时间。

②使用的仪器、量具、材料和人工数。

4. 工务管理信息化

加快和完善铁路局集团有限公司、工务段、车间、班组信息平台和网络通道建设，按要求配置硬件和网络，确保系统运行环境要求。加强人员培训，提高工务技术人员信息化应用水平。积极应用大数据、物联网、移动互联网、人工智能等信息技术，推进线路设备全服役寿命周期信息化管理。

逐步建立健全信息管理系统，运用大数据分析，掌握设备变化规律，预测设备发展趋势，科学指导设备修理，合理控制设备修理成本。

推广应用铁路工务安全生产管理信息系统，做好数据采集，强化作业关键环节控制，实现对线路设备状态、安全生产计划和作业过程控制的动态闭环管理，及时消除设备隐患，不断促进工务管理水平的提升。

8.2 铁路线路维护基本作业

8.2.1 学习目标

1. 知识目标

(1)熟悉铁路线路起道、捣固、垫板、拨道和改道作业程序及要求。

(2)掌握铁路线路更换轨枕、更换接头夹板作业程序及要求。

2. 能力目标

(1)能进行线路几何尺寸不良整治基本作业。

(2)能对铁路线路伤损设备(轨枕、夹板)进行更换。

8.2.2 相关学习内容

线路维修基本作业是养路工作中的最重要的环节，作业质量的好坏不仅直接影响设备质量，而且涉及劳动生产效率和行车安全。线路作业是由许多单项作业组成的，只有做好这些单项作业，才能保证整体作业的质量。

1. 养路工作一日作业标准化

线路作业一定要认真贯彻作业标准化，养路工作一日作业标准化如下：

1)作业前

(1)工作预报：按日计划在作业牌上公布作业项目和分工，准备好机具、备品和材料。出库机具材料及时做好登记。

(2)列队点名：布置当日工作计划（地点、项目、工作量）、质量要求以及安全措施和注意事项。

(3)根据作业的内容，按规定办理登记签认手续，联系有关单位配合施工。

(4)按规定办理乘车或列队行走去施工地点，施工负责人在前，安全员（安全值日）在队后。

2)作业中

(1)听从工班长统一指挥，按岗位责任制和操作规则及时上道作业，做到不简化、不留病害，按规定工料定额完成任务。

(2)随时注意瞭望列车，听从防护员、安全员指挥，带好工具及时按规定下道避车。

(3)严格执行规章制度，实行安全生产，杜绝违章作业。中间休息，人员机具必须撤离轨道。

(4)复线地段作业时，应面向来车方向。复线及站场内作业，邻线来车本线也应下道。

(5)执行作业首件检查和随时抽查，保证质量，杜绝无效劳动。

(6)按半日清和当日清的作业要求，结束施工。认真执行回检制度，不合质量要求，应返工重做。

3)作业后

(1)撤除防护，按规定乘车办法或列队行走返回工区。

(2)整理机具材料入库，对号定位，堆码整齐。

(3)根据当日完成数量、质量核算工料消耗，填写日计划完成情况。

(4)分析当日安全、质量、数量、纪律等情况，进行评比记分；编制次日工作计划并组织安全预想。

单项作业的标准化，应按铁路局集团有限公司的有关规定执行。线路作业一定要加强施工领导，实行记名修，避免无效劳动，消灭有害劳动。车间主任、工长应按规定参加有关线路作业。

2. 线路维修基本单项作业

1)起道作业

为了捣固作业的需要，将钢轨连同轨枕抬起一定的高度称起道作业，其目的是找平轨面，消灭或减少轨道下沉的残余变形，改善道床弹性。起道分重起和全起两种，是养路工作中技术要求较高的作业。

重点起道简称重起，即将轨道坑洼处抬平，凸包处顺坡的起道方法；全面抬高轨道的方法称为全起，即根据线路的实际情况，维修作业性质的要求，将轨面普遍抬起一定的高度。无论重起还是全起，每次起道长度应根据作业条件、列车间隔时间的长短加以确定，要求在放行列车前能够完成起道地段捣固顺撬工作。

(1)作业范围

①整正线路水平、三角坑及高低超限。

②整治线路坑洼、增加道床厚度、调整线路纵断面、局部或全面起道。

(2)作业条件

① 利用“维修天窗”时间作业，车站设驻站联络员，在车站“行车设备施工登记簿”(运统-46 施工)登记，工地设现场防护员，按规定设置移动停车信号防护，同时按规定指定专人担任作业负责人。

② 无缝线路地段的起道作业应遵守《修规》有关作业轨温条件，以防止胀轨跑道。

③ 起道量超过 40 mm 时，应用仪器测量，并设置起道标桩，按标桩起道。

④ 起道地段应有足够量的道砟，保证起道后线路的稳定。

(3)作业工机具

液压起道器(图 8.1)、轨距尺、轨温计、捣镐、撬棍、铁锹、石砟叉、扳手、作业防护设备等。

图 8.1　液压起道器

(4)作业程序

①准备：起道作业前，由起道负责人对当日使用的各种量具进行检查核对，保持量具准确。由起道器手检查起道器状态是否完好。撤除找平用的垫板，如重点起道作业，对捣固处所，撤除调高垫板，然后压打道钉，调整胶垫和拧紧扣件。

②调查和确定标准股：直线以左股为标准股，曲线以下股为标准股，每隔 20 m 或 25 m 为一点，将计划起道量标记在钢轨或轨枕上，如图 8.2 所示。

图 8.2　调查划撬

③指挥起道：全面起道时，由起道负责人按各点标记的起道量，先将标准股上各点起够，各点之间用目测起平，如图 8.3 所示。将标准股起出一段后，返回起好对面股水平。根据列车间隔时间或封锁时间，掌握起道长度，在列车通过前做好顺坡。

④起标准股：起道器手要按照起道负责人的手势，扒好起道器窝，放置起道器于适当位置，直线和曲线下股放在钢轨里口，曲线上股放在外口，如图 8.4 所示，混凝土枕地段和无缝线路应放在接缝、铝热焊缝以外不少于一个轨枕孔内，如图 8.5 所示。

⑤起对面股：由起道负责人掌握，当标准股起出一段线路，视列车密度情况，一般起完 2～4 撬后，立即返回找对面股水平，来车前做好顺坡。

(5)作业要求

①起道时，除经测量设计调整纵断面外，应保持既有坡度、变坡点位置和竖曲线半径，同时应考虑按规定不侵入建筑接近限界和不超过与邻线规定的最大高度差。

图 8.3　指挥起道

(a) 直线地段　　(b) 曲线下股　　(c) 曲线上股

图 8.4　放置起道器

图 8.5　绝缘接头和铝热焊缝处严禁放置起道器

②做好调查划撬工作，当全面起道时，要准确划好每撬的撬头、撬尾、坑底的位置，同时将钢轨低头、拱腰、死坑、吊板等划上增减镐标记。用标桩全面起道时，量取记录轨面与标桩的高度差，标记各点起道量。如重点起道时，直线以水平高的一股为标准股，曲线以下股为标准股，划好坑洼头尾和钢轨低接头、拱腰、空吊板等轻、重捣符号。

③指挥起道，重点起道时，先起标准股，起道负责人俯身在标准股钢轨上，一般距起道器不少于 20 m 看道，目测钢轨外侧下颚高低情况，用手势指挥起道，起对面股时，轨距尺放在靠近起道器已起完的一端，起完一段水平后，如有高低不平情况，先在标准股目测补撬，后找对面股水平高低。

④起标准股，当全面起道时，在接头处起一次，混凝土枕每隔 6 根，木枕每隔 6～8 根起一次。重点起道时，一般在坑底起一次，漫坑按长度增加次数。打塞时用道镐在钢轨外口枕下串实，接缝处在接头两侧轨枕下打塞，如起过量时，应用镐尖透塞。

⑤起对面股，找准水平后，起道负责人要俯在钢轨上回看轨道纵平，根据高低不平情况进行补撬，把对面股前后水平找好。

⑥起道组对打塞处不方正的轨枕应同时予以方正。起道负责人要与捣固组保持密切联系，对加重或减轻捣固处所要随时监督指导，防止由于捣固不良影响起道质量，造成反撬。

2)内燃捣镐捣固作业

(1)作业范围

①捣实线路轨道水平、三角坑及纵向高低超限处所道床。

②整治线路暗坑、吊板和低接头等病害。

③进行线路综合维修作业需要捣实枕底道床的作业。

(2)作业条件

① 按起道高度设置施工防护。

② 线路限速(或允许速度)不大于 60 km/h 的区段的捣固作业可在天窗点外进行。

③ 无缝线路扒开道床长度按规定办理。

(3)作业工机具

内燃捣镐机如图 8.6 所示。

图 8.6　内燃捣镐机

(4)作业程序及要领

①调查划撬：一般消灭空吊板时，划好捣固撬和轻重捣固符号。符合重点起道时，按起道作业调查划清符号。

②起出防爬支撑：起出影响捣固作业的防爬支撑放于路肩上。

③扒道床，一般起道量在 20 mm 以下时，扒出轨枕盒内 1/2 石砟；起道量超出 20mm 时，扒出轨枕盒内 1/3 石砟；如石砟清洁，能插入捣固镐或起道量超过 30 mm 时，也可不扒石砟。

④捣固姿势，两脚站在被捣固轨枕前或后的两根相邻轨枕上，成 80°～85°角，前脚距钢轨约 400 mm，并与之平行，后脚尖向着钢轨，身体垂直，两手紧握手把，如图 8.7 所示。捣固时，首先使捣镐与轨枕垂线成 45°角，以后逐渐增大，到结束时为 80°角。在捣固中，还必须将捣镐沿中心线向四周摆动和左右倾斜约 20°，这样可使镐头进入道床，提高捣固质量。

⑤捣固顺序

为加强轨底，先将镐头放在轨底处捣固，以后再向两边移动进行捣固，最后再向轨底中间方向捣固，如图 8.8 所示。

图 8.7　捣固姿势

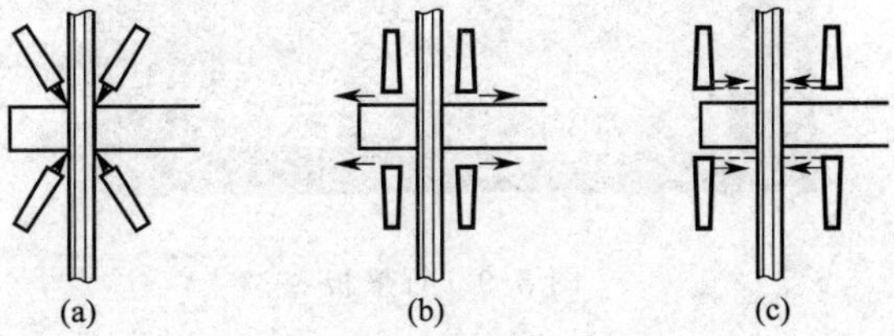

图 8.8　排镐顺序

⑥捣固时间

捣固时间与起道量有关。起道量在 20 mm 以下，一般为 40 s，混凝土枕地段接头 4 根或坑底每根轨枕捣固 45 s，每面排三个镐位；起道量在 20～40mm 时，一般为 55 s，每面排四个镐位。轨底应适当延长捣固时间。

⑦安全注意事项

手提捣镐捣固时，四个镐或八个镐在捣固时必须做到四一致：下镐位置一致，都捣固同一位置的镐位；下镐角度一致，镐板与地平面成 40°～45°角；下镐动作一致；捣固时间一致，一起下镐，一起转移。

3)混凝土枕垫板作业

垫板作业主要适用于混凝土枕及混凝土宽枕线路。目的是调平线路小高低、水平、三角坑、空吊板和低接头，保证线路平顺，减少线路晃车。

(1)作业范围

①在混凝土枕线路进行计划维修和临时补修作业，用捣固方法找平小坑洼难以保证质量时。

②混凝土宽枕线路出现坑洼无法采用起道捣固的方法进行整平时。

(2)作业条件

① 线路允许速度大于 60 km/h 区段，垫板作业必须在天窗时间内进行，按规定设置移动停车信号防护。

② 线路限速(或允许速度)不大于 60 km/h 的区段，垫板作业可在天窗点外进行。

③ 无缝线路地段应遵守《修规》有关作业轨温条件。

(3)作业工具、材料

扳手、扭力矩扳手、液压起道器、轨距尺、石笔、轨温计、油刷、调高垫板、防护用品、施工防护信号牌等。

轨下调高垫板按材质分为竹垫板、木垫板和聚乙烯垫板三种，目前主要以竹垫板和聚乙烯垫板为主，如图 8.9 和图 8.10 所示。竹垫板和木垫板按厚度分为 2 mm、3 mm、4 mm、7 mm、10 mm 和 15 mm 六种，聚乙烯垫板按厚度分为 1 mm、2 mm、5 mm、8 mm 和 10 mm 五种，放置于橡胶垫板与轨枕顶面之间。

图 8.9　竹垫板

图 8.10　聚乙烯垫板

(4)作业程序

①调查工作量。曲线以下股为标准股,直线视线路情况决定标准股(选较高一股)。在标准股上用目视找出坑洼起讫点,用弦线测量或目视估测每根轨枕上钢轨低洼值,并估测轨枕空吊板量值。即

标准股实际垫高量=低洼量+空吊板量+弦线下垂量

②按标准股垫高量垫起标准股。松开轨枕螺栓,用起道机抬起钢轨,清理枕面和胶垫(发现胶垫失效时应同时更换),将调高垫板垫在橡胶垫板与轨枕顶面之间,垫入垫板一般不宜超过两层,然后轻放起道机,落下钢轨。

③决定对面股的垫高量,垫平对面股,其中一种方法是标准股垫好后,测量对面股水平误差,加上空吊板量,即为对面股的垫高量;另一种方法是确定标准股的垫高量,然后测量水平,根据标准股的垫高和与对面股的水平差,决定对面股的垫高量。即:对面股垫高量=标准股垫高量+对面股空吊板量±对面股的水平差(标准股高为"+",反之为"-")。

④测量轨距,整理扣件,拧紧轨枕螺栓。当轨距小时先紧里口螺栓,反之,先拧外口螺栓,最后由坑洼中心向两端拧紧。

⑤质量回检,返修超限处所。

(5)作业要求

①一次连续松开轨枕螺栓不应超过 5 个,如设专人防护而两端视线较好时,可以不超过 7 个。来车时,应每隔一根轨枕上紧轨枕螺栓。

②收工前,应对当天垫板作业处所的轨枕螺栓,全面复紧一遍。

③使用垫板调整轨平时,注意做到"三垫、三不垫"。

④垫板作业时要做到"三结合":与更换和整正大小胶垫结合;与改正轨距相结合;与矫正轨枕螺栓扭力矩相结合。

⑤使用垫板作业整治接头病害时,对接头处两根轨枕上尽可能垫两层新胶垫,以增加弹性减小振动。整治低接头时,应注意做好两端顺坡,以防止产生高小腰。

(6)质量标准

①调高垫板应垫在轨枕与轨下胶垫之间,一般情况下,每处调高垫板不得超过 2 块,总厚度不得超过 10 mm。使用调高扣件的混凝土枕、混凝土宽枕和整体道床,每处调高垫板不得超过 3 块,总厚度不得超过 25 mm(大调高量扣件除外)。

②垫板位置正确,无偏斜,无窜动。

③轨枕扣件无三不密现象。轨枕螺栓扭矩要求扣板(弹片)扣件为80～140N·m,Ⅰ型、Ⅱ型弹条扣件弹条中部前端下颚与轨距挡板离缝不大于1 mm。

4)拨道作业

在校正线路平面位置时将轨枕和钢轨一起横向移动至准确位置的作业称为拨道。在线路维修和大中修整理作业中,在直线地段拨直线路轨向,曲线地段按计算出的拨道量拨顺曲线轨向。

(1)作业范围

①在线路养护维修中,有计划地调整线路平面时。

②根据季节特点和线路变化情况,进行春秋季全面拨正线路方向。

③方向超限处所,进行临时补修时重点拨道。

(2)作业条件

①利用"维修天窗"时间作业,车站设驻站联络员,在车站"行车设备施工登记簿"(运统-46施工)登记,工地设现场防护员,按规定设置移动停车信号防护,同时按规定指定专人担任作业负责人。

②无缝线路地段的拨道作业应遵守《修规》有关作业轨温条件,以防止胀轨跑道。

③曲线拨道应采用绳正法计算拨道量。

(3)作业工机具

轨距尺、钢卷尺、弦线、钢直尺、轨温计、液压拨道器、扳手、三齿耙、道砟叉、捣镐等,如图8.12所示。

(4)作业程序

①调查准备:拨正线路应事先做好调查,确定拨道量。按照《修规》规定,根据拨道量确定防护办法。又据拨道量大小确定拨正步骤,以方向较好的一股为标准股,两股方向大致相同时,以左股为标准股,曲线以上股为标准股。

②扒松道床:拨道前根据需要将枕端道床扒开或刨松,拨动量大或道床坚硬时,应扒开拨量所需的间隙。拆除影响拨道的防爬设备,在防爬支撑处,要把拨动方向前面的石砟扒开。同时压打道钉和拧紧扣件。

③粗拨道:拨道负责人跨立在标准股上看道指挥,远处大方向看轨面光带,近处小方向看钢轨里口,向不动点目测穿直。拨道负责人用手势指挥拨道,如图8.13所示。操作撬干时,前后用力大致相等,使用拨道器时,不少于前股两台、后股一台。拨道时拨通人员配合在标准股上点撬。

④细拨道:细拨时与粗拨道程序相同。根据需要预留钢轨回弹量。

⑤整平夯实:拨道后进行重点捣固,安装防爬设备,将扒出的石砟整平,将拨后离缝的一侧枕头石砟埋实夯好,将支撑附近石砟整平,以保持拨后质量。由于拨道引起的其他作业,应整修到标准。

⑥回检验收:拨道作业完成后进行回检,及时整修,对有关作业按技术标准要求进行验收。

在进行曲线拨道时,在调查准备作业之后应先量取现场正矢,然后进行拨道计算,用已测得的现场正矢,进行拨道计算,算出各测点的拨道量。两曲线间直线段较短时,可与两曲线同时计算拨正。根据拨道计算结果做拨道前准备工作,先在曲线外侧打临时拨道桩,根据行车条件和拨道量的关系确定拨道方案,设专人在拨道桩外用尺控制拨道量。拨道负责人站在40～50 m以外曲线外侧道床上,目测各测点及各测点间方向,用手势指挥拨道。

图 8.11　工机具准备

图 8.12　指挥拨道

(5)作业要求

①持撬棍，作业小组每人拿一根撬棍，分为两组，分别在两股钢轨上进行拨道。握撬棍准备插入道床时，上手握在撬棍嘴一端，下手握在撬棍重心处。

②插撬棍，插入撬根时，上身稍往前倾，将撬棍斜插至钢轨底下道床内，插入深度 20 cm 左右，撬棍插好后要轻试检查看是否插牢。拨小弯时撬棍要集中插正，防止插偏或撬位过长，造成反撬。拨大弯时要一撬接一撬向前倒，每撬中间可隔 3～4 根轨枕孔。

③拨道指挥，拨道负责人至拨道人员距离，当拨大甩弯时应在 100 m 左右，小拨时应在 50 m左右，双腿跨在方向较好的钢轨上进行指挥。指挥者手势要及时、快速、准确。

a. 远离去，右臂屈举于右肩前，手掌向前，然后右臂平伸向前推去。

b. 靠近来，右臂向前平伸，手掌向上，然后屈臂向后招来。

c. 拨接头，屈举两臂，两手握拳于头上相碰。

d. 拨大腰，两臂微屈，两手张开，在头上比成大圆形。

e. 拨小腰，两臂弯屈，两手张开，在胸前比成小圆形。

指挥者手势

f. 向左拨，左臂向左平伸。

g. 向右拨，右臂向右平伸。

h. 交叉拨，两臂在体前交叉。

i. 用力拨，两臂下垂，在体前向拨动方向快速摆动。

j. 停止拨道，两臂左右平伸。

k. 拨道结束，右臂划大圆圈。

图 8.13　拨道器呈三角形排列

④拨动线路，拨道人员上手握住撬棍的一端，另一端相距 200～300 mm 握住撬棍，腰部挺直，前膝弯曲，身体略向拨道方向倾斜，眼看拨道负责人听口号，按照指示方向拨动。在拨道负责人这股钢轨最前面拿撬棍人员，要负责在钢轨上点撬，当往回倒撬时，前面第一人将撬棍担在钢轨上轻轻拖着走，代替点撬。拨动时，指定一人负责喊口号，大家接号，以求用力一致。易拨时喊短号，难拨时喊长号，防止拨多反撬。拨正大方向应利用阴天或晴天的早晚时间，背向阳光指挥拨道。

⑤用液压拨道器拨道时，拨道器不少于 3 台，前二后一，呈三角形排列，如图 8.13 所示。

5)改道作业

直线以方向好的一股为标准股,曲线以上股为标准股,按规定的轨距值改动另一股钢轨位置的作业称为改道。

(1)木枕改道及打道钉作业

此处不再详述,具体见右侧二维码。

木枕改道及打道钉作业

(2)混凝土枕改道及组装扣件

①作业范围

a. 混凝土枕地段改正超限或接近超限的轨距及变化率。

b. 改正轨道上出现的不良小轨向。

c. 消除"三不密"扣件,用垫片整正线路水平、高低,整修扣件,以及其他有关松卸与组装扣件作业。

②作业条件

a. 线路允许速度大于 60 km/h 区段,改道作业必须在天窗时间进行,按规定设置移动停车信号防护。

b. 线路限速或允许速度不大于 60 km/h 的区段,改道作业可在天窗点外进行。

c. 在天窗点外作业必须填写上线作业计划。

d. 成段改道需办理封锁手续,设置移动停车信号防护。

③ 作业程序

a. 确定标准股调查划撬:用轨距尺详细检查轨距,对轨距超限和变化率不良处所,在轨底内侧用符号划出撬长。

b. 调换扣板或轨距挡板:调换标准股扣板或轨距挡板,调整或同时更换大小胶垫,使各有关部分互相靠贴,调换时防止挤动钢轨,如图 8.14 所示。

c. 改正对面股:卸掉改道范围内里外口螺帽,调换扣板或轨距挡板,按先外口后里口的顺序将轨距改好,使各有关部分互相靠贴。

d. 拧紧螺栓帽:安装垫圈螺帽,先用扭矩扳手试拧,用力在 80～140 N·m 范围内,如图 8.15 所示,各人对照出用力程度,然后各自掌握。改道处所的扣件螺栓,当天下班前应进行一次复紧。

图 8.14　调换轨距挡板或挡板座

图 8.15　拧紧扣件

e. 回检找细:检查轨距与扣件状态,复拧螺栓,扣板式扣件使扭力矩达 80～140 N·m,Ⅰ型、Ⅱ型弹条扣件前端下颚与轨距挡板靠贴,缝隙不超过 1 mm。对当天改道处所,收工前按标准进行回检找细。

④作业要求

a. 调查划撬时,先确定标准股,直线以方向较好的一股为标准股,改正对面股;曲线以外股为标准股,改正里股。同时改正小方向时,先改正标准股。

b. 改道负责人应距一根钢轨左右查看划撬处所的方向,最后确定基本股、改道方向和改道范围。如基本股有小量碎弯时,应首先改好基本股。

c. 结合改道作业,应更换整正伤损歪斜的小胶垫。不得盲目提高扣件扭力矩。

d. 不得以道钉锤敲打扣板,不得以螺栓为支点撬动钢轨,不得以挡肩为支点挤动螺栓。

6)单根更换混凝土枕

(1)作业范围

线路上铺设的混凝土枕达到《修规》规定的失效标准,应有计划地更换失效的或其他需要更换的混凝土枕。

(2)作业条件

a. 利用"维修天窗"时间作业,车站设驻站联络员,在车站"行车设备施工登记簿"(运统-46施工)登记,工地设现场防护员,按规定设置移动停车信号防护,同时按规定指定专人担任作业负责人。

b. 无缝线路地段应遵守有关作业的注意事项。

(3)作业工具、材料

轨距尺、方尺、轨温计、钢卷尺、扭力矩扳手、扳手、道砟叉、三齿耙、捣镐、撬棍、抬杠、绳索、铁锹、捣固机、扣件、橡胶垫板、防换备品等。

(4)作业程序

①散布轨枕:将轨枕散布到更换位置附近,直线地段散布在作业方便的一侧,曲线地段一般散布在曲线下股一侧,如图 8.16 所示。

图 8.16　散布轨枕

②拆除防爬设备和轨距杆:遇有防爬设备时,拆除影响更换轨枕作业的防爬器、防爬支撑,拆除轨距杆。

③扒道床:扒开一端轨枕头和一侧轨枕盒内道床,深度以能横移、抽出和穿入轨枕为度,如图 8.17 所示。

图 8.17　扒道床

④卸下扣件:卸下螺帽、垫圈、扣板或弹条、铁座、大小胶垫和防磨垫板、垫片等,集中存放在适当地点。

⑤抽出旧轨枕:将旧轨枕横向拨入扒开的轨枕盒内并放倒,用夹钳或绳索顺着道床槽将旧轨枕抽出,顺放在路肩上,如图 8.18 所示。

⑥整平枕底道床:整平原枕底道床,使其深度稍大于轨枕和胶垫的厚度,并留好中部凹槽。

⑦穿入新轨枕:将新轨枕放倒,用夹钳或绳索顺着道床槽将新轨枕穿入,立放并横拨至轨枕位置上,如图 8.19 所示。

图 8.18　抽出旧轨枕

图 8.19　穿入新轨枕

⑧安装扣件:摆正轨枕位置,放好防磨垫板、胶垫,量好轨距,安好扣板或弹条、铁座,上紧扣件。

⑨捣固:加填部分道床,扒好另一侧镐窝,串砟捣实,打八面镐。

⑩安装防爬设备和轨距杆:把松移及拆下来的防爬器、防爬支撑和轨距杆按标准安设好。

⑪回检找细:全面检查,整修不良处所,列车通过后进行第二遍捣固,回填与整理好道床。

⑫整理料具:回收材料,将旧轨枕放在临时存放地点。

(5)作业要求

①扒道床时,扒开与爬行方向相反一侧的轨枕孔道砟,将清砟混砟分开,混砟扔在路肩上,对含土量较多的道砟,要进行清筛。

②枕底道床清理深度较原枕底面低 20 mm 左右,宽度为 300 mm 左右,枕底的不洁道砟挖出放在路肩上。

③捣固前先回填部分道砟至枕底平,中部枕盒应低于枕底 20 mm,然后在钢轨两侧各 450 mm范围内串砟进行八面捣固,做到均匀排镐,紧密坚实。当天收工进行第二遍捣固,根据列车密度,在 2～5 日内再安排进行一次复捣,同时复拧螺栓。

④装卸、运搬、更换轨枕时,防止损伤轨枕及螺栓。

(6)质量标准

①轨枕应与轨道中心线垂直,位置正确,间距误差和偏斜不超过 20 mm。

②Ⅰ型轨枕中部道床凹槽应低于枕底 20～40 mm,凹下部分长度为 200～400 mm。Ⅱ、Ⅲ型混凝土枕中部道床可不掏空,但应保持疏松。

③轨道几何尺寸及扣件、道床、防爬设备等应符合各有关单项技术作业标准。

7)更换夹板作业

(1)作业范围

适用于普通线路钢轨接头,达到伤损的夹板。

(2)作业条件

①利用“维修天窗”时间作业,车站设驻站联络员,在车站“行车设备施工登记簿”(运统-46施工)登记,工地设现场防护员,按规定设置移动停车信号防护,同时按规定指定专人担任作业负责人。

②无缝线路地段作业应遵守相关的注意事项。

(3)作业工具、材料

扳手、撬棍、道钉锤、轨缝调整器、扭力扳手、夹板、长效油脂、钢丝刷和油刷等。

(4)作业程序

①作业准备

a. 防护:设置移动停车信号防护,驻站、工地防护员使用电话或对讲机防护。

b. 检查:调查钢轨状态,确认夹板类型。

②更换夹板

a. 调整轨缝,复紧接头前后 50 m 范围内的螺栓。

b. 拆卸夹板螺栓,先卸 1、3、5 位;后卸 2、4、6 位,如图 8.20 所示。

图 8.20 拆卸夹板

c. 检查钢轨腹部、螺栓孔、轨端有无裂纹和伤损,如图 8.21 所示。

图 8.21 检查钢轨端部

d. 钢轨腹部及夹板除锈涂油,并将新夹板扣入,如图 8.22、图 8.23 所示。

e. 上紧夹板螺栓。

直线地段:先紧 1、6,再紧 3、4,最后拧紧 2、5 位螺栓(图 8.24)。

曲线地段:先紧 1、6,再紧 2、5 位螺栓,最后拧紧 3、4 位螺栓(图 8.25)。

图 8.22 新夹板和钢轨腹部涂油

图 8.23 装入新夹板

1	2	3	4	5	6
①	⑤	④	③	⑥	②

图 8.24 直线地段

1	2	3	4	5	6
①	④	⑤	⑥	③	②

图 8.25 曲线地段

复紧。过 4～5 d 后使用加长板手全部复拧一遍，使扭力矩达到规定要求。

③作业质量

钢轨轨面和内侧错牙正线及到发线不超过 1 mm，其他线不超过 2 mm。60 kg/m 钢轨接头螺栓扭力矩年轨差不大于 85 ℃地区 500 N·m，年轨差大于 85 ℃地区 700 N·m。高强度绝缘接头螺栓扭力矩不小于 700 N·m，无缝线路缓冲区接头螺栓扭力矩 700～1 100 N·m。

④作业结束

清理料具、撤除防护、开通线路。

(5)质量记录

①“日作业计划及完成情况登记簿”应有质量回检数据和带班人签名。

②“线路检查记录簿”应标划消号日期和消号人签字，并在“伤损设备登记簿”上登记。

(6)过程监控

①带班人和安全员对作业过程的安全、质量进行监控。

②重点控制防止夹板碰伤手脚和工具侵限。

(7)检查与考核

作业负责人组织进行对标，分析当日作业安全、质量情况；对作业中存在的安全、质量问题，查找原因，制定措施，落实责任。

8)其他单项作业

除上述各常用单项作业外，线路维修常见的其他单项作业还有 40 余项，包括道床边坡清筛作业、清挖线路翻浆作业、矫直钢轨硬弯作业、更换道岔尖轨作业、更换道岔基本轨作业、更换道岔辙叉作业、打磨钢轨肥边作业、钢轨轨面打磨作业、钢轨钻孔作业、锯轨作业、钢轨折断处理作业、无缝线路胀轨处理作业、调整轨缝作业、方正轨枕作业、混凝土枕扣件涂油作业等。在此不做详细介绍。

8.3 曲线维护

8.3.1 学习目标

1. 知识目标

(1)掌握曲线轨道“鹅头”病害产生的原因及防治措施。

(2)掌握曲线轨道“支嘴”病害产生的原因及防治措施。

(3)掌握曲线轨道坍砟病害产生的原因及防治措施。

(4)掌握曲线轨道钢轨磨耗病害产生的原因及防治措施。

2. 能力目标

(1)能分析曲线轨道“鹅头”“支嘴”“坍砟”和钢轨磨耗病害产生的原因。

(2)能处理曲线轨道“鹅头”“支嘴”“坍砟”和钢轨磨耗病害。

8.3.2 相关学习内容

对曲线进行综合养护,是预防曲线病害的有效措施。曲线病害一旦发生,应在加强综合养护的基础上,积极予以综合整治,防止病害进一步发展。

1. 曲线的主要病害

(1)曲线“鹅头”的防治

曲线方向不良多发生在曲线头、尾处,曲线头尾向上股凸出,称之为“鹅头”(图 8.26)。产生“鹅头”的原因之一是养护方法不当。例如用目视指挥拨道,习惯于上挑,从而破坏了曲线头尾的正确位置。使用拉绳简易计算拨道量,由曲线中间向两端拨,也有可能产生“鹅头”。设置缓和曲线长度、超高及轨距加宽递减不合理,道床不足不实时,也易生产“鹅头”。另外,列车由直线进入曲线或由曲线驶向直线时,列车对线路的冲击也是产生“鹅头”的一个原因。

图 8.26 曲线“鹅头”

防治曲线“鹅头”的措施有如下几种:

①在测量正矢前,应拨直切线方向,压除“鹅头”。在实量正矢时,可向直线方向多量几点,直到正矢为零为止。

②合理做好轨距加宽和超高顺坡。

③在曲线定期拨道时,一定要用绳正法计算拨道量,在曲线全长范围内拨道。

④在临时补修拨正曲线时,不可从中间向两端拨道,防止将作业误差赶到曲线两端。

⑤在小半径曲线头、尾,应保持有足够的道床厚度,并加强道床夯实。

(2)钢轨接头“支嘴”的防治

曲线上钢轨接头“支嘴”是由于钢轨弹性和硬弯所引起的,这种病害多发生在小半径曲线上,特别是相对式接头的曲线上。道床厚度不足、道床不坚实、轨枕失效、螺栓松动、夹板弯曲或强度不足、轨缝不良等,更会加剧接头“支嘴”的发展。

防治接头“支嘴”的措施有如下几种：

①加强钢轨接头处的轨道结构，控制轨道横向移动，补充和夯实道床。

②根据曲线横向移动的规律和“支嘴”大小，局部加宽和堆高曲线外股砟肩，作业时可采用分层夯实道床的做法，以增加道床阻力。

图 8.27　接头坍塌

③调换“支嘴”接头夹板，矫直硬弯钢轨。

④拨道作业中，对“支嘴”接头只准压，不准挑，如必需上挑，要用拨动小腰带动接头的办法拨道。

(3)接头道砟坍砟的防治

在钢轨低接头处，车轮对接头的冲击加大，接头处道床板结、翻浆以及捣固不良，超高不当等，均会造成接头道砟坍砟病害如图 8.27 所示。

防治接头道砟坍砟的措施有如下几种：

①加强对接头处的捣固，综合整治接头病害。对接头伤损磨耗的联结零件要及时更换，已造成低接头的钢轨要及时更换或焊补打磨马鞍形磨耗。

②对接头板结或翻浆的道床进行清筛或换铺洁净的有棱角道砟，并捣固坚实，使接头略高 2～4 mm。必要时可在铁垫板下加垫 8 mm 的橡胶垫板，或在轨枕下加橡胶套垫。

③合理设置超高，做好超高顺坡。

(4)曲线钢轨磨耗的防治

曲线钢轨磨耗速率除与曲线半径、钢轨材质、通过总重、机车类型有关外，还和养护质量有密切关系。如轨向不良、超高或轨底坡不当、轨距超限等，都会加剧曲线钢轨的磨耗。

防治曲线钢轨磨耗的措施如下：

①在重载大运量区段或山区小半径曲线上，铺换合金钢轨或全长淬火钢轨。

②正确设置超高，每年应定期测速，并根据外轨侧磨和内轨压溃情况，及时调整外轨超高。

③用看线修坡的方法，及时修正轨底坡，使轮轨接触面积增大。消除由于外轨超高造成的内股钢轨出现的“小反”现象。轨底坡的修正在木枕地段可用砍削垫板下枕面的方法，混凝土枕可采用加垫楔形胶垫板方法解决。

④采取上股钢轨侧面涂油的方法是减轻钢轨磨耗的有效措施。可定期地采用人工涂油、涂油小车涂油或在机车上安装涂油器的方法进行。

人工涂油使用的油脂必须挥发性小、不易流失、润滑效果好。涂油的周期，应根据气候、油料、列车对数及速度来确定。应保证钢轨侧面经常有油。

⑤加强养护，经常保持轨向圆顺、轨面平顺、轨距不超限，及时整治病害接头，保持接头道床清洁丰满。当发现曲线钢轨上股侧磨接近轻伤标准一半时，要及时与直线钢轨调换使用。

⑥定期观测钢轨磨耗情况，总结钢轨磨耗与曲线养护状态的关系，找出钢轨磨耗的原因，及时加以解决。

2. 曲线的养护措施

曲线综合养护作业的重点是：保持曲线圆顺，合理设置超高，提高轨道框架阻力，减轻钢轨磨耗，延长设备使用寿命。在养护作业中，必须抓住重点进行综合整治。

(1)建立定期拨道制度，加强对曲线正矢的检查和拨正。除春融季节、结冻前以及结合综合维修(或经常保养)全面计算拨正曲线外，对每季检查发现的正矢不良曲线，也要进行拨正。

要建立曲线正矢检查记录卡，以研究曲线正矢变化的情况，找出变化的规律和原因，对症下药，及时整治。

(2)对轨距经常发生变化的曲线，可加设轨距杆或轨撑。曲线改道时，最好同时测量正矢，发现个别桩点正矢不良，可利用改道机会进行调整。

(3)提高起道质量，加强捣固工作。缓和曲线范围内，要在各桩点及各桩之间标注设计超高值(在上股钢轨内侧轨腰上)。起道时，无论起道机放在何处，水平尺均应放在超高标记点处。

(4)曲线的防爬锁定与保持轨向良好有密切的关系。在曲线及相邻直线上，要特别注意补充和整修防爬设备。对已爬行的地段应及时拉轨整正，并采取综合措施加以锁定。

(5)为增加道床横向阻力，稳定曲线线形，可采取加宽(适当堆高)外股砟肩的办法。在加宽时要经济合理地使用道砟，即根据曲线半径大小、道床稳定程度和曲线圆度变化情况决定道砟使用量。

(6)要根据每年实测的加权平均车速和钢轨磨耗情况，合理地设置曲线超高。为减小列车从直线进入缓和曲线或从缓和曲线进入圆曲线引起的急剧冲击，可以将直缓点和缓圆点的超高值零点不做零，顶点不做顶，采用补坑削顶的作法，做成竖曲线。其圆曲线形的竖曲线长度为 20m，并以直缓(缓直)点或缓圆(圆缓)点为竖曲线顶点，竖曲线的纵距见表 8.1。

表 8.1　竖曲线纵距表

超高顺坡率(‰)	竖曲线切线长(m)	竖曲线顶点纵距(mm)	距竖曲线顶点 5 m 处纵距(mm)
1.0～1.3	10	3	1
1.4～1.7	10	4	1
1.8～2.1	10	5	1

在实际作业时，也可在曲线外方的一段直线上，保持外轨水平高出内轨 3～4 mm。

(7)曲线上钢轨和联结零件发生磨耗或有磨耗迹象时，要有计划地进行更换和修理，或与直线上的轨件倒换使用，这是延长钢轨使用寿命的一个有效办法。曲线与直线钢轨倒换使用时，需注意钢轨作用面不要调边使用，倒换使用直曲线钢轨时，要防止发生接头错牙，在保证直角错差不超限的情况下，尽量按原来排列顺序连接。

(8)及时轮筛道床，做好排水工作，经常保持路基干燥，这对巩固曲线轨向、稳定线形有重要作用。

8.4　道岔维护

8.4.1　学习目标

1. 知识目标

(1)掌握道岔几何尺寸不良产生的原因。

(2)掌握道岔转辙部分常见病害种类及产生原因。

(3)掌握道岔连接部分常见病害种类及产生原因。

(4)掌握道岔辙岔部分常见病害种类及产生原因。

2. 能力目标

(1)能对普通单开道岔常见的病害进行处理。

(2)能对提速道岔常见的病害进行处理。

(3)能处理简单的工电结合部问题。

8.4.2　相关学习内容

道岔是铁路线路的三大薄弱环节之一，也是影响线路通过能力的重要环节。道岔的结构复杂，零部件多，受冲击力大，易于变形、磨耗、造成病害，而且产生病害的原因错综复杂。道岔状态好坏，直接影响行车安全。因此，做好道岔的养护维修，预防病害的发生，经常保持其状态良好，十分重要。随着列车过岔速度的提高，对道岔养护提出了更高的要求。

1. 几何形位不良病害分析与整治

1)道岔水平不良

(1)产生原因

一般道岔岔枕上支承着四股钢轨，担负着两个方向的行车。通常，两个方向的行车密度是不会相同的，有时甚至相差悬殊，这就造成道岔上水平的变化有着不同的规律。归纳起来，影响道岔水平变化的主要因素有如下几点：

①由于两个方向的行车密度不同，造成同一根岔枕上的机械磨损不一致。

a. 主要行车方向为直向，则直股钢轨下垫板切入岔枕的深度普遍比行车较少的曲股严重，并且曲股钢轨产生吊板，尤其是导曲线上股更为显著。出现这种现象是因为：受荷载的轨下岔枕和枕下基础（道床）所产生的变形都比非荷载钢轨下岔枕和枕下基础变形大，而且非荷载的钢轨总是力图“阻止”荷载钢轨的变形，当道钉不能把非荷载钢轨和岔枕紧密地相联结时，就会产生吊板，尤其是导曲线上股受直向两荷载的影响，吊板的程度更为明显。严重时甚至发生“担”道尺的现象，无法测量直向钢轨的水平，如图8.28所示。

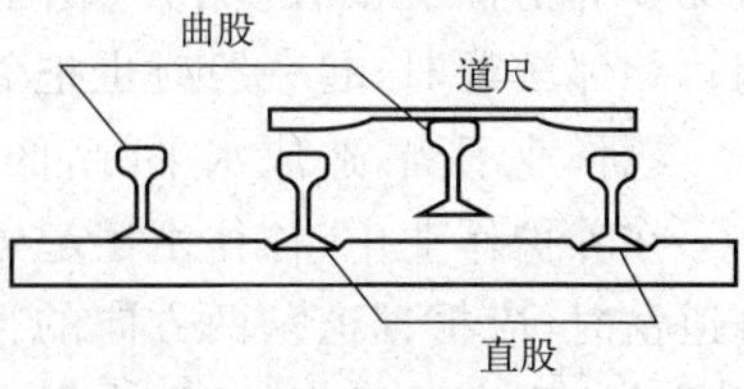

图8.28　“担”道尺的现象

曲股两钢轨行车较直股虽少，但经常行车时，曲股两钢轨产生吊板的程度就轻，或不产生吊板。但由于对岔枕的机械磨损程度不一致，其钢轨底面与直向钢轨的底面也不会在一个平面上。在这种情况下如果进行岔枕的单根更换，未经磨耗的岔枕顶面将与曲股两钢轨底面产生空隙，给作业造成困难。

爬坡式尖轨跟端，在构造上，内直轨比外直轨高出6 mm，但由于内直轨系接头部位，过车时冲击较大，因而垫板切入岔枕比外直股多，使6 mm的构造高度难于保持，严重时可与外直股成水平。这种现象在55型、57型道岔中尤为突出，因为这类道岔辙跟垫板内侧比外侧宽度窄，内侧切人枕木多。凡因此产生的水平超限，不能单纯地用起道方法来解决。

在辙后垫板和辙叉趾端前方处所，由于邻近两股钢轨下岔枕机械磨损不一致，也不能单纯地用起道方法来整治水平超限。

b. 主要行车方向是侧向，这将产生与第一种情况相对应的结果，岔枕的机械磨损有更加鲜明的特征。因为侧向导曲线半径小，一般无超高，过车时产生偏载，因此导曲线上股钢轨承受的荷载大，岔枕的机械磨损加剧，尤其在侧向行车密度较大时，导曲线上股外侧垫板切入岔枕更严重，往往造成导曲线反超高。

在铺设初期或破底清筛以后，更易出现一侧低、一侧高的现象。

②长岔枕中部低洼，造成导曲线反超高，内直股钢轨水平低，辙叉心沉落。

岔枕越长，两内股钢轨靠得越近，岔枕中部承受列车荷载累计值越大，岔枕中部低洼也越严重。加上岔枕埋于道床内,底部湿度大于上部湿度,本身就存在使岔枕中部向下弯曲的收缩应力,致使岔枕中部低洼严重。

这种岔枕中部低洼的现象,在辙叉部分尤为明显。辙叉自身构造的不平顺(存在有害空间),加之心轨端部的压溃和磨耗,叉心部分往往又不易捣固坚实,进一步加剧了长岔枕中部低洼。

长岔枕中部低洼,势必造成导曲线反超高、内直股钢轨水平低、辙叉心沉落的病害。

③错开铺设的钢轨接头,易造成水平不良。

车轮通过钢轨接头产生附加动力冲击,因而接头处道床沉陷速度和岔枕的机械磨损比其他部位快得多。道岔的连接部分,钢轨接头为错开布置,一股钢轨的接头正对应于另一股的小腰。例如:9 号道岔中部两内轨的接头,对应于两外轨短轨的中间,而短轨又最易拱腰;又如 12 号道岔,中部两内轨的接头对应于两外轨的小腰,而两外轨的接头又对应于两内轨的小腰,接头低、小腰高、短轨拱腰造成的水平超限经常出现(图 8.29)。

④钢轨垂直磨耗不均匀,造成水平不良。

由于道岔直、侧两个方向行车密度相差悬殊,使两个方向的钢轨垂直磨耗显著不等,这种情况多和岔枕机械磨损不一致同时存在,给起道整治水平的工作造成困难,因为不同向的两股钢轨相邻较近时,起一股时也把邻近的一股同时抬起,可能使另一方向的水平超限。

⑤作业不当,造成水平、高低不良。

在养护作业中,往往由于起道和捣固方法不当,造成水平高低超限(图 8.30)。另外在维修道岔时,应根据道岔两方向的行车密度、道岔的不同部位,而采取不同的起道、捣固形式,否则不适应列车的运行情况,水平不能长久保持不变。

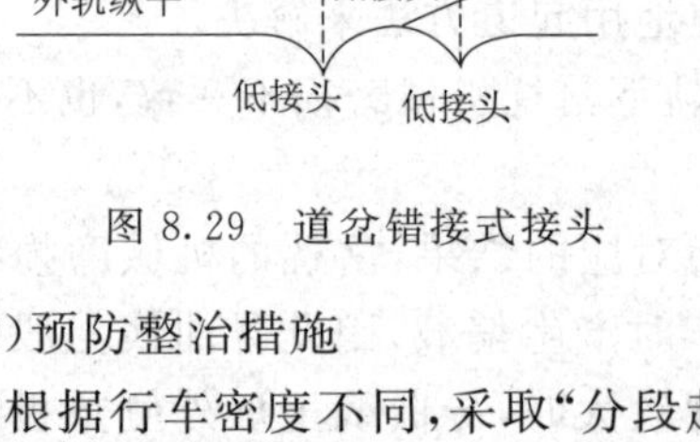

图 8.29　道岔错接式接头

图 8.30　道岔高低不良

(2)预防整治措施

①根据行车密度不同,采取"分段起道,四股钢轨一起抬平"的方法进行捣固作业。如:起外直股时,起道机放入导曲线上股:起内直股时,起道机放入导曲线下股。根据水平的不同,采取在内直股打撬塞或在外曲股同时打撬塞的方法:为防止短轨拱腰,可采取"远搭起道机、近打撬塞"的方法,把起道机放在距短轨接头远一些,撬塞打在短轨接头处。

②对于中部低洼或机械磨损大的岔枕可以采取更换或翻转、削平、更换铁垫板使用的方法

进行整治。

③加强前后高低和水平关键环节的捣固工作，重点掌握“ 两重两轻”的原则。即接头、长岔枕中部处重捣，钢轨小腰、长岔枕两端轻捣。同时注意捣固的顺序：轻捣部位先捣，重捣部位宜后捣，一般应自轨腰向接头进行，自低洼两端向坑洼底部进行，拱腰轨从中间向两端进行捣固。

④钢轨垂直磨耗不均造成道岔水平及高低不良，可先采取更换、打磨钢轨，再按上述方法整治水平及高低不良。

2)道岔方向不良

(1)产生原因

①忽视道岔的整体维修，忽略道岔前后线路，造成道岔与前后线路方向不顺；通过列车时发生剧烈冲撞，方向与轨距发生变化，如图 8.31 所示。

②道岔的铺设位置不正确，养护维修时又未考虑大方向，随弯就弯，逐渐使道岔与前后线路方向不吻合，使列车发生折角运行，增大了车轮对轨道的冲击，造成道岔位置前后、左右错位，轨距和各部间隔尺寸不合格，加重了钢轨及其零件的磨损。

③作业方法不合理，在整正道岔各部分轨距及间隔尺寸时，错误地迁就导曲线或辙叉，使支距、轨距硬性凑合，造成各接续部不圆顺。

④曲基本轨未进行弯折或弯折点位置不对，如图 8.32 所示，使尖轨前端递减距离和方向难以保持，尖轨尖端和中部轨距变小，尖轨跟部与导曲线连接方向不顺，直股基本轨尖轨尖端处方向不良。

图 8.31　道岔岔首方向不良

图 8.32　弯折点位置不符合要求

⑤捣固不实。由于道岔在构造上的特点，转辙器、导曲线与辙叉部分钢轨密集，岔枕间隔较小，岔枕间安装有转辙设备、尖轨连接杆、导曲线轨距杆，使扒砟与捣固作业不易进行，加上道岔直股与曲股的运量不均衡，捣固质量不高，使线路出现坑洼，加剧列车通过的摇摆和冲击，增加破坏方向的横向推力，方向容易变化。

⑥道砟不足，道床不密实。由于转辙器部分有转辙机基础角钢、转辙拉杆、尖轨连接杆，机械转辙地段还有导线或导管，这些都影响道砟的不足，加上运输部门往往将轨枕盒石砟掏空以防积雪影响转辙，以致道岔内往往道砟不足，加上夯实困难，降低道床阻力，方向难以保持。

⑦各部分钢轨及其零件和岔枕联结不好，也可引起一系列病害，如基本轨横移、轨距变化

超限、轨道爬行、零件磨耗伤损等，导致方向不正。

⑧其他诸如尖轨方向不正；护轨、翼轨喇叭口坡度过陡；辙叉咽喉过窄；轮缘槽宽度不对；轨距、间隔不对，轨距递减不良等，都能加剧车体的摇摆和车轮的冲击，破坏道岔方向。

(2)预防整治措施

①先做好道岔前后 50 m 线路的整体维修，经常保持轨面平、方向顺，再进行道岔方向的整正。

②做好直股基本轨方向，拨好道岔位置。道岔上的轨距，导曲线支距，均以直基本轨为基准，因此维修道岔时应首先拨好道岔的直股基本轨方向。整治位于道岔群中间的道岔方向时，如果前后、左右窜动的牵涉范围较大，应事先进行测量，全面布置好道岔群位置，再进行道岔的拨正。

③弯好曲基本轨曲折点，做好轨距加宽递减。转辙部分轨距变化大，递减距离短，要正确弯好曲基本轨曲折点，方能保证转辙部分的轨距和方向的正确。

④加强捣固作业，除按照普通轨道规定进行捣固外，还应根据道岔构造的特点进行适当加强。道床以优质较小规格道砟为宜。捣镐应采用较普通捣镐两侧各加长 150 mm 的长脖镐。另外，应据岔枕间隔宽窄及各部分受力情况，适当调整与增加镐数，力求质量均衡。

⑤补充夯实道床，道岔转辙部分设置转辙杆、连接杆，各枕木孔道床应比岔枕顶面低 50～60 mm，并夯实道床。

⑥加强各部分零件的养护维修，充分发挥各种扣件固定钢轨位置的作用。消灭不合格道钉，对转辙器、辙叉、护轨各部分，应使用足够长度的道钉。及时补充、更换与整修零件，消灭三道缝，防止基本轨横向移动。

3)道岔轨距不良

(1)产生原因

①道岔预铺过程中，道岔轨距调整块号码安设不对。

②轨距挡板、大垫板螺栓锈蚀磨耗，造成挡板及螺孔扩大出现离缝。

③扣件松动，在动活载冲击下，轨距发生变化出现不良。

④顶铁不密靠，造成轨距动态扩大。

(2)预防整治措施

①在道岔预铺时，严格按照道岔设计图铺设道岔和安装联结零件，并严格进行预铺检查验收。

②在日常养护维修作业中，加强轨枕间距及横向位移的检查，按照铺设标准对轨枕进行方正，调整轨距块。

③及时更换和补充失效、锈蚀和缺少的轨距挡板。

④加强工电联合检查，全面改正道岔转辙部分轨距。

⑤加强扣件养护工作，及时复紧连接零件和更换立螺栓，减少列车通过道岔时产生的摇晃。

⑥加装绝缘轨距杆。

2. 道岔各部分构造主要病害分析与整治

1)转辙器部分病害分析与整治

(1)尖轨与基本轨不密贴(图 8.33)

①产生原因

a. 尖轨 50 mm 断面内刨切长度不够。

图 8.33　尖轨与基本轨不密贴

b. 尖轨顶铁过长，尖轨补强板螺栓凸出。

c. 扳道器或转辙机的位置与尖轨动作拉杆的位置不在同一水平直线上。

d. 基本轨弯折点错后。

e. 钢轨内侧有肥边。

f. 基本轨横向移动。

g. 基本轨或尖轨有硬弯。

h. 第一、二位连接杆与尖轨耳铁连接的距离不合适。

i. 基本轨、轨撑、滑床板挡肩之间有离缝。

②预防整治措施

a. 对刨切长度不足的尖轨再作刨切。

b. 顶铁与补强板螺栓可作打磨、焊补或更换。

c. 调整扳道器或转辙机及尖轨拉杆位置，使其在同一水平线上。

d. 拨正基本轨方向，矫正弯折点的位置和矢度。

e. 打磨基本轨内侧肥边。

f. 调直尖轨或基本轨，拨正方向，改好轨距。

g. 调整连接杆的长度，改变尖轨耳铁的孔位或者加入绝缘垫片，误差较大时更换尖轨耳铁或方钢。

(2)尖轨跳动

当车辆通过转辙器时，尖轨跟部受外力作用而致尖轨跳动，但不同道岔跳动的程度各不相同，尤其是长度为 6.25 m 以下的尖轨，此种病害更为明显。

①产生原因

a. 尖轨跟部连接零件磨耗，特别是间隔铁、夹板、尖轨螺栓孔和双头螺栓磨耗。

b. 跟部桥型垫板和防跳卡铁缺少和失效。

c. 捣固不均匀，岔枕弯曲，有吊板。

d. 跟部接头错牙。

e. 尖轨中部滑床板拱腰。

f. 尖轨拱腰。

②预防整治措施

a. 焊补或更换间隔铁、夹板,更换磨耗的双头螺栓。

b. 增补整修跟部桥型垫板和防跳卡铁。进一步采取尖轨防跳措施。如在基本轨轨底增设尖轨防跳器。或将尖轨连接杆两端安设防跳补强板,使其凸出部分卡在基本轨轨底,以防尖轨跳动。

c. 加强尖轨跟部捣固,消除吊板处所,使轨底坚实,强度均衡。

d. 消灭接头高低、左右错牙。

e. 整治拱腰滑床板。

f. 整治拱腰尖轨。

(3)尖轨轧伤与侧面磨耗(图 8.34)

图 8.34　尖轨压伤掉块与尖轨侧磨

尖轨轧伤多发生在尖轨尖端断面比较薄弱部分,当轧伤的长度和深度达到一定程度时,车轮就有爬上尖轨的危险。轧伤范围一般发生在距尖轨尖端 1 m 长度以内,其中 300 mm 内更为明显。

①产生原因

a. 尖轨与基本轨不密贴或假密贴。

b. 尖轨与滑床板不密贴。

c. 尖轨跳动。

d. 尖轨顶铁过短。

e. 基本轨垂直磨耗超限。

f. 尖轨前部顶面受车轮踏面和轮缘的轧、挤、碾作用。

②预防整治措施

a. 按照尖轨与基本轨不密贴、与滑床板不密贴和尖轨跳动等病害的整治办法,进行综合整治。

b. 尖轨顶面有肥边时,进行打磨。

c. 尖轨顶铁过短时,加长顶铁,使尖轨尖端不离缝。

d. 将垂直磨耗超限的基本轨与轧伤的尖轨同时更换,或采取焊补办法加强。

e. 导曲线可根据需要,设置 6 mm 的超高,在导曲线范围内按不大于 2‰顺坡,严格禁止列车超速。

f. 必要时安装防磨护轨，减少尖轨侧面磨耗。在弯股基本轨里口，尖轨尖端前安装防磨护轨。

(4)尖轨中部轨距小

尖轨中部轨距小至1 430 mm以下时，将危及行车安全。这种情况多发生在7.7 m及以上长度的尖轨。

①产生原因

a. 尖轨刨切不合标准。

b. 尖轨密贴长度不足。

c. 尖轨中部反弹。

d. 尖轨动程小，非作用边产生磨耗。

e. 中部连接杆尺寸过小。

②预防整治措施

a. 刨切尖轨，使其与基本轨密贴，矫直弯曲变形的尖轨。

b. 消除尖轨中部弹性矢度。

c. 调整连接杆、拉杆的长度。

图8.35　尖轨拱弯

(5)尖轨拱弯(图8.35)

尖轨拱弯是指尖轨拱腰和尖轨侧向弯曲。尖轨拱弯在型号较小、尖轨较短的道岔上较普遍。

①产生原因

a. 尖轨刚度较低。

b. 尖轨尖端和跟端道床捣固不实。

c. 尖轨尖端和跟端所受冲击力大于中间部分。

d. 尖轨在制造和运输装卸过程中形成的拱弯。

②预防整治措施

a. 将拱腰尖轨拆下来运回段修配厂，采用气体火焰调直和烘炉加热调直两种方法，调直拱腰尖轨。

b. 为节省时间，现场通常采用在轨道上调直拱腰尖轨的方法，一般使用30～50 t液压尖轨调直器。调直时采用的调直量，一般为拱腰量的三倍左右。

c. 侧向弯曲尖轨的调直，一般可用调整连接长度的方法进行。

弯曲长度不超过1 m时，只在弯曲顶点直一次即可。弯曲长度为1～2 m时，要根据弯曲形状按图示顺序进行调直。

(6)尖轨扳动不灵活

① 产生原因

a. 尖轨爬行，两股前后不一致。

b. 拉杆或连接杆位置不正。

c. 尖轨跟端双头螺栓磨损或间隔铁夹板磨耗严重，螺栓上紧后影响尖轨扳动。

d. 基本轨有弯曲，滑床板不平直。

e. 拉杆、连接杆、接头铁螺栓孔壁磨耗扩大，螺杆磨细，减弱了尖轨整体框架的刚性。

② 预防整治措施

a. 窜动尖轨、基本轨使某处于正确位置,并将尖轨跟端螺栓方正,锁定爬行。

b. 摆正拉杆或连接杆位置。

c. 焊补或更换已磨损超限的双头螺栓、间隔铁和夹板。

d. 整平不平直的滑床板。

e. 保持尖轨跟端轨缝不超过设计规定,不允许挤成瞎缝。

(7)尖轨与滑床板不密贴(图 8.36)

这种病害会使列车通过时尖轨上下跳动,尖轨与基本轨离缝,很易轧伤尖轨,还能使滑床板和尖轨跟端螺栓受到损伤,道岔扳动也不灵活。

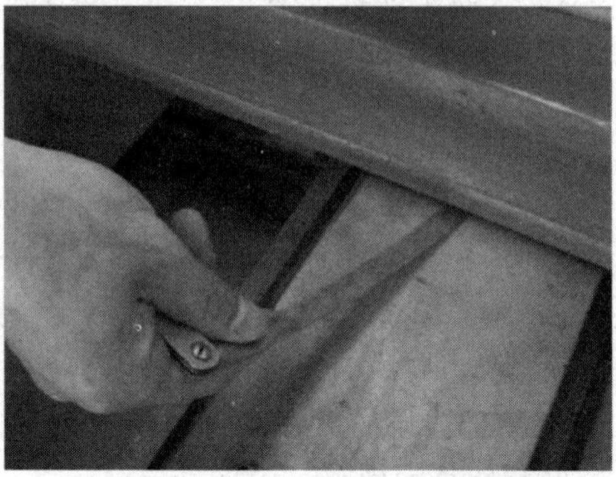

图 8.36 尖轨与滑床板不密切

①产生原因

a. 尖轨拱腰。

b. 滑床板弯曲。

c. 岔枕变形和岔枕吊板。

d. 滑床台磨耗或塌陷。

e. 基本轨弯曲。

f. 捣固不实。

②预防整治措施

a. 刨切尖轨,使其与基本轨密贴,矫直弯曲变形的尖轨。

b. 消除尖轨中部弹性矢度。

c. 调整连接杆、拉杆的长度。

(8)尖轨动程过小

单开道岔或其他类型道岔的尖轨动程常有不标准的情况发生,尤其是曲尖轨。动程过小是造成双尖轨横向摆动的主要原因,车轮冲撞尖轨的机会增多,不利行车,必须按照直尖轨或曲尖轨的标准动程作适当调整。

①产生原因

a. 第一位连接杆过长。

b. 转辙机与道岔拉杆调试位置不适当。

c. 尖轨耳铁加垫过厚。

②预防整治措施

a. 调好基本轨方向,使之达到标准要求。

b. 高速尖轨尖端第一连接杆处尖轨与基本轨的距离,使之符合规定要求。

c. 对第一连接杆的距离尺寸,在电务人员配合下,调试合适后,即可固定下来,使动程符合标准。

(9)三道缝

三道缝的概念,一是基本轨底边与滑床台槽边的缝隙超过 1 mm 以上;二是基本轨的颚部与外侧轨撑不密贴,缝隙超过 0.5 mm;三是基本轨轨撑与滑床板挡肩不密贴,缝隙超过 0.5 mm,如图 8.37 所示。

①产生原因

a. 滑床板本身不平直,轨撑的外形不标准,组装不合适。

b. 道岔爬行,滑床板和轨撑磨耗。

c. 基本轨横移及方向不良。

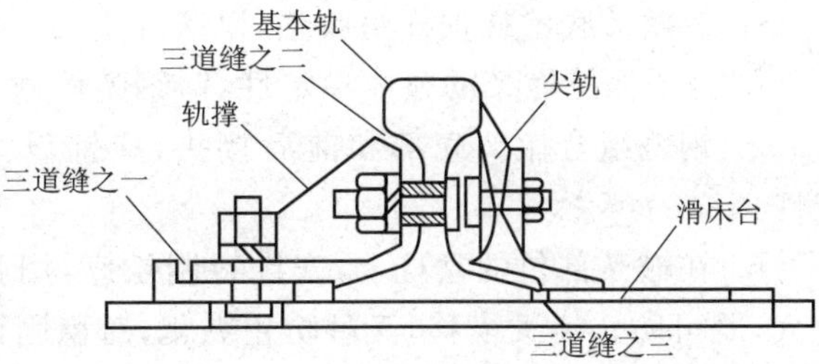

图 8.37　三道缝

②预防整治措施

a. 从道岔的养护维修及道岔加强两方面进行整治,先把道岔位置拨正,使道岔的方向、高低处于良好状态,把转辙部分捣固坚实。

b. 焊补整修磨损挠曲不平的滑床台,更换磨耗严重的滑床板,使滑床板平直,并达到规定的厚度。

c. 用加铁块的办法焊补滑床板挡肩,使滑床台槽边与基本轨底边密靠。

d. 在轨撑与滑床板间用 18 mm 以上直角的竖螺栓连接。

e. 用螺纹道钉将轨撑、滑床板与岔枕联结成整体,避免用道钉直接钉在枕木上。

f. 用水平螺栓将轨撑横穿在基本轨腹部,牢固地连接在一起,个别尺寸不合标准的轨撑应换掉。

2)辙叉及护轨部分病害分析与整治

(1)辙叉垂直磨耗和压溃

①产生原因

a. 车轮从心轨上通过辙叉有害空间向翼轨过渡,或从翼轨向心轨过渡时,在较大的车轮冲击作用下,翼轨和心轨便产生严重磨耗和伤损,如图 8.38 所示。

b. 磨耗和伤损常发生在翼轨弯折处和心轨断面 30～40mm 处,因为此处受到车轮冲撞振动的力量比较大。

图 8.38　辙叉翼轨垂磨

c. 辙叉心处的岔枕经常发生吊板,当列车高速通过时便会出现辙叉连同岔枕上下起伏颤动,因而在下部破坏了道床基础的坚实性,引起排水不良、翻浆冒泥,在上部加重了翼轨和心轨的严重磨耗和损伤。

②预防整治措施

a. 针对辙叉底部存在的空液和吊板,应加强辙叉底部的捣固,特别是叉心和辙叉前后接头处的捣固。

b. 辙叉底板较宽,岔枕间距小,不好捣固。有时采取冒起道钉或松开螺栓,抬起辙叉,在适当位置用垫板垫高 3～5 mm,然后撤除一根岔枕,用起道机抬起岔枕进行捣固。这样逐根进行,既能整治弯曲岔枕,又能提高捣固的坚实程度,提高辙叉基础强度。

c. 借助于有计划更换岔枕的机会,彻底加强辙叉底的捣固。

d. 利用翻转岔枕的办法，均匀地进行辙叉底捣固。

e. 在辙叉底岔枕顶面垫胶垫，以缓冲受力，延长辙叉和岔枕使用寿命。

f. 为了保持辙叉的整体稳定性，锰钢整铸辙叉与岔枕间需用螺纹道钉固定。

g. 钢轨组合辙叉底部和前后接头，应铺设大垫板和接头桥型垫板，加强辙叉的整体稳定性。

h. 在辙叉部位的岔枕上，安设特制铁座，用弹条Ⅰ型扣件固定辙叉位置。弹性扣件扣压力大，既可防止辙叉横移，又可防止纵爬，对稳固辙叉可以取得较好的效果。

(2)辙叉侧磨

①产生原因

辙叉偏磨主要是指单侧通过列车次数较多，造成辙叉偏沉或一侧偏磨，水平和轨距不合标准，岔枕弯曲，如图 8.39 所示。

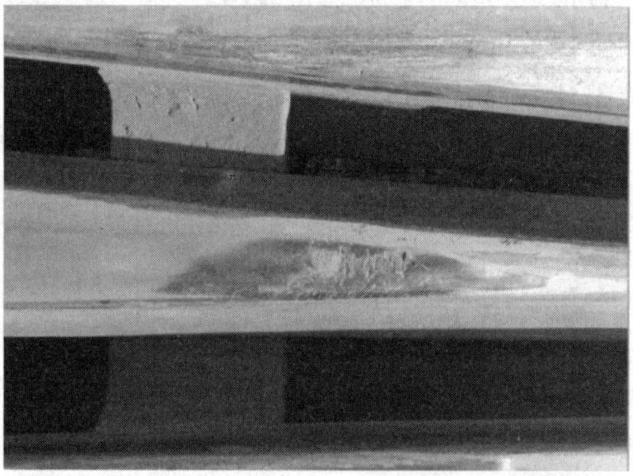

图 8.39 辙叉偏磨

②预防整治措施

a. 对偏磨的辙叉进行焊补。

b. 有条件时，可倒换方向使用。

c. 加强偏沉部位的捣固，但需兼顾辙叉的水平状态。

3)导曲线部分病害分析与整治

(1)导曲线轨距扩大

①产生原因

a. 由于导曲线未设置超高，当列车通过导曲线时，产生离心力和横向力，以及车轮冲击钢轨，致使机件松弛，钢轨发生小反。

b. 由于道岔导曲线半径小，在列车的作用下造成方向、水平不良。

c. 导曲线上股侧磨。

d. 导曲线接头支嘴。

②预防整治措施

a. 在导曲线外侧设轨撑，可隔一根或连续轨枕设置。

b. 增设连接板或轨距杆。

c. 在导曲线外股接头安装桥形垫板，防止接头支嘴，减少轨距扩大。

d. 岔枕钉孔填楔后再钉道钉，严重腐朽的岔枕需更换。

e. 整治轨撑离缝，消除假轨距。

f. 混凝土岔枕要消除扣件挡肩和轨底边的离缝，使其达到足够的扭力矩。

g. 加强导曲线的养护，消除由于道岔方向、水平不良引起的轨距扩大。

h. 整治导曲线侧磨。

(2)导曲线反超高

①产生原因

a. 由于导曲线半径小，外股未设超高，并且没有缓和曲线，列车运行时产生较大的离心力，致使导曲线出现反超高。

b. 当直股行车密度远大于侧股时，直股钢轨下的垫板因机械磨损切入枕木，并造成导曲线上股负水平,即产生反超高。

②预防整治措施

a. 根据需要合理的在导曲线设置 6 mm 的超高。

b. 加强对导曲线的养护与维修,尤其是要采取上股重捣、下股轻捣的方式进行养护作业。

3. 提速道岔常见病害及整治措施

1)尖轨与基本轨或心轨与翼轨密贴不良

(1)产生原因

①道岔组装铺过程中,尖轨(心轨)尖端第一牵引点处,超过技术条件规定的最大缝隙。

②道岔运营过程中,由于道岔转辙部分框架控制不良导致转辙部分轨距变化,甚至导致尖轨、基本轨旁弯等变形,造成尖轨与基本轨或心轨与翼轨不密贴。

(2)预防整治措施

①尖轨与基本轨密贴不良整治,一是严格按标准控制两基本轨的框架尺寸,使框架尺寸保持在允许范围内;二是采用拨、改、弯等方式调整直基本轨方向,调整曲基本轨第一、第二弯折点位置及弯折矢距,使第一、第二弯折点间呈直线;三是尖轨竖切部分在有条件情况下可用专用液压尖轨调整器对尖轨线性进行调整,保持尖轨与基轨有良好的密贴。

②心轨与翼轨密贴段调整,一是调整心轨动程使之符合要求;二是打磨长、短心轨肥边;三是利用不同厚度轨距块及垫片,对翼轨和可动心轨进行调整;三是调整可动心轨开程及两翼轨工作边间距使之符合要求,如 SC(07)325 可动心轨开程为 83 mm,两翼轨工作边间距 180 mm。

2)尖轨、可动心轨爬行窜动(图 8.40)

(1)产生原因

①道岔组装铺设过程中,未严格按标准对方组装,造成尖轨、可动心轨位置不正确。

②尖轨、可动心轨根部间隔铁阻力不够,造成窜动爬行。

③道岔内和道岔前后扣件扭力矩不达标,钢轨沿垫板顶面移动;三是Ⅲ型弹条失效和轨距块磨损,道岔扣件没有足够的扣压力。

图 8.40　尖轨爬行

(2)预防整治措施

①拧紧道岔内和道岔前后扣件,护轨、心轨、翼轨的扣件扭矩应经常保持在 120～150 N·m 以上,尖轨及前后各 25 m 范围内的基本轨扣件扭力应经常保持在 60～80 N·m 以上。

②尖轨与基本轨和长心轨与翼轨间的间隔铁高强螺栓扭力应不少于 1 100 N·m,增大尖轨与基本轨或长心轨与翼轨间阻力。

③及时更换压力衰减严重及失效的Ⅲ型弹条和磨损的轨距块,以保证钢轨有足够的扣压力。

3)尖轨限位器顶死造成尖轨方向不良、轨距减小(图 8-41)

(1)产生原因

①限位器制造误差及组装误差,造成限位器传力过大,轨距减小,限位器总间隙为 14 mm,而现场往往小于 14 mm,由于组装误差,部分道岔限位器不在中间位置,当轨温变

化较大时，造成限位器顶死，由于应力过于集中，而在限位器位置前尖轨尖方向，尖轨仅有少量轨枕设有扣件，从而引起尖轨部分方向不良，轨距减小，基本轨间顶铁离缝过大，静态时超标严重。

②更换伤损基本轨、尖轨，钢轨切割时轨温与锁定轨温不一致，有时相差较大，破坏了道岔单元轨节的锁定轨温。

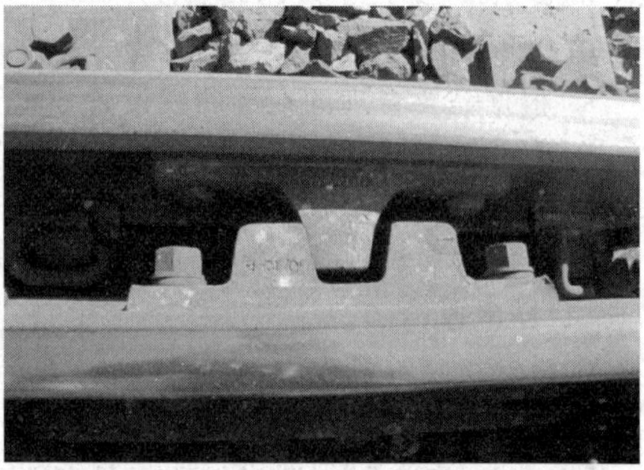

图 8.41　限位器顶死

(2)预防整治措施

①利用限位器两螺栓与螺栓孔间的间隙，调整限位器之间的相对位置。

②在适当的轨温时，加强对道岔前后及道岔内扣件的锁定，减小钢轨的位移和温度力的传递。

③必要时切割道岔内钢轨释放温度力，调整限位器位置。

4)尖轨和心轨部位轨距普遍较小

(1)产生原因

由于锻造时工艺达不到要求，造成顶铁过长，导致顶铁处顶死，而其他锻造合格的顶铁处则留有一定的空隙，造成尖轨与基本轨、心轨与翼轨不密贴，而顶铁顶死处轨距较小，不密贴的顶铁处的尖轨，在列车冲击下易造成尖轨伤损，如图 8.42、图 8.43 所示。

图 8.42　心轨顶铁过长

图 8.43　尖轨顶铁过长

(2)预防整治措施

对于尖轨及心轨部分顶铁顶死造成的轨距过小，顶铁因锻造不良造成过厚问题：充分利用天窗点由电务配合，打磨、调试过长的顶铁，使之与锻造合格的顶铁一致，使尖轨、心轨部分的顶铁全部密贴，在使顶铁密贴的同时，把尖轨及心轨处的轨距全部控制在标准内，尽可能做到零误差，轨距顺坡达到 0.5‰。

5)道岔与前后线路或道岔衔接不良，出现大方向、小轨向及小碎弯、轨距不良

(1)产成原因

①铺设或更换道岔时，位置来摆正，维修拨动线路或拨动道岔时，只顾主线不管侧线，都有可能造成道岔与线路、道岔与道岔之间衔接不好。

②道岔铺设后，道岔本身不稳定，经列车碾压冲击变化大，道岔中心易偏移，道岔与其衔接部出现衔接不顺畅。

③道岔局部不稳定，缺砟地点在列车的冲击下易发生变形，造成小轨向。

(2)预防整治措施

①可采取控制桩与地锚相结合整治道岔方向不良。

②在道岔前后150 m范围内设置定位桩整治道岔位移和高低。

6)道岔上的大垫板易窜动，尖轨部分直向轨距偏大

(1)产成原因

①岔枕与滑床板、铁垫板联结的轨枕螺栓与其孔径存在孔隙，岔枕螺栓松动，在列车荷载作用下，垫板外移，造成轨距扩大，如图8.44所示。

②滑床台板下颚与轨枕竖螺栓间存在缝隙。

(2)预防整治措施

①将滑床台板下颚不平处所进行打磨。

②做好工电联整，加强尖轨部分的日常养护，保持尖轨、基本轨方向良好。

图8.44 螺栓松动胶垫离缝

7)尖轨、可动心轨顶铁及基本轨与滑床板承台不密贴

(1)产成原因

①轨枕窜动、位置不正。

②道岔制造误差。

(2)预防整治措施

①窜动、方正轨枕，改正轨距。

②加垫铁垫片。

4. 提速道岔工电结合部故障处理和预防

提速道岔铺设后，由于其采用了先进技术，大大提高了结构强度，减少了养护工作量，基本能适应重载和快速运输的要求，但在运营过程中也发生过一些故障，影响了列车正常畅通。通过深入分析，这些故障的产生虽然是由于设计和制造方面存在着先天不足而造成的，但可以通过精心铺设、细心养护来防止故障的产生，保证列车正常畅通。

1)道岔反弹

道岔反弹主要体现为尖轨、可动心轨框架处于自由状态靠向基本轨、翼轨时，出现的刚性反弹。反弹量少则几毫米，多则十几毫米，甚至更多。

(1)产生原因

①内锁闭道岔尖轨框架组装不符合标准。尖轨拉杆或是连接杆的长度不符合安装标准、拉杆或是连接杆安装位置错误，尖轨框架内部产生应力，在道岔搬动时产生反弹。

②基本轨、翼轨框架不符合标准。岔头不方、直基本轨不直、曲基本轨有矢度、曲基本轨弯折点、翼轨框架尺寸不标准，如图8.45所示。

③间隔铁型尖轨跟端过死，双头螺栓损坏或不标准，间隔铁孔眼大，造成双头螺栓不起作用；间隔铁磨耗，尖轨跟端距离尺寸不符合标准，导致尖轨尖端在道岔搬动时产生反弹，如图8.46所示。

图 8.45　基本轨框架测量

图 8.46　尖轨跟距测量

④尖轨、可动心轨中后部滑床板过硬，造成尖轨、可动心轨在转换时后部转换不到位，再次搬动道岔时尖轨、可动心轨产生反弹。

⑤尖轨存在侧弯，尖轨扳动时，尖轨与基本轨不同时密贴，尖轨尖端最后密贴，再次扳动时尖轨产生反弹，如图 8.47 所示。

图 8.47　尖轨侧弯

⑥可动心轨存在侧弯，可动心轨扳动时，可动心轨密贴范围内与翼轨不同时密贴，可动心轨尖端最后密贴，再次扳动时可动心轨产生反弹。

⑦拉杆、连接杆、间隔铁和联结销锈蚀或螺栓过紧，形成整体框架，尖轨扳动时转换不灵活。

⑧道岔密贴调整不当、密贴过紧。日常调整密贴时，电务现场作业人员先试验 2～4 mm 后再紧固备帽螺丝的习惯，容易导致道岔密贴过紧，在道岔转换过程中发生反弹。

(2)预防整治措施

①两基本轨间框架尺寸不达标的情况，首先方正基本轨接头，检查曲基本轨弯折量，当误差超过±1 mm 时，应重新弯折；直股基本轨方向不良时，可用弦线测量，采用拨道或改道方法调整，对曲股进行轨距调整时，应结合测量两基本轨框架尺寸的方法进行调整；调整完毕应进行转辙性能测试。

②尖轨与拉杆框架尺寸不达标的情况，要调整尖轨与拉杆组成的框架尺寸，按照标准调整各部位连接杆的长度，遵循从前向后的顺序进行调整，如有误差，可采取加撤铁垫片或是更换拉杆的方法进行调整。

③通过垫板或起道捣固的方法整修滑床板过硬、空吊，使转辙部各滑床台高度保持一致。

④更换双头螺栓,更换间隔铁,或在双头螺栓上加垫。

⑤窜动尖轨或调整基本轨,消除限位器卡阻问题。

⑥整修更换有侧弯的尖轨、可动心轨。

⑦调整尖轨、可动心轨顶铁、拧紧松动的顶铁螺栓。

⑧电务对于密贴过紧的道岔重新调整使其符合要求。

⑨调整防跳限位装置与尖轨轨底边缘的间隙,使其符合要求,如图 8.48 所示。

2)道岔转换卡阻

主要是指转辙部分基本轨卡阻尖轨,道岔转换杆件与岔枕间碰卡 ,顶铁、防跳顶铁、防跳间隔铁螺栓松动卡阻尖轨、可动心轨,滑床板开焊、滑床板内侧螺栓松动卡阻尖轨、可动心轨,影响尖轨与基本轨、可动心轨与翼轨之间密贴。

(1)原因分析

①尖轨、可动心轨滑床板台面磨耗严重、滑床板严重变形、尖轨底部刨切不好引起转换卡阻。滑床板长期使用,列车轮对冲击滑床表面凹陷,形成凹棱坡面。

②尖轨、可动心轨滑床板脱焊、折断产生错位、翘起,如图 8.49 所示。

图 8.48　防跳限位装置

图 8.49　滑床板脱焊

③尖轨、可动心轨滑床板台面缺油锈蚀造成转换阻力增大,引起转换卡阻,如图 8.50 所示。

④尖轨滑床板辊轮缺油锈蚀、安装不正确,造成转换阻力增大,引起转换卡阻,如图 8.51、图 8.52 所示。

⑤尖轨、可动心轨中后部滑床板阻力大,尖轨、可动心轨在扳动时,尖轨、可动心轨后部因受阻不能正常到位。

图 8.50　滑床板锈蚀图

图 8.51　辊轮锈蚀

⑥尖轨、可动心轨滑床板高低不一致。部分滑床板胶垫腐蚀、压溃,胶垫腐蚀、压溃的滑床板在起道捣固作业时高于其他滑床板,转辙部、可动心轨辙叉存在高低不平顺、岔枕空吊使滑床板高度不在一个平面,增加了道岔转换阻力。

⑦尖轨尖端防跳凸台卡基本轨头部下颚。主要原因是尖轨塌腰导致尖轨尖端产生翘尖，如图8.53所示，尖轨中后部至跟端比尖轨尖端低，尖轨尖端产生翘尖，道岔在转换过程中产生卡阻。

⑧尖轨拱腰，尖轨中部与基本轨轨头下颚产生卡阻。

⑨尖轨非作用边或基本轨作用边存在肥边，使道岔产生转换卡阻。

图 8.52　辊轮安装不正确

图 8.53　尖轨翘尖

(2)预防整治措施

①更换严重磨耗和变形的滑床板；更换开焊或折断的尖轨、可动心轨滑床板。

②对滑床板高度调整，对于木枕道岔锛砍削平转辙部木枕，调整滑床板高低，使各岔枕上的滑床板高度保持一致；通过垫板或起道捣固的方法整修滑床板过硬、空吊。

③对基本轨工作边和尖轨非工作边出现的肥边要及时安排打磨，打磨后要进行道岔扳动实验，确保打磨后尖轨密贴状态良好。

④方正转辙机处横移岔枕，使岔枕位置间隔尺寸符合标准，防止尖轨、可动心轨电务拉杆刮碰岔枕。

3)道岔红光带

(1)产生原因

由于道岔内各部绝缘是极性绝缘，因此在绝缘处钢轨是绝对不能导通的，工务部门必须严格注意。在提速道岔上，由于采用了钢岔枕，因而大大增加了绝缘处所，而设计中对绝缘接头未采用专门零部件，使得绝缘接头容易导通。胶结绝缘钢轨的接头与普通绝缘接头不同，普通绝缘接头的钢轨、夹板、螺栓间相互不导通，而胶结绝缘钢轨的接头夹板与螺栓是导通的，个别工厂在出厂检验绝缘时，只检验钢轨与钢轨间的绝缘性能，不检验钢轨与夹板的绝缘性能，使得个别胶结绝缘钢轨的一端钢轨与夹板导通，减小了安全系数。

(2)预防整治措施

在提速道岔预铺前，绝缘处所必须先由电力部门测试，确认合格后方可焊接铺设。发现跳信号时，工务部门应首先确定钢轨是否导通。如单股钢轨与夹板或与钢岔枕导通，只说明工务设备存在隐患，但不会出现红光带，应由电务部门寻找其他的原因。

8.5　无缝线路维护

8.5.1　学习目标

1. 知识目标

(1)能准确说出无缝线路养护维修的基本原则和要求。

(2)能准确说出无缝线路的作业规定。

(3)能准确说出无缝线路胀轨跑道和断轨的原因。

2. 能力目标

(1)能确定无缝线路的锁定轨温。

(2)能进行无缝线路地段的基本单项作业。

(3)能处理无缝线路胀轨和断轨病害。

(4)能对无缝线路进行应力放散计算。

8.5.2 相关学习内容

为保持无缝线路有足够的强度、稳定,防止胀轨跑道和钢轨折断,确保列车安全运行,其养护维修工作除必须遵守有关的特殊规定外,还要根据线路状态、季节特点、实际锁定轨温等,合理安排作业内容。

1. 无缝线路养护维修的基本原则和要求

1)无缝线路养护维修的基本原则

无缝线路养护维修工作的实质,除保持轨道几何尺寸经常处于良好状态外,还要最大限度地提高和保持线路的各种阻力,防止胀轨跑道和钢轨折断,确保列车安全运行。因此,在安排养护工作时,必须掌握以下原则:

(1)无缝线路应在设计锁定轨温范围内锁定。线路锁定后,则养护维修作业不应当改变其锁定轨温。

(2)实际锁定轨温如与设计锁定轨温范围不符,或实际锁定轨温变动后,若超过设计锁定轨温范围,应调整或放散应力,使实际锁定轨温在设计锁定轨温范围内。

(3)安排养护维修工作时,必须按实际锁定轨温确定各项作业的轨温条件。

(4)无缝线路的伸缩区与固定区交界处、道口两端、钢桥桥台两端、机车制动地段、小半径曲线地段。变坡点附近等为容易出现温度力峰值的薄弱地段,应加强线路结构,对有关作业规定应从严要求。

(5)在进行综合维修、成段更换混凝土轨枕、破底清筛、应力放散与调整、更换缓冲轨、螺栓涂油、全面拨正曲线、拆开接头或其他冬季作业时,要注意钢轨长度的变化。

(6)要特别注意伸缩区和缓冲区的养护工作。

2)无缝线路质量状态的基本要求

为了保证无缝线路有足够的强度和稳定性,使设备经常处于良好状态,无缝线路的养护维修工作,应在描述普通线路质量标准的基础上,符合无缝线路技术要求。

2. 无缝线路实际锁定轨温的测定

由于列车的冲击振动和养护维修作业的影响,线路的原锁定轨温会发生不同程度的变化。我们把实际存在的锁定轨温称为实际锁定轨温。在养护维修作业中,如果不掌握实际锁定轨温,仍按铺设时的锁定轨温进行作业,虽然表面上作业不超过规定的轨温条件,而实际上已经超过轨温条件,造成胀轨跑道或钢轨折断的隐患。所以,在养护维修时必须按实际锁定轨温掌握作业。

为了及时掌握锁定轨温的变化,摸清实际锁定轨温的大小,必须对钢轨位移情况进行定期检查和分析。

当前测定实际锁定轨温尚无很精确的办法,普遍采用的方法是观测钢轨的纵向位移。如果各观测桩处钢轨的位移方向和位移数值是一致的，说明钢轨内的温度力是均匀的，如果各观测点(固定区)的爬行量不一致，则说明固定区内的钢轨温度力已经重新分布，各处的实际锁定轨温也是不均匀的。

实际锁定轨温与铺设时锁定轨温的变化值，可用下式计算：

$$\Delta t=\frac{\Delta l}{a \cdot l} \tag{8.1}$$

式中　Δt——实际锁定轨温与铺设时锁定轨温的差数(℃)；

Δl——两观测桩爬行量之差(mm)；

a——钢轨线膨胀系数，取 0.011 8 mm/(m·℃)；

l——两观测桩距离(m)。

例如：某区段无缝线路铺设时的锁定轨温为 22℃，由于列车冲击振动和作业的影响，线路左股爬行情况见表 8.2。

表 8.2　实际锁定轨温计算表

观测桩编号	1	2	3	4	5	6	7
桩距(m)		75	100	350	350	100	75
爬行量(mm)	48	30	25	5	30	−5	−23
锁定轨温变化量(℃)			−4	−5	+6	−29	

表中 2～6 号桩为固定区，线路完全锁定时，其各桩处钢轨位移量应为零。现因列车冲击振动和作业影响，各桩出现了不均匀爬行量，说明钢轨温度力分布不均匀，锁定轨温发生了变化。在 2～3 号桩之间，钢轨位移为 25～30 mm，观测桩之间的钢轨相互受到压缩，相当于实际锁定轨温比铺设时的锁定轨温有所降低，即

$$\Delta t=\frac{25-30}{0.01188\times 100}=-4(℃)$$

也就是实际锁定轨温弯为(22−4)℃＝18℃。同理可计算出其他地段的实际锁定轨温变化值。

3. 无缝线路养护维修作业规定

无缝线路在进行维修作业过程中，线路要受到一定程度的破坏，线路阻力、轨道框架刚度会相应降低。即使作业后恢复了线路，线路阻力也不能达到作业前的数值。所以，为了保证线路在作业过程中不至于发生胀轨跑道或折断钢轨的事故，要对作业的内容和作业范围进行控制。为确保作业的绝对安全，要严格控制作业时的轨温，使其与实际锁定轨温相差度数不超过允许限度(温度力不至影响线路的稳定性)。为此，无缝线路作业必须严格执行《修规》的有关规定，做到“一准、二清、三测、四不超、五不走”。

4. 无缝线路单项作业

单项作业是无缝线路维修的重要组成部分，作业方法是否正确，将直接影响线路的强度和稳定。因此，必须严格掌握作业轨温，采取扒、起、捣、填、拨、夯紧密衔接的流水作业方法，以最大限度地保持线路的稳定。

(1)起道作业

起道时钢轨和轨枕被抬起，不仅道床阻力减小，而且钢轨还承受附加力，起道愈高影响范围愈长。所以，无缝线路严禁一次起道量过高，即使在不超温条件下作业，超过 50 mm 的起道

量也应分次进行。同时,起道机应垂直放置以免引起线路方向的变化。在曲线地段起道,起道机应放在上股钢轨外侧或下股钢轨内侧,复线地段要迎着列车运行方向作业,以减少线路的爬行。任何情况下,起道机都不可放在铝热焊缝处(距铝热焊缝不少于1孔)。

(2)拨道作业

拨道时,轨枕位置横移,并会抬高线路,会严重降低道床横向阻力。因此,拨道作业宜在轨温接近锁定轨温时进行。

拨道前,要拧紧扣件螺栓,补足道砟。维修综合作业时,应先回填道床再进行拨道。拨道器或撬棍不得放在焊缝处,拨道后应及时整理和夯拍道床(尤其砟肩更要夯实),曲线拨道时,尽量使上挑下压量相等,以免改变锁定轨温。拨道量较大时,如有改变锁定轨温的可能,应进行应力放散或调整。

(3)整理道床作业

直线上道床宽度不得小于3.4 m,曲线地段按规定加宽。连续作业未回填的道床长度,不应大于允许扒开道床的长度,作业后应及时回填夯实,清筛道床应逐孔倒筛,筛一根捣好一根,或轨枕盒和枕底分开清筛(分层回填夯实),尤其对轨枕头的道床,更应夯拍密实。

(4)打紧防爬器

防爬器是锁定无缝线路的重要设备,固定区防爬器要做到见松就打紧。防爬器成段失效时,应在实际锁定轨温±5℃范围内进行全面整修(混凝土轨枕可放宽到±10℃范围内)。

(5)拧紧接头螺栓

随着列车的冲击和振动,已经拧紧的接头螺栓会渐渐松动。尤其是在大轨缝、低接头处所,扭矩衰减得更为严重。因此要经常保持接头螺栓的拧紧状态。调整轨缝时,则要先松开扣件螺栓,轨缝恢复正常后,再全面拧紧。更换绝缘接头的绝缘材料时,应及时会同电务部门,在轨温适当时进行更换。

(6)扣件作业

扣件作业的基本要求是,经常保持扣件处于紧、密、靠、正、润的状态。为此,弹条扣件的扭力矩必须达到80～150 N·m,而拧紧扣件随着列车的运行依然会产生松弛,因此在垫板作业后的次日要复拧一次。

局部扣件松弛,将使钢轨沿着轨枕产生局部位移,以致局部锁定轨温发生变化。因此,在扣件涂油时,除按规定轨温作业外,应按隔二松一的方式作业,当日作业完毕后,复紧一遍,1～4日后再复紧一遍。

在扣件作业中,应结合作业整正轨距、整正和更换胶垫。整正扣件时,必须清除承轨台及各部件的污物,方正或串正轨枕,调换合适的轨距挡板,必要时垫入铁垫片,对硬弯钢轨要捏直。在有防爬设备的地段,打紧防爬器时,要注意"热打防胀,冷打防缩"的原则,使防爬设备适应气候特征,充分发挥作用。

(7)更换轨枕

抽出轨枕相当于降低了这部分轨道的框架刚度和道床阻力。因此,不得当日连续更换两根以上的轨枕,轨温过高时,不能连续更换轨枕。新轨枕串入后要加强捣固,及时安设防爬设备。

5. 无缝线路缓冲区的养护

无缝线路的缓冲区,一方面存在着普通线路的特点,另一方面还受无缝线路钢轨伸缩的影响。因而,它是无缝线路中的薄弱环节之一。

温度应力式无缝线路,每当温度变化时,伸缩区两端发生位移,缓冲区的钢轨也随之移动。

夏天，接头易出现瞎缝，挤压绝缘接头；冬季，易出现大轨缝，接头螺栓可能被拉弯，并有被剪断的危险。由于缓冲区钢轨接头养护不当和出现大轨缝，其钢轨和轨枕的使用寿命大大缩短，而养护维修的工作量却大大的增加。为了确保行车安全和延长设备使用寿命，必须加强无缝线路缓冲区的养护工作。

为加强线路防爬锁定，控制无缝线路钢轨的不正常伸缩，除每年春秋季两次全面拧紧外。凡进行松动接头和轨枕扣件的作业，不仅作业时要拧紧螺栓，并需在作业后做好复拧工作。

春秋两季全面检查缓冲区轨缝，春季防止轨缝总值小于规定值，秋季防止大于轨缝规定值，其轨缝总值的规定数值要按轨温计算求得，必要时需调整轨缝。

(1)采用胶接绝缘接头

胶接绝缘接头具有足够的机械强度和可靠的绝缘性能，可以增强线路的稳定性和整体性，降低维修成本，延长使用寿命。

(2)综合整治钢轨接头病害

①打磨或焊补钢轨马鞍形磨耗和淬火层金属剥落、擦伤等。

②用上弯或桥式夹板整治低接头。

③轨下铺设高弹性垫层。接头处轨下采用加厚胶垫可有效地降低震动能量向下传递，这对增强钢轨接头处轨道结构的承载能力，改善其工作条件十分有利。

④加强接头捣固，保持道床清洁、丰满并加以夯实，要防止道床板结和坍塌。

⑤及时更换接头失效轨枕，接头的木枕应成对更换。

⑥调整轨缝，锁定线路，整平钢轨上下错牙。左右错牙超过 1 mm 时，应及时整治或打磨。

6. 桥上无缝线路维修

桥上无缝线路养护维修应注意以下几点：

(1)采用分开式扣件的桥面，拧紧扣件应符合设计规定，桥上禁止安装防爬器。

(2)对长大桥上的铝热焊接头，应加强检查，发现损伤要及时处理。

(3)长度超过 200 m 的无砟桥，两端桥头 50 m 范围内线路作业轨温与桥上相同。

(4)变更有特殊设计桥上无缝线路锁定轨温时，应有充分根据，并报请铁路局集团有限公司审批。

(5)桥梁两端应设置位移观测标志，定期观测，做好记录进行分析研究。

7. 跨区间和全区间无缝线路的养护维修

跨区间和全区间无缝线路，其基本原理与普通无缝线路是一致的。因此，普通无缝线路的一切养护维修办法都适用于跨区间和全区间无缝线路。但因其轨条特长，也就有一些需要特别注意的问题。

(1)跨区间和全区间无缝线路一经锁定，因其超长而不易改变其锁定状况。例如，锁定轨温不准、轴向力分布不均时，只能进行局部调整，几乎无法进行整体放散。因此，锁定轨温准确，对跨区间和全区间无缝线路来说格外重要。为此，必须做好以下工作：

①跟踪监控——大修换轨时，工务段要派分管无缝线路的技术人员，对施工中锁定轨温设置的全过程实行跟踪监控。施工单位确定的锁定轨温的依据是否可靠，新轨的入槽轨温和落槽轨温的测定是否准确适时，低温拉伸时其拉伸温差和拉伸量的核定是否无误，拉伸是否均匀等，都要认真监视、检查和记录。

②严格验收——工程验交时，有关记录锁定轨温的资料必须齐全，同时要一一查对核实，

如有疑问必须核查清楚。

③最终复核——工程验交之后，工务段要对验交区段的测标进行一次取标测量，去掉可疑点，算出各分段的锁定轨温值。而后将跟踪监控、交验、取标测算三方面的资料进行一次最终核查，将查定的锁定轨温作为日后管理的依据。

④日常监测——在日常管理中，要对爬行观测桩和测标的设标点进行定期观测，并互相核对。如发现两观测桩之间有位移，则进一步对两观测桩之间的设标点进行取标测量，详查发生位移的实际段落所在。核定后进行局部应力调整，使之均匀。

(2)跨区间和全区间无缝线路断轨修复。为了不影响锁定轨温，超长无缝线路钢轨折断时，最好原位焊复。

(3)跨区间和全区间无缝线路和无缝道岔上的绝缘接头必须采用胶接绝缘接头。因此，必须注意并加强胶接绝缘接头的养护，做好轨端肥边打磨和捣固工作。当胶接绝缘接头拉开时，应立即拧紧两端各 50 m 线路的扣件，并加强观测。当绝缘失效时，应立即更换，进行永久处理。暂时不能进行永久处理的可将失效部分清除，更换为普通绝缘或插入等长的普通绝缘接头钢轨或胶接绝缘钢轨，用夹板联结进行临时处理，并尽快用较长的胶接绝缘钢轨进行永久处理。进行永久处理时，应严格掌握轨温、胶接绝缘钢轨长度，确保修复后无缝线路锁定轨温不变。

8. 无缝线路钢轨病害的整治

钢轨病害是无缝线路的主要病害之一，如果不及时进行整治，在列车荷载的反复作用下，病害就会进一步发展，给养护工作带来很大困难，从而限制了无缝线路优越性的发挥。

1)矫直钢轨硬弯

(1)硬弯检查方法

①看：先骑站在一股钢轨上，看前方有无陡弯，如有陡弯，再细看。站立位置一般距陡弯顶点 10～15 m。看时，应背对阳光，沿着轨距线，由近到远，再由远到近，采取立、蹲、俯三种姿势，反复查看左右两股钢轨。确认硬弯凸出的顶点在什么位置后，再看其弯曲状态。如一股钢轨弯急而短，另一股有同向较缓的弯曲，则弯急而短的是硬弯，如图 8.54 所示。

②查：用拨道的方法查找硬弯。这种硬弯应是弯曲缓顺、长度较大的一种；但又难以同小方向不良区别开来。如拨道后全部或大部回弹，则是硬弯，小方向不良拨道后回弹量很小。

③对：根据线路检查记录簿对照弯曲处的轨距、方向变化情况，分析变化规律。如果频繁出现轨距、方向不良的“固疾”，则是硬弯。

④量：用 1 m 直尺测量弯曲处矢度。如矢度达 1 mm 以上，则一般都是硬弯。

图 8.54 钢轨硬弯

图 8.55 弯轨器矫直钢轨硬弯

(2)矫直硬弯技术要求

硬弯矫直后的钢轨(图 8.55),目视无方向不良;用 1m 直尺测量,其矢度不超过 0.5 mm,允许速度大于 120 km/h 的地段矢度不得大于 0.3 mm;扣件应齐全有效、位置正确,离缝不得大于 2 mm,扣件扭力矩达到相应要求。

(3)作业方法

①准备工作:直轨前,应认真细致地调查硬弯状态,包括起止点、长度和各点矢距,并在线路上标明调直位置和方向,作好记录。然后,起出矫直范围顺矫直方向一侧的道钉(卸掉螺栓),另一侧的道钉冒起即可(螺栓松一圈)。

②上弯轨器:弯轨器应垫平,位置摆正,各支点与轨底、轨头、轨面密贴,防止钢轨扭曲。

③矫直:如 Tz-Ⅱ型钢轨调直器,使用时,从硬弯始点起,将矫直点(即中间支点)每隔 150～200 mm 对准钢轨,逐点顺序调直。液压千斤顶放在弯臂前端,在千斤顶处计算调直行程。使用动力支点在中间的弯轨器时,应将液压千斤顶放在需要调直的位置上。较长的硬弯应分 2～3 次矫直。矫直量必须预留回弹量。根据轨温和矫直量的大小,矫直量可为矢度的 1.0～1.6 倍。

④整理:先拨正非矫直股方向,然后改正轨距,补齐打紧道钉或拧紧螺栓。

2)钢轨擦伤病害的整治

钢轨擦伤(图 8.56)是无缝线路轨面不平顺的又一种形式,一般都发生在制动地段和长大坡道上。由于无缝线路的擦伤钢轨不能随意更换,多年积累下来,有些地段的钢轨顶面伤疤密布,剥落深度可达 3～4 mm,形成轨面凸凹不平,加剧了列车对钢轨的冲击振动。这种冲击振动,造成了扣件松动、翻浆冒泥、线路下沉及混凝土轨枕折断等后果,使线路质量显著下降。因此,焊补擦伤愈早愈好。焊补擦伤钢轨可采用气焊和电弧焊。采用电弧焊的方法和新工艺手工电弧焊焊补低塌焊缝的方法相同。

由于擦伤轨面有损伤的金属面和裂纹,因此,做好焊补前的轨面杂质清除是一项重要工作,否则就可能造成焊补不密贴。如采用电弧焊,清除时可用一台能在轨道上推行的砂轮打磨机进行,并用磁力探伤仪或采用着色探伤的方法来检查表面是否有细微裂纹,以使清除彻底。如用气焊,则清除泥土、油垢即可。

3)波形磨耗

波形磨耗(图 8.57)对轨道的危害和擦伤一样,但它的分布较擦伤更长而且较有规律。无缝线路钢轨发生波形磨耗,换轨依然困难,解决方法是用打磨列车成段进行打磨。在波磨出现初期,进行一次简单的打磨即可整平;打磨时要全部磨去波峰,波谷也要磨去 0.5 mm,以使轨面钢质一致,能保持较长时间。打磨后钢轨踏面用 1 m 直尺测量,不平度应小于 0.3 mm。如打磨不及时,波谷较深,不但对轨道影响大,而且要打磨数遍才能磨平。这不但费工费时,而且徒耗钢轨,缩短了钢轨使用寿命。

图 8.56　钢轨擦伤

图 8.57　钢轨波磨

提高轨道弹性、加强捣固,消除不平顺源,对预防波形磨耗的加深有相当的作用。

9. 无缝线路焊缝病害整治

无缝线路钢轨焊缝常见的病害有:高焊缝、低焊缝、焊缝上下或左右错牙等。这些焊缝病害,多数是焊接质量控制不严的产物。另外,有一些焊缝病害如低塌、开裂等,则兼有焊接不良或列车长期碾压冲击两方面的原因。焊缝平直度检测如图 8.58 所示。

图 8.58 焊缝平直仪

(1)低塌焊缝的整治方法

①焊缝打磨。对于低塌焊缝,应使用小型磨轨机打磨顺坡。打磨愈平缓,附加动压力就愈小。据测,最不利的临界低塌长度,一般约为 30～40 cm,故顺坡长度应超过 40 cm,越长越好。错牙焊缝也可用此法整治。

②清筛低塌焊缝处道床并加强捣固,尽量减小附加冲击力。

③现场焊补低塌焊缝。新工艺手工电弧焊是一种比较好的焊补方法。

(2)高焊缝的整治方法

对高焊缝的整治,应采用小型磨轨机打磨(图 8.59),有的地方也采用手工处理的方法解决。手工处理,现场称为手锯条束锉磨高焊缝。打磨后用 1 m 直尺测量,不平度应小于 0.5 mm。

10. 胀轨跑道的防治及处理

(1)胀轨跑道的原因

①锁定轨温偏低

铺设无缝线路时,由于未按设计锁定轨温铺设,会造成低温锁定;或在合龙口时,因计划不周,钢轨长出一定值,采用撞轨办法合龙口,使钢轨在未锁定前就承受了预压应力,同样也相当于降低了锁定轨温,在高温时钢轨承受的温度压应力就会增大,线路易丧失稳定,造成胀轨跑道,如图 8.60 所示。

图 8.59 无缝线路焊缝打磨

图 8.60 无缝线路出现胀轨跑道

在冬季,若发生固定区钢轨折断,断缝处温度力就会降为零,此时焊接修复,高温时会在断缝附近出现较大的温度压应力，易使线路丧失稳定，发生胀轨跑道。

由于爬行不均匀，某段钢轨产生相对压缩变形而增加附加应力，也相当于降低了锁定轨温，高温时该段钢轨温度压应力增大，就容易引起胀轨跑道。

②道床横向阻力降低

在维修时违章作业，如扒开道床过长、起道过高、连续松开扣件过多等，都会较大地降低道床的横向阻力，加大胀轨跑道的危险性。

线路设备状态不良，如道床断面尺寸不足，轨枕盒内石砟不饱满、不密实、不清洁，尤其是轨枕头外露，都将严重地削弱道床横向阻力，造成胀轨跑道。

③轨道原始弯曲变形增大

长钢轨在运输和铺设中，因作业不当而引起的原始弯曲变形，其弯曲矢度越大，线路稳定性越低，轨道框架刚度也越低。实践证明，胀轨跑道多发生在轨道原始弯曲处。

(2)预防胀轨的主要措施

①当线路方向有显著不良时，应加强巡查或派专人监视，必要时应设置减速或停车信号防护。

②养护维修作业中，发现轨向、高低不良，起道、拨道省力，枕端道砟离缝，必须停止作业，及时采取防胀措施。

③线路轨向不良，用 10 m 弦测量两股钢轨的轨向偏差，当平均达到 10 mm 时，必须设置慢行信号，并采取夯拍道床、填满枕盒道砟和堆高砟肩等措施。当两股钢轨的轨向偏差平均达到 12 mm，在轨温不变情况下，过车后线路变形突然扩大时，必须立即设置停车信号，及时通知车站，并采取钢轨降温等紧急措施，消除故障后放行列车。

(3)胀轨跑道后的处理

①无缝线路发生胀轨跑道时，首先应按线路故障防护办法设置停车信号防护，迅速采取降温、拨道等紧急措施，消除故障。

②发生胀轨跑道后，可采取喷洒液态二氧化碳(图 8.61)或浇水(图 8.62)等办法降低钢轨温度。整正线路，夯拍道床，按 5 km/h 限速放行列车派人看守，并不间断的采取降温措施，待轨温降至接近锁定轨温时，再恢复线路和正常行车速度。

图 8.61　液态二氧化碳降温

图 8.62　浇水降温法

③无降温条件或降温无效时，应立即用乙炔截断钢轨(图 8.63)(普通线路应拆开钢轨接头)放散应力，然后用夹板和急救器(图 8.64)固定，整正线路、夯拍道床，首列放行列车速度不超过 5 km/h，并派专人看守、整修线路，逐步提高行车速度。

图 8.63　乙炔切割钢轨

图 8.64　急救器固定钢轨

11. 断轨的防治与处理

长钢轨的断裂,大部分发生在焊缝处或焊缝附近。在低温季节,断缝处钢轨向两端收缩,严重时可形成 100～200 mm 的断缝,对行车安全威胁极大,必须予以重视。

1)钢轨断裂的原因与规律

(1)在锁定轨温偏高,列车轴重大、行车速度较高的线路上,断轨发生率较高,且断轨次数与累计通过总重成正比,这主要是因钢轨疲劳伤损引起的。

(2)木枕线路钢轨焊缝断裂次数较多,主要是因爬行锁定不良,长轨内拉应力不均匀造成的。

(3)寒冷季节长轨焊缝断裂次数多,主要是因为大部分有缺陷的焊缝其强度已不能承受温度拉应力的作用,特别是铝热焊缝断裂次数更多。

(4)曲线地段较直线地段钢轨断裂次数多,前者约为后者的 4 倍。

(5)线路维修质量不良,造成线路坑洼、爬行、轨枕不方正等线路不平顺,引起钢轨动弯应力加大,导致钢轨断裂。

2)防止钢轨断裂的主要措施

(1)加强焊接工艺的管理,加强技术培训,提高操作人员的技术水平,未经考试合格的人员不得参加焊接工作。

(2)对有缺陷的焊缝要综合整治。对铝热焊缝要加强检查监视,发现有伤,在未切掉重焊之前,应用臌包夹板加强。

(3)对焊缝及附近的线路质量要加强观察,并严格执行有关焊缝处的作业规定。

(4)在作好钢轨探伤工作的同时,还要按规定对焊缝进行全断面探伤。

(5)严寒季节,必要时应增加巡道班次,加强钢轨特别是伤轨的检查巡视。

3)钢轨断裂后的处理

(1)紧急处理——当钢轨断缝不大于 50 mm 时,应立即进行紧急处理。在断缝上好夹板或膨包夹板,用急救器固定,在断缝前后各 50 m 拧紧扣件,并派人看守,限速 5 km/h 放行列车。如断缝小于 30 mm 时,放行列车速度为 15～25 km/h。有条件时应在原位焊复,否则应在轨端钻孔,上好夹板或膨包夹板,拧紧接头螺栓,然后可适当提高行车速度。

(2)临时处理——钢轨折损严重或断缝大于 50 mm,以及紧急处理后,不能立即焊接修复时,应封锁线路,切除伤损部分,两锯口间插入长度不短于 6 m 的同型钢轨,轨端钻孔,上接头夹板,用 10.9 级螺栓拧紧。在短轨前后各 50 m 范围内,拧紧扣件后,按正常速度放行列车,但不得大于 160 km/h。

临时处理或紧急处理时，应先在断缝两侧轨头非工作边做出标记，标记间距离约为 8 m，并准确丈量两标记间的距离和轨头非工作边一侧的断缝值，做好记录。

(3)永久处理——对紧急处理或临时处理的处所，应及时插入短轨进行焊复，恢复无缝线路轨道结构。

①采用小型气压焊或移动式接触焊时，插入短轨长度应等于切除钢轨长度加上 2 倍顶锻量。先焊好一端，焊接另一端时，先张拉钢轨，使断缝两侧标记的距离等于原丈量距离减去断缝值加顶锻量后再焊接.

②采用铝热焊时，插入短轨长度等于切除钢轨长度减去 2 倍预留焊缝值。先焊好一端，焊接另一端时，先张拉钢轨，使断缝两侧标记的距离等于原丈量距离减去断缝值后再焊接。

在线路上焊接时，气温不应低于 0℃。放行列车时，焊缝温度应低于 300℃。

12. 无缝线路应力放散与调整

应力放散就是在设计锁定轨温范围内，将无缝线路全长扣件、防爬器等全部松开，让它自由伸缩，把钢轨内部的温度应力全部放散掉，然后再重新锁定线路。应力放散改变了长钢轨原来的长度，也改变了锁定轨温。应力调整是指不改变长钢轨原来的长度，在部分地段钢轨有伸有缩，将应力调整均匀。

1)应力放散或调整的条件

无缝线路锁定轨温必须准确、均匀，有下列情况之一者，应进行应力放散或调整：

(1)实际锁定轨温不在设计锁定轨温范围以内。

(2)锁定轨温不明、不准确。

(3)两相邻单元轨节锁定轨温差超过 5℃，或左右股钢轨实际锁定轨温相差超过 3℃，或同一区间单元轨节最高、最低锁定轨温相差超过 10℃。

(4)铺设或维修作业方法不当，使轨条产生不正常伸缩。

(5)出现严重不均匀位移。

(6)夏季线路轨向严重不良，碎弯多。

(7)通过位移观测或测试分析，发现温度力分布严重不匀。

2)应力放散的方法

无缝线路应力放散可采用滚筒配合撞轨法或滚筒结合拉伸配合撞轨法。放散时要求做到：总放散量要够，沿钢轨全长放散要匀，最后锁定轨温要准。同时要求结合放散应力，整治线路爬行。

(1)滚筒配合撞轨

滚筒配合撞轨放散方法是指在接近设计锁定轨温的条件下，松开扣件和防爬器，长钢轨下每隔 10～15 m 垫入滚筒(图 8.65)，配合以适当撞轨(图 8.66)，使长钢轨正常伸缩。当达到预定锁定轨温，立即取下滚筒，重新锁定线路。这种放散法优点是放散较彻底，均匀性好，可以较准确的确定锁定轨温。

(2)滚筒结合拉伸配合撞轨法

滚筒结合拉伸配合撞轨法是指在轨温比较低的条件下，在利用滚筒放散的同时，用拉伸器拉伸并配合以适当撞轨，但原锁定轨温不清楚或不准确，必须在滚筒放散的基础上，通过计算后再用拉伸器拉伸。

应力放散前，应先调整缓冲区轨缝，并根据计算更换配轨，上紧全部扣件后，方能固定拉伸器进行拉伸。

无缝道岔应在设计锁定轨温范围内铺设和锁定，不宜进行应力放散。

图 8.65　应力放散使用的滚筒

图 8.66　应力放散使用的撞轨器

3)应力调整的方法

无缝线路应力调整(不改变长钢轨长度),可在比较接近实际锁定轨温的条件下,采用列车碾压法。

列车碾压法是指在调整地段,适当松动扣件和防爬器,利用列车碾压振动和轨温变化,也可辅以适当撞轨,将温度应力调整均匀。利用列车碾压方法,比较简单易行,主要适用于部分调整。利用列车碾压,需要在限速不超过 25 km/h 的条件下进行。

图 8.67　无缝线路应力放散

无缝线路应力放散(图 8.67)和调整施工前,应制订施工计划及安全措施,组织人力、备齐料具,充分作好施工准备。

4)放散量、锯轨量的计算

(1)放散量计算

长钢轨的放散量按下列自由伸缩公式计算:

$$\Delta l=\alpha \cdot L(T_{sh}-T_{sy}) \tag{8.2}$$

式中　Δl——长钢轨放散量(mm);

α——钢轨钢线膨胀系数,$\alpha=0.011\,8$ mm/m℃;

L——需要放散应力的长钢轨长度(m);

T_{sh}——放散后的锁定温度(℃);

T_{sy}——原锁定轨温(℃)。

(2)锯轨量计算

$$K=\Delta l+\sum a-\sum b \tag{8.3}$$

式中　K——锯轨量(mm);

Δl——放散量(mm);

$\sum a$——放散后缓冲区预留轨缝总和(mm);

$\sum b$——放散前缓冲区预留轨缝总和(mm)。

5)设置位移观测点

设置位移观测点,随时掌握长钢轨的应力放散情况。通常 50~100 m 设置一个观测点,其观测点伸缩量为

$$\Delta l_n=\frac{\Delta l}{N}\cdot n \tag{8.4}$$

式中　Δl_n——某观测点钢轨计算伸缩量(mm)；

Δl——计划放散量(mm)；

N——设立观测点数；

n——某观测点号数($n=1,2,\cdots,n$)。

6)观测标记

应力放散后,应按实际锁定轨温及时修改有关技术资料和位移观测标记。

8.6　无砟轨道维护

8.6.1　学习目标

1. 知识目标

(1)熟悉 WJ-7 型、WJ-8 型与 W300-1 型扣件配置标准。

(2)了解 CRTS Ⅰ型板式无砟道床轨道板、砂浆更换的技术要求和作业方法。

(3)了解 CRTS Ⅱ型板式无砟道床轨道板、砂浆更换、宽窄接缝修复的技术要求和作业方法。

(4)了解双块式轨枕损害更换、道床板损坏修理的技术要求和作业方法。

(5)了解无砟道床混凝土裂缝修补类型和作业方法。

2. 能力目标

(1)能够根据精调方案调整无砟轨道几何尺寸(高低、水平、扭曲、轨向和轨距)。

(2)能够配合施工对 CRTS Ⅰ型、CRTS Ⅱ型板式无砟道床轨道板、砂浆进行更换。

(3)能够配合施工对双块式轨枕损害进行更换、道床板损坏进行修理。

(4)能够对无砟道床混凝土裂缝进行相应的修补。

8.6.2　相关学习内容

高速铁路线路维修的基本任务是按照"预防为主、防治结合、严检慎修"的原则,根据线路状态的变化规律,合理安排养护与维修,做到精确检测、全面分析、精细修理,以有效预防和整治病害,保持线路设备状态完好,保证列车以规定速度安全、平稳、舒适和不间断地运行,并实现线路设备寿命周期成本最优的目标。

由于无砟轨道结构复杂,病害多种多样,因轨道结构形式的不同而不同。无砟轨道维护的内容主要包括:通过扣件调整轨道几何尺寸、无砟道床结构损坏修复与伤损修补等作业。

其余内容详见右侧二维码。

无砟轨道维护

8.7　维修作业验收与质量评定

8.7.1　学习目标

1. 知识目标

(1)了解线路维修作业验收意义。

(2)掌握线路设备计划维修验收办法和标准。

(3)掌握线路设备状态评定办法和标准。

2. 能力目标

(1)能够进行线路维修作业验收。

(2)能够进行线路、道岔和调节器的计划维修验收。

(3)能够进行线路设备状态评定。

8.7.2　相关学习内容

影响线路和道岔质量的因素是多方面的。其质量的好坏既与作业质量有关,也与采取的维修方式、作业项目和维修周期有关,同时,也与道床、轨枕和钢轨的技术状态密切相关。要想保持线路、道岔经常处于完好状态,就必须在检查设备的前提下,根据设备变化规律,合理安排计划维修与临时补修,有效预防和整治线路病害,有计划地补偿线路设备损耗,保持线路设备完整和质量均衡,延长设备使用寿命,以取得较好的技术经济效益。线路设备维修项目原则上按状态评价结果安排修理,确定计划维修、临时补修和单项修的比例。在每日作业中,还必须保证当日各项作业质量符合要求。

线路维修验收与质量评定是考核作业质量和维修、大修工作的重要手段,同时,也为改善作业与管理提供了依据。本项目学习线路维修作业验收、综合维修验收、线路保养质量评定、线路设备状态评定。

1. 线路维修作业验收

线路设备维修分为:计划维修与临时补修。无论是计划维修,还是临时补修,每日作业后,都要对当日作业项目做全面检查。凡是在当日收工前,发现作业地段出现轨道几何尺寸偏差超过作业验收标准和其他单项作业不符合技术标准时,都应该对不合格处所进行返工,直到达到标准的要求。

1)对当日维修作业进行验收的目的

(1)保证作业质量、延长维修周期、确保行车安全。如果对当日作业不认真进行回检或不及时消灭超限处所,就不能保证整组道岔或整公里正线(一条站线)的综合维修达到验收标准。对经常保养或临时补修的线路或道岔,也会因作业质量不良而在短时间内再进行临时补修作业。严重的作业质量不良甚至会危及行车安全,如道岔查照间隔或护背距离抵触、道床严重不足、夹板及其螺栓缺少等,都会危及行车安全。

(2)通过当日作业验收,及时发现作业中出现的问题,并可按分工积累资料,利用质量控制的原理,发现作业质量变化的规律,及时采取措施予以纠正,不断提高一次作业合格率。

2)对于检查数据责任落实到人

要落实作业、检查、复核、记录等人员责任,并在检查记录上签字确认,出现问题按相应责任人追责。

3)设置现场作业质量检查督导组

选拔责任心强、技术高经验丰富人员充实质检组,加强重点设备和薄弱设备质量控制,发挥指导整治方法、宣传设备标准、卡控安全关键、追踪问题落实的作用。

2. 线路设备计划维修验收

为了保证行车安全,目前线路和道岔的维修作业基本上安排在天窗点内进行,由于作业时间相对较短,若作业后不能满足放行列车条件,将对列车运行安全产生影响。为此,《修规》对计划维修验收标准和验收办法做了具体规定。

1)线路设备维修验收办法

线路、道岔维修应按下列单位进行验收:

①正线为1 km(月维修不足1 km的也可验收),无缝线路可为1个单元轨节。

②站线为1股道。

③道岔为1组。

重点维修车间(工区)完成单项维修后,应及时进行自验并做好记录,报请线路车间初验。线路车间应及时组织初验并做好记录,报请工务段组织验收。工务段应及时组织验收。

2)线路设备计划维修验收标准

(1)线路计划维修验收标准

线路计划维修验收评分标准见表8.3中规定。满分为100分,85～100分为优良,60～85(不含)分为合格,60分以下为失格。失格线路整修复验后,在60分及以上者为合格。线路大型养路机械捣固维修按表8.3规定进行验收评分,其他单项维修由铁路局集团有限公司规定。

表8.3　线路计划维修作业验收评分标准

项目	内容	编号	扣分条件		抽验数量	单位	扣分(分)	说明
			正线及到发线	其他站线				
轨道几何尺寸	轨距、水平、三角坑	1	超过作业验收标准容许偏差管理值	同左	连续检测100m	处	4	选择质量较差地段,有曲线时检测一个曲线的正矢,曲线正矢超过作业验收标准容许偏差每处扣4分,超过计划维修容许偏差每处扣41分
		2	超过计划维修容许偏差管理值	同左		处	41	
		3	轨距变化率(不含规定的递减率)允许速度大于120 km/h线路大于1‰,其他线路大于2‰	轨距变化率(不含规定的递减率)大于3‰		处	2	
	轨向、高低	4	超过作业验收标准容许偏差管理值	同左	全面查看,重点检测	处	4	
		5	超过计划维修容许偏差管理值	同左		处	41	
钢轨	接头错牙	6	轨面及内侧错牙大于1 mm	轨面及内侧错牙大于2 mm	全面查看,重点检测	处	4	错牙大于3 mm时扣41分
	接头相对	7	直线偏差大于40 mm,曲线偏差大于40 mm加缩短轨缩短量的一半	直线偏差大于60 mm,曲线偏差大于60 mm加缩短轨缩短量的一半	全面查看,重点检测	处	4	轨缝在调整轨缝轨温限制范围以内检查
	轨缝	8	连续瞎缝或大于构造轨缝,普通绝缘接头轨缝小于6 mm	同左	全面查看,重点检测	处	8	
		9	轨端肥边大于2 mm	同左	全面查看,重点检测	处	8	含胶接绝缘钢轨
	焊缝	10	新焊接的焊缝不符合《钢轨焊接》(TB/T1632.1～TB/T 1632.4)的标准;原焊缝打磨后,不符合钢轨打磨作业验收标准		全面检测	处	8	
轨枕	位置	11	位置、间距偏差或偏斜大于50 mm	位置、间距偏差或偏斜大于60 mm	全面查看,重点检测	处	1	枕上或枕下离缝大于2 mm者为吊板,枕下暗吊板不明显者,可拔起道钉或松开扣件查看
	失效	12	接头或焊缝处失效,其他处连续失效	同左	全面查看	处	8	
	修理	13	应修混凝土枕未修,木枕应削平及劈裂者未修	同左	全面查看	根	1	

续上表

项目	内容	编号	扣分条件		抽验数量	单位	扣分（分）	说明
			正线及到发线	其他站线				
轨枕	空吊率	14	大于8%	大于12%	连续检测50头	每增1%	2	
联结零件	接头螺栓	15	缺少/松动或扭矩不符合规定	同左	全面查看，抽测4个接头扭矩	个	16/2	
		16	铁垫板、轨下垫板缺少	同左	连续查100头	块	2	
		17	轨下垫板、轨下调高垫板失效（含偏斜、窜出）超过8%	轨下垫板、轨下调高垫板失效（含偏斜、窜出）超过16%	连续查看，检测100头	每增1%	1	
	扣件、道钉	18	道钉、扣件缺少	同左	连续查看100头	个	2	单股同侧钢轨连2缺少扣4分，连3缺少扣16分，连4缺少扣41分；一组扣件的零件不全，按缺少一个计算
		19	道钉浮离或扣板（轨距挡板）前、后离缝大于2 mm者，超过8%	道钉浮离或扣板（轨距挡板）前、后离缝大于2 mm者，超过12%	连续检测50个	每增2%	1	
		20	扣件扭矩（扣压力）或弹条扣件中部前端下颚离缝、Ⅲ型弹条小圆弧内侧与预埋铁座端部相距不符合标准者，超过8%	扣件扭矩（扣压力）或弹条扣件中部前端下颚离缝、Ⅲ型弹条小圆弧内侧与预埋铁座端部相距不符合标准者，超过12%	连续检测50个	每增1%	1	
轨道加强设备	轨距杆、轨撑	21	缺损或松动	同左	全面查看，重点检测	根、个	2	
	防爬设备	22	防爬器缺损、松动或离缝大于2mm	同左	连续查看，检测50个	个	2	区间正线无观测桩或观测桩不起作用按爬行超限计算；站内线路爬行检查道岔及绝缘接头前后
		23	支撑缺损、失效、尺寸不符合标准	同左	连续查看，检测50个	个	1	
	线路爬行	24	普通线路爬行量大于20 mm，无缝线路位移观测无记录	同左	全面检测	km	41	
护轨	护轨与基本轨间距	25	护轨与基本轨间距离不符合规定	同左	全面查看，重点检测	处	2	
	护轨与基本轨高差	26	顶面高出基本轨5mm，低于基本轨25mm	同左	全面查看，重点检测	处	4	
	护轨轨底	27	轨底悬空大于5mm处所超过8%	同左	连续查看，检测50头	处	1	

续上表

项目	内容	编号	扣分条件		抽验数量	单位	扣分（分）	说明
			正线及到发线	其他站线				
护轨	梭头	28	梭头各部联结松动，尖端底部悬出桥枕大于 5mm	同左	全面检测	处	4	
	扣件、道钉	29	护轨垫板设置不符合规定，厚度大于 30mm 处所超过 8%	同左	连续检测 50 块	块	1	
		30	护轨道钉或扣件缺少、道钉浮离 2 mm 或扭矩不符合规定者超过 8%	同左	连续检测 50 个	个	1	
道床	脏污	31	枕盒或边坡清筛深度不足，清筛不洁/翻浆冒泥	同左	全面查看，重点扒开道床检查	每 10 m/空	2/41	按工务段下达的计划验收
	尺寸	32	Ⅰ型混凝土枕中部道床凹下尺寸不符合规定	同左	连续查看，检测 100m	每 10m	1	
	外观	33	道床断面不符合标准、不均匀、不整齐、有杂草	同左	全面查看	每 10m	1	
路基	路肩	34	不平整、有大草	不平整	全面查看	每 20m	1	单侧计算
	排水	35	有反坡、弃土未清理	同左	全面查看	每 10m	2	单侧计算
道口	铺面	36	不平整、松动	同左	查看检测	块	4	
	轮缘槽	37	尺寸不符合规定	同左	查看检测	处	16	
	防护设施	38	缺损、歪斜	同左	全面查看	处	2	
标志标记	标志	39	缺损、歪斜、错误、字迹不清	同左	全面查看	个	2	
	标记	40	钢轨上标记不全、位置不对、不清晰或错误	同左	全面查看	处	1	

（2）道岔计划维修验收

道岔计划维修验收评分标准见表 8.4 规定。满分为 100 分，85～100 分为优良，60 分～85（不含）为合格，60 分以下为失格。失格线路整修复验后，在 60 分及以上者为合格。道岔大型养路机械捣固维修按表 8.4 规定进行验收评分，其他单项维修由铁路局集团有限公司规定。

表 8.4　道岔计划维修作业验收评分标准

项目	内容	编号	扣分条件		抽验数量	单位	扣分（分）	说明
			正线及到发线道岔	其他站线道岔				
轨道几何尺寸	轨距、水平、三角坑、支距	1	超过作业验收标准容许偏差管理值	同左	全面检测	处	4	同时检测两线间距小于 5.2 m 的连接曲线轨向，用 10 m 弦测量。连续正矢差超过 2 mm，每处扣 4 分
		2	超过计划维修容许偏差管理值	同左		处	41	
		3	轨距变化率（不含构造轨距加宽顺坡）允许速度大于 120 km/h 线路大于 1‰，其他线路大于 2‰	轨距变化率（不含构造轨距加宽顺坡）大于 3‰		处	2	

续上表

项目	内容	编号	扣分条件		抽验数量	单位	扣分（分）	说明
			正线及到发线道岔	其他站线道岔				
轨道几何尺寸	轨向、高低	4	超过作业验收标准容许偏差管理值	同左	全面查看，重点检测	处	4	
		5	超过计划维修容许偏差管理值	同左		处	41	
	查照间隔	6	超过容许限度	同左	全面检测	处	41	尖趾距离指可动心轨辙叉长心轨尖端至叉趾的距离
	护背距离	7	超过容许限度	同左	全面检测	处	41	
	尖趾距离	8	超过容许限度	同左	全面检测	处	41	
钢轨	尖轨、可动心轨靠贴	9	尖轨尖端与基本轨、可动心轨尖端与翼轨不靠贴	同左	全面检查	组	41	不靠贴指二者之间的缝隙大于 1 mm
	接头错牙	10	轨顶面或内侧面错牙大于 1 mm	同左	全面查看，重点检测	处	4	错牙大于 3 mm 时扣 41 分
	轨缝	11	连续瞎缝或大于构造轨缝，普通绝缘接头轨缝小于 6 mm	同左	全面查看，重点检测	处	8	轨缝在调整轨缝轨温限制范围以内检查
		12	轨端肥边大于 2 mm	同左	全面查看，重点检测	处	8	含胶接绝缘钢轨
岔枕	位置	13	位置或间距偏差大于 40 mm（钢枕为 20 mm）	位置或间距偏差大于 50 mm	全面查看，重点检测	处	2	
	失效	14	接头处失效，其他处连续失效	同左	全面查看，重点检测	处	8	枕上或枕下离缝大于 2 mm 者为吊板，枕下暗吊板可根据道床与岔枕间状态判断，不明显者可扒开道床查看
	修理	15	应修混凝土岔枕未修，木岔枕未削平或劈裂未修	同左	全面查看	根	2	
	空吊率	16	大于 8%（钢枕不得有空吊）	大于 12%	连续检测 50 头	每增 1%	2	
联结零件	滑床板	17	尖轨、可动心轨与滑床板缝隙大于 2 mm	同左	查看检测	块	2	
		18	滑床板及护轨弹片上反或离缝大于 2 mm，销钉离缝大于 5 mm	同左	查看检测	块	2	
	螺栓	19	接头、连杆、顶铁、间隔铁螺栓缺少/顶铁离缝大于 2 mm	同左	全面查看	个、块	16/8	
		20	接头螺栓松动或扭矩不符合规定，连杆、顶铁、间隔铁及护轨螺栓松动	同左	查看检测	个、块	2	

续上表

项目	内容	编号	扣分条件		抽验数量	单位	扣分（分）	说明
			正线及到发线道岔	其他站线道岔				
联结零件	螺栓	21	轨凸缘或轨护螺栓缺少、松动	同左	查看检测	个	41	
		22	长心轨与短心轨联结螺栓缺少、松动	同左	查看检测	个	41	
		23	其他各种螺栓或螺栓开口销缺少、松动	同左	查看检测	个	1	
	铁垫板	24	铁垫板、橡胶垫板、橡胶垫片缺少	同左	连续查看50块	块	2	
	胶垫	25	橡胶垫板或橡胶垫片失效超过8%	橡胶垫板或橡胶垫片失效超过12%	连续查看，检测50块	每增1%	1	
	道钉、扣件	26	道钉、扣件缺少	同左	连续查看50个	个	2	一组扣件的零件不全，按缺少一个计算
		27	扣件扭矩（扣压力）或弹条扣件中部前端下颚离缝不符合标准者，超过8%	扣件扭矩（扣压力）或弹条扣件中部前端下颚离缝不符合标准者，超过12%	连续查看，检测50个	每增1%	1	
	辊轮	28	辊轮缺失或失效	同左	全面查看	处	41	
		29	在尖轨密贴状态下，辊轮与尖轨轨底的间隙超出1～2 mm；在尖轨斥离状态下，滑床台上表面与尖轨轨底的间隙超出1～3 mm	同左	全面查看，检测	处	8	
轨道加强设备	轨撑、轨距杆	30	转辙或辙叉部位轨撑离缝大于2 mm，其他部位轨撑或轨距杆缺损、松动	同左	查看检查	个、根	2	轨撑离缝系指轨撑与轨头下颚或轨撑与垫板挡肩之间的间隙
	防爬设备	31	防爬器缺损、松动或离缝大于2 mm，支撑缺损、失效、尺寸不符合标准	同左	查看检查	个	2	
	爬行	32	道岔两尖轨尖端相错量大于20 mm、无缝道岔位移无观测记录	同左	检测	组	41	
道床	脏污	33	枕盒内或边坡道床不洁/翻浆冒泥	同左	全面查看、重点扒开检查	组/空	6/41	
	外观	34	道床断面不符合标准、不均匀、不整齐、有杂草	同左	全面查看	组	4	
路基	路肩	35	不平整、有大草	同左	全面查看	组	2	
	排水	36	有反坡、弃土未清理	同左	全面查看	组	4	
标志标记	标志	37	警冲标损坏或不清晰	同左	查看检查	组	8	警冲标缺少或位置不对扣41分
	标记	38	钢轨上标记不全、位置不对、不清晰或错误	同左	全面查看	处	1	含钢轨编号、轨距、支距、钢轨伤损等标记

(3)调节器计划维修验收

调节器计划维修验收评分标准见表8.5规定。满分为100分，85～100分为优良，60分～85（不含）为合格，60分以下为失格。失格线路整修复验后，在60分及以上者为合格。调节器大型养路机械捣固维修应按表8.5规定进行验收评分，其他单项维修由铁路局集团有限公司规定。

表 8.5　调节器计划维修作业验收评分标准

项目	编号	扣分条件		抽查数量	单位	扣分(分)	说明
轨道几何尺寸	1	轨距、水平、轨向、高低、三角坑超过作业验收标准容许偏差管理值，轨距变化率(不含构造轨距加宽顺坡)大于 2 mm/2 m		轨距、水平、三角坑全面检测，轨向、高低全面查看，重点检测	组	4	
	2	轨距、水平、轨向、高低、三角坑超过计划维修容许偏差管理值			组	41	
伸缩	3	基本轨伸缩量超过设计伸缩量		重点检测	处	41	
	4	焊缝边缘至扣件或轨撑铁垫板距离	5 mm＜间距≤20 mm	重点检测	处	4	
	5		间距≤5 mm	重点检测	处	41	
	6	尖轨伸缩量	0＜伸缩量≤30mm	全面检测	处	4	
	7		伸缩量＞30mm	全面检测	处	41	
	8	位移观测桩缺少或位移观测无记录		全面检测	个	4	
密贴	9	尖轨尖端至 5 mm 断面与基本轨密贴段密贴	0.5mm＜间隙≤1.0mm	全面检测	处	4	
	10		间隙＞1.0mm	全面检测	处	41	
	11	尖轨其余密贴段与基本轨密贴	间隙＞1.0mm	全面检测	处	16	
	12	尖轨轨撑与轨腰密贴	0.2mm＜间隙≤0.5mm	全面检测	个	4	
	13		间隙＞0.5mm	全面检测	个	8	
	14	尖轨轨撑与轨底上表面密贴	0.5mm＜间隙≤1.0mm	全面检测	个	4	
	15		间隙＞1.0mm	全面检测	个	8	
	16	尖轨轨底与台板密贴	0.5mm＜间隙≤1.5mm	全面检测	块	4	
	17		间隙＞1.5mm	全面检测	块	8	
	18	基本轨轨撑与轨腰密贴	0.5mm＜间隙≤1.0mm	全面检测	个	2	
	19		1.0mm＜间隙≤2.0mm	全面检测	个	4	
	20		间隙＞2.0mm	全面检测	个	8	
	21	基本轨轨撑与轨底上表面密贴	间隙＞1.0mm	全面检测	个	2	
	22	在轨腰、轨底同时有间隙时	连续出现	全面检测	块	2	
钢轨	23	尖轨轨头切削范围内轨顶降低值	15 mm 断面～零降低值断面偏差＞±1 mm	全面检测	处	16	
	24		其余范围＞$^{+2}_{-1}$mm	全面检测	处	4	
	25	尖轨、基本轨轻伤		全面检测、查看	处	16	
	26	钢轨肥边＞1mm		全面检测	处	4	
	27	钢轨折断未及时进行永久处理		全面查看	处	41	“未及时”指轨温具备焊接条件未进行永久处理

续上表

项目	编号	扣分条件		抽查数量	单位	扣分(分)	说明
钢轨	28	焊接质量不符合要求，现场焊接头位置符合《修规》第 3.10.10 条的规定		全面检测	处	8	
联结零件	29	轨撑及铁垫板螺栓	缺少	全面查看	个	16	
	30		松动	全面查看，重点检测	个	4	
	31	扣件	扭矩不符合规定	全面检测	个	2	
	32		铁垫板缺少或折断	全面查看	块	41	
	33		橡胶垫板缺少/窜出或失效	全面查看	块	8/4	
	34		扣件(含轨撑)失效、缺少/连续失效、缺少	全面查看	个	8/41	
	35		预埋套管失效	全面查看	个	8	
	36		弹条中肢前端间隙不符合规定	全面查看，重点检测	个	2	
	37		道钉浮离超过 8%	全面查看	个	2	
护轨	38	护轨与尖轨(基本轨)间净距偏差超过 10 mm		全面查看，重点检测	处	2	
	39	护轨高于尖轨(基本轨)5 mm 或低于尖轨(基本轨)25 mm		全面查看，重点检测	处	4	
	40	轨底悬空大于 5 mm 处所超过 8%		全面查看	处	1	
	41	护轨垫板设置不符合规定，厚度大于 30 mm 处所超过 8%		全面查看	块	1	
	42	护轨道钉或扣件缺少、道钉浮离 2 mm 或扭矩不符合规定者超过 8%		全面查看	个	1	
轨枕	43	位置或间距偏差大于 40 mm		全面查看，重点检测	处	2	
	44	失效		全面查看，重点检测	根	41	
	45	吊板(枕上或枕下离缝大于 2 mm)		全面查看，重点检测	头	4	
道床	46	肩宽不足，不饱满，有杂物		全面查看，重点检测	处	2	
	47	翻浆冒泥/严重不洁、影响排水		全面查看，重点检测	组	16/4	
标记	48	缺少、错误、位置不对，字迹不清		全面查看	处	1	

3. 线路质量评定

(1)线路设备状态评定

线路设备状态评定，是对正线线路设备质量基本状况的检查评定，是考核各级线路设备管理工作和线路设备状态改善情况的基本指标。线路设备状态评定是安排线路大、维修计划的主要依据。工务段应根据设备变化规律、季节特点以及结合设备日常检查对线路设备状态进行评定，具体办法由铁路局集团有限公司规定。

线路设备状态评定应以千米为单位（评定标准见表8.6），满分为100分，85～100分为优良，60分～85（不含）为合格，60分以下为失格。

表8.6　线路设备状态评定评分标准

编号	项目	扣分条件	计算单位	扣分(分)	说明
1	慢行	线路设备不良（不含路基）	处	41	检查时现存慢行处所
2	道床	翻浆冒泥	每延长10 m	4	
		道床不洁率大于25%（在枕盒底边向下100 mm处取样）	每延长100 m	8	道床不洁率指通过边长25 mm筛孔的颗粒的质量比
3	轨枕	木枕失效率超过8%	每增1%	8	
		混凝土枕失效率超过4%	每增1%	8	
4	钢轨	一年内新生轻伤钢轨（不含曲线磨耗）	根	2	长轨中2个焊缝间为1根
		现存曲线磨耗轻伤钢轨	每延长100 m	4	按单股计算
		一年内新生重伤钢轨（不含焊缝）	根	20	长轨中2个焊缝间为1根
		无缝线路现存重伤钢轨（不含焊缝）	根	20	同上
		无缝线路现存重伤焊缝	个	20	

(2)线路设备日常保持状态评定

线路、道岔（调节器）日常保持状态评定，是考核线路、道岔（调节器）质量的基本指标，也是安排维修计划的主要依据之一。线路、道岔（调节器）的日常保持状态评定应由工务段组织，采取定期抽样的办法进行。具体评定标准、组织办法暂由铁路局集团有限公司规定试用。

复习思考题

1. 铁路线路养护维修的原则是什么？临时补修的工作内容有哪些，有何特点？
2. 起道、捣固、垫板、拨道、改道作业的主要技术标准和作业方法有哪些？
3. 更换轨枕的作业程序和技术要求是什么？
4. 如何防治曲线“鹅头”“支嘴病害”？
5. 如何防治曲线钢轨磨耗？
6. 道岔水平、方向不良的原因有哪些？
7. WJ-7型、WJ-8型与W300-1型扣件调整轨道几何尺寸配置标准是如何规定的？
8. CRTS Ⅰ型板式无砟道床轨道板、砂浆更换的技术要求和作业程序是什么？
9. 双块式轨枕损害更换技术要求和作业程序是什么？
10. 路基、隧道地段双块式无砟道床板损坏修理的技术要求和作业程序是什么？
11. 无砟道床混凝土裂缝修补类型有哪些？各种修补方法的作业程序分别是什么？
12. 线路维修作业验收的目的是什么？

参考文献

[1] 中国铁路总公司．普速铁路线路修理规则:TG/GW 102—2019. 北京:中国铁道出版社有限公司,2019.

[2] 中国铁路总公司运输局工务部．普速铁路工务安全规则:TG/GW 101—2014. 北京:中国铁道出版社,2014.

[3] 中国铁路总公司运输局．高速铁路工务安全规则:TG/GW 121—2014. 北京:中国铁道出版社,2014.

[4] 铁道部运输局工务部．高速铁路无砟轨道线路维修规则(试行):TG/GW 121—2014. 北京:中国铁道出版社,2012.

[5] 铁道部运输局工务部．高速铁路有砟轨道线路维修规则(试行):TG/GW 116—2013. 北京:中国铁道出版社,2013.

[6] 何奎元．铁路轨道与修理．北京:中国铁道出版社,2014.

[7] 解宝柱．铁路轨道．成都:西南交通大学出版社,2017.

[8] 铁路职工岗位培训教材编审委员会．铁路线路工．北京:中国铁道出版社,2013.

[9] 铁道部劳动和卫生司,铁道部运输局．高速铁路线路维修岗位．北京:中国铁道出版社,2012.

[10] 中铁第四勘察设计院集团有限公司．铁路轨道设计规范:TB 10082—2017. 北京:中国铁道出版社,2017.

[11] 中铁第四勘察设计院集团有限公司．铁路无缝线路设计规范:TB 10015—2012. 北京:中国铁道出版社,2013.

[12] 铁道第三勘察设计院集团有限公司,中铁第四勘察设计院集团有限公司．高速铁路设计规范:TB 10621—2014. 北京:中国铁道出版社,2014.

[13] 中铁一局集团有限公司．高速铁路轨道工程施工技术指南(铁建设〔2010〕241 号). 北京:中国铁道出版社,2010.

[14] 中铁八局集团有限公司,中铁一局集团有限公司．高速铁路轨道工程施工质量验收标准:TB 10754—2018. 北京:中国铁道出版社,2018.

[15] 中国铁路总公司运输局工务部．铁路工务技术手册·轨道．北京:中国铁道出版社,2016.

[16] 中国铁路总公司运输局工务部．铁路工务技术手册·道岔．北京:中国铁道出版社,2016.